Dans la même collection

Louis XIV vous parle, par François Bluche

L'EUROPE PHILOSOPHE

Du même auteur

Les Conquêtes de l'homme et la séparation ontologique, Paris, PUF, 1961 (épuisé).

La Main et l'Esprit, 1re éd., Paris, PUF, 1961 ; 2e éd. revue et augmentée, Paris, éditions Sator, 1986.

La Main, Paris, éditions Delpire, 1968 (épuisé).

Le Retour de Dionysos, 1re éd., Paris, Desclée, 1969 ; 2e éd. revue et augmentée, Paris, éditions Les Bergers et les Mages, 1975.

La Nudité humaine, 2e éd. revue et augmentée, Québec, éditions du Beffroi, 1987 (dépositaire en Europe : Lausanne, Payot).

Les Vagabonds de l'Occident : l'expérience du Voyage et la prison du Moi, Paris, Desclée, 1976 (en dépôt aux GBU).

A la recherche du Paradis perdu, Lausanne, PBU, 1979 (épuisé).

Les Rivages du monde : des vérités muettes à la Vérité qui parle, Paris, 1979, Desclée et Cie.

Les Masques du désir, Paris, Buchet/Chastel, 1979.

L'Homme et le Langage, Paris, PUF, 1985.

Philosophie et Christianisme, Québec, éditions du Beffroi et Paris-Lausanne, L'Age d'homme, 1988.

Jean Brun

L'Europe philosophe

25 siècles de pensée occidentale

Clefs de l'Histoire

Stock

Le philosophe est celui qui a une vue synoptique des choses.

PLATON.

1

« Au commencement était... »

Les historiens des idées ont toujours cherché à donner une origine aux civilisations qu'ils étudiaient afin de pouvoir préciser où l'Histoire avait commencé. Les historiens de la pensée européenne n'ont pas échappé à de telles ambitions qui prennent souvent l'archaïque pour l'originaire. Si certains ont cru voir dans les Celtes les fondateurs d'une tradition fondamentale dont nous serions les inconscients héritiers, la plupart de ceux qui cherchèrent les sources des problèmes philosophiques que l'Europe n'a cessé de débattre s'accordent à les trouver dans le fameux « miracle grec ». Les uns pensèrent y découvrir un remarquable souci de fonder une explication rationnelle de la nature ; d'autres firent du *Connais-toi toi-même* socratique le début d'un humanisme occidental caractérisé par une victoire de la lumière sur les mystères du surnaturel ; quelques-uns enfin analysèrent la mythologie grecque jusqu'à lire en elle des récits révélateurs de l'inconscient humain et de la conscience elle-même.

Pour intéressantes que puissent être de telles considérations, elles n'échappent pas au défaut de confondre les débuts et le Commencement. Les débuts prennent toujours une suite ; qu'ils s'inscrivent dans le champ de l'histoire scientifique, technique, artistique ou dans celui de l'économie et de la législation, les débuts dont nous sommes les auteurs impliquent l'existence préalable d'un *il y a* leur ayant servi de moteur ou de repoussoir. En dépit de ce que voudrait nous laisser croire l'utilisation de plus en plus fréquente des termes *mutation* ou *rupture*, il n'y a pas de générations spontanées en histoire et tous les *débuts* sont les débuts *de* quelque chose *à partir de* quelque chose d'autre, ils impliquent un *déjà là* utilisé comme matériau. C'est pourquoi l'Histoire reste le domaine des débuts, il n'y a pas de véritable Commencement *dans* l'Histoire. En outre, les débuts sont toujours des reprises de ce Même fondamental qui est au cœur de la condition humaine. Quelle que soit l'époque où ils vivent, quelle que soit la contrée où les hasards de leur naissance les ont fait naître, les hommes existent, aiment, souffrent et meurent ; sous des scénarios différents leurs pensées et leurs actes se trouvent toujours confrontés à ces éternelles expériences. Il ne faut donc pas se contenter de dire que l'homme est plongé dans l'Histoire comme dans un milieu chronologique qui le façonnerait ; car c'est l'Histoire qui habite l'homme, l'historique n'est que l'explicitation d'une histoire intérieure exprimant elle-même un *Transhistorique* qui constitue le Commencement auquel se rattachent tous nos débuts.

De ce Transhistorique nous parle la Genèse, bien antérieure aux cosmogonies ioniennes et aux philosophies grecques les plus anciennes. La Genèse nous confronte à une communication indirecte dans la mesure où elle ne nous transmet pas de l'information mais où elle nous donne à penser ; elle nous situe au sein d'un Langage à l'écoute duquel nous pouvons entendre parler de ce à quoi est rivée notre Histoire rendue aveugle par ses prétentions à ne devoir à personne d'autre qu'elle-même le pouvoir de s'écrire.

Dire que l'Histoire est rivée à un Transhistorique suscite aussitôt le contresens commis par ceux qui verront là un appel à une insoutenable prédestination qui réduirait l'Histoire à une série de récits rédigés à l'avance par quelque Grand Administrateur de l'existence. Un tel contresens est le fait de ceux qui, ramenant le Transhistorique à une sorte de préhistorique qui n'aurait pas été écrit par l'Histoire, tiennent à ce que l'Histoire reste auto-justificative en tant que construction de l'œuvre au cours de laquelle l'homme se crée et se recrée lui-même.

Or, dans la mesure où l'homme ne cesse de se demander *Qui suis-je ?*, par-delà toutes les réponses que le monde lui prodigue, l'Histoire réclame une lumière qu'elle est incapable d'allumer. Il n'y a du visible que grâce à la lumière, mais la lumière elle-même ne naît pas du visible. Parler du Transhistorique revient à invoquer un Mystère qui ne se trouve pas au-dessus de nous mais à l'intérieur duquel nous habitons et au sein duquel le point d'interrogation du *Qui suis-je ?* ne cesse de resurgir selon toutes les modalités qui constituent les infinies facettes de l'existence.

Sur ce Transhistorique, la Genèse nous offre une Lumière qui jette sur nos actes, nos idées, nos désirs, nos terreurs, nos désespoirs et nos folies une lueur nous permettant de les saisir comme des ombres qui nous accompagnent sur des chemins où nous ne trouvons pour seule certitude que chacun d'eux nous conduit à la mort. Tout invite à évoquer un Séisme mystérieux au Commencement des cataclysmes existentiels que nous vivons et qui en sont des résonances ; ce Séisme reste une sorte de Secret qui ne relève pas de l'Histoire, auquel nous ne pouvons avoir accès mais à qui nous appartenons. Le reconnaître ne revient nullement à faire preuve d'un décourageant pessimisme mais invite à une lucidité critique nous prémunissant des hystéries intellectuelles, techniques ou politiques auxquelles conduisent tous les relativismes ; car ceux-ci s'érigent vite en absolutismes tyranniques préoccupés de recréer l'essence et l'existence de l'homme en faisant autoritairement marcher celui-ci sur les chemins de la liberté.

Les récits de la Genèse nous invitent à réfléchir, tout d'abord, sur ce perpétuel effort de l'homme pour demander à la connaissance de faire de lui un dieu. Lorsque le Serpent affirme : « Vous serez comme des dieux », il formule une promesse et une prévision exaltantes que l'homme s'efforcera de réaliser au cours des entreprises d'où naît la trame de son histoire. La réalisation d'un tel programme passe par la consommation des fruits de l'Arbre de la Connaissance du Bien et du Mal, et non par celle des fruits de l'Arbre de Vie. Nous sommes ici en présence du Commencement d'où procèdent tous les débuts.

La philosophie grecque gravite autour de cette idée fondamentale qu'une connaissance de plus en plus élevée peut permettre à l'homme de contempler la Vérité et de s'identifier à Dieu, ne serait-ce que pour un court instant. C'est là ce qu'affirmeront Platon, Aristote et Plotin. Ce qui pouvait passer chez les Grecs pour une démarche initiatique débouchant sur des philosophies de la contemplation, s'infléchira dans les temps modernes selon deux directions parallèles. Tout d'abord, une autodivinisation de l'homme par le savoir et le pouvoir, célébrant le prométhéisme vainqueur de tous les obstacles naturels, fera de l'homme le roi du monde capable de construire une hypernature grâce aux ressources de sa science et de ses techniques. Ce prométhéisme de la divinisation par l'outil se double d'un autre prométhéisme au nom duquel l'homme se proclame pilote du temps et ingénieur de l'Histoire. D'où l'affirmation célèbre de Feuerbach : « Il n'y a pas d'autre dieu pour l'homme que l'homme lui-même » et la religion positiviste d'Auguste Comte érigeant l'Humanité au rang de ce Grand Etre auquel un culte doit être rendu. Ces conceptions du monde vont de pair avec l'annonce de la mort de Dieu. Le programme énoncé par le Serpent a donc été parfaitement rempli, car l'histoire de l'humanité est faite des efforts par lesquels l'homme a demandé aux fruits de l'Arbre de la Connaissance les pouvoirs nécessaires à sa divinisation.

Tous les hommes de la suite des temps sont les héritiers de ce Commencement. Nous avons travaillé, en effet, à faire grandir l'Arbre du Savoir et les fruits que celui-ci nous a donnés s'appellent concepts et théories. Or, ce que désigne le concept est dénué de toute existence ; l'Homme n'existe pas, ce qui existe véritablement ce sont des êtres de chair et de sang dont pas deux ne se ressemblent. Les concepts ne se trouvent que dans les dictionnaires mais jamais dans la vie, on ne peut rencontrer, toucher, aimer un concept, ni lui parler, l'implorer ou attendre de lui un secours. Systématisés selon des déductions amplifiantes ou ramifiées, les concepts donnent naissance à ces théories qui sont à la base des sciences de la nature et qui, depuis environ un siècle, ont fait une entrée en force dans les sciences dites humaines. Psychologie, sociologie et politique étudient rationnellement les individus et les manipulent comme autant d'atomes ou de pierres nécessaires à la construction d'un édifice qui a tout droit sur elles, alors qu'elles n'ont aucun droit sur lui. Le règne du concept et des systèmes a conduit à juger et à agir à partir d'un point de vue de Sirius qui oublie que la forêt est composée d'arbres. On connaît l'Homme, l'Etat, le Peuple, la Race, le Parti, la Classe et l'on ignore les hommes, les personnes et leur durée vécue ; on programme même celle-ci en affirmant que les individus sont faits pour le plan et non le plan pour les individus. Le Nouveau Dieu est devenu un exigeant Moloch qui vit dans et par l'histoire et fait de celle-ci la route à sens unique où les colonnes humaines doivent marcher loin de l'erreur, des déviations et des vagabondages rationnellement qualifiés d'aliénants.

L'homme en arrive ainsi à se renier lui-même et à ne plus se respecter parce qu'il ne reconnaît plus en lui la signature d'un sacré lui conférant une inviolable dignité. Car, ou bien le sujet est réduit à un matériau travaillé par les ingénieurs de la Cité, ou bien le sujet est dénoncé comme une pseudo-unité à la dissolution de laquelle il faut se consacrer en la réduisant à un lieu où se croisent des forces extérieures. Les fruits de l'Arbre de la Connaissance ont enivré l'homme de ces drogues que sont devenus le savoir et le pouvoir absolus rationnellement définis ; ils l'ont invité à « s'éclater » grâce à l'opium des paradis politiques ou à celui des paradis artificiels. Dans les deux cas, l'homme a cru parvenir à se délivrer de lui-même en tant que créature, soit en se situant au niveau d'un supra-humain dominateur, soit en s'enfonçant dans les bas-fonds d'un infra-humain déchaîné.

Les récits de la Genèse invitent à une lucidité critique, car ils nous parlent du premier homme et de la première femme découvrant qu'ils sont nus ; ils en éprouvent de la honte et tentent de s'habiller d'une feuille de figuier. Tout au long de son histoire, l'humanité n'a cessé de vouloir rendre cette feuille de figuier plus protectrice et efficace. Du port des vêtements, avec toute la pompe honorifique qui consacre les grandeurs d'établissement, à l'appareillage technique dont nous nous « revêtons » pour conférer à notre organisme des capacités et une puissance qui n'étaient pas originairement les siennes, nous n'avons cessé de parer et de protéger notre nudité. Mais, pour prestigieuses et exaltantes que soient nos entreprises en ce domaine, notre nudité originelle demeure sous les multiples masques derrière lesquels nous avons voulu la cacher : nous sommes nés et nous mourrons, en vain tentons-nous de nous persuader d'autre chose.

Dans ce geste du premier couple qui cherche à cacher sa nudité, se trouve en puissance l'histoire même de l'humanité ; celle-ci a demandé à ce simple geste, devenant toujours plus compliqué jusqu'à en devenir méconnaissable, de protéger une nudité constitutive et de transformer sa détresse en victoire. Telle est bien l'essence de ce geste, conséquence du « premier acte » : celui de la prise, celui par lequel Eve et Adam cueillirent, partagèrent et mangèrent le fruit de l'Arbre de la Connaissance. Il s'agit du premier acte, car, jusqu' « alors », l'un et l'autre étaient les créatures du Verbe et non celles de l'Action. Le geste de la prise substitue le *Au commencement était l'Action*, que le Faust de Goethe fera sien, au *Au commencement était le Verbe* ; l'homme se détourne ainsi de la mystérieuse beauté de la Création, il s'arrache aux racines originaires de l'existence et sombre dans la tentation du *faire* instaurateur de débuts. L'action amène l'homme à oublier de méditer sur la profondeur d'où surgit chaque *ici* et le conduit à regarder *là-bas.* C'est ainsi que nous avons des yeux et que nous ne voyons pas, que nous avons des oreilles et que nous n'entendons pas. Nous grimpons à l'Arbre du Savoir, nous en explorons toutes les branches, nous goûtons à tous ses fruits, nous en provoquons l'apparition de variétés nouvelles avec d'autant plus de fébrilité qu'elles nous laissent sur notre faim. Et nous restons déracinés. Tout comme le premier homme et la première femme, nous avons perdu le Paradis et sommes « sans patrie », comme le reconnaîtra Nietzsche. Cependant nous ne cessons de demander à l'action technique et à l'action politique de nous donner les moyens de reconstruire et de réenchanter le monde, sans voir que nous cherchons une thérapeutique dans la maladie elle-même et que nous attendons de l'Histoire le remède devant nous délivrer de notre histoire. L'Eternel a chassé Adam et Eve du Paradis, « car » eux-mêmes s'en étaient délibérément exclus. Tel est le Message que la Genèse nous donne à méditer.

Mais elle nous en délivre un autre par lequel elle nous permet d'entrevoir le Transhistorique que nous portons en nous et auquel nous n'échappons pas, non à cause d'un destin fatal, mais parce que nous le récrivons sans cesse en croyant nous en libérer ; nous demeurons ainsi dans ce Même dont il n'y a pas d'histoire et qui va de notre naissance à notre mort. A chaque fois que nous prétendons avoir forgé la clef de notre salut en devenant comme des dieux, nous cadenassons avec plus de force les portes que nous refermons sur nous-mêmes.

Caïn était l'homme de l'action, il travaillait la terre, Abel était l'homme de la contemplation qui regardait au Ciel en gardant ses troupeaux. Or Caïn tue Abel, il fait ainsi entrer la mort dans le monde. Le premier acte avait été celui de la prise du fruit ; le deuxième acte est celui par lequel le fils du premier homme et de la première femme tue son frère et inaugure tous les débuts de l'existence humaine hors de l'Eden. Le premier fils devient ainsi « errant et fugitif sur la Terre ». Mais voici que Caïn construit la première ville à laquelle il donna le nom de son fils Hénoc ; d'emblée la ville est donc investie de la mission de protéger l'homme et de mettre fin à son errance, elle lui promet le salut par *l'être-ensemble.* Ici viennent s'enraciner tous les débuts de ces futures et permanentes tentatives de l'homme pour demander au social et au collectif de le sauver de lui-même ; bâti pierre à pierre, le Paradis terrestre doit abriter l'hyperorganisme de la Cité qui prendra l'homme en charge en lui donnant à vivre. Dès lors, l'abri ne cessera d'être pris pour le Refuge.

Or, dans le récit de la Genèse, le fondateur de la première ville avait d'abord été celui qui ouvrit les portes à la mort et qui la fit habiter parmi les hommes. Tout se passe comme s'il nous était donné à entendre par là que l'élaboration de la notion de fraternité, à laquelle se consacrent les constructeurs de la Cité, passait d'abord par la mort du frère ; l'intronisation du concept de fraternité implique l'élimination du frère vivant, ici aussi le savoir conceptualisant tue la vie. Ainsi procèdent ces organismes de plus en plus concentrationnaires qui, se souciant de refaire l'homme pour donner naissance à un Homme total, ramènent les personnes concrètes à une sorte de carburant chargé de faire fonctionner le moteur de l'Histoire. Parti pour devenir un dieu et livré à lui-même, l'homme se retrouve démon, sans amour, sans chemin, errant collectivement sur les routes sans fin de l'Histoire censée le conduire au bonheur, et occupé à angéliser sa marche en la sacralisant au nom du progrès.

Tel est le Commencement que la Genèse nous permet de lire en filigrane derrière tous nos débuts triomphants. Aujourd'hui, où les pays suréquipés possèdent un niveau de vie qui va sans cesse en s'accroissant, les phénomènes de rejet s'y multiplient sous forme de cultes de la marginalité, de violentes délinquances en tout genre et de quête d'extases par les drogues, preuve que l'abondance ne donne pas la surabondance, que l'homme ne se nourrit pas seulement de pain et que, comme l'aurait dit Villon, nous mourons de soif auprès de la fontaine.

Les optimismes les plus convaincus, fondés sur une confiance inconditionnelle en l'homme et sur un refus de ce qu'ils qualifient de « sinistrose », ne sauraient empêcher de constater que la vocation de l'outil est de se transformer en arme, que les tensions internes se multiplient chez les nations les plus riches, qu'en aucun moment de l'Histoire il n'y eut un lieu de la planète où n'aient sévi des guerres de plus en plus meurtrières, que les pays totalitaires se multiplient en se donnant la bonne conscience de refaire l'existence et d'organiser le bonheur, et que l'homme possède désormais des armes assez puissantes pour rayer toute vie de la surface de la terre. De telles constatations ne masquent nullement des incitations à revenir en arrière vers quelque « bon vieux temps passé » qui n'a jamais eu lieu, les illusions sur la rétrospectivité sont aussi naïves que celles entretenues par la foi au progrès. Ni le temps passé, ni le temps futur ne délivrent du Temps ; mais l'homme qui a voulu devenir Dieu s'est couronné comme être autocréateur et autosauveur ; il est donc compréhensible qu'il prétende que les maux qu'il endure encore aujourd'hui ne sont que des maux de croissance ou des accidents de parcours. Il en conclut que demain le délivrera d'aujourd'hui, comme aujourd'hui l'a délivré d'hier ; ce faisant, il projette dans un avenir qui recule sans cesse la réalisation d'une plénitude parfaite.

D'Europe sont parties des idées qui abordèrent peu à peu à tous les continents ; chaque philosophie apporta avec elle sa vision du monde et de la condition humaine. Mais toutes demeurent suspendues à ce *Au commencement était...*, gros de tous les débuts dont les hommes prirent l'initiative en pensant pouvoir devenir des dieux capables de se sauver d'eux-mêmes *.

* Dans ce chapitre, nous mettons entre guillemets les termes exprimant une temporalité ou une déduction pour montrer qu'ils ne sont pas pris ici comme tels, mais qu'ils relèvent d'un Transhistorique auquel ils se rattachent par le biais d'un récit.

2

Connaissance et dévoilement : La Grèce et le début des débuts

Si le livre de la Genèse nous parle du Commencement et du Transhistorique qui éclairent aussi bien la condition humaine que les efforts de l'homme pour la prendre en main, la refaire ou la dépasser, la pensée grecque nous met en présence des débuts mêmes de notre civilisation occidentale. Pendant environ dix siècles, les Grecs, tant à Athènes ou dans ses environs que dans les cités fondées sur les bords de la Méditerranée orientale ou africaine, ont donné naissance à une extraordinaire floraison de génies qui avaient tout à découvrir et qui, effectivement, découvrirent à peu près tout sauf le moteur dont la conception ne correspondait pas à leur vision du monde. Poètes, tragiques, comiques, architectes, sculpteurs, mathématiciens, naturalistes, géographes, chroniqueurs, hommes d'Etat, philosophes et, autant que l'on puisse savoir, peintres et musiciens nous ont laissé des chefs-d'œuvre d'une éternelle actualité.

Les philosophes grecs, amis du savoir et de la sagesse, réfléchirent sur l'Homme, sur la Nature et sur la Cité ; ils cherchèrent à comprendre, voire à organiser, les relations qui régnaient à l'intérieur de ces domaines et celles qui présidaient à leurs rapports réciproques. Mais ils le firent en gardant toujours à l'esprit l'idée qu'existait une nature des êtres et des choses qu'il importait de mettre au jour et de respecter. C'est pourquoi on ne rencontre chez eux nulle conception techniciste du monde qui aurait pour fin de permettre à l'homme de se rendre comme maître et possesseur de la nature en la transformant à l'aide d'outils et de machines. Certes, il ne faut pas oublier ceux que l'on a appelés, un peu abusivement, les « ingénieurs grecs », mais ces « ingénieurs » fabriquaient surtout des machines à « miracles » utilisées dans les temples et les théâtres ; thaumaturges plus que techniciens, ils ne cherchaient ni à multiplier ni à renforcer les applications possibles d'une science abstraite. Les Grecs élevèrent de nombreux monuments, construisirent des ponts, percèrent même des canaux, mais ils pensaient que l'on ne modifiait pas impunément les formes de la nature et que celle-ci détruirait tôt ou tard l'œuvre de l'orgueilleux qui aurait fait preuve de démesure. Aujourd'hui, où l'on parle de « protéger » la nature après avoir voulu la maîtriser, on pourrait méditer sur une telle prudence et y trouver autre chose que de superstitieuses croyances mythologiques. L'homme restait donc en contact quasi direct avec la nature ; la terre, l'eau, l'air et le feu lui offraient des spectacles dont il chantait la beauté, il observait aussi des phénomènes qui lui inspiraient de la crainte, ou des faits dont il s'efforçait de comprendre les causes.

Quant aux cités, elles n'avaient rien à voir avec les mégapoles que nous connaissons aujourd'hui ; elles se présentaient avec toute la personnalité que leur conféraient leur dialecte, leurs lois et leurs monuments. Leurs habitants étaient des citoyens qui y étaient nés et qui désiraient y mourir, et non des citadins venus là selon les hasards de leur vie professionnelle. Ils avaient donc le sentiment d'appartenir à une communauté naturelle, les étrangers et les esclaves étaient pour eux, sinon des ennemis, du moins des éléments à part auxquels il leur était difficile de s'identifier ; le terme « autochtone », produit du sol, prenait donc ici sa pleine acception.

Les philosophes grecs s'attachèrent à connaître l'*essence,* c'est-à-dire la « nature » des êtres et des choses ; ils se posaient à ce sujet trois problèmes étroitement liés : d'abord celui de l'origine de cette nature, ensuite celui de son statut dans l'ensemble du cosmos, enfin celui de sa destination. La naissance, les relations de l'Un et du Multiple ou de l'Etre et des êtres, et la mort constituent les trois volets du triptyque selon lesquels les philosophes grecs établirent leurs conceptions du monde. Ces thèmes de réflexion faisaient déjà partie de la *mythologie grecque* car les Grecs projetèrent souvent dans des mythes leurs craintes, leurs espoirs ou leurs désirs, et en ce sens Hésiode et Homère, Eschyle, Sophocle et Euripide nous offrent d'inépuisables sujets de réflexion.

Les mythes, auxquels Platon fait largement appel, appartiennent à tout autre chose qu'à ce que des sociologues comme Lévy-Bruhl ou Durkheim devaient qualifier dédaigneusement de « mentalité pré-logique ». On a sommairement opposé le *Muthos* au *Logos* en réduisant le premier à un ensemble de superstitions puériles gravitant autour d'une croyance au surnaturel. Infiniment plus riche est l'interprétation psychanalytique de la mythologie grecque qui cherche à mettre au jour le sens latent du symbolisme parlé par l'inconscient individuel ou collectif ; l'analyse de mythes tels que ceux d'Œdipe, d'Electre ou d'Antigone devait être appelée à une grande célébrité.

Sans négliger de telles considérations, il ne faut pas oublier que le propos des mythes grecs est d'insérer les débuts des choses et des êtres dans une cosmogonie, voire dans une théogonie ; ils se penchent sur ce qui se situe *avant* l'apparition des naissances, sur ce qui advient *après* la mort et sur ce qui noue les êtres aux choses, les choses entre elles et les êtres entre eux *pendant* la vie. Ces mythes, et les Mystères qui en honorent les dieux, se présentent en définitive comme des *connaissances qui initient* à l'organisation du monde et au déroulement de celle-ci ; tout comme les oracles de la Pythie ou les songes qu'interprètent les oniromanciens, ils se proposent de donner la clef des temps. Or, et c'est là un des traits essentiels de la pensée grecque, ce temps est inexorablement scellé par les lois du Destin. Personne ne peut rompre les décrets de la Nécessité, même pas les dieux qui y sont eux-mêmes assujettis. Quant aux hommes, ils sont si peu libres que Platon les comparera à des marionnettes dont les dieux tirent les ficelles, les passions elles-mêmes sont considérées comme des sentiments mis par les dieux dans le cœur des hommes. Racine s'en souviendra dans ses tragédies. Dans la mythologie grecque, à la différence de ce qu'on lit dans la Bible, il n'y a aucune place pour une alliance de Dieu avec l'homme.

C'est pourquoi le Logos grec, qui s'adresse aux hommes et qu'invoque Héraclite, n'est pas un Logos sauveur, c'est un Logos qui, dans un langage crypté, parle aux hommes des décisions prises par le Destin. Chez les Grecs, la liberté de l'homme n'est donc pas fondatrice, ce qui explique que l'idée de progrès leur reste étrangère, elle est tout au plus acceptatrice.

Telle est la raison pour laquelle la connaissance joue chez eux un rôle capital. Si l'idée de Révélation est partout présente dans l'Ancien Testament, c'est l'expérience du dévoilement qui domine la pensée grecque. La mythologie grecque sert, en effet, d'arrière-fond à une connaissance initiatique cherchant à dégager la racine des choses et à situer la naissance, l'existence et la mort dans une méga-histoire dont celles-ci ne seraient que des épisodes. La connaissance implique d'abord un arrachement de l'homme à ce qui pourrait lui faire oublier cette méga-histoire ; ensuite un savoir de plus en plus épuré et l'initiation aux Mystères le mettent sur le chemin ascendant qui conduit jusqu'à Dieu. Le savoir acquis ou transmis par une initiation peut permettre à l'homme de dévoiler la vérité, de connaître le Bien et le Mal et de parvenir finalement à s'unir à Dieu dans une identification contemplative qui, pour brève qu'elle puisse être, n'en est pas moins possible. L'homme a donc à apprendre les voies qu'il doit suivre, y compris celles qu'il trouvera après sa mort et le long desquelles le guideront des génies psychopompes. La civilisation grecque, c'est l'homme s'étudiant lui-même, comme l'y incite le fameux *Connais-toi toi-même*, et tirant de lui seul les ressources qui lui permettront de se comprendre, de comprendre la nature et de lire les lois du Destin.

Certes, la mythologie et la philosophie grecques accordent une place à la chute et à la « perte des ailes », mais la connaissance s'y trouve chargée de libérer l'âme enfermée dans la prison du corps. Il n'y a donc pas ici de séparation radicale entre l'homme et le transcendant ; les dieux habitent même souvent parmi les hommes, comme le font ceux des sources, des fleuves, de la mer, des vents ou de la terre, certains président même au destin des cités. En outre, ces dieux connaissent eux aussi les passions des hommes, celles de l'amour, de la haine, de la jalousie ou de la vengeance. Le divin et l'humain sont si étroitement imbriqués l'un dans l'autre que Thalès de Milet pouvait dire : « Tout est plein de dieux » et qu'Héraclite invitait des visiteurs hésitant à entrer dans sa cuisine en précisant : « Ici aussi les dieux sont présents. »

D'où viennent ces lois et ces arrêts du Destin ? Par qui et en vue de quoi ont-ils été écrits ? Sur ce point, la mythologie grecque reste significativement muette et nous nous trouvons en présence d'un début sans fondement. Dans l'hellénisme, le début et le temps auxquels sont enchaînés les événements demeurent injustifiables, au sens littéral du terme ; par conséquent, l'existence humaine est elle-même injustifiée. L'homme se heurte, comme à un mur, à un début qui le prédétermine et qu'il demeure incapable de remettre en cause. On ne sera donc pas étonné de constater que cette mythologie accorde une assez grande place à l'absurde,

absurde qui a ses esclaves comme les Danaïdes, ou ses héros comme Sisyphe. C'est précisément parce que l'hellénisme nous met en présence d'un début sans Commencement que la notion de Création n'a aucun sens pour lui, le Dieu est un démiurge, un architecte qui n'a pas fait sortir l'univers du Néant, mais qui a façonné le chaos en le finalisant pour en faire le Cosmos, c'est-à-dire un monde organisé ; l'homme lui-même s'y trouve aussi façonné, c'est pourquoi la vie est souvent comparée à une pièce de théâtre où chacun doit jouer le rôle qui lui a été attribué par le divin metteur en scène.

Dans l'hellénisme, il n'y a aucune place pour des Psaumes, ni pour la parole : « J'ouvrirai devant toi une porte que personne ne pourra refermer » ; la conception circulaire du temps, selon laquelle les mêmes actes se reproduisent au cours d'un cycle appelé « Grande Année », fait de ce cycle ce qui permet une compensation et une réparation des limites individuelles échangées au cours d'une transmigration. Demeurent éternels les Idées, les Formes et les rapports sous lesquels le *Même* apparaît au cœur de l'*Autre*. L'éternité domine le temps en s'y manifestant.

I. — LES PRÉSOCRATIQUES

On peut organiser l'histoire de la philosophie grecque de part et d'autre du nom de Socrate selon le tableau ci-après (v. p. 22).

La plupart des philosophes présocratiques (VIIe-V^{e} av. J.-C.) n'étaient pas des Athéniens ; ils habitaient la Grande Grèce : Ionie, Italie du Sud ou Sicile. Il ne nous reste que des fragments de leurs œuvres connus par les citations qu'en firent leurs successeurs ou par ce que nous en disent les compilateurs appelés doxographes et dont les principaux sont Diogène Laërce (IIe-IIIe apr. J.-C. ?) et Stobée (V^{e} apr. J.-C.). La compréhension de ces philosophes a donné lieu à pas mal d'interprétations abusives. Si on laisse de côté celles qui cherchent à déceler partout des influences égyptiennes ou orientales, il convient de récuser celles qui, très courantes chez les historiens français de la philosophie, tiennent les présocratiques pour les timides précurseurs de la pensée scientifique moderne, précurseurs qui ne se seraient malheureusement pas entièrement dégagés de spéculations mythologiques sur le surna-

Les présocratiques (VIIe-Ve siècle av. J.-C.)

Les ioniens ou milésiens	*Les éphésiens*	*Les éléates*	*Les pythagoriciens ou acousmatiques*	
Thalès de Milet	Héraclite	Xénophane	Pythagore	Leucippe
Anaximandre		Parménide	Timée	Anaxagore
Anaximène		Zénon d'Élée		Empédocle
				Démocrite

Les sophistes (Ve siècle av. J.-C.)

Protagoras	Prodicos
Gorgias	Calliclès
Hippias	Thrasymaque

Socrate (470-399)

Les grands socratiques / Les petits socratiques

L'Académie	*Le Lycée Les péripatéticiens*	*Les mégariques*	*Les cyniques*	*Les cyrénaïques*
Platon (427-348)	Aristote (385-322)	Euclide le Socratique	Antisthène	Aristippe
		Eubulide	Diogène	Théodore l'Athée
		Diodore Cronos	Cratès	
		Stilpon		

Vers 300 av. J.-C.

Nouvelle Académie	Théophraste	*Les sceptiques*	*Les stoïciens*	*Les épicuriens*
Arcécilas (316-241)	(372-287)	Pyrrhon (365-275)	Zénon de Cittium (356-264)	Epicure (341-270)
Carnéade (219-129)		Timon	Cléanthe	
			Chrysippe	

Débuts du christianisme

—

Le Néoplatonisme

Plotin (205-270)
Porphyre (232-300 ?)
Jamblique († 300)
Proclus (422-485)
Damascius (480-544)

L'empereur Justinien fait fermer l'Ecole d'Athènes en 529

turel. Nietzsche s'est montré beaucoup plus perspicace en voyant dans les présocratiques des penseurs tragiques préoccupés par le problème des relations de l'Un et du Multiple ; il va même jusqu'à en faire les véritables philosophes grecs, une décadence irrémédiable s'étant amorcée à partir de Socrate, l'homme théorique par excellence. Selon lui, Anaximandre, Héraclite, Parménide, Empédocle ont posé les véritables problèmes philosophiques : celui de l'Etre et celui du Devenir. Heidegger a adopté un point de vue voisin en donnant ces philosophes pour ceux qui avaient médité sur les relations de l'Etre et des étants ainsi que sur la vérité définie comme ouverture, dévoilement, et non comme l'expression d'une cohérence logique vérifiable. Certes, de telles perspectives n'échappent pas toujours au reproche de faire des présocratiques non les pères, mais les fils de ceux qui interprètent leurs idées ; elles ont cependant le mérite de considérer ces pionniers de la réflexion philosophique occidentale comme ceux qui cherchèrent les éléments et les relations qui permettraient de penser l'unité du multiple selon une perspective où n'avait pas encore été consommée la rupture entre la qualité et la quantité.

Il va de soi que les présocratiques n'appartiennent pas à une école unique qui posséderait une unité de doctrine, cependant il n'est pas impossible de déceler chez eux des préoccupations communes à l'intérieur desquelles s'articulent leurs visions du monde respectives. Ce sont elles qu'il importe de dégager, car elles permettent de préciser le sens et la portée de ces débuts de la pensée occidentale, bien mieux que ne le ferait une juxtaposition chronologique de monographies consacrées à chacun de ces philosophes.

Quoiqu'ils aient voulu comprendre l'essence des choses et des êtres ainsi que les relations qui les lient les uns aux autres, les présocratiques ne sont pas des penseurs théoriques systématiques. Si l'on met à part les atomistes, avec lesquels quelque chose d'autre commence d'apparaître, la plupart d'entre eux adoptent un ton inspiré, presque tous parlent en poètes et vaticinent. Xénophane, qui était peut-être un rhapsode, écrivit des élégies ; Pythagore fut un fondateur de religion ; Parménide écrit un poème et prétend rapporter ce que lui a confié la divinité qui l'a reçu ; Empédocle se présente comme une sorte de dieu vivant ayant déjà vécu de nombreuses existences et implore les dieux pour qu'ils laissent couler une source pure de ses lèvres sanctifiées ; Héraclite parle comme un oracle, il invoque le Maître qui est à Delphes et la

Sibylle dont la voix traverse des milliers d'années. Tous ont le sentiment de rapporter un message auquel une connaissance supérieure les a initiés.

Mis en présence d'une nature qu'ils parcouraient lentement à pied, à cheval ou sur des bateaux à voiles, les Grecs en avaient admiré la beauté parfois redoutable ; sous leurs yeux s'étalait le spectacle de la vie avec ses mystères ou ses drames et ils cherchaient à dévoiler les ressorts cachés de cette belle tragédie dans laquelle eux-mêmes étaient impliqués. Nous allons regrouper leurs idées essentielles autour de trois centres fondamentaux.

1° Le mot grec qui signifie nature *(phusis)* vient du verbe *phuein* qui signifie *croître*. Tous les philosophes grecs se préoccupèrent d'observer et de chercher à expliquer cette croissance dont ils voyaient de multiples formes chez les végétaux, les animaux mais aussi, pensaient-ils, chez les minéraux qu'ils tenaient pour des fruits souterrains ayant mûri dans les entrailles de la terre. Ils ne se souciaient nullement de fonder une science qui aurait ressemblé, même de loin, à notre actuelle physique, car l'idée de dominer la nature pour la transformer ne s'intégrait pas à leur vision du monde ; c'est pourquoi ils ne se soucièrent jamais d'appliquer leurs connaissances mathématiques à l'étude de la nature, comme nous le faisons depuis Galilée et Descartes. De cette croissance naturelle, ils cherchèrent l'élément premier ; il ne faut pas entendre par là quelque micro-substance dont toutes les choses auraient été composées à des titres divers, mais bien une matrice et une semence fécondes servant de germe, de principe nutritif et de moteur au cosmos tout entier. Thalès de Milet (624-548) trouve cet élément premier dans l'eau, principe de toutes choses, cette eau qui fait pousser les végétaux, qui désaltère l'homme, qui est riche des poissons qui l'habitent, qui tombe du ciel ou qui se cache dans la terre au fond des puits, cette eau qui irrigue les champs et dont les Egyptiens apprécient les bienfaits à chaque crue du Nil. Dans sa *Naissance de la philosophie à l'époque de la tragédie grecque*, Nietzsche a bien dégagé la portée d'une telle « généralisation gigantesque » en affirmant : « Thalès a vu l'unité de l'Etre et quand il a voulu la dire il a parlé de l'eau. » L'eau qui coule, circule, s'infiltre, fertilise ou porte les navires est le lien qui unit le Tout à lui-même, elle en fait une unité et non un simple agrégat de choses étrangères les unes aux autres.

Anaximandre de Milet (611-545) retint l'air comme élément

premier ; notre âme est un air qui nous soutient, et c'est encore un air ou un souffle qui enveloppe le monde tout entier. Le vent salutaire gonfle les voiles des navires, il fait venir les nuages qui apportent la pluie ; nous-mêmes, avant de rendre notre dernier souffle, respirons cet air extérieur selon des rythmes vitaux qui président aux échanges entre notre vie intérieure et le monde qui nous entoure.

Héraclite d'Ephèse (*fl.* 500)[1] voit dans le feu ce à partir de quoi peuvent être expliqués les différents phénomènes de l'univers : « Toutes choses sont échangées contre le feu et le feu contre toutes choses. » Ce feu est une substantialisation du Logos qui éclaire le monde et le régit, c'est pourquoi l'on peut dire que « la foudre gouverne l'univers ». L'univers est lui-même un feu éternellement vivant et s'éteignant avec mesure ; le monde, voué à un embrasement final et à une conflagration universelle, se consumera, non pour disparaître à jamais, mais pour retrouver dans cet incendie gigantesque le principe qui le fera renaître de ses cendres. Une telle idée, que certains attribuent exclusivement aux stoïciens, implique donc une conception circulaire du temps : au bout de 10 000 années solaires l'Eternel Retour assurera la réapparition des mêmes choses et des mêmes êtres. Le feu se retrouve aussi au principe de la chaleur de la vie, de la flamme de la passion et de la lumière qui éclaire toutes choses.

L'eau, l'air et le feu ont donc été tour à tour retenus pour les éléments de la Nature ; et c'est à eux que nous repensons inconsciemment lorsque nous disons qu'il leur arrive de se *déchaîner*.

Avec Pythagore nous avons à faire à une vision du monde qui pense le « début » non plus à l'aide d'éléments naturels, mais en partant du nombre, racine des proportions et de l'harmonie ; point de vue capital sur l'héritage mutilé duquel nous vivons aujourd'hui. Les Grecs eurent de très grands mathématiciens, mais ceux-ci ne se souciaient nullement de jeter les bases d'une science abstraite destinée à permettre le développement de sciences expérimentales utilitaires reposant sur la notion de quantité et

1. Lorsqu'on ignore la date de naissance d'un philosophe et celle de sa mort, on utilise l'abréviation *fl.* *(florebat)* pour dire qu'il « florissait » à tel moment ; ce qui, pour les uns, signifie que le personnage en question avait exactement trente ans à telle date, et pour d'autres qu'il était au sommet de son activité intellectuelle à ce moment-là.

pour lesquelles comprendre revient à mesurer. Il convient de se méfier des interprétations inspirées par un rationalisme positiviste qui cherchent à faire des pythagoriciens des pionniers de la science moderne malheureusement encore empêtrés dans une arithmologie et une astrologie fondées sur une mystique des nombres. En réalité, les Grecs n'avaient pas consommé le divorce de la qualité et de la quantité ; pour eux, en effet, tout nombre était à la fois une collection et une forme, un ensemble d'unités et une figure.

Thalès de Milet (624-548) passait déjà pour avoir acquis sa connaissance des mathématiques auprès des prêtres égyptiens qui professaient une géométrie sacrée. Il aurait découvert qu'un angle inscrit dans un demi-cercle était un angle droit, qu'un triangle était défini si sa base et les deux angles à sa base étaient connus (ce qui permettait de calculer à quelle distance se trouvaient des navires). Il aurait mesuré la hauteur des pyramides d'après la longueur de leur ombre comparée à celle d'un bâton de hauteur connue. Il serait également l'inventeur du célèbre théorème : toute parallèle à un côté d'un triangle détermine deux triangles semblables. Il aurait aussi prévu l'éclipse du 28 mai 585 qui mit fin à la guerre entre les Lydiens et les Mèdes. Cependant pour Thalès la géométrie et l'astronomie restaient des disciplines qui permettaient de découvrir les chemins conduisant à une connaissance des proportions.

Mais ce sont surtout les pythagoriciens qui affirmèrent nettement la nature du nombre comme racine de toutes choses. Pythagore (né vers 585) fut le fondateur et le chef non seulement d'une école philosophique, mais aussi d'une secte politico-religieuse. Il serait allé écouter Anaximandre de Milet et aurait vu en lui un génie supérieur au sien ; une biographie fabuleuse lui prête des voyages en Egypte, à Babylone et même aux Indes, on affirmait qu'il faisait des miracles, se souvenait de ses vies antérieures et jouissait du don de se déplacer instantanément. Pythagore prêchait une sagesse devant des disciples qui l'écoutaient (d'où leur nom d'*acousmatiques*) d'abord sans le voir et qui devenaient ensuite des *mathématiciens*, c'est-à-dire des initiés. Les membres de cette communauté, dans laquelle les femmes étaient admises, étaient tenus par le secret et devaient au maître une obéissance absolue fondée sur le *C'est lui qui l'a dit*. Prières, jeûnes, interdiction de manger de la nourriture animale et des fèves, de pratiquer des sacrifices religieux, le port d'un vêtement blanc, la croyance en la métempsycose, etc., conféraient à l'ordre pythagoricien un caractère aristocratique qui vaudra à ses membres d'être massacrés par une révolte populaire.

Le fondement de la doctrine repose sur l'affirmation célèbre : « Tout est nombre. » On oublie trop à ce sujet que les Grecs n'avaient pas du tout la même conception du nombre que la nôtre. Pour nous, un nombre résulte de l'addition de l'unité avec elle-même : $4 = 1 + 1 + 1 + 1$; d'une telle conception sont nées des philosophies de la déduction et du développement débouchant sur des techniques de la puissance. Au contraire, pour les pythagoriciens le nombre provient de la division de l'Unité, il n'y a donc pas de pluriel de l'Unité qui est le Nombre des nombres, une telle conception conduit à une philosophie de l'enveloppement où le nombre fait partie de l'Unité, loin que ce soit l'Unité qui fasse partie du nombre : 4 est égal au quart de l'Unité. En outre, tout nombre exprime une forme et une figure : 3 manifeste le triangle inscrit dans l'unité du cercle, 4 le rectangle. Si bien que c'est par des procédés graphiques que les pythagoriciens démontraient que $(a + b) = a^2 + 2ab + b^2$ ou mettaient en évidence le célèbre théorème de Pythagore selon lequel le carré de l'hypoténuse est égal à la somme des carrés des côtés de l'angle droit dans un triangle rectangle. Les nombres possèdent donc une individualité, voire une personnalité qui exprime les relations de la partie et de l'Un à l'intérieur d'une harmonie. Principes, sources et racines des choses, ils en sont la forme et la matière ; ils sont à la fois immanents et transcendants car antérieurs à tous les êtres de la nature qu'ils pénètrent.

Traduisant une harmonie, les nombres sont aussi au principe de la musique ; Pythagore avait étudié les rapports entre la longueur et la grosseur des cordes des instruments de musique avec la hauteur du son qu'elles émettaient, de même en ce qui concernait le volume de vases frappés. Les nombres président donc à la consonance et à la dissonance qui règlent l'acoustique des instruments musicaux et celle des théâtres. Les planètes relèvent également d'une musique, car elles se trouvent sur des centres ou des sphères à des distances égales aux intervalles des sons de la lyre, elles produisent ainsi une « harmonie céleste ». La notion d'intervalle harmonique domine également en architecture ; toutes les traditions sur l'harmonie architecturale, sur le « nombre d'or », se retrouvent dans le *De architectura* de Vitruve (Ier siècle av. J.-C.), un des livres de chevet du Moyen Age et de la Renaissance. Ainsi donc, Pythagore raisonne et rêve sur les nombres qu'il célèbre comme éléments de l'organisation harmonieuse de toutes choses. Le nombre traduit la division de l'Unité et les différentes allures des itinéraires ramenant à la source ; il exprime, à la fois, la présence et la distance des choses et des êtres qui consonnent ou sympathisent grâce à lui, les nombres peuvent être beaux, bénéfiques ou maléfiques.

2° Le problème de l'Un et du Multiple ne fut pas simplement pensé dans une perspective mathématique où dominaient des considérations d'ordre et de mesures déductivement enchaînées ; il releva d'une ontologie où l'élément privilégié : eau, air, feu ou nombre joue le rôle de matrice ou de semence de ces êtres. Le problème de la relation tragique des êtres à l'Etre se trouve exposé selon toute son ampleur dans le célèbre fragment d'Anaximandre qui retint l'attention de Nietzsche, de Léon Chestov et de Heidegger. Ces quelques lignes représentent tout ce qu'il nous reste d'un ouvrage *De la nature* que composa Anaximandre en 547, peu de temps avant sa mort : « Ce d'où tous les étants tirent leur existence est aussi ce à quoi ils retournent à leur destruction selon l'ordre de la Nécessité. Ces étants se rendent justice et réparation les uns aux autres de leur injustice selon l'ordre du temps. » L'existence est donc pensée ici comme une perte, comme l'abandon d'une source primitive ; ainsi que l'écrit Nietzsche, « tout devenir est une émancipation coupable à l'égard de l'Etre éternel, une iniquité qu'il faut payer par la mort ». Léon Chestov insiste sur cette idée qu' « Anaximandre considère que les " choses " *en naissant,* en se détachant de l'unité primitive et divine pour atteindre à leur être particulier actuel, ont commis une action impie au plus haut point pour laquelle elles doivent, en toute justice, subir le châtiment suprême ». Le temps est donc ce tout au long de quoi expie l'ex-sistence sortie de l'Etre, le Multiple naît de la chute dans l'individualité ; l'étant, dira Heidegger, se voue à l'errance vis-à-vis de l'Etre qui en fonde pourtant la présence. Dès lors, on comprend que le principe des choses soit, pour Anaximandre, l'*Apeiron,* l'Indéfini, l'Indifférencié qui ne souffre pas des limites fondatrices de l'individu. C'est pourquoi Anaximandre qualifiait l'Indéfini de divin, d'immortel, d'impérissable ; il est l'Originaire d'où sont issus tous les individus qui s'en sont exilés mais auquel ils finissent par retourner lors de leur dissolution finale.

Le problème des relations de l'Un et du Multiple, de l'Etre et des étants est celui que les éléates résolvent d'une manière radicale en niant le Multiple et le Devenir tenus par eux pour du non-être, toute spéculation à leur sujet ne peut conduire qu'aux impasses de l'erreur. La seule voie à pratiquer est donc celle de l'Etre.

Xénophane de Colophon (né en 570 et mort très âgé) est tenu par beaucoup pour le fondateur de l'Ecole éléate. Menant une vie errante, allant de Colophon, en Asie Mineure, à Elée au sud de Naples, puis à Syracuse, il connut peut-être Anaximandre et fut considéré comme le maître supposé de Parménide. Déplorant les mœurs efféminées de ses concitoyens menacés par les Perses mais davantage intéressés par les champions du stade que par les philosophes, il dénonça les conceptions anthropomorphiques et caricaturales que les hommes se font de Dieu dans leurs mythologies. Il semble avoir affirmé l'unité de toutes choses et l'unicité de Dieu immobile, en repos en lui-même et gouvernant le monde. Mais la plus grande gloire de l'éléatisme demeure Parménide (515-450 ?) ; il serait venu à Athènes vers 450 et y aurait rencontré le jeune Socrate. Il nous reste de lui 150 vers de son poème qui commence par une introduction solennelle nous montrant le char de Parménide guidé par des jeunes filles sur la voie fameuse de la Divinité qui l'initie en lui disant qu'il n'y a que deux voies de recherche. La voie de la Vérité est celle proclamant que l'Etre est et qu'il est impossible pour lui de ne pas être. La seconde voie, n'aboutissant nulle part, est celle qui prétend que le Non-Etre est. De Karl Reinhardt à Heidegger, on trouve ici de nombreuses micro-exégèses qui nous renseignent souvent beaucoup plus sur la pensée de leur auteur que sur celle de Parménide. Lorsque Parménide affirme que l'Etre est et que le Non-Etre n'est pas, il refuse au Non-Etre toute possibilité d'advenir à l'Etre dans un futur assurant le passage d'une négation présente à une affirmation à venir. Parménide, qui se moquait d'Héraclite, tenait l'Etre pour indivisible, sans manque, inengendré et impérissable ; l'Etre ignore donc la dispersion, le temps et l'espace ; le multiple, le mouvement et le devenir relèvent du Non-Etre et sont par conséquent incompréhensibles. Les célèbres apories de Zénon d'Elée (*fl.* 460) avaient pour fin de montrer que le mouvement est impensable bien que nous croyions savoir ce qu'il faut entendre par là ; par exemple, si nous organisons une course entre Achille et une tortue, non seulement celui-ci ne dépassera jamais la tortue mais il ne la rattrapera jamais. Donnons, en effet, un certain handicap à Achille mais faisons-le partir en même temps que la tortue ; lorsque Achille se trouvera là où se trouvait la tortue au moment du départ, celle-ci ne s'y trouvera plus ; lorsque Achille se trouvera au nouveau point où se trouve maintenant la tortue, la tortue sera plus loin ; et ainsi indéfiniment, Achille se rapprochera de plus en plus de la tortue mais la distance qui les sépare, pour petite qu'elle devienne, ne sera jamais égale à zéro. On sait que des contemporains de Zénon se contentaient de réfuter son argument (et il faudra attendre Bergson pour en démontrer clairement le sophisme) en marchant, d'où l'expression courante : « prouver le mouvement en marchant ».

Pour bien comprendre le sens et la portée des positions de Parménide, il est instructif de montrer comment nous en avons pris le contre-pied. Aujourd'hui nous nous détournons de l'Etre au profit des passages, nous nous détournons de l'Un au profit du Multiple, l'Eternité nous semble un concept creux et nous travaillons à intensifier et à accélérer le cours du devenir ; c'est pourquoi, contrairement à Parménide, nous pensons volontiers que l'Etre n'est pas et que le Non-Etre est ; nous accumulons des expériences et nous récusons l'Expérience ; bref, nous adorons le mouvement pour lui-même, c'est pourquoi les mutations et la vitesse sont devenues de nouvelles idoles. La philosophie de Parménide, au contraire, est une philosophie de la plénitude dans laquelle la Vérité doit être contemplée. Connaître c'est être, car il n'y a de connaître que de l'Etre, « c'est la même chose de penser et d'être ». Aujourd'hui, au contraire, nous affirmons volontiers qu'il n'y a d'être ni des choses ni de l'homme et que tout est flux ou carrefour de structures. Si nous revenons au fragment d'Anaximandre, nous pouvons dire que Parménide tient pour consistant l'Etre qui demeure et à la contemplation duquel il faut se tenir pour s'assimiler à lui, alors que les étants ne sont que des ombres errantes qui font de nous leurs esclaves si nous nous attachons à elles. Comme l'écrit excellemment Etienne Gilson : « La doctrine de Parménide aboutit à opposer l'être à l'existence : ce qui est n'existe pas ou, si l'on veut attribuer l'existence au devenir du monde sensible, ce qui *existe* n'*est* pas. »

La pensée de Parménide aura une destinée capitale dans la mesure où, dans *Le Sophiste,* Platon en prendra le contre-pied pour dire non seulement que l'Etre n'est pas et que le Non-Etre est, mais pour ajouter que ce qui est à son tour c'est l'opposition de l'Etre et du Non-Etre. Chez Platon, l'Etre court, il est relation ; ainsi s'annonce la dialectique hégélienne qui fera du Devenir la synthèse de l'Etre et du Non-Etre.

Posé dans toute son acuité par Anaximandre, Parménide et par Héraclite dont nous allons parler, le problème de l'Un et du Multiple se retrouve chez Anaxagore de Clazomènes (500-428) ; mais, si l'on en croit le témoignage de Socrate qui suivit son enseignement, et celui d'Aristote, avec lui nous n'avons plus affaire qu'à une sorte de *deus ex machina :* l'Esprit, qui présida à l'organisation de toutes choses, à leurs mélanges et à leurs séparations. Le grand souffle de la pensée présocratique ne se retrouve plus ici.

3° Les relations de l'Un et du Multiple, de l'Etre et des étants, chez Anaximandre, chez Pythagore avec sa théorie sur la métempsycose et chez Parménide avec l'enjeu crucial de la voie droite ou celle de l'erreur funeste, se profilent sur un fond de tragédie qui se présente dans toute son ampleur cosmique chez Héraclite d'Ephèse et chez Empédocle d'Agrigente.

Héraclite d'Ephèse (*fl.* 500) était déjà surnommé de son vivant « l'Obscur » ; il voulut se faire l'interprète du Logos qui gouverne le monde et grâce auquel tout est un ; mais les hommes sont hélas incapables de comprendre le Logos parce que tous vivent comme s'ils avaient une pensée particulière, ils vivent dans l'apparence et ne savent ni voir ni écouter. Penseur tragique, Héraclite l'est particulièrement dans sa théorie du combat et de la lutte qu'il met au cœur de sa vision du monde. La nature aime les contraires et sait en opérer la synthèse pour en faire une harmonie, tout comme la musique qui naît de la lyre a pour condition la lutte des tensions entre les cordes et le bois. Ainsi « les contraires s'accordent et la belle harmonie naît de ce qui diffère. Toute chose naît de la lutte ». Parce que « l'Un naît de toutes choses et [...] que toutes choses naissent de l'Un », les contraires se transforment tour à tour les uns dans les autres et « le combat est père de toutes choses ». C'est pourquoi Héraclite insiste sur la notion de Devenir et non sur celle d'Etre comme le fera Parménide ; tout s'écoule et rien ne demeure, on ne se baigne pas deux fois dans le même fleuve. Cependant, au cours de ce devenir, les choses se transforment les unes dans les autres, ainsi que nous l'avons rappelé à propos du feu comme élément de la pensée héraclitéenne, le même cycle se retrouve au bout de la Grande Année de l'Eternel Retour ; c'est pourquoi l'on peut dire de l'héraclitéisme qu'il est une pensée du revenir plutôt qu'une simple pensée du devenir. Ce dynamisme tragique de l'affrontement et de l'harmonie des contraires assura à la pensée d'Héraclite une destinée marquante dans l'histoire des idées. Hegel, en affirmant qu'il n'y a d'être que du Devenir, se réclamera d'Héraclite ; Nietzsche verra en lui un de ses ancêtres et reprendra à son compte la pensée de l'Eternel Retour.

Le caractère tragique de la vie du monde se confirme chez Empédocle d'Agrigente (né vers 490) qui nous brosse une fresque grandiose des palpitations de l'univers. Il connut probablement le pythagorisme et l'héraclitéisme et toute sa pensée se trouve renforcée de ce que l'histoire ou la légende nous disent de lui. Se présentant comme un mage, comme un dieu vivant parmi les hommes, se souvenant de ses réincarnations successives dans des vies antérieures, ce thaumaturge avait écrit des poèmes : *De la Nature* et *Les Purifications,* dont il ne nous reste que des fragments. La légende nous dit qu'il serait mort en se jetant dans l'Etna et que le volcan aurait recraché ses sandales d'airain.

Empédocle fait de l'être primitif une sphère originaire parfaite, les hommes ont connu un Age d'or qu'ils perdirent en étant précipités sur la Terre où ils furent livrés à la lutte des contraires, seuls les hommes pieux retourneront auprès des dieux pour y jouir de l'harmonie. L'homme reste donc un exilé expiant les fautes de ses vies antérieures. Quant au Cosmos, il est le théâtre de la lutte sans merci que se livrent la Haine qui divise et l'Amour qui réunit ; les éléments, l'eau, l'air, le feu auxquels Empédocle ajoute la terre, les êtres et les choses sont tour à tour séparés et unis par ce combat au cours duquel l'Un se déchire puis se réconcilie ; dans cette guerre cosmique, le semblable est attiré par le semblable et Empédocle explique ainsi la perception. Une telle vision dramatique frappa l'imagination de Hölderlin et celle de Nietzsche ; Schopenhauer reconnaissait également sa dette envers Empédocle et Freud vit en lui une sorte de précurseur de sa théorie selon laquelle Erôs et Thanatos, les pulsions de vie et les pulsions de mort, sont au principe même de l'existence.

Ainsi donc, pour diverses que soient les visions du monde que nous présentent les présocratiques, elles se proposent de dévoiler les éléments qui constituent les racines du Cosmos et de nous initier aux drames mystérieux qui président aux relations de l'Un et du Multiple, de l'Etre et des êtres ; si bien que des commentateurs ont cru pouvoir déceler en elles une influence de l'orphisme. Le philosophe se donne, par conséquent, pour celui qui est capable de remonter à l'Originaire grâce aux seules ressources de sa réflexion sur le spectacle de la nature et sur l'existence humaine, réflexion intensifiée et guidée par les enseignements d'un Logos dont le philosophe se rapproche et auquel il finit même par s'identifier au cours d'une démarche intellectuelle ascensionnelle.

Toutefois, une place à part doit être réservée aux atomistes. Sans pour cela voir en eux les ancêtres du matérialisme moderne, comme l'ont prétendu pas mal de marxistes, on doit souligner qu'ils furent les seuls à ne pas recourir au finalisme pour expliquer les phénomènes et qu'ils restèrent étrangers aux spéculations sur le dieu ou sur le Logos. Deux grands noms dominent tous les autres : Leucippe (ve s. av. J.-C.) et surtout Démocrite d'Abdère (né vers 460). Au problème classique : peut-on pousser la division des substances à l'infini, les atomistes répondaient : « Non. » Selon eux, il arrivera un moment où l'on se trouvera en présence du plus petit élément possible : l'atome, qui, comme son nom l'indique, est insécable ; ces atomes sont séparés par le vide. Les atomistes ne cherchent pas à expliquer l'univers par l'Amour, la Haine, l'Esprit, ni par des causes finales ; l'origine du monde se trouve dans la nécessité et son fonctionnement est un mécanisme régi par des lois. Le perpétuel mouvement des atomes, né d'un tourbillon primitif, est au-delà de toute cause, mais il est la cause de tout ; en s'accrochant les uns aux autres et en se séparant pour se réunir de nouveau, les atomes ont fini par en arriver à cet agencement qui constitue notre univers. L'homme et les animaux sont eux-mêmes nés de la terre, notre âme est de nature ignée et disparaîtra avec le corps lors de cette désagrégation des composés que constitue la mort des individus. Démocrite insistait également sur ceci que les qualités que nous percevons ne se trouvent pas dans la nature, mais résultent médiatement de la façon dont nous percevons les atomes. Le sage doit donc fuir la crainte pour parvenir au calme, à la modération et à la frugalité ; il doit agir comme il faut sans se soucier des dieux nés de superstitions populaires à l'égard des phénomènes naturels superficiellement tenus pour inexplicables.

On peut dire que les atomistes ont voulu faire de l'homme un être-dans-la-nature ; bien que Démocrite affirme que nous ne savons pas ce que chaque chose est ou n'est pas, il nous propose une vision du monde complètement dédramatisée, c'est pourquoi une tradition représentait Héraclite toujours en train de pleurer et Démocrite en train de rire. L'atomisme nous met en présence d'une perspective où il est demandé à la nature seule de livrer les principes de son fonctionnement et de celui des êtres qui l'habitent. Que la nature soit auto-explicative implique le refus de recourir à quelque démiurge organisateur : le monde, horizontalisé et aplati, perd sa dimension essentielle, et cette perte est donnée pour un acquis démystificateur fondamental.

II. — SOCRATE, SON TEMPS ET SON HÉRITAGE

Les sophistes

La vision du monde commune aux philosophies présocratiques meurt avec les sophistes ; ceux-ci réduisent le Logos au langage que l'homme parle et veulent enseigner l'art de manier le discours pour manipuler utilement un auditoire. La Mesure n'est plus ce à quoi l'homme doit se mesurer, elle devient ce que l'homme mesure. Le centre de la sophistique se trouve dans la célèbre formule de Protagoras (484-411) : « L'homme est la mesure de toutes choses. » Il est probable que Protagoras crut pouvoir tirer cette leçon de relativisme du mobilisme d'Héraclite en en concluant que rien n'est en soi ni par soi et que l'essence des choses varie selon les individus : « Telles les choses me paraissent, telles elles me sont ; telles elles te paraissent, telles elles te sont. » On ne peut donc parler ni de vrai ni de bien puisque tout est relatif à l'individu. Le relativisme de Protagoras se prolonge chez Gorgias (483-376) par une sorte de nihilisme sceptique pour qui « rien n'existe ; si quelque chose existe, ce quelque chose est inconnaissable, si on peut le connaître, on ne peut communiquer son savoir à personne ». Il n'y a donc que des apparences et non des réalités. Par conséquent, tout individu doit apprendre l'art d'imposer aux autres les apparences qui lui sont profitables à un moment donné, cet art est celui de la rhétorique dont Gorgias est le fondateur. Ainsi le discours n'est plus chargé de transmettre ni d'enseigner une vérité, c'est pourquoi tel sophiste pouvait soutenir un jour dix thèses en répondant à tous ses contradicteurs et exposer le jour suivant les dix thèses contraires en réfutant également toutes les objections ; le problème de savoir quelles étaient les dix thèses vraies et les dix thèses fausses restait pour lui un faux problème, l'essentiel étant que l'orateur soit convaincant et capable d'inculquer à son auditoire les opinions nécessaires. Avec les sophistes, la Terre est désormais coupée du Ciel ; le droit lui-même est réduit par Hippias à une coutume arbitraire, d'où les conclusions qu'en tiraient le Calliclès et le Thrasymaque de Platon pour lesquels le droit se ramenait à la volonté du plus fort et pour qui commettre l'injustice valait mieux que la subir.

Même si cela relève d'une Grèce un peu idyllique, telle que la rêvèrent les romantiques allemands, on peut dire que, avant les sophistes, était vécue et reconnue une sorte d'harmonie entre la loi, la nature, les mœurs et la cité ; les sophistes dissocièrent ces quatre notions, ils opposèrent la Nature à la loi pour dire que la loi était contre nature et affirmer que les mœurs et l'organisation de la cité trouvaient leur source dans des habitudes purement conventionnelles. Privées de Mesure, la Terre et la Cité étaient désormais ouvertes à toutes les démesures des individualismes entrant en conflit ; un Calliclès s'en félicitait puisque de tels conflits assurent le triomphe du plus fort, c'est-à-dire, pour lui, du meilleur. Telles sont les idées que Socrate, Platon et Aristote critiqueront explicitement ou non.

Cependant il convient de ne pas oublier que la sophistique n'a pas seulement agi à titre de repoussoir. Des philosophes modernes ont voulu réhabiliter les sophistes que Platon aurait injustement calomniés. Selon eux, dire que « l'homme est la mesure de toutes choses » revient à jeter les bases d'un humanisme où l'homme est le libre fondateur des valeurs et des lois auxquelles il doit obéir afin de rester autonome. On oublie qu'il n'y a pas un, mais des humanismes qui, tôt ou tard, finissent par entrer en conflit ; c'est ainsi que l'on parle aujourd'hui d'humanisme dévôt, d'humanisme athée, d'humanisme existentialiste, d'humanisme marxiste, etc., si bien que nous aboutissons de nouveau à des relativismes. Finalement ce sont les sophistes que nous retrouvons derrière les structuralismes qui affirment, comme Protagoras, qu'il n'y a de sens que par l'homme, et qui ajoutent, comme Gorgias : lequel n'a pas de sens. Si bien que les systématismes décrypteurs et les radiographies structurales engendrent, voire justifient, les ludismes de tous ceux qui prétendent que, puisque rien n'est vrai parce que existent seulement des opinions mouvantes, rien n'est contre nature et que par conséquent tout est permis, le culturel ne devant pas être distingué du naturel mais réintégré dans celui-ci.

Socrate (470-399)

Le nom de Socrate domine l'histoire de la philosophie grecque et pourtant il lui échappe puisque Socrate, homme du dialogue, n'a rien écrit et qu'il ne nous est connu qu'à travers ce que nous en disent des disciples plus ou moins fidèles. Fils de la sage-femme Phénarète, époux de l'acariâtre Xanthippe, Socrate se comporta toujours en loyal citoyen athénien, aussi bien à la guerre que dans la vie politique il fit preuve d'un grand courage. Se promenant sur l'Agora, il parlait à chacun en cherchant à faire réfléchir son interlocuteur, c'est pourquoi on le comparait à un taon qui empêche les chevaux de dormir ou à une torpille dont on reçoit une commotion électrique lorsqu'on la touche.

Face aux sophistes qui prétendaient tout savoir et être capables de donner des leçons sur n'importe quel sujet, Socrate affirme qu'il ne sait rien, entendant par là qu'il vaut mieux une ignorance qui se connaît qu'une ignorance qui s'ignore. C'est pourquoi Socrate ne cessait de manier l'ironie, feignant toujours l'admiration devant la réponse pleine d'assurance donnée à la question qu'il venait de poser concernant le Vrai, le Beau, le Juste, le Bien, etc. De cette réponse, Socrate tirait aussitôt des déductions approuvées par l'interlocuteur mais qui finissaient par être en contradiction flagrante avec la définition proposée. Si l'interlocuteur est de mauvaise foi, comme Calliclès, il refuse de continuer la discussion, s'il est sincère il reconnaît ses torts et propose une nouvelle définition qui passe à son tour au crible de l'analyse. Fort souvent le dialogue n'aboutit à aucune conclusion ; mais si, à la fin de l'entretien, on n'est parvenu à aucune définition satisfaisante de la notion étudiée, on a tout de même réussi à en éliminer les caricatures ; on ne sait peut-être pas ce que sont le Vrai ou le Bien, mais on sait à tout le moins ce qu'ils ne sont pas.

Par-delà les savoirs encyclopédiques chers aux sophistes, Socrate cherche à parvenir à une connaissance en intériorité ; c'est pourquoi il adopte la maxime inscrite sur le temple de Delphes : « Connais-toi toi-même. » Il ne s'agit pas là d'une invitation à quelque introspection qui permettrait à chacun de voir clair en lui-même, il faut découvrir le chemin intérieur de la maîtrise de soi capable de conduire à l'Etre, par-delà les apparences qui nous le masquent, pour nous faire parvenir jusqu'à la vérité qui se trouve en nous, Vérité que nous avons jadis contemplée face à face, mais que nous avons oubliée. C'est pourquoi Socrate compare son art à celui de la sage-femme : la maïeutique ; il s'agit pour lui de faire accoucher son interlocuteur de la vérité qui est en lui mais qui demeure masquée par les voiles de la sensation, de l'opinion et des préjugés. Apprendre revient donc à se ressouvenir. Nous retrouvons ici cette confiance dans une connaissance initiatique indiquant les routes grâce auxquelles l'homme égaré découvrira de nouveau la lumière originelle qu'il était devenu incapable de voir. L'idée d'un salut par la connaissance est donc bien présente ici ; lorsque Socrate affirme que « nul n'est méchant volontairement », il entend par là que le méchant ne se détourne du bien que parce qu'il l'ignore, le pécheur est un ignorant à qui il suffit de donner la connaissance nécessaire pour qu'il pense et agisse droitement.

Or, ce sage du dialogue est mort de ne pas être parvenu à communiquer à ses accusateurs ni à ses juges cette connaissance qui leur manquait. Pour des motivations peu claires, d'obscurs rhéteurs traduisirent Socrate en justice en l'accusant de pervertir la jeunesse et de ne pas croire aux dieux de la Cité. Et voici que Socrate, qui avait toujours su montrer le chemin pour parvenir au Vrai, ne réussit pas à convaincre les juges de son innocence ; ce héros du langage devient le martyr de la sophistique et est condamné à mort. Comme à son habitude, la foule qui criera plus tard : « Vive Barabbas ! » s'offre un sage en holocauste. La maïeutique socratique qui faisait merveille dans les relations d'homme à homme échoue tragiquement devant le collectif.

Ayant refusé de s'évader de prison, Socrate boit la ciguë et meurt au milieu de ses amis en s'entretenant avec eux sur l'immortalité de l'âme ; Platon nous a parlé de cette mort dans le *Criton* et dans le *Phédon.* Ainsi, celui qui pensait que le méchant ne se détournait du Bien que parce qu'il l'ignorait n'a pu apprendre à ses juges ce qui aurait dû les empêcher de commettre leur crime ; cette tragique incapacité du discours humain à opérer une conversion à l'aide du savoir fut pour Kierkegaard le sujet d'une profonde réflexion. Kierkegaard admirait Socrate en qui il voyait le penseur existant, l'Exception, et non l'homme du système, mais il lui reprochait de n'avoir pas vu qu'il ne suffit pas de connaître le Bien pour le faire ; il y a en l'homme un mal radical dont aucune connaissance ne pourra le guérir, en outre la mystérieuse tentation est toujours présente car, comme le disait saint Paul, nous ne faisons pas le bien que nous aimons et connaissons, mais nous faisons le mal que nous haïssons. Quant à Nietzsche, il rendra Socrate responsable d'avoir rompu avec la tradition des penseurs tragiques ; pour lui Socrate est le type même de l'homme théorique qui réduit la vertu à un savoir, mettant ainsi la vie au service de la connaissance. Le traitant de « grand hybride » et de non-Grec, Nietzsche confesse cependant : « Ce que je ne pardonne pas à Socrate c'est de me ressembler tellement. »

Il est fort instructif de réfléchir sur l'aspect même de Socrate ; pour les Grecs, la beauté extérieure était le signe d'une beauté intérieure et il était impensable qu'un beau corps abritât une âme laide. Or Socrate était laid, il ressemblait à un satyre et ses amis s'étonnaient de cet incompréhensible divorce entre son être et son apparaître : comment une âme si belle pouvait-elle habiter un corps si laid ? Le philosophe répondait que son corps portait les stigmates des vices qui auraient été les siens s'il ne s'était pas consacré à la réflexion philosophique ; Socrate refuse donc de voir dans l'apparaître la manifestation de l'être, il nous invite à une quête en intériorité ; mais sa philosophie est finalement une philosophie de l'Immanence comme en témoignent sa confiance dans la maïeutique et son idée qu'apprendre c'est se ressouvenir. Nous sommes ici en présence d'une vision du monde radicalement différente de celle que viendra apporter le christianisme qui ne parlera pas en terme d'Immanence et de savoir mais en termes de Grâce et d'Amour.

Nombreux furent ceux qui suivirent les enseignements du grand sage athénien. Plusieurs d'entre eux fondèrent des écoles qui existèrent pendant des siècles. On les classe d'ordinaire en parlant de celles des petits socratiques (mégariques, cyrénaïques et cyniques) et de celles des grands socratiques (l'Académie de Platon et le Lycée d'Aristote).

Les petits socratiques

Les petits socratiques firent glisser l'enseignement socratique du *Connais-toi toi-même* au *Suffis-toi à toi-même ;* en ce sens chacune des trois écoles poussa jusqu'au paroxysme un des traits de la sagesse de Socrate et cela jusqu'à la rendre souvent méconnaissable.

Les mégariques avec Euclide de Mégare (450-380), qu'il ne faut pas confondre avec le géomètre, mettent l'accent sur l'ignorance professée par Socrate, ils pensent que toute discussion est vaine et que, pour être sûrs de ne pas nous tromper, nous devons nous en tenir au principe d'identité : A est A ; dès que nous attribuons un attribut à un sujet, pour dire par exemple : « La neige est blanche », nous définissons une chose par ce qui n'est pas elle, car les nuages eux aussi sont blancs. Le problème de la relation attributive se trouve ainsi posé et c'est lui qu'étudiera Platon dans le *Sophiste.* Les sorites d'Eubulide (384-322) se proposaient de montrer que nous ne savons jamais de quoi nous parlons, nous croyons savoir, par exemple, ce qu'est un tas, mais deux grains de blé ne constituent pas un tas, trois non plus, à partir de combien de grains pourrons-nous dire que nous avons affaire à un tas ? Le problème essentiel des rapports du discontinu et du continu et celui des rapports de la quantité et de la qualité se trouvent donc ainsi posés ; nous les retrouverons au cœur de la pensée de Bergson. Voici donc que le langage s'auto-dépayse ; il ne sait plus de quoi il parle, car plus rien ne lui parle, l'homme ne sait plus que dire de l'Etre, car il ne se met plus à l'écoute de l'Etre qui lui parlait. Le Logos qu'écoutaient Héraclite, Parménide ou Empédocle n'est plus entendu, l'homme ne sait plus que dire et habite une nature muette qui ne lui « dit rien ».

Avec les cyrénaïques, le *Connais-toi même* socratique est infléchi vers un subjectivisme professant que le sage doit vivre en société avec lui-même et vers un sensualisme qui débouchent sur un hédonisme inconditionnel. Aristippe de Cyrène (435 ?-350), qui avait connu la pensée de Protagoras et suivi les leçons de Socrate, affirme, en effet, que tous les êtres cherchent le plaisir, que ce plaisir est positif et qu'il ne saurait se réduire à l'absence de douleur. Beaucoup d'anecdotes nous dépeignent Aristippe comme un débauché sans conscience, mais de telles affirmations doivent être nuancées, car Aristippe se souvenait des leçons de Socrate, c'est pourquoi son hédonisme allait de pair avec un détachement désabusé à l'égard des biens de ce monde ; sachant garder une certaine liberté de langage avec tous les tyrans qu'il courtisait, Aristippe ressemble à ces blasés avides de jouissances nouvelles qui se demandent pourtant s'il vaut la peine d'y goûter. Ainsi, l'homme mesure de toutes choses, cher à Protagoras, est devenu un esthète qui se déprend de tout, vivant dans l'instant, faisant des expériences sans jamais parvenir à en acquérir une si ce n'est celle d'un vide intérieur qui se creuse d'autant plus qu'il semble près de se combler. Tel est aujourd'hui le lot de beaucoup de nos contemporains qui « se cherchent », veulent « s'exprimer » et pensent posséder en eux une « créativité » qu'ils demandent en vain au monde extérieur de rendre chaque jour plus étonnante.

Les cyniques tirèrent l'ironie socratique du côté du sarcasme et firent du *Connais-toi toi-même* le mot d'ordre d'une sagesse du renoncement. Antisthène (444-365), d'abord auditeur des sophistes puis élève de Socrate, refusait les idées chères à Platon et affirmait : « Je vois bien tel ou tel cheval, mais je ne vois pas la chevaléité », soulevant ainsi à l'avance la « querelle des Universaux » ; faisant preuve d'un détachement complet à l'égard de l'opinion, il critiquait la civilisation, pour lui Prométhée n'avait fait qu'apporter aux hommes les germes de la luxure et de la corruption, fruits des sociétés qui tournent le dos à la nature. En ce sens, le tonneau de son disciple, Diogène de Sinope (404-323) est tout un symbole ; alors que Socrate aimait se promener sur l'Agora parmi ses concitoyens, Diogène s'enferme dans son tonneau, muni d'une lanterne il cherche un homme en plein midi ; s'efforçant de faire le contraire de tout le monde, Diogène, ainsi que son disciple Cratès de Thèbes, est célèbre par les anecdotes qui le montrent vivant au jour le jour, sans patrie ni maison, harcelant ses contemporains de ses critiques acerbes ; cela lui valut le surnom de « Socrate furieux » tandis que lui-même se comparait à un chien aboyant et mordant. Peu à peu le cynique deviendra une sorte de personnage de comédie, reconnaissable à ses haillons, à sa crasse, à sa vulgarité, mais parfois porte-parole de mécontentements populaires.

Ainsi, les petits socratiques ont mis l'individu au centre même des connaissances qu'ils voulaient acquérir afin d'inciter chacun à mettre au jour ses propres normes et à les prendre pour règles de vie. Platon et Aristote se sont au contraire efforcés d'ouvrir l'homme à ce d'où celui-ci tenait son être.

Platon (427-347)

Platon, le plus grand disciple de Socrate, fut le fondateur de l'Académie qui se perpétua pendant plusieurs siècles sous la direction de scolarques successifs. Platon fut confronté tout d'abord au drame de la liquidation du pythagorisme. Les pythagoriciens avaient fait du nombre la racine d'une harmonie présente aussi bien dans la structure du cosmos, la voûte céleste, que dans la musique, l'architecture, l'anatomie ou la morale ; la Mesure était pour eux ce à quoi l'homme devait se mesurer, car elle exprimait les relations d'équilibre entre la partie et l'Unité, entre l'homme et l'univers. Le massacre des pythagoriciens dans l'Italie méridionale eut pour conséquence indirecte de conduire à une conception résiduelle de la mesure réduite à une quantité ; en se consacrant à la mesure de type quantitatif, l'homme commence de perdre le sens de la Mesure et se trouvera exposé à toutes les démesures. De cela Platon prit pleinement conscience et s'il est le philosophe du « que nul n'entre ici s'il n'est géomètre », il est aussi le philosophe du que nul n'entre ici s'il n'est que géomètre.

Platon fut ensuite le témoin de la déchéance du Logos que les sophistes avaient coupé de toute référence à une transcendance pour en faire un outil manié par la rhétorique chargée de manipuler l'opinion. Platon ne cesse de s'opposer à cet art de la capture des âmes par l'intermédiaire du discours. Tournant le dos à la rhétorique, il en dénonce constamment les prestiges trompeurs. Platon recourt souvent aux mythes, mais ce n'est nullement par un attachement puéril à la fable, dans le mythe il trouve un moyen de parler de l'Ineffable et de nous rapprocher de ce devant quoi le langage humain ne peut que s'arrêter.

Platon a vécu un troisième drame, celui de la condamnation à mort de Socrate ; ce juste a été légalement assassiné par la Cité dont il était la conscience vivante. Comment l'Injuste a-t-il pu triompher du Juste ? Comment empêcher le retour d'un tel scandale ? Voilà la question clef qui se trouvera au cœur de l'œuvre politique du philosophe.

La philosophie de Platon est dominée par sa théorie des Idées dont la signification et la portée doivent être replacées au cœur de l'opposition retentissante entre la philosophie de l'Etre de Parménide et la philosophie du Devenir d'Héraclite. Parménide ne cesse de répéter que l'Etre est et que le Non-Etre n'est pas ; l'Etre parménidien fait donc du devenir, du multiple et du mouvement autant de non-êtres et d'apparences trompeuses qui conduisent sur la voie du mensonge et de l'erreur. Mais si la voie du Non-Être est impraticable, il faut bien reconnaître qu'elle est cependant pratiquée par ceux qui s'y fourvoient ; Parménide ne se soucie guère de savoir pourquoi le Non-Etre et le Devenir séduisent les hommes en leur laissant croire qu'ils vont les conduire vers le Vrai. Autrement dit, le problème de l'erreur ne se trouve pas posé par l'éléatisme qui se contente de la dénoncer mais qui n'en explique ni la raison ni même la possibilité : comment prendre le Non-Etre pour l'Etre, si l'on ne peut rien dire de ce Non-Etre ? Toutes ces difficultés se retrouvent chez les mégariques qui prétendent que l'on ne peut sortir du principe d'identité A est A sans se condamner à dire que A est B et à sombrer dans l'erreur. Mais nous sommes alors condamnés à une stérile tautologie.

L'héraclitéisme, que Platon connut de bonne heure puisque l'héraclitéen Cratyle fut probablement l'un de ses maîtres, nous conduit à son tour vers des difficultés insurmontables. A la différence de Parménide, Héraclite ne cherche nullement à disjoindre l'Etre du Non-Etre puisque, selon lui, l'un et l'autre s'affrontent dans un combat sans fin et que de cette lutte des contraires naît l'harmonie au sein de laquelle ceux-ci se réconcilient ; le Devenir assure donc la synthèse de l'Etre et du Non-Etre. Mais, avec les sophistes, cette philosophie du Devenir a débouché sur un mobilisme universel sombrant dans le relativisme et le subjectivisme ; puisque tout est emporté par un flux permanent, il est impossible, prétendent Protagoras et Gorgias, de parler d'une réalité stable, du Bien, du Vrai, du Juste. Nous sommes ainsi invités à prendre pour seules mesures nos sensations et nos plaisirs, nous sombrons alors dans des individualismes forcenés et dans des hédonismes rendus spécieux par des discours habiles. Le mobilisme universel, que les sophistes font, leur rend donc impossibles la science et l'éthique. La théorie platonicienne des Idées aura pour but de dénoncer ce mobilisme dissolvant.

Platon avait aussi affaire aux atomistes qui voulaient rendre compte du mouvement, des choses et de la nature en termes de mécanismes et de combinaisons d'atomes. Platon n'a cessé de dénoncer une telle conception du monde qui se situe sur le plan de l'horizontalité des combinaisons et qui laisse délibérément de côté le problème du Sens, celui-ci implique une démarche verticale nous faisant découvrir une Transcendance porteuse et donneuse de sens. L'atomisme se contente d'explications résiduelles, il est incapable de comprendre que les causes qu'il invoque impliquent des raisons qui les dépassent infiniment ; si Socrate est là assis dans sa prison, ce n'est pas simplement parce que les articulations de ses membres lui permettent de prendre une telle position, c'est parce qu'il a été injustement condamné par le tribunal athénien. Ainsi l'élémentaire ne conduit pas à la genèse de l'Unité, il la suppose déjà là ; par exemple, un chariot ne se réduit pas à un simple tas de pièces qui le constituerait, il faut que ces pièces aient été agencées selon un ordre qu'elles n'ont pas elles-mêmes engendré.

Pour éviter les difficultés insurmontables auxquelles nous condamnent l'éléatisme, l'héraclitéisme, la sophistique ou l'atomisme, une conversion est nécessaire ; il faut nous détourner du visible qui aveugle pour rechercher l'Invisible qui éclaire, tel est le sens de la célèbre allégorie de la caverne. Comme Socrate, porte-parole de Platon, le dit : « Je craignis de devenir complètement aveugle de l'âme en braquant mes yeux sur les choses et en m'efforçant par chacun de mes sens d'entrer en contact avec elles. Il me sembla, dès lors, indispensable de me réfugier du côté des Idées et de chercher en elles la vérité des choses. » Platon récuse donc tout empirisme, mais il se déprend aussi du monologue inspiré cher à la plupart des présocratiques ; nous devons chercher dans le dialogue comment le Dieu tient dans sa main « le commencement, la fin et le milieu de tous les êtres ». La théorie des Idées permet ce changement de cap ; elle se déploie selon une théorie de la connaissance sous-tendue par une eschatologie et par une théologie, selon une axiologie et une éthique ayant leur prolongement dans la pédagogie et dans la politique. Quant à la synthèse de l'héraclitéisme et de l'éléatisme que nous offre le platonisme, elle se trouve définie par la reconnaissance du devenir dans le monde sensible et de l'Etre dans le domaine intelligible.

La théorie des Idées est née au cours des dialogues dans lesquels on cherche à parvenir à la définition d'une notion : la tempérance, le courage, la piété, la beauté ; les interlocuteurs de Socrate se bornant à donner des exemples de ce que l'on se propose de définir, Socrate les invite à découvrir ce qu'il peut y avoir de commun dans les exemples proposés ; il ne s'agit pas de dire qu'il y a différentes formes de beauté, mais de parvenir à saisir l'essence même de la beauté. Car, comme il est dit dans le *Cratyle*, « il est clair que les choses ont par elles-mêmes un certain être permanent, qui n'est ni relatif à nous ni dépendant de nous. Elles ne se laissent pas entraîner çà et là au gré de notre imagination, mais elles existent par elles-mêmes, selon leur être propre et conformément à leur nature ». Telle est l'Idée à la recherche de laquelle doit se mettre le philosophe.

Cette théorie des Idées se présente, à la fois, comme un réalisme et comme un idéalisme. Le réalisme de Platon n'a rien à voir avec un réalisme naïf impliquant un subjectivisme et un mobilisme empirique ou y conduisant ; le réalisme dont il s'agit ici est un réalisme de l'intelligible qui voit dans l'Idée une réalité et non une simple manière de penser. Le platonisme est aussi un idéalisme dans la mesure où les objets sensibles n'y sont pas tenus pour des réalités véritables mais pour des apparaître qui ne sont pas porteurs de sens. Le platonisme se présente comme un idéalisme gnoséologique parce qu'il affirme que l'homme qui cherche à connaître doit se dépouiller de *sa* réalité individuelle afin de saisir le monde comme une unité impliquant une histoire qui lui donne un sens, non certes une histoire humaine, mais une histoire du type de celle à laquelle les mythes font allusion en rattachant ce monde-ci à celui dont il provient et dont il s'est séparé. Cet idéalisme gnoséologique, qui refuse de faire de l'homme la mesure de toutes choses, se double d'un réalisme ontologique faisant appel à Dieu qui, lui, est véritablement la mesure de toutes choses. L'Idée platonicienne est transcendante aux choses et partiellement immanente à l'âme ; la philosophie est, à la fois, le récit de l'itinéraire qui va de cette immanence à cette transcendance — d'où le recours aux mythes — et un effort pour faire descendre la transcendance de la Justice dans le cœur des hommes et dans celui de la Cité, d'où son prolongement dans la pédagogie et dans la politique. Ainsi la sagesse n'est ni un savoir-faire ni un savoir-dire comme le pensaient les sophistes, car la Justice n'est inscrite ni dans les faits sociaux ni dans la nature.

Dans l'accès aux Idées, les mathématiques jouent un rôle irremplaçable en faisant le procès de l'apparence et celui du devenir ; les mathématiques nous permettent en effet de parvenir, par-delà les sensations et les images, à des essences éternelles : le nombre et la figure, qui nous font accéder à ce qui est toujours. Les mathématiques ont une fonction cathartique essentielle car, sous le multiple, elles nous font découvrir l'Un, sous le rapprochement dans l'espace elles nous font voir la relation intelligible. L'arithmétique, la géométrie, l'astronomie permettent d'accéder jusqu'aux Idées ; le nombre 5 ne désigne pas 5 pierres ni 5 hommes ni 5 *quelque chose,* il est une abstraction ; le triangle n'est ni en bois ni en métal, il est une figure abstraite et une réalité intelligible possédant des propriétés mathématiques bien à elle et différentes, par exemple, de celles du cercle.

Toutefois, les mathématiques ne sont pas une fin en soi, elles ne sont qu'une propédeutique ayant une valeur éducative irremplaçable mais insuffisante. Platon nous précise, en effet, dans le *Politique* qu'il existe deux sciences de la mesure ; les mathématiques étudient des relations réciproques et comparatives qui ne tiennent compte que de la grandeur ou de la petitesse, mais au-dessus d'elles la dialectique juge les rapports en fonction de la Juste Mesure ; c'est uniquement en fonction de cette dialectique que l'on peut parler de démesure, les mathématiques ne connaissent que des rapports qu'elles ne jugent pas, elles s'en tiennent à des principes dont elles partent mais dont elles ne peuvent rendre raison. La dialectique, au contraire, ne procède pas seulement vers les conséquences déduites des principes, elle cherche à remonter jusqu'au Principe des principes ; elle est la connaissance de l'essence de chaque chose, le faîte et le couronnement de chaque science, car le dialecticien est celui qui possède une vue synoptique des choses. La dialectique ascendante consiste à s'élever d'idée en idée jusqu'à cet anhypothétique suprême qui est « au-delà de toute essence » ; la dialectique descendante consiste à développer par la puissance de la raison les conséquences de ce principe pour reconstituer la série des Idées sans recourir à l'expérience toujours trompeuse, elle détaille par genres en observant les articulations naturelles comme le ferait un boucher qui dissèque le corps d'un animal. C'est ce dernier genre de dialectique que l'on trouve surtout dans la *République* et dans le *Timée* où il s'agit de découvrir la finalité de toute chose.

Cela dit, Platon avait un autre problème à résoudre, celui de la participation des Idées entre elles, participation que les éléates et les mégariques refusaient puisqu'ils déclaraient que nous devions nous en tenir à dire « l'Etre est » ou « A est A ». Platon expose le problème et toutes les difficultés qu'il soulève dans le *Parménide* et il les résout dans le *Sophiste.* Que dire de cet Etre parménidien « vénérable et sacré, immobile et dénué d'esprit » ? La stérile tautologie du principe d'identité nous condamne à une absence de pensée. Pour sortir de l'impasse il faut donc que nous n'hésitions pas à commettre « le parricide » et à prendre le contre-pied de ce qu'affirmait « notre père à tous, Parménide ». Platon nous demande alors de comprendre que le non-être n'est pas le contraire de l'être mais seulement un *autre* être ; cette définition du non-être comme altérité est une des plus grandes idées de la philosophie occidentale en ce sens que Platon reconnaît une positivité du négatif et par là même une négativité du positif, ce dont la dialectique hégélienne tirera de nombreuses conséquences. Mais en définissant le non-être comme altérité, Platon ouvrait également la voie aux réflexions philosophiques centrées sur un malheur fondamental de la conscience venant de ce que l'autre est celui que je ne suis pas et celui qui n'est pas moi. Ainsi, contrairement à Parménide, nous devons dire que le non-être est. Mais nous devons ajouter que l'Etre n'est pas, puisqu'il n'est pas ici ou là, dans tel existant plutôt que dans tel autre ; il court à travers eux et ne peut pas être figé dans une idée ni dans une autre.

Si le Non-Etre est et que l'Etre n'est pas, l'opposition de l'Etre et du Non-Etre est à son tour, Platon définit ainsi l'Etre par le dynamisme de la relation. Dire que l'Etre est relation ne revient pas à croire qu'il soit relatif, il est ce qui, comme les voyelles dans le langage, donne une cohésion aux idées et aux existants. La tâche du philosophe consiste à chercher comment des idées peuvent s'accorder ou ne pas s'accorder avec d'autres ; la dialectique a pour mission de découvrir les rapports intelligibles qui permettent de comprendre les relations des êtres entre eux, relations qui appartiennent elles-mêmes à cette histoire des choses que de nombreux mythes sur l'origine ou sur la destinée s'efforcent de nous faire saisir. Mais cette dialectique, ajoute Platon, risque de devenir chez les jeunes gens une sorte de drogue intellectuelle les incitant à spéculer dans le vide ; la véritable dialectique ne doit jamais perdre de vue l'idée de Bien qui en constitue le fondement et la justifie.

Car le monde est avant tout une histoire. De cette histoire nous parle le mythe d'Aristophane dans le *Banquet* où il nous est précisé que les êtres que nous sommes sont des moitiés d'êtres issues d'êtres primitifs que Zeus coupa en deux ; l'Amour tente de reconstituer cette unité perdue et de retrouver cette intégralité, c'est pourquoi Platon le qualifie de « rassembleur et de guérisseur de la nature humaine ». De cette histoire du monde nous parle également le mythe de l'Atlantide dans le *Critias* et dans le *Timée ;* la Grèce est tout ce qui reste d'un continent englouti par un cataclysme. Ainsi, l'homme comme le monde furent tous deux dissociés et les « instruments du temps », dans lesquels l'âme a été jetée, sont les cadres corporels de sa dépossession. Comme l'Etre est disséminé à travers tous les êtres, nous aussi « auparavant nous étions un ; mais aujourd'hui, conséquence de notre méchanceté, nous avons été par le Dieu dissociés d'avec nous-mêmes ». Cette vie est donc comme une mort et notre âme demeure prisonnière du tombeau de notre corps. Il y eut une chute de « là-haut » vers « ici-bas » ; comme nous le dit le *Phèdre,* notre âme a perdu les ailes qui lui permettaient d'accompagner jadis les dieux dans leur course ; mais elle conserve en elle quelques souvenirs de la Vérité qu'elle admira et que la maïeutique socratique doit lui permettre de contempler, au moins partiellement, de nouveau. Après la mort, nous renaîtrons pour vivre la vie nouvelle que nous aurons choisie ; mais la plupart choisissent leur nouvelle existence en fonction de considérations insensées ; ils s'en repentent vite, toutefois, chacun étant libre de son choix, la divinité reste innocente.

La fonction de la philosophie est de « délier » notre âme pour lui permettre de se rapprocher du Modèle auquel elle a tourné le dos. Ici l'Amour joue un rôle irremplaçable. L'amour, Erôs, se porte à la Beauté qui se trouve dans un corps et qui est signe d'une beauté intérieure ; mais la beauté de tel corps est sœur de la beauté qui se trouve dans un autre, si bien que l'amour nous permet de remonter jusqu'à l'idée de Beauté en soi. L'Amour nous plonge dans une sorte de délire, parce que, à la manière de l'inspiration poétique dont il est question dans l'*Ion,* « à la vue de la beauté d'ici-bas, au ressouvenir de celle qui est véritable, on prend des ailes », on néglige alors les choses d'en bas et l'on porte son regard vers le haut, vers l'idée de Beauté en soi. L'Amour, tel que l'entend Platon, n'a rien à voir avec ce que sera l'Amour dont parlera le christianisme ; l'amour platonicien s'adresse à des qualités que possède un être et non pas à cet être lui-même.

Ainsi, mythe, connaissance, réminiscence, maïeutique et Erôs provoquent en l'homme cet « étonnement » qui l'ouvre à ce dont il provient. Disloqué et dépaysé, l'homme ne peut redécouvrir en lui la dimension fondamentale qu'à la condition de commencer par trouver étranger le monde où il réside.

Les idées politiques de Platon sont exposées dans la *République,* le *Politique* et les *Lois* restées inachevées. Certes, un contexte historique permet de mieux comprendre les préoccupations politiques de Platon, voire les solutions qu'il propose ; Platon a vu, en effet, les désordres de la démocratie athénienne et les odieux abus de la tyrannie des Trente, mais toute la politique de Platon est commandée par sa philosophie. Platon va de l'éthique au politique et non du politique à l'éthique, car il pense que les cités seraient prospères si les philosophes gouvernaient ou si les gouvernants philosophaient. Toutefois, nul n'a mieux compris qu'il y avait un divorce irréductible entre l'éthique et le politique ; tout comme l'âme est emprisonnée dans le corps et se trouve défigurée par lui, de même l'éthique se trouve emprisonnée dans le politique et ne peut le pénétrer d'une façon parfaite afin de le rendre adéquat à la norme du Bien et à celle de la Justice. C'est pourquoi la philosophie de Platon n'est pas une philosophie du progrès ; la Cité est vouée à une décadence inéluctable que l'homme politique pourra tout au plus tenter de ralentir mais qu'il ne pourra jamais inverser en progrès. La politique implique un « art royal » qui suppose que celui qui l'exerce soit en possession des idées nécessaires ; la Justice n'est pas ce qu'ordonne la Cité mais ce à quoi la Cité doit se soumettre ; la Cité doit être faite pour la Justice et non la Justice pour la Cité ; servante de la morale, la politique ne doit pas en devenir la maîtresse.

Or, si l'on regarde autour de soi, c'est tout le contraire qui se passe ; les hommes politiques cherchent en effet à flatter les instincts de ce « gros animal » que constituent les habitants d'une cité, ils appellent bonnes les choses qui font plaisir au « gros animal » et mauvaises celles qui le fâchent. Si bien que la cité ressemble à un navire dont les passagers auraient tué le pilote pour prendre la direction du bateau en prétendant que l'art de naviguer ne s'apprend pas et qu'il est inné en chacun. Mais, si la distance est considérable entre ce qui se fait et ce qu'il faudrait faire, elle ne l'est pas moins entre ce qu'il faudrait faire et ce que l'on peut faire, pourtant il faut agir et non pas disserter. Platon procède tout d'abord de l'individu à la cité pour nous dire que nous retrouvons dans l'Etat les mêmes divisions que dans l'âme des individus, les archontes représentent l'esprit, les soldats représentent le cœur, les artisans et les cultivateurs représentent les désirs ; tout comme dans l'individu, la justice règne lorsque les trois ordres remplissent leur fonction sans empiéter sur celle des autres. Puis Platon redescend de l'Etat à l'individu dans la mesure où il attend de celui-là une sorte de désaliénation de celui-ci ; l'Etat doit nous délier un peu comme le fait la philosophie ; mais il n'en reste pas moins que la cité n'aura une vertu cathartique et désaliénante que si elle se rapproche du modèle idéal sans lequel elle ne serait rien ;

la cité idéale ne donne donc pas aux citoyens une valeur qu'elle créerait, elle ne fait que leur transmettre une valeur qu'elle a reçue et le politique reste toujours subordonné à l'éthique. Mais, Platon ne le sait que trop et ses expériences malheureuses en Sicile le lui ont confirmé, la cité idéale n'existe que dans les mots ; comme tout ce qui est soumis au devenir, la cité n'échappe ni au mal ni à la décadence et, pour excellente que soit l'éducation donnée aux dirigeants et aux gardiens de la cité, ce monstre collectif finira tôt ou tard par se dévorer lui-même.

La pensée de Platon diffère totalement de celle de ses prédécesseurs qui « disaient » plus qu'ils n'analysaient, qui lançaient des aphorismes à décrypter plus qu'ils n'expliquaient ; avec Platon tous les grands problèmes philosophiques se trouvent posés : Eternité et Devenir, Etre et Non-Etre, Idée et réalité, Intelligible et sensible, Logos et langage, Apparition et apparence, Modèle et copie, Ethique et politique ; autant d'oppositions et de relations sur lesquelles Platon n'a cessé de réfléchir en cherchant l'allure et le sens d'un dépassement possible.

Aristote (384-322)

Aristote naquit à Stagire, ville de Chalcidique où l'on parlait grec mais qui relevait de l'autorité du roi de Macédoine. Agé de dix-sept ans, Aristote alla à Athènes et suivit pendant vingt ans les cours de Platon à l'Académie. En 343, Philippe de Macédoine fait appel à Aristote pour assurer l'éducation de son fils, le futur Alexandre le Grand ; Aristote se rend alors à Pella, capitale du royaume. Lorsqu'en 336, Alexandre monte sur le trône après l'assassinat de son père et qu'il prépare son expédition en Orient, Aristote revient à Athènes où il fonde le Lycée. A la mort d'Alexandre en 323, le parti antimacédonien relève la tête, et Aristote doit quitter Athènes pour se réfugier à Chalcis où il meurt peu après. L'œuvre d'Aristote connut bien des vicissitudes. Tout d'abord, les ouvrages d'Aristote connus de ses contemporains sont aujourd'hui perdus ; les textes que nous éditons appartiennent à des ouvrages ésotériques destinés aux étudiants et qui furent publiés au Ier siècle av. J.-C. ; leur succès fut tel que les livres lus du vivant d'Aristote ne furent plus recopiés et disparurent complètement aux VIIIe-IXe siècles. Ensuite, l'œuvre d'Aristote fut diversement accueillie. Plusieurs fois condamnée par l'Eglise, elle fut adoptée par saint Thomas pour qui Aristote constitue le Philosophe dont l'autorité est indiscutable. A partir de Descartes, Aristote passe, surtout en France, pour celui dont l'empirisme, la syllogistique et le finalisme témoignent d'une incompréhension radicale de l'opération de connaissance en œuvre dans la physique mathématique. Toutefois, Leibniz réhabilite Aristote contre Descartes et le félicite d'avoir jeté les bases d'une logique, d'avoir mis au premier rang la notion de force et d'avoir compris que les causes finales jouaient un rôle de premier plan en physique. Puis, l'influence d'un positivisme privilégiant les notions de mesure et de quantité contribua à faire d'Aristote un philosophe qui n'avait rien compris aux démarches intellectuelles de la pensée moderne. Jusqu'au jour où beaucoup virent au contraire dans Aristote un précurseur des algèbres et des langages utilisés dans les ordinateurs et où Heidegger, dans une perspective bien différente, célébra dans Aristote un penseur qui avait posé la question fondamentale : « Qu'en est-il de l'étant ? »

La richesse de la pensée aristotélicienne peut être mieux mise en valeur en l'opposant à celle de Platon dont Aristote se sépara en disant qu'il mettait l'amour de la vérité au-dessus de l'amitié qu'il portait à son maître. *L'Ecole d'Athènes* de Raphaël nous montre, au centre du tableau, Platon l'index dirigé vers le Ciel et Aristote l'index tourné vers la Terre ; cette allégorie pose on ne peut mieux ce qui distingue le maître et le disciple. Aristote est essentiellement le philosophe du concret, remarquable observateur de la nature, il a voulu rendre compte de la croissance des vivants et du mouvement des corps. Il s'est également attaché à dénoncer les sophismes pour donner au discours une rigueur et une cohérence indiscutables. C'est pourquoi, contrairement à Platon auquel il reproche de « dire des choses vides et de faire des métaphores poétiques », Aristote ne recourt jamais aux mythes à titre d'explications allusives. Selon Aristote, Platon eut le grand tort d'avoir « séparé les idées », car pour Aristote la forme (il vaut mieux traduire le même mot grec *eidos* par « idée » lorsqu'on parle de Platon et par « forme » lorsqu'il s'agit d'Aristote) fait partie intégrante de l'individu qui est un composé de matière et de forme, cette forme est inséparable de la matière et n'existe pas à l'état isolé, il n'y a donc pas un monde des formes situé dans quelque ciel intelligible.

Rien ne rend mieux compte de ce qui oppose Aristote à Platon que leur divergence sur trois points capitaux. Tout d'abord en ce qui concerne le langage. Dans le *Cratyle,* Platon nous dit que le langage possède une racine qui s'enfonce dans la Terre et une autre qui plonge dans le Ciel ; la première est responsable de ces maladies du langage que sont l'erreur et le mensonge, la seconde donne au langage la dimension le rattachant à la transcendance du Logos que l'homme se doit d'écouter. Pour Aristote, réfléchir sur le langage revient à étudier les conditions auxquelles celui-ci doit obéir pour être et demeurer pertinent. C'est à cette tâche que se consacrent le *De l'interprétation* et les *Analytiques.* Parler ou penser revient à juger en attribuant un prédicat à un sujet par l'intermédiaire du verbe être, nous devons nous demander si les attributs que nous donnons à un sujet correspondent ou non à la réalité des choses : « La neige est blanche » est l'énoncé d'une vérité, « La neige est noire » est un pseudo-jugement qui ne correspond pas à la vérité. Les attributs peuvent être rangés sous des genres absolument généraux appelés « catégories » : le lieu, le temps, la quantité, la qualité, l'action, la passion, la possession, la relation, la position. Parler droitement consiste ensuite à raisonner ; le raisonnement peut procéder du particulier au général, et nous avons affaire à l'induction, ou du général au particulier, et il s'agit alors de la déduction. Toutefois, il importe de ne combiner des jugements que selon des relations cohérentes ; ce sont ces rapports cohérents dont Aristote fait l'inventaire lorsqu'il étudie les syllogismes pour distinguer les différentes manières de procéder à des emboîtements de concepts.

Si l'on compare ensuite le *Phédon* de Platon et le *De l'âme* d'Aristote, on mesure l'abîme qui sépare les deux philosophes. Le *Phédon* parle de l'immortalité de l'âme ; ce qui importe à Platon, c'est d'exposer le drame de l'âme tombée dans la prison d'un corps et de parler de la destinée qui l'attend lorsqu'elle sera jugée pour revenir mener sur la Terre une nouvelle existence ; au cœur de telles analyses, présentées la plupart du temps sous la forme d'un récit, les notions de chute et de mal jouent un rôle essentiel. Aristote s'intéresse uniquement aux messages que l'esprit reçoit du monde extérieur par l'intermédiaire des sensations, aux associations de perceptions et d'images qui sont à la source de la réflexion. Platon se situe dans une perspective eschatologique, Aristote se soucie de mettre au point une psychologie ; on la retrouvera à la base de tous les empirismes.

A un troisième niveau, les différences entre le fondateur de l'Académie et celui du Lycée éclatent au grand jour. Lorsque

Platon parle de Dieu, il le fait toujours dans un contexte auquel les mythes confèrent un caractère dramatique impliquant des considérations sur l'organisation du monde, la condition des hommes et le Jugement auquel ils seront soumis, éthique et eschatologie sont au cœur même de telles considérations. Pour Aristote, Dieu est une pensée qui se pense, l'Acte pur, la Cause des causes, le premier Moteur, le moteur non mû auquel il faut s'arrêter lorsque l'on remonte dans la série des causes puisque toutes les choses sont à la fois causées et causantes. Le finalisme qui préside à la constitution de la nature aristotélicienne est un finalisme de l'organisation qui veut nous montrer que la Nature ne fait rien en vain, mais ce finalisme n'est pas teinté de spéculations éthiques ni eschatologiques. Bref, Platon conçoit le monde comme une *histoire,* Aristote le conçoit comme un *système ;* le premier est un penseur tragique, le second un penseur qui analyse et pour qui connaître le vrai est connaître par les causes.

A la sophistique spécieuse, Platon avait opposé la dialectique qui se proposait de comprendre comment les idées s'articulaient entre elles ; Aristote travaille à constituer ce que les scolastiques appelleront une logique en la qualifiant du nom général d'*Organon,* c'est-à-dire d'outil. La logique est tenue pour un « art de penser », pour l'ensemble des règles à suivre afin de ne pas s'engager sur les voies du mensonge ni de l'erreur. Des théologiens pensèrent y trouver un instrument capable de convertir les infidèles à la foi chrétienne ; mais beaucoup, comme Descartes et Pascal, considéreront le syllogisme comme un mécanisme creux ne disant rien d'autre qu'on ne sache déjà ; certains verront dans la logique d'Aristote un aplatissement catastrophique de la notion de vérité réduite désormais à l'expression d'une cohérence logique. Au contraire, Leibniz puis de nombreux théoriciens des logiques modernes utilisées en informatique tiendront la logique pour une découverte géniale travaillant sur les inclusions, exclusions, commutabilités, incompatibilités, disjonctions, conjonctions ou sériations de concepts qui sont au principe des inférences en usage aujourd'hui dans les ordinateurs.

La conception aristotélicienne du jugement implique un empirisme pour lequel, contrairement à ce que disait Platon, « il n'est rien dans l'entendement qui ne soit auparavant passé par les sens » ; selon Aristote, la sensation est cette messagère irremplaçable qui nous permet d'accéder au réel ; les atomistes avaient eu le tort de chercher en deçà de la sensation les éléments explicatifs du monde, Platon s'était fourvoyé en se situant au-delà de la sensation dans le domaine des Idées. Cependant, l'expérience sensible n'est pas seule à nous mettre en contact direct avec la nature, l'opinion elle-même est porteuse d'enseignements dans la mesure où elle implique une longue expérience collective transmise de génération en génération ; c'est pourquoi, lorsque Aristote aborde un problème, il étudie d'abord ce qu'en ont pensé ses prédécesseurs et trouve toujours matière à réflexion dans leurs opinions. Aristote procède, en effet, de l'être au connaître (contrairement à ce que fera Descartes) et se demande d'abord si telle chose existe (par exemple : le temps, l'espace, le vide, etc.) avant de se demander ce que cette chose est. Alors que la sensation et l'opinion étaient pour Platon les deux principaux écrans qui nous masquaient la Vérité, Aristote les tient pour les chemins fiables qui nous y conduisent.

Nous voici maintenant capables d'aborder l'étude de la Nature conçue comme un grand organisme où règnent des forces assurant la croissance des vivants et le mouvement des corps. Aristote fut un observateur minutieux des minéraux, des végétaux et des animaux ; il a étudié les modes de locomotion, d'alimentation, de reproduction des différents vivants connus de lui. Pour le Stagirite, le monde ressemble à une armée, car il est organisé selon un ordre, et ce n'est pas le Général qui existe en fonction de l'ordre, mais bien l'ordre qui existe en fonction du Général qui commande. Toutes ces observations sont au point de départ de l'*histoire naturelle* dans laquelle les différents êtres de la nature sont répartis dans des classes, des ordres, des familles, des genres ou des espèces, à partir de considérations sur leurs ressemblances ou leurs différences. La physique d'Aristote est essentiellement qualitative, elle se soucie de classer les individus pour mieux connaître leurs caractéristiques et repose sur cette idée qu'il n'y a pas de changement d'un genre dans un autre.

Toutefois, Aristote précise bien qu' « il n'y a de science que du général, d'existence que du particulier » ; les genres et les espèces n'existent pas par eux-mêmes, le Cheval en général n'existe pas, seuls existent des individus et il n'y a pas deux chevaux qui se ressemblent ; nous nous trouvons là en présence d'une prise de position à partir de laquelle naîtra la fameuse querelle des Universaux dont nous aurons l'occasion de reparler. Chaque individu constitue un composé d'une matière et d'une forme ; par elle-même la matière est informe, elle contient toutes les formes en puissance ; la forme est l'acte qui vient individualiser la matière et qui constitue l'essence de chaque être ; par exemple, le bloc de marbre est par lui-même informe et la forme que lui donne le sculpteur en fait une statue particulière. Cependant, la matière ne se laisse pas toujours complètement pénétrer par la forme, il y a en elle un élément irrationnel qui provoque l' « accident » imprévisible, l'existence des monstres en témoigne.

L'union de la matière, qui est puissance, et de la forme, qui est acte, constitue le point de départ de la théorie aristotélicienne de la causalité. Aristote distingue, en effet, quatre sortes de causes : la cause matérielle (le marbre dont est faite la statue), la cause formelle (la forme de la statue), la cause efficiente (la main du sculpteur sans laquelle il n'y aurait pas eu de statue) et la cause finale (telle statue a été sculptée *pour* orner le temple de Zeus) ; aux yeux d'Aristote, cette dernière cause est la cause essentielle. Pour le finalisme aristotélicien, expliquer un phénomène revient à répondre à la question *Pourquoi ?* Pourquoi les corps lourds tombent-ils ? Pour rejoindre leur lieu naturel qui est le bas ; les corps légers, comme la flamme, montent pour rejoindre leur lieu naturel qui est le haut ; il existe un bas et un haut en soi parce que le Cosmos est un grand vivant qui, comme notre propre organisme, est orienté. Tous les corps possèdent ainsi un lieu naturel, une sorte de pays natal, d'où ils ne sont arrachés que par violence et auquel ils s'efforcent naturellement de retourner, ce mouvement de retour constitue le passage de la puissance à l'acte.

Descartes dénoncera le finalisme aristotélicien et lui substituera un mécanisme faisant appel à la notion de choc et à celle de figure géométrique, pour lui le mouvement n'est pas le passage de la puissance à l'acte mais le déplacement d'un lieu à un autre. On a pu dire que la science moderne était née le jour où l'on avait cessé de se demander pourquoi les corps lourds tombaient pour se demander comment ils tombaient et répondre avec Galilée : selon la loi : $e = 1/2gt^2$. Or, il ne faut pas oublier que la vision aristotélicienne du monde, voire celle des Grecs en général, est incompatible avec l'établissement d'une loi physique impliquant des mesures faites avec des appareils et des calculs reposant sur des abstractions mathématiques ; pour Aristote, la Nature est constituée d'un ensemble de forces de croissance qui fonctionnent selon des fonctions vitales organisées en vue de l'équilibre des individus qui le composent et qui sont soumis au devenir. C'est pourquoi Aristote ne cesse de répéter que « la Nature ne fait rien en vain ».

Notons que la science moderne a trop vite fait de dénoncer le finalisme, car en biologie s'affrontent toujours les partisans du mécanisme et ceux du finalisme ; peut-on comprendre l'anatomo-physiologie de l'œil, si l'on oublie qu'il est un organe fait *pour* voir ? Lorsque Aristote définit le mouvement comme le passage de la puissance à l'acte, il a toujours à l'esprit l'idée d'une croissance finalisée : le gland est un chêne en puissance, la croissance du gland devenant un chêne en acte est un mouvement naturel qui implique un jeu de forces internes dirigées par une finalité, par une entéléchie ; les biologistes modernes n'en disent pas davantage lorsque, à propos de l'œuf, ils parlent d'un *organisateur.*

L'étude du problème de la causalité débouche sur la « philosophie première » d'Aristote. Lorsque les commentateurs du Stagirite éditeront cette « philosophie première » après la *Physique,* ils l'appelleront *Métaphysique,* ce qui signifie étymologiquement « après la *Physique* », mais ce mot prendra très vite une acception différente pour signifier « au-dessus de ce qui est physique ». Tout ce qui est mû est mû par un moteur, lequel est lui-même mû par un autre moteur, mais on ne peut remonter ainsi à l'infini, « il faut s'arrêter » à un premier Moteur, à un Moteur non mû, « Acte pur », qui n'est lui-même la manifestation d'aucune puissance antérieure, et qui n'est autre que Dieu. Nous nous trouvons ici devant une idée qui alimentera toutes les spéculations faciles sur le Dieu « horloger » cher à Voltaire, aux déistes du XVIIIe et aux révolutionnaires admirateurs de l'Etre suprême. Mais les idées d'Aristote concernant Dieu ne s'arrêtent pas là.

Aristote distinguait les choses immuables et non séparées, dont s'occupent les mathématiques travaillant sur des abstractions, les choses mobiles et séparées, à l'étude desquelles se consacre la physique pour rendre compte du mouvement et du repos. Dans la nature, le changement peut se présenter sous la forme du devenir, de la corruption, de l'augmentation, de la diminution, de l'altération ou du mouvement spatial ; les conditions et les causes du changement sont la raison et la forme mais aussi la privation puisque la génération vient du non-être : la graine donne naissance à la plante qu'elle n'est pas mais qui la détermine à éclore ; si bien qu'Aristote, à la lumière de ses considérations sur le « en puissance », en arrive à dire, paradoxalement mais profondément, que la privation est une forme de la possession. Il y a donc place chez lui pour une positivité du négatif, voire pour ce que Hegel appellera « le travail du négatif », et en un sens, comme plus tard dans le hégélianisme, l'auteur de la *Physique* voit dans le devenir la synthèse de l'être et du non-être puisque le devenir est ce qui relie l'être de la graine au non-être de la plante qu'elle n'est pas encore. Le changement implique en outre ce moteur immobile extérieur auquel est consacré le livre VIII de la *Physique*.

Toutefois, Aristote ne s'en tient pas à ces considérations sur le principe de la causalité. A côté des mathématiques et de la physique, il faut faire une place à la théologie qui les couronne et qui traite de la Substance immobile et séparée : Dieu, dont nous parle le célèbre livre XII de la *Métaphysique*. Aristote appelait « catégories » ce qui était toujours attribut sans être jamais sujet, il nomme « substance » ce qui est sujet sans jamais être attribut. La Substance immobile, éternelle, indivisible est inétendue, n'a aucun principe commun avec les autres espèces de substances. Mais, alors que dans la *Physique* le premier Moteur agissait par contact, dans la *Métaphysique* la Substance immobile, acte pur antérieur à la puissance, forme sans matière, « séparée des êtres sensibles » qu'elle touche sans en être touchée, meut toute chose par l'attrait de l'idée de parfait, car « la cause finale meut comme objet d'amour ». Puisque l'intelligence divine est parfaite, elle ne saurait penser autre chose qu'elle-même, sa pensée est par conséquent « pensée de la pensée ». A un tel principe sont suspendus le Ciel et la nature, « et ce principe est une vie, comparable à la plus parfaite qu'il nous soit donné à nous de vivre pour un bref moment [...]. Si donc cet état de joie que nous ne possédons qu'à certains moments, Dieu l'a toujours, cela est admirable ; et s'il l'a plus grand, cela est plus admirable encore. Or c'est ainsi qu'il l'a ». L'acte de l'intelligence est vie et Dieu est cet acte même, l'acte subsistant en soi de Dieu est une vie parfaite et éternelle. Le statut de la substance implique donc une sorte d'écartèlement puisqu'elle se trouve dans les individus concrets, mais qu'elle se trouve aussi à son plus haut degré dans la stabilité d'une essence une, toujours identique à elle-même. La substance est ce par quoi les êtres restent tangents à l'Etre, c'est pourquoi il ne nous est donné de vivre que pendant un court instant cette vie parfaite de la Substance immobile dont l'acte est jouissance.

L'éthique aristotélicienne veut être tournée vers le concret ; il faut bien avouer que l'optimisme dont elle témoigne n'est pas d'une très grande originalité. Tous les hommes sont d'accord pour dire que la pratique réside dans la recherche du bonheur, mais les opinions diffèrent à partir du moment où l'on cherche à savoir ce qu'il faut mettre derrière ce mot. Au lieu de nous perdre, avec Platon, dans les régions inaccessibles de la spéculation, nous pouvons constater que le bien, pour tous les artisans, consiste dans la perfection avec laquelle ils exercent leur fonction ; nous pouvons généraliser et dire que le Bien de l'homme réside dans le bon exercice de l'activité humaine, c'est-à-dire dans l'exercice de sa raison en accord avec la vertu. L'exercice de la vertu est une action à laquelle on n'a rien à enlever ni à ajouter ; le sage recherche le « juste milieu », et nous retrouvons là l'adage grec « rien de trop ». Ici l'art du tragédien peut être d'un précieux secours puisque, dans un passage célèbre de sa *Poétique*, Aristote nous dit que la tragédie « excitant la terreur et la pitié » tempère nos passions, voire nous en délivre par une sorte d'effet cathartique. Seul l'homme vertueux connaît le véritable plaisir qui se surajoute à l'acte comme la beauté se surajoute à la jeunesse. La justice est également un juste milieu puisque l'injustice est à la fois excès et défaut ; de telles idées commandent les considérations d'Aristote sur la prudence qui représente la chance et le risque de l'action humaine. La célèbre définition qui fait de l'homme un « animal politique » est une invitation à étudier les constitutions des différentes cités et à réfléchir également sur une cité idéale qui pourrait donner des indications précieuses en vue de l'établissement d'un ordre politique durable.

La philosophie d'Aristote a exercé une influence considérable sur le monde occidental et chez les philosophes arabes qui ont contribué à la faire redécouvrir. Des théologiens pensèrent trouver dans l'aristotélisme un art de penser qui pouvait être mis au service de la propagande en faveur de la foi, ainsi qu'une vision du monde utilisable pour faire comprendre que la nature était une langue que Dieu parlait aux hommes. L'empirisme de nombreux manuels de philosophie ne fit que reprendre ce qu'Aristote avait dit des sensations, de l'imagination ou de l'intellection. Les travaux d'Aristote sur les animaux ont inspiré bien des traités d'histoire naturelle avant que ne naquît la biologie scientifique. L'*Ethique à Nicomaque*, la *Physique*, l'*Organon*, la *Métaphysique*, la *Rhétorique* et la *Poétique* furent des ouvrages de référence indiscutés pendant des siècles au même titre que la cosmologie géocentrique d'Aristote. Ajoutons que le traité *De l'âme* n'a pas seulement inspiré des psychologies de la connaissance, il a pu être utilisé par des théologiens chrétiens. Aristote y distingue, en effet, un « intellect patient », réceptacle qui s'assimile aux intelligibles dans les sensations et qui demeure passif, et un « intellect agent » qui actualise ces intelligibles, qui est la lumière faisant voir le visible. Beaucoup ont voulu voir dans cet intellect agent, séparé, présent en l'homme bien que ne lui appartenant pas pleinement, la présence de l'intellect divin en l'homme, et ce d'autant mieux qu'Aristote dit de cet intellect qu'il est immortel et venu du dehors pour entrer dans le corps du fœtus.

Outre les points que nous venons de rappeler, la philosophie aristotélicienne possède une importance considérable dans trois domaines qu'il importe de préciser. Premièrement, elle est une philosophie du Désir, un Désir qui se déploie de bas en haut du Cosmos et qui en est le moteur essentiel. Tout d'abord la matière désire la forme comme la femelle désire le mâle, ensuite le premier Moteur meut comme un objet d'amour, meut par le désirable ; c'est pourquoi, bien que ce premier Moteur soit séparé, quelquefois pendant de courts moments nous pouvons connaître l'acte divin de contemplation et de béatitude. Nous retrouvons là cette idée chère aux Grecs, déjà présente chez Platon et que Plotin fera également sienne, selon laquelle l'homme peut se rendre semblable à Dieu ; l'homme est un « dieu mortel » dont la plus grande source de bonheur est l'activité qui imite celle de Dieu ; c'est pourquoi Aristote dit que nous ne devons pas renoncer aux choses immortelles mais que « dans la mesure du possible nous devons nous rendre immortels ». Nous sommes, ici encore, devant une philosophie du dévoilement pour laquelle le désirable joint à l'intelligible nous meut vers Dieu.

On peut trouver ensuite chez Aristote l'amorce d'une philosophie de la technique et du progrès. Aristote nous dit, en effet, contrairement à Platon, que l'homme n'est pas le plus démuni des vivants puisqu'il possède une main et que cet organe de la prise est un outil que la nature a mis à la disposition de l'intelligence parce que l'homme est l'être capable d'acquérir le plus grand nombre de techniques. Aristote fait de l'*homos sapiens* le père de l'*homo faber* et non l'inverse, il voit dans l'action le prolongement d'une pensée finalisée par le Bien. De plus, contrairement à tous ses prédécesseurs, Aristote n'a pas une vision catastrophique du temps en qui il voit l' « auxiliaire bienveillant » de l'action humaine, la source d'un progrès dont l'homme est l'auteur puisque « n'importe qui est capable de poursuivre et d'achever dans le détail ce qui a été esquissé avec soin » et que « tout homme peut ajouter à ce qui a été laissé incomplet ». Nous nous trouvons ici en présence d'idées qui apparaissent pour la première fois dans la pensée grecque.

Enfin, la conception aristotélicienne des substances sensibles conçues comme composées d'une matière et d'une forme a pu alimenter les rêves des alchimistes sur la transmutation ; pour opérer une transmutation il « suffit » de réaliser un changement de forme, d'enlever sa « plombéité » au plomb pour conférer l' « auréité » à la matière résiduelle.

Quant au premier Moteur, l'homme d'Occident a cherché à le faire descendre du Ciel sur la Terre, à le multiplier, à le faire démarrer à volonté, voire, dans la cybernétique, à le rendre semblable à l'âme qu'Aristote appelait « un moteur qui délibère ». Le prométhéisme de l'Occident, doublé du rêve faustien, a pu trouver chez Aristote de quoi alimenter ses divinisants projets technicistes, tout autant que dans le cartésianisme ou le positivisme.

III. — LE IIIe SIÈCLE AVANT JÉSUS-CHRIST

Vers l'an 300 av. J.-C., Athènes n'est plus une grande puissance. Alexandre le Grand est mort, ses lieutenants se disputent son empire ; des garnisons étrangères campent au Pirée, au cap Sounion et à Salamine, les Grands Murs devenus inutiles vont tomber en ruine et Athènes finira par perdre le droit de battre monnaie. Elle reste cependant une brillante capitale intellectuelle mais un grand désarroi règne dans les esprits, car de nombreuses écoles philosophiques se disputent pour définir le Vrai et le Bien. Des héritiers des cyrénaïques, comme Théodore l'athée, recherchent toujours le plaisir ; des cyniques, comme Cratès de Thèbes, cultivent le scandale, et des mégariques, comme Diodore Cronos et Stilpon, continuent de s'en tenir au stérile principe d'identité. Quant à l'Académie, elle existe toujours, mais la grandeur du platonisme est bien vacillante, comme en témoigne l'enseignement d'Arcésilas (316-241) à la « Nouvelle Académie » ; selon lui, nous devons suspendre notre jugement, car ni les sens ni la raison ne peuvent atteindre la vérité ; le sage doit toujours douter et s'en tenir au « raisonnable ». Plus tard, Carnéade (219-129), s'opposera à tous les dogmatismes, notamment à celui des stoïciens, pour demander de se limiter prudemment au « probable ». Théophraste (372-287), le successeur d'Aristote à la tête du Lycée et l'auteur des *Caractères* dont s'inspirera La Bruyère, est loin d'avoir le génie quasi encyclopédique de son maître ; cette école connaîtra des malheurs de toutes sortes et sera détruite en 84.

Les trois nouvelles écoles, le scepticisme, le stoïcisme et l'épicurisme, qui surgirent presque simultanément vers 300 av. J.-C., doivent être situées dans un tel contexte dont elles ne sont naturellement pas les simples produits.

Le scepticisme

Le scepticisme eut pour père Pyrrhon (365-275) ; élève d'un disciple d'Euclide de Mégare : Bryson, Pyrrhon suivit Alexandre en Asie où il rencontra les gymnosophistes indiens et Calanus qui, sous les yeux des soldats d'Alexandre, se laissa brûler dans un feu de camp, prétendant que, puisque rien n'était certain, personne ne pouvait savoir s'il valait mieux se trouver hors du feu qu'au cœur de celui-ci. A la mort d'Alexandre, Pyrrhon revint à Athènes où il fut très estimé de ses contemporains, il n'a rien écrit mais ses idées nous sont connues par Timon de Phlionte (325-235), voire par Cicéron. Pyrrhon enseigne que des raisons de forces égales peuvent être opposées à toute opinion, aucune ne vaut plus qu'une autre ; c'est pourquoi il nous conseille de suspendre notre jugement. Cette suspension de jugement conduit à une sagesse qui se définit toujours par des négations ; rien n'est honnête ni honteux en soi, et les hommes ne se gouvernant que selon la loi et la coutume, nous devons nous en tenir à l'indifférence, à l'inaction, conditions essentielles pour parvenir à l'absence de passions et à l'absence de trouble appelée ataraxie. L'ataraxie suit la suspension de jugement comme l'ombre suit le corps ; de l'indifférence motivée, Pyrrhon, adversaire de la dialectique, attend la sérénité et le bonheur.

Le pyrrhonisme connut un très grand succès dans l'Antiquité. Vers 110 ap. J.-C., Aenésidème, né en Crète puis enseignant à Alexandrie, élabora des « tropes », c'est-à-dire des arguments conduisant à conclure qu'il faut suspendre son jugement. Les animaux, les hommes, les sens diffèrent entre eux ; les circonstances, les lieux, les mélanges, les compositions, les fréquences ou les raretés influent sur nos opinions qui engendrent des coutumes et des lois diverses et contradictoires. Rappelons que, en 1792, Schulze écrira un ouvrage publié sans nom d'auteur, l'*Aenesidemus,* où il défend le scepticisme contre le dogmatisme de Kant qu'il accuse de ne pas avoir répondu à Hume et dont il fera même un sceptique qui s'ignore. Le sceptique le plus célèbre sera le médecin Sextus Empiricus (IIIe siècle apr. J.-C.) ; ce Grec, dont on ignore où il naquit, nous a laissé deux ouvrages essentiels : les *Hypotyposes pyrrhoniennes* (c'est-à-dire les définitions générales et les expositions) et le *Contre les mathématiciens* où il critique les professeurs de grammaire, de géométrie, d'arithmétique, d'astronomie, de musique, ainsi que les philosophes dogmatiques tels que les stoïciens et les épicuriens. Ces livres furent fort lus au Moyen Age et eurent une grosse influence sur Montaigne.

Le stoïcisme

Aux consciences désemparées qui cherchent la consistance mais ne rencontrent que la précarité et le doute, deux nouvelles écoles, le stoïcisme et l'épicurisme, vont s'efforcer d'apporter des certitudes apaisantes. Toutes deux sont des naturalismes qui ont un même programme : vivre en accord avec la nature, et un même but : parvenir à l'équilibre de l'ataraxie. Mais pour le stoïcisme, vivre en accord avec la nature implique une soumission au cours des événements qui manifeste une Providence ; pour les épicuriens, vivre en accord avec la nature signifie se soumettre à la sensation comme seul critère du vrai et du bien qui n'est autre que le plaisir.

L'ancien stoïcisme, appelé aussi philosophie du Portique, du nom du quartier d'Athènes où enseignaient ces philosophes (*stoa* = portique), fut fondé par Zénon de Cittium (336-264), né à Chypre, probablement d'origine phénicienne ; il débarqua à Athènes vers l'an 300, parlant mal le grec, il suivit les leçons du philosophe cynique Cratès. Son successeur à la tête de l'école fut Cléanthe (331-232) dont il nous reste un *Hymne à Zeus* ; d'une intelligence plutôt épaisse, il fut en partie responsable du désarroi qui régna dans l'école stoïcienne au lendemain de la mort de Zénon. C'est Chrysippe (280-210) qui ramena l'unité au sein de l'école ; son dogmatisme polémique s'appuyait sur une dialectique subtile, avec lui le stoïcisme prit un caractère vraiment systématique, comme en témoigne la formule « sans Chrysippe pas de Portique ». Les œuvres des anciens stoïciens sont perdues et nous ne connaissons leurs idées que par des citations ou par les compilations de doxographes tel que Diogène Laërce. Dans un texte essentiel, ce dernier nous dit : « Les stoïciens comparent la philosophie à un animal : les os et les nerfs sont la logique, la chair c'est la morale, l'âme c'est la physique. Ou bien ils la comparent à un œuf : la coquille c'est la logique, le blanc c'est la morale et ce qui se trouve tout à fait au centre c'est la physique. Ils la comparent encore à un champ fertile : la clôture qui se trouve tout autour c'est la logique, le fruit c'est la morale, la terre ou les arbres sont la physique. » Ainsi, tantôt la physique est considérée comme le principe nutritif, tantôt la morale est tenue pour le fruit auquel la spéculation philosophique doit donner naissance ; il existe plusieurs portes d'entrée possibles dans le stoïcisme parce que ce système attend la sagesse d'une connaissance de la nature impliquant une logique qui porte sur les connexions d'événements. Logique, physique et morale se soutiennent mutuellement ; la première apprend à connaître les nœuds des causes, la deuxième permet de prendre conscience de l'harmonie et de la sympathie qui règnent dans le monde, la troisième nous enseigne que la paix et l'ataraxie naissent d'un acquiescement de l'âme à la structure et au cours des choses organisés par la Raison suprême.

Les trois parties de la philosophie concourent à une même fin : nous faire connaître la nécessité de la nature divine qui est un tout sympathique à lui-même, organisé et vivant, avec qui nous devons vivre dans un accord constant. La naturalisation de Dieu ou la divinisation de la nature qui sont au centre du stoïcisme nous mettent en face d'une idée radicalement neuve. Le destin n'est plus cette force aveugle qui tourmentait les hommes ; il n'y a plus, comme chez Platon, d'opposition entre l'Idée éternelle et le monde sensible plongé dans le temps ; Dieu n'est plus cette substance séparée, touchant toutes choses sans en être touchée, comme dans l'aristotélisme. Avec le stoïcisme la distance qui séparait Dieu du monde se trouve comblée par l'identification de Dieu et de la Nature.

Pour le stoïcisme, il n'existe que des individus dont pas deux ne sont semblables ; chaque individu possède en lui une « tension » intérieure qui le caractérise. Il y a « représentation compréhensive » lorsque la tension intérieure du sujet percevant se trouve en harmonie avec la tension intérieure de l'objet perçu. A cette

« représentation compréhensive », le sage doit donner son assentiment ; le désir et la passion sont des mises hors circuit provenant de ce que l'homme tourne le dos à cet indispensable accord avec la nature. A partir de ce point de départ, les stoïciens développent une dialectique qui n'a rien à voir avec celle de Platon ni avec la logique d'Aristote. Pour les stoïciens, la proposition n'est pas du type attributif comme chez Aristote : « Socrate est un homme », elle énonce un événement : « Il fait jour. » Quant au raisonnement, il ne se ramène pas à des emboîtements de concepts procédant par induction ou déduction, il travaille sur des implications d'événements liés entre eux par les liens de la nécessité temporelle : « Si cette femme a du lait, c'est qu'elle a enfanté. »

Les idées précédentes commandent la physique stoïcienne. Le monde est composé de corps unis entre eux par les liens d'une sympathie universelle pénétrée de finalité. Le monde est un tout sympathique à lui-même, continu, contigu à soi, connaturel, organisé selon une finalité omniprésente. Dans la nature « tout conspire », le mélange total de toutes choses reflète un concert providentiel dont l'homme fait partie, et rien n'est dans le monde comme une île dans la mer. Leibniz s'en souviendra. La sympathie universelle manifeste une Providence toute-puissante, ou plus exactement elle ne fait qu'un avec elle puisque Nature et Dieu sont deux termes synonymes. Ici vient s'ancrer le « cosmopolitisme » des stoïciens pour qui le sage ne doit pas dire : « Je suis un citoyen d'Athènes », mais : « Je suis un citoyen de la cité de Zeus. » L'idée de Destin revêt donc un aspect physique et un aspect religieux, car le Destin est à la fois la cause, la vérité, la nature, la nécessité et la Providence. Cause entrelaçante des êtres et volonté de Dieu, le Destin est l'expression d'une sagesse supérieure à la nôtre, il attribue à chacun un lot dans l'harmonie du tout, les hommes étant les notes d'une musique qui leur donne une raison d'être. C'est pourquoi les stoïciens comparaient souvent la vie à une pièce de théâtre dans laquelle le metteur en scène distribue les rôles, il n'appartient pas aux acteurs de demander à en changer, mais chacun doit jouer de son mieux le rôle qui lui a été assigné.

Le sage est finalement celui qui vit selon la nature, c'est-à-dire selon la raison, exempt de passions et d'orgueil, il est sincère et pieux. Il règle ses désirs sur ce qui dépend de lui. Il sait que « de toutes les choses du monde, les unes dépendent de nous, les autres n'en dépendent pas. Celles qui en dépendent sont nos opinions, nos mouvements, nos désirs, nos inclinations, nos aversions ; en un mot, toutes nos actions ». Le passionné veut que les choses arrivent comme il le désire et non pas comme elles arrivent naturellement. S'il ne dépend pas de nous qu'un tyran nous emprisonne ou nous mette à mort, il dépend de nous de nous comporter comme un lâche qui implore ou comme un homme courageux mourant librement. D'où la célèbre formule stoïcienne : « Abstiens-toi et supporte. » Plusieurs sages stoïciens, et entre autres Epictète, surent montrer devant la souffrance et devant la mort qu'ils étaient capables de mettre leurs paroles en pratique.

La philosophie du Portique tient finalement en trois points. Tout d'abord, le Destin est providentiel, il ne fait qu'un avec la vie du Monde et de Dieu. Ensuite, la sagesse est une soumission au Destin, un acquiescement à la vie du cosmos ; alors que la passion est un antidestin. Enfin, au message platonicien selon lequel la philosophie commence avec l'étonnement, le stoïcisme oppose le *ne s'étonner de rien* que le philosophe doit prendre comme règle de pensée et de vie.

L'ancien stoïcisme se répandit dans tout le bassin méditerranéen ; il se prolongea dans ce que l'on appelle le Moyen stoïcisme d'où émergent les noms de Panetius (185-112) et de Posidonius (135-51). Il réapparaît avec vigueur à l'époque impériale chez Sénèque (4 av. J.-C.-65 apr. J.-C.), l'esclave Epictète (50-130) dont un des élèves, Arrien, a consigné les *Entretiens* et les *Pensées*, puis chez l'empereur romain Marc Aurèle (121-180) qui nous a laissé douze livres de *Pensées* écrites en grec. Pendant tout le Moyen Age, Sénèque, Epictète et Marc Aurèle furent lus avec ferveur, leur pensée fut souvent tellement intégrée au christianisme que les deux derniers furent presque tenus pour des saints. Au XVIe siècle, Juste-Lipse (1547-1606) contribue à un renouveau du stoïcisme, ainsi que Guillaume Du Vair (1556-1621) avec sa *Philosophie morale des stoïques* et que Pierre Charron (1541-1603) dont *La Sagesse* connut un succès considérable. Chez Descartes, chez Pascal, chez Hegel, le stoïcisme se retrouvera comme sujet de méditation ou comme source d'inspiration.

L'épicurisme

Fils d'un maître d'école, Epicure (341-270) achète un jardin à Athènes en 306 et y installe son école, d'où le nom de « philosophes du Jardin » donné souvent aux épicuriens. Là se constitua une communauté d'amis cherchant la paix et le calme plutôt que les savantes discussions dialectiques, tous font preuve d'une grande frugalité et d'une indifférence complète à l'égard des biens de ce monde. Cette école est contemporaine du stoïcisme dont elle critique souvent les positions. Les œuvres d'Epicure sont perdues, mais des *Maximes* et trois *Lettres* très importantes sont parvenues jusqu'à nous.

Tout comme les stoïciens, Epicure nous demande de vivre en accord avec la nature afin de parvenir à l'ataraxie ; mais les démarches qui, selon lui, y conduisent n'ont rien à voir avec celles enseignées par le Portique. Enfant, Epicure accompagnait sa mère qui procédait à des rites de purification dans les maisons où avait eu lieu une naissance, il dut être le témoin des superstitions qui accompagnaient de tels événements. Alors que Socrate, fils d'une sage-femme, voyait dans la naissance une sorte d'événement métaphysique qui devait faire naître en nous l'étonnement et qu'il pratiquait la maïeutique, Epicure, au contraire, considère la naissance comme un simple processus organique dont il ne faut pas s'étonner. Epicure tourne le dos aux interprétations mythologiques, dramatiques ou eschatologiques de l'existence ; il veut faire de chacun de nous une citadelle inexpugnable que n'atteignent ni les tragédies passionnelles, ni la terreur de l'au-delà, ni les tempêtes d'aucune sorte.

La canonique constitue le premier mot de cette sagesse ; elle s'occupe des critères de la vérité et nous apprend à connaître ce que les choses disent d'elles-mêmes. Désireux de mettre un terme au divorce entre le réel et le savoir, Epicure affirme que vérité et réalité sont synonymes, car les seuls critères du vrai sont les perceptions. Celles-ci ne sont pas des fantasmagories subjectives, les choses extérieures sont accessibles à nos sens qui les perçoivent telles qu'elles sont. L'épicurisme est donc un « chosisme » pour lequel, lorsque nous parlons de ce qui actuellement existe, c'est-à-dire de ce qui est actuellement perçu, nous disons la vérité ; nous sommes dans l'erreur lorsque nous parlons de ce qui n'existe pas. Les critères de la vérité sont donc les sensations, puis les anticipations grâce auxquelles, nous souvenant de ce que nous avons déjà perçu, nous pouvons reconnaître un objet à partir d'un détail, enfin les affections qui se réduisent au plaisir conforme à la nature et à la douleur contraire à la nature. Pour ce naturalisme du contact et de l'immédiat, nous voyons et pensons les formes des objets parce que quelque chose d'eux pénètre en nous d'une manière physique, car la sensation est un mouvement des atomes dû au toucher. La vie est donc une prise de contact avec ce qui nous entoure, elle n'a rien à voir avec une odyssée inquiète ou tragique du type de celle que l'on rencontre dans le platonisme où les notions de chute et de transcendance jouent un rôle capital.

La sagesse épicurienne se prolonge par une physique ; celle-ci n'a pas de valeur en elle-même, elle a uniquement pour fonction de nous permettre d'exorciser la crainte inspirée par des phénomènes célestes ou terrestres ; si ceux-ci ne nous effrayaient pas, nous n'aurions pas besoin de faire de la physique. Epicure va si loin que, se souciant peu de chercher une seule explication compréhensible et vérifiable à un phénomène, il nous en propose plusieurs en nous laissant le soin de « choisir » celle qui nous paraîtra la plus satisfaisante ; l'essentiel est que nous sachions qu'il y a toujours une explication, la physique a une fonction de dédramatisation et non une fonction gnoséologique.

Cette physique repose sur un atomisme emprunté en partie à Démocrite. Le monde est composé d'atomes ; chaque atome a un poids qui l'entraîne dans une chute verticale et, en se combinant entre eux, les atomes ont donné naissance à tout ce qui nous entoure. Le mouvement ne s'inscrit donc plus dans une perspective cosmogonique, comme chez Platon, ni dans un finalisme, comme chez Aristote, il est un simple phénomène naturel. Des disciples d'Epicure, et peut-être Epicure lui-même, ajoutaient que ces atomes étaient doués d'une sorte de libre spontanéité, la déclinaison, grâce à laquelle ils pouvaient s'écarter de leur ligne de chute et s'accrocher ainsi à des atomes voisins. Par eux-mêmes, les atomes ne possèdent pas de qualités, celles-ci proviennent de la structure atomique des corps composés ; lorsque l'ordre et la position des atomes se modifient, alors se modifient en même temps les qualités qui caractérisent le composé. Cette dédramatisation de la nature se prolonge dans la conception épicurienne du temps ; celui-ci n'implique aucune tragédie, il est l' « accident des accidents », par exemple : si je tombe en esclavage il s'agit là d'un accident, que cet esclavage dure plus ou moins longtemps constitue un accident du premier accident. Le temps est, pour ainsi dire, étranger à la structure du monde dont seule la théorie atomiste rend compte. Le sage ne se soucie donc nullement du temps qu'il parvient à mettre entre parenthèses, c'est ainsi que, dans les derniers jours de sa vie, Epicure, miné par les douleurs de la maladie, offrit à ses amis le visage impassible de la sérénité.

Une telle dédramatisation de la nature et de l'existence est couronnée par la conception épicurienne de l'âme. Celle-ci n'est nullement impliquée, comme chez Platon, dans un drame cosmique au premier rang duquel se trouveraient la chute, le choix des genres de vie et un Jugement par les dieux ; pour Epicure, l'âme est un corps composé d'un souffle, de feu, d'air et d'un quatrième « élément sans nom » qui propage les mouvements porteurs de sensations aux autres éléments de l'âme et au corps tout entier. La mort de l'âme et celle du corps ne font qu'un ; à la mort, les atomes qui constituaient l'âme se désagrègent et rentrent dans le jeu des éléments. Ainsi il n'y a plus de place pour une eschatologie quelconque ; avec Epicure la mort cesse d'être un objet de spéculation philosophique ou religieuse, car la mort n'est rien : lorsque nous vivons elle n'est pas encore, lorsque nous sommes morts c'est nous qui ne sommes plus rien.

Philosophie de la sensation et de l'immédiat, l'épicurisme aboutit à une morale hédoniste pour laquelle le Bien se réduit au plaisir. Mais pas à n'importe quel plaisir, comme chez les cyrénaïques ; nous devons nous soustraire, en effet, au plaisir en mouvement et ne rechercher que le plaisir en repos. Pour cela il importe de distinguer trois sortes de plaisirs : les plaisirs naturels et nécessaires, une nourriture sobre par exemple ; ils sont tous d'un accès facile, car la nature les tient à notre disposition ; les plaisirs naturels et non nécessaires, comme une nourriture raffinée ; les plaisirs qui ne sont ni naturels ni nécessaires, comme le luxe. Les deux derniers sont les fruits d'une civilisation décadente dont nous devons nous protéger en nous gardant de participer à la vie politique. « Ne pas varier » et « Vivre caché » sont deux maximes épicuriennes essentielles.

Le sage n'est donc plus celui qui s'ouvre aux autres et à la vie de la Cité, il est celui qui cherche à se suffire à lui-même et à vivre loin de la foule. Quant aux dieux, ils vivent dans les inter-mondes, loin des hommes, et ne se soucient nullement d'eux ; ils doivent être pour nous, non des sujets de crainte, mais des modèles de paix et de détachement, le sage doit apprendre à vivre comme un dieu sur la Terre. Ainsi, contrairement à une idée fort répandue, l'épicurisme est un véritable ascétisme naturaliste fuyant les besoins artificiels qui rendent l'âme inquiète ; dénonçant les fureurs de vivre, le sage est sans maître, se moque du Destin des stoïciens, il vit paisible et confiant au milieu des tempêtes où périssent les passionnés. C'est ce dont voudra faire prendre conscience le *suave mari magno* de Lucrèce.

Les naturalismes stoïcien et épicurien, qui cherchent à enseigner à l'homme à « vivre en accord avec la nature », utilisaient un même exemple en disant que le sage était heureux même dans le taureau de Phalaris. Mais, alors que pour les stoïciens le sage, brûlé dans les flancs du taureau en airain où l'avait enfermé le tyran sicilien, supportait la douleur parce qu'il savait que son supplice ne dépendait pas de lui, le sage épicurien était heureux même pendant son supplice au seul ressouvenir de ses félicités passées.

Epicure eut de nombreux disciples, sa philosophie se répandit dans tout le bassin de la Méditerranée, à Antioche, à Alexandrie. Au Ier siècle av. J.-C. l'épicurisme fleurit à Rome, et Lucrèce (95?-51?) en entreprit l'exposé dans une des plus belles œuvres de la langue latine, le *De natura rerum.* Naples, Herculanum, l'Asie Mineure furent également gagnées par la doctrine qui était toujours vivace au IIe siècle apr. J.-C., saint Augustin lui-même en parlera avec une certaine chaleur. Au XVIIe siècle, on assiste à une sorte de résurrection de l'épicurisme sous l'impulsion de Pierre Gassendi (1592-1655) qui voulut l'amalgamer au christianisme. Karl Marx, dans sa thèse *Différence de la philosophie de la nature chez Démocrite et chez Epicure* (1841), verra dans Epicure un grand rationaliste liquidant les dieux grecs, mettant fin aux idéologies creuses et préparant l'avènement d'un homme maître de son destin et capable de forger un ordre politico-social générateur d'un bonheur sans esclavage ni exploitation. C'est là oublier qu'Epicure n'avait rien d'un réformateur social, qu'il incitait le sage à ne pas se mêler des affaires publiques et qu'il exhortait à vivre caché parce que l'homme n'est pas de nature sociable.

IV. — LE NÉOPLATONISME

Avec Plotin, nous nous trouvons en présence d'une vision du monde radicalement nouvelle dans laquelle le monde *émane* de Dieu comme les rayons lumineux émanent d'un point. Cette philosophie du salut, quelles que soient les critiques qu'elle put adresser aux gnostiques, se présente comme une gnose pour laquelle le salut est déjà là, il suffit d'en prendre conscience à l'occasion d'une connaissance initiatique qui nous permettra de parcourir en sens inverse la descente catastrophique de l'émanation pour coïncider avec la source ineffable d'où elle est venue, non au cours d'un devenir, mais par une procession. Le plotinisme est d'une importance considérable, non seulement par les influences qu'il a pu exercer, mais comme attitude intellectuelle invitant l'homme à coïncider avec le divin au terme d'une initiation contemplative autodivinisante. L'idée typiquement grecque, que nous avons rappelée à plusieurs reprises, que l'homme peut s'identifier à Dieu grâce à un savoir, connaît ici son apogée. Les présocratiques vaticinaient comme des dieux, Platon et Aristote affirmaient que l'homme pouvait finir par s'identifier à Dieu, ne serait-ce que pendant un court instant ; les stoïciens, pour qui vivre en accord avec la nature et vivre en accord avec sa nature ne faisaient qu'un, pensaient cette identification en termes de fusion et d'harmonie, et les épicuriens voyaient dans le sage un dieu vivant parmi les hommes. Avec Plotin, le philosophe est celui qui, parvenu au terme de son voyage, *voit,* à l'occasion d'une illumination libératrice du multiple et du temps. Quoi qu'on ait pu en dire, la pensée de Plotin vient bien s'inscrire dans la philosophie grecque.

Les néoplatoniciens étudièrent ou enseignèrent soit à Alexandrie, soit à Athènes, soit à Rome, parfois dans ces trois villes qui constituaient les grands centres intellectuels du moment. Tous furent en contact plus ou moins direct avec le christianisme à ses débuts, avec des courants gnostiques et avec différentes formes de pensées venues d'Orient et surtout du Moyen-Orient ; une certaine influence de la pensée judaïque ne doit pas être non plus sous-estimée. A Alexandrie, la philosophie était prospère, un platonisme un peu éclectique y régnait, l'aristotélisme avait pris un visage nouveau grâce à la publication des œuvres ésotériques du Stagirite ; le stoïcisme n'était pas non plus oublié, ni le pythagorisme. Au cours du IIe siècle l'hellénisme païen et le christianisme naissant avaient commencé à s'affronter avant que les Pères de l'Eglise ne cherchent dans la philosophie grecque, et surtout dans celle d'Aristote, une logique, une physique, voire une théologie « adaptables ». Circulaient également des ouvrages « hermétiques » et des philosophes alchimistes possédaient une certaine notoriété.

Plotin grandit dans ce climat. Il naquit en 205 à Lycopolis en Egypte, pays des traditions millénaires, et mourut en 270 en Italie. Son maître à Alexandrie fut Ammonius Sakkas, un portefaix dont nous ne savons presque rien. Désireux de connaître la philosophie des Perses et des Hindous, il s'engagea dans l'armée de Gordien III qui partait en campagne contre Sapor Ier. Après la défaite de Gordien, Plotin alla à Rome en 245 où il ouvrit une école que fréquenteront beaucoup d'Orientaux et des ascètes en quête d'extase. Plotin parvint lui-même à l'extase quatre fois au cours de sa vie, il connut « l'union intime avec le Dieu qui est au-dessus de toutes choses » et « il vit le Dieu qui n'a ni forme ni essence parce qu'il est situé par-delà l'intelligence et l'intelligible ». A la mort de Plotin, son disciple Porphyre recueillit les écrits de son maître qu'il rassembla en six groupes de neuf traités chacun qu'il appela *Ennéades.*

Deux formules remarquables de H.-Ch. Puech permettent de se situer au cœur même du plotinisme. La première en fait une « mystique de l'immanence dans les cadres d'une métaphysique de la transcendance », la seconde précise : « L'extase mystique qui nous fait retourner à l'Un (que Plotin appelle également le Bien ou Dieu) n'est que la contrepartie ou la correction d'une *extase* métaphysique qui fait sortir de l'Un une suite de manifestations, nécessaires dans la procession, illusoires dans la conversion. » Nous avons donc affaire à deux sortes d'extases. Une de ces extases est celle qui implique une sortie de l'Un, elle conduit vers le multiple et vers le bas ; toute existence est ainsi un abandon de l'Un originaire, elle surgit au terme d'une procession. Pour bien comprendre ce que signifie cette procession émanatrice, il faut avoir toujours présentes à l'esprit deux images clefs de Plotin : celle du jet d'eau et celle du rayon lumineux. Les gouttelettes d'eau jaillissent toutes du point d'où surgit le jet, elles retombent ensuite en s'éparpillant dans le divers et dans le multiple, elles sont l'image de la chute dans le Mal. Il en va de même des rayons lumineux issus d'un point à partir duquel ils divergent en se perdant insensiblement dans l'obscurité. Nous devons donc nous détourner de cette ex-stase catastrophique pour remonter jusqu'au point lumineux originaire, là où nous contemplerons la Lumière originelle, là où nous deviendrons cette Lumière elle-même ; alors nous connaîtrons l'extase qui nous arrachera à notre position.

Nous sommes donc ici en présence d'une philosophie du *dévoilement* où la démarche permettant d'arracher le voile qui nous masquait la Lumière se termine par une illumination qui est un contact et une fusion. L'extase libératrice implique une plongée dans l'émanation issue du Principe suprême et une remontée jusqu'à ce Principe : « Il faut fuir seul vers lui seul. » A l'origine, le regard et la lumière ne faisaient qu'un, l'Un était doué d'une auto-vision, d'une transparence immédiate à lui-même ; mais le regard voulut se distinguer de la lumière, une sorte de vision confuse en naquit qui se retourna vers sa source et qui devint alors un regard *et* une source. Le regard détaché de la lumière n'est plus capable de saisir la transparence de celle-ci, il est contraint de produire des formes sur lesquelles se reflète la lumière qu'il peut contempler. Nous devons donc procéder à une inversion de l'émanation afin de nous détacher de toute différence, car qui dit différence dit opacité, dispersion, défaite dans la singularité du moment et du lieu. Il faut restaurer l'âme dans son état primitif.

Il importe de bien comprendre que *émanation* ne désigne pas une sorte d'écoulement impliquant un déplacement, émanation signifie rayonnement, comme lorsque nous disons que de la chaleur émane de la flamme. Une telle émanation n'est ni création, ni fabrication, ni évolution, ni gestation, elle est ce par quoi Plotin veut résoudre le problème des relations de l'Un et du multiple : chaque point d'une ligne est différent des autres, mais la ligne est continue et le point antérieur ne meurt pas dans celui qui le suit ; or toutes choses sont comme une grande Vie qui s'étend en ligne droite. Cet Un est ineffable et on ne saurait le définir par aucun attribut, aucun nom ne lui convient, il est toujours au-delà de l'essence et de l'existence ; pour le contempler il importe donc que nous fassions le vide en nous-même et que nous ignorions que c'est nous qui sommes en train de contempler ; nous trouvons par conséquent ici l'amorce d'une théologie négative.

La chute, qui aboutit à la matière identifiée pour la première fois au Mal, est née d'une procession qui, au lieu de regarder à sa Source et à son Principe, s'est prise elle-même pour fin et s'est transformée en idolâtrie d'elle-même ; « c'est toujours involontairement qu'on va au pire, mais comme on y va par son mouvement propre, on peut dire que l'on subit la peine de ce que l'on a fait ». Ayant oublié le Dieu, les âmes sont en proie à l'audace, c'est-à-dire au Mal. Le Mal est l'obscurité et la réception de cette obscurité par l'ignorance ; il n'y a donc pas de Mal en soi, contrairement à ce que prétendent les gnostiques et les chrétiens. C'est pourquoi il n'y a place ici pour aucune positivité du négatif, pour aucun Principe maléfique, et encore moins pour une *felix culpa* quelconque ; pour Plotin l'éloignement du Bien aboutit à quelque chose qui constitue la limite au-delà de laquelle il n'y a plus de production possible, c'est là la Matière et le Mal qui, tournant le dos au Commencement, n'en contiennent plus rien.

Nous trouvons des textes de Plotin qui semblent nous inviter à sortir de nous-même et d'autres qui au contraire semblent nous demander de plonger en nous-même ; il n'y a là qu'une contradiction apparente. Certes, pour parvenir à la contemplation, il faut obéir à l'impératif de Plotin : « Retranche toutes choses » ; toutefois, ce n'est pas en sortant de soi que l'âme « voit », mais c'est en descendant en elle-même qu'elle découvre le Principe et la Source ; car ils résidaient dans une région obscure de l'âme, elle ne possédait pas ces objets mais leurs empreintes, elle doit conformer l'empreinte aux réalités dont elle est l'empreinte. Il faut parvenir à ce point mystérieux où la procession s'inverse en ascension. Ainsi s'explique l'injonction de Plotin : « Ne cesse pas de sculpter ta propre statue », au terme de cette purification « tu es devenu une vision ». Par conséquent on est parvenu à « la fin du voyage » lorsqu'on se voit soi-même devenir l'Etre ; on a alors ramené ce qu'il y a de divin en soi au divin lui-même avec lequel on coïncide. L'âme qui monte « ne va pas à un être différent d'elle, mais elle rentre en elle-même, et elle n'est alors en nulle autre chose qu'en elle-même ; mais dès qu'elle est en elle seule et non plus dans l'être, elle est par là même en lui ; car lui est une réalité qui n'est pas une essence, mais qui est *au-delà de l'essence,* pour l'âme avec qui il s'unit ». Toute séparation entre le divin et l'humain se trouve ainsi abolie, le dévoilement est parfait, le voyageur ne fait plus qu'un avec ce qui se trouve au cœur du sanctuaire, il fait plus que voir : il est devenu vision pure. Par conséquent, l'extase est en réalité une in-stase puisque l'accès à la cime a lieu au plus profond de l'intériorité. L'idée grecque de l'identification possible et nécessaire de l'homme et de Dieu se trouve poussée ici jusque dans ses derniers retranchements.

Le néoplatonisme fut représenté par d'autres philosophes qui, sans avoir la grandeur de Plotin, possèdent une importance certaine. Porphyre (né à Tyr en 232, mort à Rome en 305) succéda à Plotin ; il fut l'éditeur des écrits de son maître et l'auteur d'une précieuse *Vie de Plotin.* Mais il écrivit aussi un court ouvrage, l'*Isagogè,* servant d'introduction aux *Catégories* d'Aristote ; c'est là que se trouve le passage fameux dans lequel Porphyre pose le problème de savoir si les genres et les espèces sont des réalités subsistant par elles-mêmes ou de simples conceptions de l'esprit ; tel fut le point de départ de la querelle des Universaux où s'affrontèrent les réalistes et les nominalistes. Jamblique (IIIe-IVe siècle) nous a laissé une vie de Pythagore, des ouvrages sur le symbolisme des nombres et un autre sur les *Mystères des Egyptiens* ; ce thaumaturge s'est intéressé à une métamathématique des nombres et à une arithmologie servant de voie d'accès initiatique à cette théurgie dont parlent les Mystères. Proclus (412-485) fut un adversaire du christianisme, un grand admirateur des religions antiques et des Mystères auxquels il avait été initié ; il passait pour être capable de provoquer la pluie et d'apaiser les tremblements de terre. Nombre de ses commentaires d'œuvres de Platon sont parvenus jusqu'à nous et surtout sa très importante *Théologie platonicienne.* On peut trouver tout d'abord chez Proclus l'amorce de ce que l'on appellera la « théologie négative » ; si l'on veut accéder au Principe suprême, il faut nier les qualités et les attributs qui caractérisent les êtres et dire que « les négations sont les causes premières des affirmations ». Nous nous trouvons ensuite confrontés chez lui au problème de savoir comment passer de ce Dieu incommunicable au multiple qu'il produit ; Proclus recourt ici à des ordres et à des séries intermédiaires dans lesquels les puissances divines s'épanchent en tous sens. Notre tâche est de rassembler la multiplicité de l'âme dans l'unité de l'Un pour parvenir au contact de cet Indicible et de cet au-delà de tout ce qui existe. Pour Proclus, unifier et déifier sont synonymes parce que la procession est une effusion et une infusion de l'Un qui ne peut faire que des dieux. Avec Proclus, la mystagogie conduit à une théurgie, la contemplation plotinienne ne se contente pas de déboucher sur l'extase, elle est devenue opératoire.

Damascius (480-544) fut le dernier scolarque de l'Ecole d'Athènes que l'empereur chrétien Justinien fit fermer en 529. Son ouvrage capital, souvent obscur et confus mais très important, a pour titre *Problèmes et solutions touchant les premiers principes.* Damascius est un théosophe qui se propose d'écrire une théogonie, il veut connaître le Principe qui est au-dessus de tout, qui est l'Un avant l'un, qui n'entre dans aucune des catégories de notre pensée ni de notre langage. Il est l'Inconnaissable, l'Ineffable, nous ne connaissons que son incognoscibilité ; il est le profond abîme dans lequel notre pensée s'engloutit, la connaissance se convertit donc ici en une ignorance supérieure. Sans sortir de sa profonde indivisibilité, l'Un produit le système des êtres jusqu'à la matière. Cette procession s'accomplit en trois moments qu'il ne faut pas distinguer les uns des autres. Le premier est celui où la chose demeure en elle-même ; dans le deuxième elle évolue en soi-même par un mouvement d'expansion interne et c'est la procession ; dans le troisième moment, elle se replie sur soi pour briser les liens de sa propre procession et revenir à son principe afin de maintenir son essence intacte, c'est là la conversion. On découvre chez Damascius tous les aboutissements de l' « au-delà » platonicien ; il faut avec lui parler d'une Super-inconnaissance qui implique le Silence du Principe inaccessible, mais la démarche qu'elle suppose engendre une parturition gnostique. La pensée de Damascius s'ouvre ainsi sur cette *via negativa* qui aura une très grande importance. Après la fermeture de l'Ecole d'Athènes, Damascius séjourna deux ans en Perse et mourut probablement en Egypte.

L'influence du néoplatonisme fut capitale. On en trouvera des traces profondes chez beaucoup de théologiens du Moyen Age ainsi que chez les mystiques rhénans. Le néoplatonisme pénétra chez les Arabes grâce à un texte anonyme intitulé *Théologie d'Aristote*, constitué d'extraits de Plotin ; traduit en arabe, il fut commenté par Avicenne. A la Renaissance, Marsile Ficin traduisit Plotin en latin ; on retrouverait l'apport du néoplatonisme chez Giordano Bruno, chez les platoniciens de Cambridge, chez Leibniz et Berkeley. Hegel et ses contemporains estimèrent au plus haut point le plotinisme. Les textes de Plotin sur la Beauté, dans laquelle Plotin voyait la signature de la patrie où l'âme était née et le chemin grâce auquel celle-ci pourrait retrouver son origine, passionnèrent Dante, les poètes romantiques anglais et les romantiques allemands. N'oublions pas enfin que Bergson fit un cours sur Plotin au Collège de France et que l'on trouverait des échos du plotinisme dans *L'Evolution créatrice.*

L'influence de la philosophie grecque sur la pensée médiévale fut considérable, et la plupart des théologiens vont réfléchir à l'intérieur de cadres intellectuels issus de l'hellénisme. Mais il importe de dégager d'autres courants souterrains issus de la mythologie grecque qui légueront à l'Occident des figures qu'il prendra inconsciemment pour modèles, ou qui permettront de jeter une vive lumière sur l'arrière-fond où se profilent ses démarches. Nous voulons parler de Dédale, de Prométhée et d'Œdipe. Dédale passait pour l'inventeur de tous les outils, pour le héros à qui rien n'était impossible ; enfermé dans le labyrinthe de Crète avec son fils Icare, il construisit des ailes artificielles qui leur permirent de s'évader ; si l'imprudence d'Icare le conduisit à périr noyé, Dédale parvint à se sauver. On peut dire que le labyrinthe est une figuration de l'existence humaine, on en retrouve d'ailleurs sur le sol des cathédrales où les pèlerins les parcouraient à genoux. De l'outil, de la technique dont Dédale passait pour être le père, l'homme d'Occident attend les moyens lui permettant de se sauver ; la libération existentielle par l'outil, le salut par l'action sont autant de thèmes fondamentaux dont le mythe de Dédale était déjà porteur. Quant à Prométhée, il n'a pas seulement fait figure de ce révolté qu'un Shelley délivre dans son poème, il fut aussi le voleur de feu. L'homme occidental a travaillé à domestiquer le feu ; mais il ne lui a pas demandé seulement de libérer les forces qui permettent d'éclairer, de faire cuire ou de faire fondre, il a cherché à capturer la puissance motrice du feu et c'est ce qu'il parvint à faire dans la machine à vapeur d'abord appelée « pompe à feu ». Cette invention consacrait l'avènement du moteur et l'apparition de la grande industrie, avant que l'on ne construisît des moteurs d'un autre type. Toutes les relations de l'homme avec la nature et des hommes entre eux s'en trouvèrent bouleversées ; on était parvenu à faire descendre du Ciel sur la Terre le premier Moteur aristotélicien, à le multiplier et à le faire démarrer à volonté. Tout était prêt pour une désacralisation du mouvement, l'animé n'étant plus ce qui était doué d'une âme mais seulement ce qui bouge ; la vie fut regardée comme une forme de l'énergie parmi d'autres et les hommes comme autant de machines animées que des systèmes socio-politiques se chargeront de faire démarrer et de guider. C'est ainsi que, en 1869, Michelet écrira fièrement : « L'homme est son propre Prométhée. »

Les entreprises de Dédale et de Prométhée nous conduisent à nous interroger sur le sens du mythe d'Œdipe, mais non sur celui qu'en a retenu Freud. Œdipe est le plus grand des savants, il a répondu aux énigmes du Sphinx, il sait ce que sont l'Etre de l'homme et le Temps. Mais Œdipe est en même temps le plus grand des ignorants : il connaît tout de l'Etre de l'homme mais il ne sait pas qui il est, lui, Œdipe ; il connaît le Temps mais il ignore tout de sa propre durée. Ainsi va l'homme d'aujourd'hui qui travaille sur des concepts de plus en plus nombreux et tourne le dos aux consciences incarnées. Nous ressemblons à Œdipe qui tâte la terre de son bâton d'aveugle à la recherche d'un lieu qui voudrait l'accueillir pour son dernier repos.

3

Parole de Dieu et discours des hommes

I. — LE MESSAGE DU CHRISTIANISME

Le christianisme n'est pas une philosophie, mais beaucoup de philosophies se sont situées par rapport à lui, soit pour le dénoncer, soit pour l'annexer. Il est impossible de parler du message du christianisme, car c'est lui qui nous parle ; disserter à son sujet revient à se substituer implicitement à lui et à oublier de se mettre à son écoute. On ne peut pas dire non plus ce qu'*est* le christianisme sans immédiatement le changer en son contraire en le réduisant à un système, à une morale, à un phénomène socio-culturel ou à un moment historique dont on consentira à reconnaître l'importance, soit pour ajouter que ce moment est dépassé, soit pour vouloir l'actualiser en le mettant au goût du jour. Le christianisme ne prend pas la suite de la philosophie grecque qui l'aurait plus ou moins préparé, il n'est pas non plus une doctrine sociale comme le pensent ceux qui veulent faire de Jésus un révolutionnaire défendant les pauvres contre les riches et contre l'occupant romain, ou ceux qui au contraire voient en lui un anti-Spartacus prêchant la résignation et la soumission aux opprimés en leur faisant croire qu'un monde meilleur les attend dans l'au-delà. Systématiser, conceptualiser, historiciser, phénoménologiser, sociologiser ou dialectiser le christianisme revient à le changer d'abord en son contraire pour se demander ensuite ce qu'il est. On ne démontre ni ne réfute le christianisme, car il n'est ni une religion supplémentaire, ni une philosophie parmi d'autres et encore moins la Philosophie absolue, ni un *isme* quelconque, ni un corps de doctrines ou de dogmes constituant une théologie qui pourrait être enseignée au même titre que les mathématiques. Mettre Dieu au sommet de la pyramide des êtres revient à le chosifier ; faire du Christ le propagateur d'une doctrine revient à le crucifier une seconde fois.

Et pourtant, si le christianisme nous parle, il nous incite aussi à parler ; à lui parler d'abord pour écouter ses réponses, à en parler ensuite pour retrouver l'autre sur les routes où nous pourrons être non seulement à côté de lui, mais surtout avec lui.

Il importe de dire tout d'abord ce que le christianisme n'est pas ; pour cela il convient de l'opposer aux philosophies grecques. De l'hellénisme au christianisme il y a, en effet, non pas filiation mais rupture ; certes les Pères de l'Eglise, beaucoup de théologiens et surtout saint Thomas s'inspireront de Platon, d'Aristote, du stoïcisme ou de Plotin ; mais en cela ils sont des philosophes qui construisent des systèmes et non des hommes qui hurlent : « J'ai soif. »

De l'hellénisme au christianisme existe une solution de continuité radicale ; d'une part, les Grecs n'ont vu dans les miracles accomplis par le Christ que l'œuvre d'un banal thaumaturge, ou la Passion d'un dieu fou laissant mourir son fils ; d'autre part, les Ecritures ne cessent de répéter que le Christ est venu apporter la guerre et non pas la paix, que ce qu'il dit est en opposition avec ce qui se disait. Car nous sommes ici en présence du paradoxe absolu : celui selon lequel Dieu s'est incarné dans un homme né d'une femme, à un endroit de la Terre et à un moment de l'histoire. Pour la raison, c'est là le scandale en soi, car nous ne sommes pas dans le domaine de la logique : on peut à la rigueur construire une théologie rationnelle comme le fit Wolff, une religion naturelle comme celle de Voltaire ou de Rousseau, célébrer avec les révolutionnaires l'Etre suprême, mais on ne peut fabriquer une théologie naturelle de l'Incarnation. Pour marquer tout ce qui sépare le christianisme de l'hellénisme, il ne suffit pas d'opposer le monothéisme chrétien au polythéisme grec, ni de rappeler que la notion de Création est étrangère aux philosophes grecs qui parlent du Démiurge, de causalité ou d'émanation. Il faut mettre en lumière les oppositions suivantes :

a) Le pensée grecque s'est organisée selon des philosophies du *dévoilement* où l'influence des Mystères initiatiques a joué un rôle souvent mésestimé. La démarche ascensionnelle de la connaissance permet au sage de *contempler* la vérité face à face et de s'identifier finalement à la divinité. Dans le christianisme, au contraire, la transcendance de Dieu est partout affirmée, Dieu reste un « Dieu caché » et « nul ne peut voir Dieu s'il n'est déjà mort ». En outre, ce n'est pas l'homme qui monte vers Dieu jusqu'à parvenir à s'identifier à Lui, c'est Dieu qui descend vers l'homme par la *Révélation* et par l'*Incarnation.*

b) Cela implique deux conceptions radicalement différentes de l'amour. Pour les Grecs, l'amour s'adresse non pas à la personne, mais aux qualités que celle-ci possède : beauté, intelligence, etc. Il s'agit là d'un amour désincarnant dans lequel le prochain est constamment laissé de côté. L'amour tel que l'entend le christianisme est un amour-don, un amour gratuit qui s'attache à la personne et à sa condition tragique. En outre, cet amour ne meut pas à la manière d'un désir, comme chez Aristote, il implique la *kénose* par laquelle Dieu s'est dépouillé de lui-même pour se faire homme et venir partager la condition humaine jusqu'à la mort inclusivement.

c) La philosophie grecque parle de l'*individu,* celui-ci fait partie d'un Tout, que ce Tout soit la Nature qui l'englobe dans des séries de causes, la Cité qui le soumet à ses lois, ou le Destin qui en joue. Le christianisme parle à la *personne* qui est toujours au-dessus de l'espèce comme en témoigne la parabole de la brebis perdue pour laquelle le berger quitte son troupeau. La personne possède ce caractère sacré auquel la rattache sa création à l'image de Dieu ; quant aux différents touts, ce ne sont que des abstractions conceptuelles et non des entités d'un ordre supérieur.

d) L'hellénisme implique une philosophie de l'Immanence s'enracinant dans le *Connais-toi toi-même,* comme les philosophes grecs ne cessent de le répéter, de Socrate à Damascius. Dans le christianisme, au contraire, ce que l'on trouve en soi n'est que ténèbres ; la Révélation et la Grâce apportent à l'homme une Lumière qu'il est incapable d'allumer mais sans laquelle les êtres et les choses ne seraient pas vraiment lisibles. L'illumination vient d'en haut et n'a rien à voir avec l'illuminisme.

e) Les philosophies grecques sont des philosophies intellectualistes du salut qui résulte d'un savoir acquis ou appris par l'homme. Pour les Grecs, il n'y a pas de puissances mystérieuses du mal qui ne puissent être exorcisées par la connaissance, car l'âme devine et dévoile, elle n'est pas tentée. Bref, pour l'hellénisme, la vérité est dans l'homme ; s'il l'a oubliée, il peut la retrouver par ses propres forces et arriver à s'identifier à elle.

f) On peut enfin opposer *Athènes et Jérusalem* comme le fait Léon Chestov dans le livre du même nom. Pour les Grecs, les lois du Destin sont inexorables, même les dieux y sont soumis, cette idée sera reprise par de nombreux théologiens et par Leibniz ; pour eux la toute-puissance de Dieu ne peut pas faire que ce qui a été n'ait pas été. Or le message de Jérusalem est tout autre. Dieu peut faire que ce qui a été n'ait pas été : Job retrouve ses enfants et ses biens, Lazare est ressuscité ; cette victoire sur le passé et sur la mort n'est pas celle d'une toute-puissance mais celle d'un Amour et d'un Pardon qui effacent les blessures du temps. La Rédemption n'a aucune place dans l'hellénisme.

Nous voici maintenant à même d'accéder à ce qu' « est » la Vérité. La Vérité qu'apporte le christianisme n'est pas dévoilée, comme chez les Grecs, elle n'est pas instaurée comme chez Descartes, elle n'est pas dynamisée comme chez Hegel ; la Vérité est révélée, elle n'est ni au-dessus de nous comme un mystère inaccessible, ni en nous-mêmes : c'est nous qui sommes en elle. Nous ne sommes ni les dépossédés ni les possesseurs de la Vérité, de nous à elle il y a à la fois distance et présence et c'est en quoi notre existence est déchirée ; c'est pourquoi la communication directe qu'est la Révélation ne peut pas se transmettre par cette communication indirecte qu'est l'enseignement. Lorsque Pilate pose la célèbre question : « Qu'est-ce que la vérité ? » il le fait en sceptique désabusé pensant que personne ne peut lui répondre. D'autres verront dans cette question un problème précis auquel ils se feront fort de donner une solution rigoureuse. Mais face à de telles certitudes, les hommes hurlent toujours la question sur un ton pathétique : « Qu'est-ce que la Vérité ? » Or le Christ dit, en parlant de ses apôtres, qu'ils sont « de la Vérité », et lui-même utilise fort souvent la tournure « en Vérité ». Il faut entendre par là que nous appartenons à la Vérité mais qu'elle ne nous appartient pas ; nous lui appartenons, non comme des esclaves soumis, mais comme des êtres qui doivent en témoigner.

L'Arbre de la Connaissance a aujourd'hui pour fruits tous ces Universaux que nous appelons la Science, l'Histoire, le Plan, la Volonté générale, la Société, l'Etat, la Race, le Peuple, le Parti, la Classe ; ils sont devenus autant de Moloch auxquels sont sacrifiés les hommes en chair et en os à qui l'on fait espérer des libérations définitives. Les ramifications de l'Arbre de la Connaissance étouffent de plus en plus l'Arbre de Vie et nous devons méditer sur ce passage des Ecritures : « La connaissance enfle mais l'amour édifie. » Parmi ces fruits de l'Arbre de la Connaissance se trouve le Devoir ; l'homme ne peut s'en dispenser, car le devoir élève l'individu au-dessus des tentations égoïstes, cependant il ignore tout de la présence charnelle de l'autre qui se trouve désincarné par le respect dû à la loi : n'être pour quelqu'un qu'un devoir, c'est n'être tragiquement rien. L'amour est au-dessus du devoir, mais un amour dont nous ne sommes guère capables, car nous ne pouvons jamais nous dépouiller de l'esthétisme de la séduction ni de cet amour captatif qui s'abreuve au narcissisme de la bonne conscience. Toutes nos amours se profilent sur le fond de l'Amour qui donne et dont nous sommes incapables. Sur la Croix, Jésus dit au larron : « Je te le dis en Vérité, aujourd'hui tu seras avec moi dans le Paradis. » Jésus ne meurt pas en même temps que quelqu'un, il meurt avec quelqu'un dans une mort à deux, ce qui implique l'annonce d'une Délivrance par le partage de ce qui ne peut être partagé.

Nous creusons des puits de Babel sans y trouver l'Eau vive, ou nous crions avec François Villon : « Je meurs de soif auprès de la fontaine. » Le miracle mystérieux de la Révélation est celui par lequel l'Eau se met brusquement à monter dans les puits que nous avons forés, sans que rien ait laissé prévoir sa venue. Alors nous comprenons que le prochain ne se réduit pas au voisin ni au *socius*, que la multiplication des moyens de communication n'apportera pas la communion, que toutes les libérations du monde ne feront jamais une Délivrance, que les sauvetages ne sont pas le Salut, que les sauveteurs n'ont rien à voir avec le Sauveur et que si le pain est nécessaire à l'homme il n'est pas suffisant. Le Mal ne se réduit pas, hélas ! à de simples maladies guérissables par des techniques psychologiques, pédagogiques ou sociales. Dans cet *hélas !* se cachent à la fois la présence du Mal et celle de l'Espérance qui n'est pas, comme l'espoir, un rendez-vous donné au temps, mais un rendez-vous donné à l'Eternité.

Comme le dit profondément Paul Evdokimov : « Toutes les religions sont les voies où l'homme cherche Dieu. Elles sont multiples. La Révélation chrétienne est unique, car c'est Dieu qui trouve l'homme. » Il reste que tout est prodige dans ce monde, mais que le plus grand des prodiges est celui de la liberté de l'homme de pouvoir choisir le Bien ou le Mal et de pouvoir même dire qu'il n'y a ni Bien ni Mal. Faire ou ne pas faire restent en notre pouvoir ; mais, comme le note profondément Jules Lequier, quoi que nous fassions la signature de ce que nous aurons fait sera inscrite à tout jamais dans l'histoire du monde. Jamais nous ne pourrons l'effacer, seul un Amour dont nous ne sommes pas capables peut nous apporter la Rémission et guérir l'autre des blessures que nous lui avons infligées.

II. — LES PENSEURS CHRÉTIENS ET LA FIN DE L'ANTIQUITÉ

On appelle Pères de l'Eglise les écrivains ecclésiastiques des trois premiers siècles après Jésus-Christ ayant fait preuve d'orthodoxie doctrinale et de sainteté, qui moururent dans la foi chrétienne et dans la communion de l'Eglise. Les moins anciens sont appelés Docteurs de l'Eglise et ne jouissent pas d'une autorité aussi grande. Enfin, les Ecrivains ecclésiastiques sont ceux dont l'orthodoxie peut être sujette à caution mais qui demeurent des références importantes. Les uns et les autres sont les témoins-fondateurs, ou les serviteurs de la Tradition qui, pour l'Eglise catholique, peut être invoquée comme autorité en même temps que les Ecritures.

Tous ces penseurs se trouvèrent confrontés à la philosophie grecque, toujours vivace à Athènes, Rome et Alexandrie, aux différents courants gnostiques, et à la naissance de l'Eglise chrétienne comme institution.

Le gnosticisme

Le courant gnostique est antérieur au christianisme mais il s'en réclamera parfois ; beaucoup d'écrivains chrétiens, en s'en démarquant ou en le dénonçant, nous ont permis de mieux le connaître grâce aux critiques qu'ils lui adressèrent. A ce gnosticisme, on pourrait trouver de nombreuses sources : orientales, judaïques, grecques, égyptiennes ou persanes, mais toutes ces sources possèdent une certaine unité.

A plusieurs reprises, nous avons souligné que l'on rencontrait dans la plupart des philosophies grecques l'expression d'un Désir de l'homme de s'identifier à Dieu et l'idée que le salut pouvait être acquis par la voie d'une connaissance initiatique. Les gnostiques mettent ces deux centres de perspective au cœur de leurs spéculations. Ils sont, en effet, à la recherche d'une *gnose,* c'est-à-dire d'une connaissance édifiante et divinisatrice qui leur permette de s'unir à Dieu, soit au terme de différentes étapes d'un savoir ascendant, soit d'un seul coup à l'occasion d'une extase illuminatrice préparée par des révélations issues d'une sublime et mystérieuse Tradition, consignée dans des textes sacrés ou transmise par des initiés.

Les gnosticismes ont en commun l'idée que l'homme est une étincelle divine, égarée sur la Terre, qui peut trouver en lui-même, à condition d'être guidé par un enseignement adéquat, la voie lui permettant de remonter jusqu'à la Lumière originelle dont il est issu. De nombreux récits racontaient les drames au cours desquels cette étincelle était tombée des régions supra-sensibles dans le monde d'ici-bas. Une telle idée allait souvent de pair avec un dualisme opposant l'Invisible d'en haut et le domaine de la matière ; toutefois, de nombreux êtres intermédiaires s'inséraient dans une architectonique du cosmos et étaient chargés d'assurer le contact entre le visible et l'Invisible. Par le biais d'une connaissance acquise, l'homme pouvait donc devenir son propre rédempteur et parvenir à s'identifier au dieu retrouvé. Les gnostiques étaient attirés par les mythes païens, par ceux du *Phèdre,* du *Phédon,* de la *République* ou du *Timée* de Platon, mais aussi parfois par la personne de Jésus en qui ils voyaient un initié incomparable ; c'est pourquoi beaucoup d'entre eux cherchèrent à pénétrer le christianisme ou à l'annexer, ce contre quoi luttèrent les Pères de l'Eglise.

Parmi les très nombreux gnostiques, il convient de retenir quelques figures essentielles. La première est celle de Basilide qui enseignait à Alexandrie vers 130. On trouve chez lui, à la fois, une ontologie négative et une théogonie qui est en même temps une cosmogonie. Dieu est le Non-Etre inengendré situé au-delà même de l'Ineffable ; mais ce Non-Etre a tiré de lui les semences des êtres sous forme de filiations. Il tire également de lui le Grand Arkhonte qui engendre son fils Ogdoade, tous deux engendrent une multitude d'autres êtres tels que la Puissance, la Sagesse, l'Esprit et le Verbe. Ce Grand Arkhonte finit par se prendre pour le vrai dieu, mais il reconnaît son erreur grâce à la connaissance de la Vérité ; Jésus, nouvelle filiation du Dieu, parachèvera la rédemption de la Terre.

Un autre gnostique très caractéristique fut Valentin qui enseigna à Rome vers 150 après avoir également enseigné à Alexandrie. D'abord chrétien puis excommunié, il fonda à Chypre une communauté de disciples. Lui aussi place à l'origine une Unité, située au-delà de toute qualification, qui est le Père ou l'Abîme (*Bythos*) ; de son union avec le principe féminin Silence (*Sigè*), il engendre des tétrades et des éons. Mais les conflits entre certains d'entre eux provoquent des drames générateurs de chute. Jésus, nouvel éon, leur enseignera la pureté et assurera le rachat et le salut des Spirituels, tandis que les Matériels finiront par périr dans une fin du monde générale.

Outre ces deux noms, il convient de mentionner le livre de la *Pistis Sophia*, ouvrage en langue copte du IVe siècle découvert en 1769. On y assiste à la guerre entre les Fils de la Lumière et les Fils des Ténèbres, on y apprend que Jésus resta douze ans sur la Terre après sa résurrection afin d'y donner un enseignement complet sur la gnose qu'il n'avait pas eu le temps de révéler avant sa mort.

Une place à part doit être faite à Marcion (85 ?-160 ?) car, périodiquement au cours de l'histoire, sa doctrine réapparaît sous différentes formes. Marcion opposait l'Ancien Testament, qui nous présenterait un Dieu justicier ayant échoué dans sa création, et le Nouveau Testament où Jésus, Dieu de bonté et d'amour, vient libérer les hommes du légalisme juif et les sauver de leur misère.

A côté de ces gnostiques soucieux d'assimiler le christianisme à leur profit, se dressaient ceux que l'on a parfois qualifiés de « gnostiques licencieux » et qui s'opposaient au christianisme. Les ophites se réclamaient du Serpent de la Genèse, les caïnites exaltaient Caïn et Judas ; les carpocratiens, les nicolaïtes, les barbélognostiques, prêchèrent la liberté totale des mœurs et, si l'on en croit leurs critiques, sombraient dans une extrême folie érotique.

Les courants gnostiques n'étaient pas les seuls à fleurir pendant les premiers siècles qui suivirent la mort de Jésus. Cette période offre le spectacle d'une véritable fermentation intellectuelle dont il est difficile de présenter les processus d'une manière ordonnée. Philosophes, mystiques, thaumaturges et illuminés prodiguent des enseignements dans lesquels ils prétendent dévoiler les secrets de l'architectonique de l'univers et le mystère de la chute pour divulguer l'enseignement capable de conduire l'homme vers Dieu. Simon le Magicien et sa femme Hélène, une ancienne prostituée — qui se donnent pour le Père et la Mère de l'univers, qui accomplissent des prodiges, qui vaticinent, qui affirment que le monde créé par Jéhovah est un monde manqué mais que l'homme possède en lui la source qui lui permettra de remonter les fleuves conduisant à l'Eden —, offriraient un bon exemple de ces types de personnage. Les Actes et Evangiles apocryphes prolifèrent : *Evangile de l'enfance de Jésus-Christ, Evangile de Barnabé, Actes de Thomas* (où se trouve le célèbre « Chant de la perle »), etc.

Il faudrait ajouter à ces textes les *Oracles chaldaïques* et surtout l'*Asclepios* et le *Poïmandres* constituant le fameux *Corpus Hermeticum* attribué au légendaire Hermès Trismégiste, c'est-à-dire le dieu égyptien Thot, écrit probablement entre 100 et 300, qui eurent une influence considérable. On n'y trouve guère trace d'une quelconque révélation chrétienne, mais la « révélation » d'Hermès a beaucoup de ressemblances avec les spéculations chères aux gnostiques chrétiens ; le rachat de l'homme vient s'y inscrire dans toute une architecture du monde ; n'oublions pas que les alchimistes firent des écrits hermétiques un de leurs livres de chevet. A toute cette abondante littérature, il convient d'ajouter les cinquante et un traités découverts en Egypte en 1945 et publiés par Jean Doresse : *Les Livres secrets des gnostiques d'Egypte* (Plon, 1958).

Face à toute cette production gnostique, les premiers penseurs chrétiens réagirent en dénonçant comme hérétiques ceux qui avaient la prétention de corriger, de compléter ou d'annexer les Ecritures. Les principaux critiques de la gnose furent Irénée de Lyon et son disciple Hippolyte de Rome. Irénée de Lyon, né à Smyrne vers 126 et évêque de Lyon en 177, est l'auteur de la célèbre *Dénonciation et réfutation de la gnose au nom menteur*, connue aussi sous le titre *Contre les hérésies;* cet ouvrage constitue notre principale source de connaissance de la pensée gnostique. Son élève Hippolyte de Rome, prêtre puis évêque, rédigea vers 230 sa *Réfutation de toutes les hérésies* connue aussi sous le titre de *Philosophumena,* où il montre que les hérésies ont leurs sources dans des doctrines philosophiques et non dans le christianisme lui-même.

Chez ceux qui se réclamaient du christianisme, la personne de Jésus faisait l'objet de nombreuses discussions ; c'est ainsi que, pendant des siècles, l'arianisme eut une influence considérable.

Arius (280-336), un prêtre d'Alexandrie, avait affirmé que le Fils engendré par le Père ne pouvait être lui-même divin, il s'attaquait ainsi au mystère de la Trinité. En 325, le concile de Nicée, convoqué par Constantin, condamna l'arianisme et déclara que le Fils était « consubstantiel au Père ». Une idée voisine de celle d'Arius fut défendue par Nestorius (380-451) qui distinguait deux personnes, deux natures, dans Jésus-Christ. Le concile d'Ephèse (431) condamna le nestorianisme, ainsi que le pélagianisme, hérésie dans laquelle Pélage (360-422) affirmait que le salut se faisait par les œuvres.

Le dualisme de Marcion et les spéculations de certains gnostiques, selon lesquels le monde était l'œuvre d'un dieu mauvais, se combinèrent au manichéisme. Pour Mani, né en Perse vers 216 et martyrisé en 277, le monde est le théâtre où s'affrontent le Bien et le Mal, doctrine qui ne va pas sans rappeler celle de Zoroastre (VIIe s. av. J.-C.) pour qui la Puissance des Ténèbres et celle de la Lumière étaient en perpétuel conflit. Le monde étant l'œuvre du Mal, il faut travailler à sa disparition en s'abstenant de toute procréation. Mani voyait dans Jésus la Lumière révélée qui devait permettre à l'humanité de libérer la lumière qui était en elle, alors que l'univers disparaîtrait dans un gigantesque embrasement. De telles idées eurent beaucoup de succès en Syrie, en Mésopotamie et en Arménie ; au IVe siècle elles inspirèrent les bogomiles, et parvinrent en France où, au XIIIe siècle, elles alimentèrent le catharisme. Mais, dès le IVe siècle, elles étaient présentes en Afrique et saint Augustin fut manichéen de 373 à 382 avant de combattre cette croyance avec acharnement.

Il ne faut pas perdre de vue que tous ces problèmes philosophiques se posaient dans un contexte politique des plus difficiles. En 202, l'empereur Septime Sévère interdit les conversions au christianisme ; toutefois, une sorte de confusionisme syncrétique entre le Christ et Apollon s'installe peu à peu dans les masses. Tout change avec l'empereur Constantin. Une tradition rapporte que, avant une bataille, Constantin aurait eu une vision au cours de laquelle il aurait vu et lu l'appel : « *In hoc signo, vinces* », « Sous ce signe, tu vaincras », il aurait fait graver aussitôt le monogramme du Christ sur le bouclier de ses soldats, ce qui lui aurait permis de remporter la victoire. Quoi qu'il en soit, Constantin se convertit au christianisme ; il fit reconstruire les temples chrétiens détruits sous Dioclétien, subventionna les églises, créa des tribunaux ecclésiastiques, multiplia les emblèmes chrétiens sur les monuments et sur les monnaies. En 313 l'édit de Milan proclame la liberté religieuse ; en 330 Constantin fonde Constantinople qui va devenir une nouvelle Rome. En 380, son successeur, Théodose le Grand (347-395), érige le christianisme au rang de religion d'Etat ; ayant réprimé dans le sang une émeute populaire, il dut se prosterner aux pieds de l'évêque Ambroise pour demander son pardon.

En 410, Alaric, le roi arien des Wisigoths, entre dans Rome et la pille. « Horreur ! l'univers s'écroule ! » écrit saint Jérôme lorsqu'il apprend la nouvelle à Jérusalem. Les invasions des Wisigoths, des Huns, des Vandales, des Ostrogoths puis des Arabes contribuèrent à accroître la déroute politique, économique et intellectuelle de l'Antiquité en déferlant sur un Occident désemparé.

Les Pères de l'Eglise

Pour étudier les débuts du christianisme, nous disposons de précieux documents dans les *Actes des martyrs* ; ceux-ci nous présentent ou bien les procès-verbaux des tribunaux ayant condamné les martyrs, ou bien des témoignages directs de contemporains, ou bien encore quelques légendes postérieures. Mais notre principale source d'information se trouve dans les écrits des Pères grecs et des Pères latins qui diffèrent, non seulement par la langue qu'ils utilisent, mais aussi par le choix des thèmes qu'ils abordent.

1° Les Pères grecs. La patristique grecque fut surtout influencée par Platon puis par le néoplatonisme ; elle étudia essentiellement des questions relevant de la cosmologie, de la métaphysique et de l'eschatologie sur lesquelles elle greffa des théologies de l'Incarnation, de la Grâce et de la Rédemption. Au principe de telles synthèses pouvait se trouver l'affirmation de saint Justin (martyrisé vers 160) pour qui « tout ce qui a jamais été dit de vrai est nôtre » ; les païens étaient donc parfois considérés comme ayant pu posséder des germes de cette vérité que la Révélation chrétienne aurait fait éclore ensuite dans toute sa perfection. Clément d'Alexandrie (150-215) cherche à montrer dans ses *Stromates* (Mélanges) que la philosophie n'est pas à rejeter, car elle a été voulue par Dieu ; toutefois, les païens doivent se détourner de leurs idoles ce à quoi les exhorte le *Protreptique* et réformer leurs mœurs comme les y invite le *Pédagogue* afin de demander à la foi et à la piété ce que la philosophie seule ne peut leur donner. Origène (184-253), contemporain et probable condisciple de Plotin auprès d'Ammonius Sakkas, n'hésita pas à se châtrer pour résister aux tentations de la chair. Intéressé par l'exégèse, il expose, dans son *Des principes,* une théologie qui, par bien des points, se rapproche du gnosticisme mais qui se déploie selon une perspective optimiste ; toutefois Origène pense que, après la destruction du monde, Dieu en créera successivement beaucoup d'autres. Torturé par les païens mais très discuté par les chrétiens, Origène fut ausi l'auteur d'un *Contre Celse* qui répond à l'ouvrage du philosophe païen Celse, *Discours vrai contre les chrétiens* (178). Eusèbe de Césarée (265-339) nous a laissé une *Histoire ecclésiastique,* une *Préparation évangélique* et une *Démonstration évangélique* où il souligne la parenté du platonisme et du christianisme. Grégoire de Nazianze (329-389) dans ses *Sermons* met l'accent sur la foi en soulignant que le Verbe protège les *logoï* (discours), voire des *logoï.* Son condisciple Basile le Grand (330-379) est l'auteur de neuf *Homélies sur les six jours de la Création* qui eurent une grande influence tout au long du Moyen Age ainsi que le *Commentaire sur le Cantique des cantiques et sur les huit Béatitudes* de son frère Grégoire de Nysse (335-394). A côté de ces représentants de l'église de Cappadoce, une place doit être faite à Jean Chrysostome, *i. e.* Bouche d'or (340-407), célèbre prédicateur devenu évêque de Constantinople en 392 ; cet ascète est célèbre par ses démêlés avec l'impératrice Eudoxie dont il dénonçait le luxe et les intrigues, ce qui lui valut finalement d'être misérablement exilé. Maxime le Confesseur (580-662) fut un commentateur du pseudo-Denys. Il pense que se mouvoir vers Dieu par la connaissance inverse la chute en ascension ; l'homme, étant une partie de Dieu, doit travailler à faire cesser la séparation dont il est coupable et par laquelle il s'est détaché de son Créateur. Disons enfin que Jean Damascène († 749) est tenu par certains historiens pour le dernier Père grec de l'église ; son œuvre *La Source de la connaissance* fait l'histoire des hérésies puis réunit des textes essentiels sur la vérité du christianisme. Son *De la foi orthodoxe* sera très utilisé par les scolastiques du Moyen Age qui y trouveront des définitions et des notions, souvent aristotéliciennes, qu'ils utiliseront dans leur enseignement.

2° Les Pères latins. Si les Pères grecs, qui se réclamaient volontiers de Platon ou d'Aristote, voire de Plotin, s'intéressaient avant tout à la métaphysique, les Pères latins eurent assez souvent Cicéron pour modèle et s'attachèrent plutôt à l'éloquence et à la morale pour se mettre au service d'une *eloquentia Christiana*, saint Augustin devant toutefois être mis à part.

Tertullien (160-240), né à Carthage, mettra toute la fougue de son éloquence au service de l'Eglise et dénoncera vigoureusement les adversaires de celle-ci, comme on peut le voir dans son *Apologétique* et dans sa *Prescription des hérétiques*. Insistant sur l'idée de Paul selon laquelle la « folie » de Dieu couvre de confusion la folie des hommes, il oppose la foi à la connaissance chère aux gnostiques. « Le Fils de Dieu est muet, c'est croyable puisque c'est une folie ; et il fut enterré et ressuscité, c'est certain puisque c'est impossible », déclaration que l'on a sommairement (et souvent ironiquement) résumée par le célèbre « Je crois parce que c'est absurde » ; il ne s'agit pas d'entendre par là que la croyance est faite d'absurdités, mais qu'elle dépasse ce que le savoir peut comprendre. Vers la fin de sa vie, Tertullien adhéra au montanisme prêché par Montan (IIe s.) qui annonçait la prochaine venue du Royaume de Dieu sur la Terre, il continua d'y adhérer malgré la condamnation de ce mouvement par l'évêque de Rome et par ceux d'Afrique. Son grand admirateur saint Cyprien (mort en 258) fut évêque de Carthage et connut le martyre, il fit partie de ceux qui répandirent le christianisme en Afrique du Nord jusqu'à l'arrivée des Arabes. Lactance, qui se convertit en 300, était lui aussi un Africain que l'empereur Dioclétien fit venir en Nicomédie ; auteur des *Institutions divines* en sept livres, il fit l'apologie de la religion chrétienne contre le paganisme.

Saint Hilaire de Poitiers († 368) dénonce les idéologies païennes et, dans son *De la Trinité*, insiste sur le caractère d'être pur, immuable, éternel, absolu, qui appartient à Dieu, lequel n'a rien à voir avec ce Néant originaire sur lequel certains spéculaient à la suite des néoplatoniciens. Saint Ambroise (339-397) continua l'œuvre de saint Hilaire dans ses efforts pour combattre l'arianisme au concile de Constantinople (381) et à celui d'Aquilée. Il eut de violents démêlés avec l'empereur Théodose toujours partisan de la manière forte à l'égard des juifs et des émeutiers ; au cours d'un office il prit l'empereur à partie et obtint que celui-ci vînt en pénitent battre sa coulpe devant la communauté. Son ouvrage *Devoirs des gens d'Eglise* devint un classique de la littérature médiévale.

Une place à part doit être réservée à saint Jérôme (347-420). Né en Italie du Nord, il fit ses études à Rome, se passionna pour la rhétorique, pour la littérature latine et principalement pour Cicéron. Baptisé de bonne heure, il voyage en Gaule, en Aquilée, à Jérusalem, en Palestine, en Egypte où il découvre la vie érémitique dans le désert. A Antioche il approfondit sa connaissance du grec et de la théologie. Retiré dans une grotte du désert de Chalcis, il y installe sa bibliothèque et mène une vie d'ascète qu'il abandonne peu après. Ordonné prêtre à Antioche, il va à Constantinople où règne Théodose et où parle Grégoire de Nazianze qu'il appellera son « maître ». Parti à Rome, il y devient secrétaire du pape et fut en contact avec les intrigues du monde. Il repart à Antioche, voyage en Palestine, va à Alexandrie et s'installe définitivement à Bethléem. Là, il va entreprendre la grande œuvre pour laquelle il est resté célèbre : la traduction latine de la Bible, il traduit l'Ancien Testament à partir de l'hébreu et de la traduction grecque des Septante (IIIe-IIe s. av. J.-C.). C'est ainsi que naquit la *Vulgate* qui devait devenir dès le IXe siècle la version officielle utilisée par l'Eglise latine.

Saint Augustin

Au-dessus de tous ces Pères latins, se détache l'extraordinaire figure de saint Augustin. Avec lui nous n'avons plus affaire à un passionné de rhétorique ni à un métaphysicien obscur, ni à un banal moraliste ; nous nous trouvons en présence d'un philosophe et d'une conscience chrétienne d'une très grande profondeur. Saint Augustin naquit en 354 à Thagaste, non loin de Bône dans l'actuelle Algérie ; son père était un berbère païen mais sa mère Monique était chrétienne, il vouera toujours à celle-ci une pieuse admiration. Il poursuit ses études à Carthage où la lecture de l'*Hortensius* de Cicéron fit naître en lui une vocation philosophique. Il adhéra tout d'abord au manichéisme puis l'abandonna. En 383 il va à Rome enseigner la rhétorique, puis à Milan. Sa mère devenue veuve vient le retrouver et le persuade de renvoyer en Afrique une femme avec qui il vivait depuis une dizaine d'années et dont il avait eu un fils ; il prit une autre maîtresse en attendant que devînt nubile la femme que Monique aurait voulu lui voir épouser. A Milan, il écoute prêcher l'évêque Ambroise qui l'éveille aux Ecritures, ce qui ne l'empêche nullement de lire Plotin dans une traduction latine. Ayant reçu le baptême en 387, il est ordonné prêtre en 391. Devenu évêque d'Hippone, il mourut en 430 tandis que les Vandales assiégeaient la ville. De l'œuvre immense de saint Augustin il faut au moins retenir : *De la doctrine chrétienne* (397), les célèbres *Confessions* (400), le *De la Trinité* (418) et *La Cité de Dieu* (426).

Saint Augustin commence par récuser tous les paganismes qui partent des choses pour aller vers Dieu, ou qui divinisent les éléments de la nature, toutes perversions qu'il trouvait chez les Grecs dont il n'aimait ni la langue ni la mythologie : « J'ai interrogé la Terre et elle m'a répondu : “ Ce n'est pas moi ton Dieu. ” Tout ce qui vit à sa surface m'a fait la même réponse. [...] J'ai interrogé le Ciel et le Soleil, la Lune et les étoiles : “ Nous ne sommes pas non plus le Dieu que tu cherches ”, m'ont-ils affirmé. » Peut-on alors découvrir Dieu dans l'homme lui-même ? Avec beaucoup de profondeur saint Augustin voit que l'homme n'est pas une réponse mais une interrogation toujours ouverte ; après avoir dénoncé l'idolâtrie du monde, il refuse les perspectives immanentistes qui prétendent découvrir Dieu dans l'intériorité de la conscience et qui aboutissent à une divinisation de l'homme. « Alors, me tournant vers moi-même, je me suis dit : “ Et toi, qui es-tu ? ” » Saint Augustin pose donc l'interrogation fondamentale : « *Qui* est l'homme ? », et non la question réifiante : « *Qu*'est-*ce que* l'homme ? » question qui appelle les réponses de tous les spécialistes qui définissent celui-ci comme un *quoi ?* et non comme un *qui ?* et dont les théories prétendent cerner l'essence et la réalité de la nature humaine. Pour saint Augustin, une réflexion sur l'homme ne saurait être édifiante, c'est pourquoi lorsqu'il écrit : « J'étais devenu pour moi-même une grande question », il reconnaît qu'il demeure pour lui-même « une terre de difficultés et de sueurs accablantes ». Car l'homme est toujours plus que ce qu'il sait de lui, il y a « dans l'homme des choses que l'esprit même de l'homme, qui est en lui, ne sait pas ».

Le « palais de la mémoire » contient donc davantage que ce dont celle-ci se souvient. Saint Augustin se sent désemparé en découvrant qu'il est inadéquat à lui-même : « Je ne puis concevoir intégralement ce que je suis. L'esprit est donc trop étroit pour se contenir lui-même ? Alors, où reflue ce qu'il ne peut contenir de lui ? Serait-ce hors de lui et non en lui ? Mais comment ne le contient-il pas ? Cette pensée me confond d'étonnement, et je me sens saisi de stupeur. » Il y a davantage dans ma mémoire que l'ensemble de mes souvenirs parce que Dieu habite en elle, c'est la Lumière qu'il a répandue en moi qui est à l'origine de cette interrogation sur moi-même. Mais avant que je ne connusse Dieu, il n'était pas déjà dans ma mémoire : « Où vous ai-je trouvé, pour vous connaître, si ce n'est en vous, au-dessus de moi ? » Il y a donc eu un appel qui a été entendu. On ne saurait dire avec plus de force que la Vérité n'est pas en nous, mais que c'est nous qui sommes en elle sans jamais pouvoir pleinement la saisir, car la Lumière qui rend les choses visibles ne provient pas d'elles.

Penseur tragique, plein de méfiance à l'égard des prospérités aussi bien que des adversités du siècle, saint Augustin écrit : « La vie humaine sur la Terre est-elle autre chose qu'une tentation ? » ; la misère, le dénuement et la pauvreté qu'aucun bien du siècle ne saurait guérir amènent Augustin à prendre conscience de sa vie comme d'une maladie et d'une tristesse dont Dieu seul peut être le médecin et le consolateur : « Où je puis être je ne veux ; où je veux être je ne puis », entre ces deux *où* l'homme éprouve la vie comme une déchirure. Rien de tout cela, insiste Augustin, ne se trouve dans Platon ; quant au néoplatonisme qui spécule sur les hypostases et qui ménage des intermédiaires plus ou moins nombreux entre l'Un et le multiple pour permettre aux hommes d'arriver jusqu'à Dieu, il est incapable de découvrir ce que le Médiateur a révélé aux hommes : « Il fallait au Médiateur entre Dieu et l'homme quelque chose qui ressemblât à Dieu, quelque chose qui ressemblât aux hommes : semblable aux hommes uniquement, il eût été trop loin de Dieu ; semblable à Dieu uniquement, il eût été trop loin des hommes et n'eût pu remplir son rôle de Médiateur. [...] C'est dans la mesure où il est homme qu'il est médiateur (*mediator*) ; car en tant que Verbe, il n'est point intermédiaire (*medius*) étant égal à Dieu. » L'Incarnation du Verbe, qui a connu l'agonie et le trépas, fut le plus grand acte d'amour de Dieu venu partager la douleur et la mort des hommes afin de leur permettre d'en triompher. « Ce Médiateur s'est fait mortel sans infirmer la divinité du Verbe, mais en éprouvant l'infirmité de la chair. Il fallait qu'il réunît une mortalité passagère et une permanente béatitude afin de ressembler par ce qui passe à des êtres voués à la mort et de les introduire, du fond de la mort, à ce qui demeure. » Cette victoire sur la mort nous dit que cette dernière ne fait que passer et, mieux encore, qu'elle n'est qu'un passage.

Mais d'où vient le Mal qui a mis en moi ce qui me pousse à ne pas vouloir le Bien alors que j'ai été créé par Dieu ? Si le Mal vient du Diable, d'où vient le Diable lui-même ? Si le Démon est un ange déchu, d'où est venue la volonté perverse qui causa sa chute ? Plutôt que de se lancer dans des cosmogonies manichéennes, Augustin avoue qu'il ne peut répondre : « On ne peut, en effet, avoir connaissance de ce qui n'est pas. » Le Mal est une privation, il est absence d'être puisqu'il ne peut être conçu en dehors du Bien ; le Mal implique donc le fond du Bien manqué et manquant sur lequel, et duquel, il se détache. Par conséquent, Dieu n'est pas l'auteur du Mal, car ce qui n'est rien ne peut avoir été créé : « Toutes choses sont vraies dans la mesure où elles *sont,* il n'y a de fausseté que lorqu'on croit à l'être de ce qui n'est pas. » Tout comme les ténèbres sont l'absence de lumière, de même le péché est l'absence de l'amour de Dieu. Quant au Mal moral, la volonté de l'homme en est responsable. En soi la volonté est bonne, car elle vient de Dieu, mais les hommes en usent mal. La volonté *pouvait* se détacher de Dieu, mais elle ne le *devait* pas, la volonté s'est abandonnée à une libre chute, car l'homme a voulu être sa propre lumière et n'a engendré que du désordre.

Une recréation est donc nécessaire ; or si l'homme a voulu choir, il ne lui suffit pas de vouloir se racheter pour le pouvoir, la Grâce lui est nécessaire ; contrairement à ce que prétend Pélage, elle précède les œuvres et le mérite qui peut s'y rattacher. Quant à savoir pourquoi et au nom de quoi Dieu donne sa Grâce à tel homme et la refuse à tel autre, c'est un mystère qui plonge ses racines dans une Justice que nous ne pouvons sonder. Que l'on ne dise pas que la Grâce prive l'homme de sa liberté puisque, au contraire, elle la lui donne. De l'homme qui possède la foi on peut dire que c'est en croyant qu'il pense et en pensant qu'il croit. C'est pourquoi Augustin ne confond pas la cité terrestre avec la Cité de Dieu. La première se glorifie d'elle-même et recherche la paix terrestre grâce aux biens et aux profits de la vie temporelle. Mais l'homme de foi attend les biens de la Cité céleste qui se glorifie dans le Seigneur.

Ainsi, loin des spéculations sur l'être et le cosmos qui finissent souvent par des métaphysiques mythologiques, loin des anthropomorphismes, loin du manichéisme et du pélagianisme, Augustin se place dans une perspective tragique qui découvre que le désir d'y voir clair n'engendre pas la Lumière et que celle-ci ne peut jaillir en nous que grâce à une Visitation que nous sommes incapables de provoquer. Tel est le mystère auquel la rencontre sur le chemin de Damas nous invite à penser ; c'est pourquoi

Augustin demande à Dieu : « Guérissez mes yeux, qu'ils s'ouvrent à la joie de votre lumière ! »

On voit souvent dans Boèce (480-524) le dernier philosophe de l'Antiquité ; on n'hésite plus aujourd'hui à lui attribuer des opuscules chrétiens tenus longtemps pour inauthentiques. Boèce est important pour quatre raisons. Tout d'abord, ses traductions et commentaires des ouvrages de logique d'Aristote firent de lui, pour tout le Moyen Age, une autorité en la matière. Ensuite, il est à l'origine d'une classification des disciplines selon le *quadrivium* (arithmétique, astronomie, géométrie, musique) et le *trivium* (grammaire, rhétorique, logique) qui commanda toute l'organisation des études durant le Moyen Age. De plus Boèce, dans son commentaire sur les *Catégories* d'Aristote, reprend le problème posé par Porphyre dans son *Isagogè* en se demandant si les espèces, les genres, les idées sont des réalités véritables, comme Platon semblait le penser, ou de simples notions de l'esprit qui ne sauraient exister, comme l'affirmait Aristote. Cette querelle des Universaux sera un des grands problèmes de philosophie débattu pendant tout le Moyen Age. Enfin, Boèce est célèbre en tant qu'auteur de la *Consolation de la philosophie.* Conseiller du roi Théodoric qui en avait fait un grand magistrat, il fut accusé de conspiration, emprisonné, puis exécuté ; les temps modernes l'ont tenu pour un martyr. Au cours de sa détention il rédigea cette *Consolation de la philosophie* qui fut un des livres de chevet des penseurs médiévaux.

Il importe de terminer ces développements sur les premiers siècles du christianisme, qui coïncident avec la fin de l'Antiquité et le début du Moyen Age, en soulignant l'importance d'un ensemble de textes grecs désignés sous le nom de *Corpus Dionysiacum* ou de *Corpus Areopageticum* dont l'auteur inconnu est conventionnellement appelé le pseudo-Denys l'Aréopagite. Ces textes apparaissent pour la première fois en 532 et durent être écrits entre la fin du IVe et le début du Ve siècle. L'auteur est un chrétien, il cite très souvent les Ecritures, et le Christ est pour lui une référence constante. Le recueil comprend : « Les Noms divins », la « Théologie mystique », La « Hiérarchie céleste », la « Hiérarchie ecclésiastique » et dix lettres dont une à Jean exilé à Pathmos. Ces textes eurent une influence considérable pendant tout le Moyen Age et se trouvent à l'origine des « théologies négatives ». L'idée centrale en est que Dieu est au-delà de toute essence et de toute existence. Il est donc Essence suressentielle, Intelligence inintelligible, Parole ineffable, car il transcende suressentiellement toute créature. C'est ainsi que le pseudo-Denys multiplie les néologismes commençant par *sur*. Toutefois, il convient de faire un pas de plus pour dire que les Négations sont supérieures aux affirmations et qu'elles sont les mères de celle-ci. Dans le néoplatonisme on trouve des spéculations sur le Néant supérieur à l'Etre, mais chez le pseudo-Denys de telles considérations se situent dans une perspective chrétienne soucieuse de préserver la transcendance de Dieu. C'est ainsi qu'il faudra chercher à s'élever jusqu'à s'unir « dans l'ignorance avec Celui qui est au-delà de toute essence et de tout savoir » et que l'on ne peut ni voir ni connaître. Au nom du « Dieu caché » de la Bible, il faut donc dire que « la Ténèbre est plus lumineuse que la Lumière », que le Silence est au-dessus de la Parole ; en pénétrant dans la Ténèbre nous restons muets et nous ne pensons plus. Ainsi « la méthode négative [...] affranchit l'âme des objets qui lui sont familiers et, à travers ces divines intellections, inférieures elles-mêmes à Celui qui transcende tout nom, toute raison, tout savoir, elle l'unit enfin à Lui, autant que des hommes peuvent accéder à une telle union ». Le pseudo-Denys parle bien de la Grâce, de l'Incarnation et de l'Amour du Christ, mais à côté de son souci de protéger la mystérieuse transcendance de toute spéculation humaine et trop humaine, on trouve chez lui des réminiscences néoplatoniciennes incitant à penser que l'homme peut monter vers Dieu pour s'unir à lui dans l'extase. Cette théologie négative aura une très grosse influence sur les mystiques rhénans des XIIIe-XIVe siècles, voire chez saint Jean de la Croix, et débouchera ainsi soit sur un mysticisme spéculatif, soit sur une poétique de la ferveur mystique.

En 529, l'empereur chrétien Justinien fait fermer l'Ecole d'Athènes et interdit l'enseignement de la philosophie ancienne. Dans cette période finissante, il faudrait mentionner Simplicius, ce commentateur d'Aristote qui s'exila en Perse avec Damascius et Priscien. Olympiodore, élève de Damascius et commentateur d'Aristote, fut le dernier professeur de philosophie platonicienne à Alexandrie où il enseigna après le décret de Justinien. Ainsi s'achève l'Antiquité et commence ce qu'il est convenu d'appeler le

Moyen Age qui allait travailler à donner au Message des Ecritures et à la Tradition une architectonique logico-philosophique, voire socio-ecclésiale, en demandant au christianisme non seulement d'éclairer intellectuellement le monde, mais encore de venir habiter définitivement parmi les hommes.

III. — LA PENSÉE MÉDIÉVALE

La France laïque et rationaliste a injustement méprisé le Moyen Age, à tel point que la formule « la nuit du Moyen Age » est devenue un cliché admis par tous. On oublie ainsi que cette période de dix siècles a vu fleurir le monde des cathédrales, le chant grégorien, de nombreux génies de la peinture, de la sculpture, de la musique, de la littérature et des penseurs de grande envergure. Dans cette période troublée par des invasions, des épidémies, des famines et des guerres, la culture trouva toujours refuge dans les monastères.

A cette époque, les hommes ne connaissaient que la présence ou l'absence, ils ignoraient ces présences d'absences dont nous enivrent aujourd'hui les media avec leurs images et leurs voix enregistrées ; rien ne venait s'interposer entre le *moi* et le *toi* sinon l'espace ou le temps : ou la communication était directe ou elle n'était pas. Dans ce monde de l'irremplaçable présence ou de l'insurmontable absence, les relations relevaient de l'amour, de la haine ou du désespoir et non de la technique. Le christianisme, même s'il était refusé, donnait à ces relations une dimension étrangère à celle imposée par le monde ; cette dimension s'inscrivait dans la perspective d'une rencontre avec le prochain fait à l'image de Dieu, bien qu'il fût souvent possédé par « l'esprit du Mal ».

En outre, sauf dans les villes, d'importance d'ailleurs toujours très modeste, la nature offrait le spectacle d'une Création à l'état quasi originel ; nul barrage, nulle autoroute, nul pylône électrique, nulle centrale atomique ne venait insérer dans le paysage de gigantesques constructions nées de la main de l'homme. Un sacré, respecté ou profané, baignait toute chose ; le Bien, le Mal et le Jugement dernier dont parlaient les Ecritures, les cantiques, les triptyques, les chapiteaux et les tympans des églises conféraient aux paroles et aux actes un sérieux excluant tout esthétisme ludique. C'est pourquoi les plus grands pécheurs pensaient à leur perdition ; au moment de leur mort ils pouvaient même exprimer un bouleversant remords comme le fit un Gilles de Rais. L'affirmation devenue courante aujourd'hui selon laquelle il n'y a ni Vrai ni Faux, ni Bien ni Mal et que tout est permis parce que tout se vaut, était impensable à cette époque. Enfin, le sentiment tragique de l'existence était d'autant plus vif que de fréquents malheurs extérieurs venaient l'intensifier.

Ouvert au monde autrement qu'en paroles, le clergé séculier était présent dans les confessionnaux, dans la cité, dans les hôtels-Dieu, dans les prisons et sur les champs de bataille. Il s'efforçait d'apporter quelque lumière aux esprits enténébrés, de la consolation et de l'espérance aux âmes en détresse ; il tâchait de donner, à ceux qui étaient dans la peine, des secours spirituels et matériels. La corruption des mœurs qui pouvait exister dans ce clergé était loin d'atteindre celle qui règne aujourd'hui dans nos partis politiques où les sophismes de tous les marchands d'espoir sont mis au service d'ambitions personnelles. Quant à la philosophie, elle était l'*ancilla theologiae* non à la manière d'une esclave soumise, mais comme la fidèle servante du Seigneur. Toutefois, entre les mains des hommes, cette théologie et cette servante devinrent souvent des machines à penser, à redresser et à agir.

Les philosophes du Moyen Age se trouvaient, en effet, en présence d'un triple héritage intellectuel et demandèrent au christianisme de compléter et de parfaire celui-ci. Ils avaient, tout d'abord, retenu du platonisme que les structures du réel, ainsi que la vie du corps et celle de l'âme immortelle, venaient s'inscrire dans une *Histoire* sur laquelle les mythes platoniciens se proposaient de répandre une lumière symbolique. La distinction entre le sensible et les idées intelligibles, l'allégorie de la caverne, les notions de chute et d'ascension, l'idée d'un dieu démiurge situé au-delà de l'essence offraient une histoire du monde et des êtres qui débouchait sur une conception du savoir mais aussi sur une eschatologie. L'aristotélisme, au contraire, concevait le monde comme un *système*. Un système naturel reposant sur des observations et des classifications, un système intellectuel avec ses catégories et sa logique, un système métaphysique avec ses théories sur la forme, la matière, l'existence, l'essence, la puissance, l'acte, les causes finales, le premier Moteur et Dieu conçu comme « pensée qui se pense ». Le néoplatonisme, enfin, avait fait du monde une *émanation* de Dieu, émanation plus ou moins organisée selon une hiérarchie d'hypostases et susceptible d'être pensée et vécue soit selon une voie descendante se perdant dans le multiple et dans la matière, soit selon une voie ascendante couronnée par une vision extatique.

Ces trois conceptions du monde avaient en commun de vouloir ouvrir à l'homme les chemins de la connaissance capables de lui permettre de s'identifier à Dieu. Confrontés à ces trois visions du monde, les philosophes du Moyen Age leur empruntèrent beaucoup d'éléments et leur demandèrent des bases pour construire une physique et une métaphysique auréolées par la foi chrétienne.

Si l'on adopte le point de vue traditionnel qui qualifie de « philosophies médiévales » celles qui se déploient du IXe au XIVe siècle, il conviendra de rappeler au départ le grand rôle joué par Charlemagne dont l'action contribua à la naissance de cette philosophie. Charlemagne fit venir d'Italie et d'Angleterre des maîtres qui créèrent des écoles à Tours, Fulda, Lyon, ainsi que l'Ecole du palais des rois où enseignaient des clercs et des laïcs. Les professeurs sont appelés des scolastiques. D'autres écoles furent fondées à Laon, Reims et surtout Chartres. Il faut retenir ici le rôle important d'Alcuin (730-804), ancien élève de l'école d'York, qui répandit dans les écoles l'enseignement des « arts libéraux », c'est-à-dire le *trivium* et le *quadrivium* distingués par Boèce, et qui voulut édifier en France une Athènes supérieure à celle de Platon.

On peut tenir la pensée de Jean Scot Erigène pour la première de ces philosophies médiévales. Né en Irlande en 805, il connaissait le latin et le grec. Il alla enseigner à Paris en 847 et fréquenta la cour de Charles le Chauve. Il traduisit en latin les œuvres du pseudo-Denys, et c'est surtout à travers cette traduction que les philosophes médiévaux connurent ces textes essentiels. Il traduisit également Maxime le Confesseur mais reste avant tout l'auteur du dialogue *De la division de la nature* qui eut une grande influence. Il dut mourir en France vers 877. Jean Scot Erigène doit au pseudo-Denys cette vision du monde qui fait de celui-ci un tout hiérarchiquement ordonné où les êtres occupent une place en rapport avec leur perfection. Sorti de Dieu, ce monde est destiné à y retourner. Pour l'Erigène, il ne faut pas négliger la philosophie, car la vraie religion est la vraie philosophie et inversement ; il faut croire la vérité qui nous est enseignée et comprendre la vérité que nous croyons. L'autorité des Pères de l'Eglise est grande, mais en cas de conflit l'autorité doit s'effacer devant celle de la raison. Quant à la nature, elle nous offre le spectacle d'une *division* qui part d'un principe Un et va vers des espèces particulières. Nous devons comprendre, à la fois, comment les idées, les genres, les espèces et les individus sont nés de la Sagesse une, et comment ces individus, ces espèces, ces genres et ces idées peuvent retourner à cette Sagesse dont ils sont issus. Certes, les créatures créées ne sauraient être confondues avec le Créateur, néanmoins le néoplatonisme qui inspire l'Erigène lui suggère qu'une certaine continuité va du Créateur aux créatures et des créatures à leur Créateur. Avec le pseudo-Denys, il distingue une théologie affirmative qui affirme au moins symboliquement de Dieu tout ce qui existe, et une théologie négative qui le situe au-dessus de tout ce que l'on peut affirmer. Toutefois, il pense que, bien que l'homme créé semblable à Dieu se soit détourné de Lui, il pourra de nouveau le rejoindre par une série de *réversions*. Au terme de ce retour, Dieu sera tout en tout et il n'y aura plus que Dieu seul. Toutes ces perspectives sont parfois proches d'un panthéisme optimiste, et l'Eglise ne manquera pas de reprocher à Jean Scot d'avoir fait peu de cas de l'Enfer. Quoi qu'il en soit de ce point de dogmatique, on retrouve chez Jean Scot l'idée plotinienne, et même gnostique, que l'homme est capable d'opérer un mouvement ascensionnel pour annuler la chute.

Après Jean Scot Erigène, on ne rencontre guère de grands noms jusqu'à l'aube du XIᵉ siècle. Le Xᵉ siècle, en effet, est un siècle où la France connaît les dévastations des Normands ; la culture se réfugie dans les monastères, entre autres ceux de Cluny et de Fleury-sur-Loire. Se détache tout de même la figure de Gerbert d'Aurillac qui voyagea de Cluny en Espagne, à Reims et en Italie avant d'être élu pape sous le nom de Sylvestre II ; ce professeur érudit et réputé mourut en 1003.

Le XIᵉ siècle

Les considérations précédentes permettent de distinguer deux grandes lignes de force, d'ailleurs convergentes, selon lesquelles s'est organisée la pensée médiévale, à la fois dans ses relations avec le christianisme et l'hellénisme, et dans celles de la théologie et de la philosophie. Selon une première ligne de force, se développent des considérations sur l'union et la séparation qui président aux rapports entre les idées et les individus, entre le Créateur et les créatures, considérations qui alimentent la célèbre querelle des Universaux ainsi que les problèmes qui s'y rattachent. Selon une seconde ligne de force, se déploient toutes les spéculations sur la foi et le savoir : faut-il croire pour comprendre ou faut-il comprendre pour croire ? La foi est-elle la source du savoir, ou le savoir est-il le moteur de la foi ? De telles préoccupations se trouvent avivées par le souci d'élaborer des preuves de l'existence de Dieu afin de parvenir à des démonstrations indubitables capables de convaincre les infidèles.

Il en résultera différentes expressions de la théologie que l'on pourrait schématiquement distinguer ainsi. Une première forme de théologie s'exprime dans ces forteresses d'idées que sont les Encyclopédies ou les Sommes, la pensée de saint Thomas constituant ici le modèle du genre. La deuxième s'efforce de parvenir à une purification de la pensée capable de déboucher sur un non-savoir illuminateur, et ici nous devrons penser aux mystiques rhénans avec le grand nom de Maître Eckhart. Une troisième forme de théologie cherche à se rapprocher de Dieu à travers un dialogue avec ses créatures qui exprime la grandeur et l'amour de la Création ; nous trouverions ici saint François d'Assise et les ordres mendiants. Une quatrième forme de théologie médite sur le retour du Christ et sur la parole « Les temps sont proches » pour annoncer un millénarisme purificateur ; Joachim de Flore et ses disciples plus ou moins lointains se situent dans un tel contexte spirituel. Les deux grandes lignes de force que nous venons de distinguer apparaissent très nettement chez les deux principaux noms du XIe siècle : Roscelin d'une part et saint Anselme de l'autre.

Roscelin (1050-1120) reprend le problème des Universaux pour le situer dans une perspective théologique. Rappelons qu'il s'agissait de savoir si les idées et les espèces étaient de simples mots permettant des classifications ; oui, répondaient les nominalistes pour qui seuls existent des individus ; non, répliquent les réalistes selon qui les Universaux sont des réalités véritables. Pour les réalistes il n'y a de réel que l'Humanité ; pour les nominalistes seuls les hommes sont réels. On voit tout l'enjeu du problème qui se retrouve posé aujourd'hui dans deux domaines. Les espèces que distinguent les naturalistes sont-elles de simples noms utiles pour classer les animaux ou constituent-elles une réalité biologique ? Le même problème se pose de façon particulièrement aiguë depuis qu'Auguste Comte a vu dans l'Humanité le Grand Etre véritable et qu'il a tenu les individus pour de simples abstractions. Nos modernes universaux s'appellent : l'Etat, la Volonté générale, le Peuple, la Science, l'Histoire, l'Humanité, la Société, le Parti, la Race, le Milieu, la Structure ; sont-ils des réalités face auxquelles le sujet humain individuel ne compte pas ? Roscelin était nettement nominaliste ; mais cela l'amenait à dire que la Trinité était obligatoirement composée de trois personnes distinctes, conclusion qui lui valut d'être accusé de croire qu'il y avait trois dieux.

Saint Anselme de Cantorbéry (1033-1109), né à Aoste, moine en Normandie, puis archevêque de Cantorbéry, est surtout l'auteur du *Monologion* (Soliloque), du célèbre *Proslogion* (Allocution) et du *De la vérité.* Il est préoccupé par le problème des rapports de la foi et de la raison ; certes, il faut croire pour comprendre, mais il faut ensuite chercher à comprendre ce que l'on a cru. D'où chez lui un souci d'établir par des démonstrations le caractère nécessaire de la Trinité et de l'Incarnation. Mais c'est surtout son souci de prouver l'existence de Dieu par le fameux « argument ontologique » qui a rendu saint Anselme célèbre. Son argumentation se trouve dans le *Proslogion.* Comment l'insensé a-t-il pu dire en son cœur ce qu'il n'a pu penser, à savoir qu'il n'y a pas de Dieu (cf. psaume XIII, 1) ? Pour saint Anselme, Dieu ne peut pas être pensé ne pas être : « On peut concevoir quelque chose qu'on ne saurait concevoir comme non existant, ce qui est plus grand que ce que l'on peut concevoir comme non existant. Ainsi donc, si ce dont on ne peut rien concevoir de plus grand peut être conçu comme n'existant pas, ce même être dont on ne peut rien concevoir de plus grand n'est pas cet être dont on ne peut pas concevoir de plus grand : ce qui est contradictoire. Ainsi donc, cet être dont on ne peut pas concevoir de plus grand est d'une manière tellement véritable que l'on ne peut pas penser qu'il n'est pas. » Autrement dit, lorsque l'insensé dit que Dieu n'existe pas, ce n'est pas à Dieu qu'il pense mais à un pseudo-être auquel manque l'être et qui, par conséquent, manque l'Etre le plus grand. Le moine Gaunilon objecta que l'insensé pouvait prétendre que penser à Dieu ne permettait pas d'en conclure que Dieu existât, que l'essence n'enveloppait pas l'existence. Saint Anselme répond que, si penser à une île perdue dans l'océan ne la faisait pas pour cela exister, il n'en allait pas de même de Dieu qui, lui, était l'Etre le plus grand que l'on pût concevoir.

Ce XIe siècle fut marqué par la « querelle des investitures ». Les puissants seigneurs avaient la prétention de nommer les évêques et les pères abbés. La papauté veut qu'aucune dignité ecclésiastique ne puisse être conférée par un laïc ; finalement l'empereur Henri IV, qui avait voulu contrevenir à ces directives, dut aller faire amende honorable à Canossa (1077) auprès du pape Grégoire VII.

Le XIIe siècle

Pendant tout ce siècle, Chartres est le centre d'écoles fondées au XIe par Fulbert disciple de Gerbert. S'y distinguèrent des maîtres comme Yves de Chartres, Bernard de Chartres, Thierry de Chartres, voire Jean de Salisbury, autour desquels gravite l'enseignement de Bernard de Tours et de Guillaume de Conches, héritiers plus ou moins directs d'une telle culture. Tous professent une grande admiration pour le platonisme qu'ils tentent de faire coïncider avec le christianisme en leur découvrant des correspondances et des concordances.

Sur la montagne Sainte-Geneviève de Paris, l'Ecole de Saint-Victor s'intéresse, elle aussi, à l'œuvre de Platon, mais elle est surtout attirée par saint Augusutin et par le Pseudo-Denys. Organisée par Guillaume de Champeaux, elle fut le lieu où se distinguèrent Hugues de Saint-Victor († 1141) et Richard de Saint-Victor († 1173) ainsi que Guillaume de Saint-Victor († 1178) et Godefroy de Saint-Victor († 1194).

Mais à côté ou en dehors de ces cercles intellectuels, de grands noms dominent le XIIe siècle, ils viennent donner un impact nouveau aux deux lignes de force que nous avons précisées et dont les quatre expressions de la théologie que nous avons schématiquement distinguées constituent l'aboutissement.

Pierre Abélard (1079-1142) est connu du grand public pour ses amours tragiques avec Héloïse et pour les lettres que s'écrivirent les deux amants. Mais cette dramatique histoire ne doit pas faire oublier la personnalité philosophique d'Abélard. Héritier du caractère militaire de son père, Abélard fut un étudiant et un professeur combatif s'opposant à ses maîtres successifs : Guillaume de Champeaux et Anselme de Laon. Il fonda des écoles à Melun, puis à Corbeil et enfin à Paris où il enseigna la théologie et la philosophie avec un grand succès. Fulbert, un chanoine de Notre-Dame, lui demande de donner des leçons à sa nièce qui a dix-sept ans. Les deux jeunes gens tombent amoureux, Abélard enlève Héloïse qui donne naissance à un enfant. Fulbert exige un mariage secret (Abélard n'est pas encore ordonné prêtre) ; puis il finit par payer des hommes de main qui, une nuit, émasculent Abélard. Abélard entre alors au couvent à Saint-Denis. Héloïse devient également moniale. L'enseignement d'Abélard rencontrait toujours beaucoup de succès ; mais, condamné par l'Eglise pour ses écrits sur la Trinité, Abélard erre de monastère en monastère pour être finalement accueilli à l'abbaye de Cluny par Pierre le Vénérable. Les restes des deux amants seront réunis à l'abbaye du Paraclet dont Héloïse avait été l'abbesse, ils se trouvent aujourd'hui au cimetière du Père-Lachaise. Outre son *Histoire de mes calamités,* Abélard nous a laissé, entre autres œuvres, des *Gloses* sur Porphyre, sur Aristote, une *Théologie chrétienne* (c'est lui qui semble avoir forgé et vulgarisé le mot « théologie »), un ouvrage intitulé *Oui et Non* et un *Dialogue entre un juif, un philosophe et un chrétien.*

Deux points essentiels doivent être retenus. Tout d'abord, dans la querelle des Universaux, Abélard se présente comme un nominaliste convaincu, les universaux sont des mots et non des choses, ils n'existent que dans le langage et leur étude relève de la logique. Quant aux êtres individuels, ils ne possèdent pas en eux une substance universelle qui existerait en dehors d'eux ; si Platon et Socrate se ressemblent en ce qu'ils appartiennent tous deux à l'espèce *homme,* le fait d'être homme n'est pas une chose en soi ni une réalité troisième dans laquelle Socrate et Platon se retrouveraient. Ensuite, la forme même selon laquelle se présente *Oui et Non* est très importante. Abélard y montre en quoi les Pères s'opposent à propos des mêmes problèmes, les uns affirmant, les autres niant. Il ne s'agit pas là, comme on l'a dit parfois, de mettre en doute l'autorité des Pères, mais de montrer comment des conflits apparents peuvent être surmontés si on explique que les mêmes termes sont pris dans des acceptions différentes, ce qui engendre des oppositions ambiguës que le dialecticien doit dissiper. Les siècles suivants se souviendront d'une telle méthode d'approche et il deviendra courant de dire après chaque problème examiné : « On voit que oui, on voit que non » ; dans sa *Somme théologique* saint Thomas ne procédera pas autrement.

Ce XIIe siècle ne fut pas seulement celui où se distinguèrent des théologiens philosophes, il fut aussi celui où fleurirent le catharisme et le mouvement vaudois contre lesquels l'Eglise et le roi réagirent par la parole et par les armes. En outre, l'Eglise se trouvait confrontée au judaïsme qui ne reconnaît pas dans Jésus le Messie annoncé par la Bible ; de plus, l'Islam devenait très menaçant, les musulmans, qui ne voient dans Jésus qu'un simple prophète, qui sont polygames, qui annoncent une béatitude matérielle, se livraient à des razzias au cours desquelles ils réduisaient des chrétiens en esclavage ; en 1187 le sultan Saladin entre à Jérusalem et les lieux saints sont aux mains des infidèles. Il devient donc de plus en plus urgent que théologiens et philosophes soient en possession d'arguments et de démonstrations imparables capables d'asseoir le christianisme sur des bases irréfutables. Et ce d'autant plus que la pensée de philosophes arabes, tels qu'Avicenne (930-1037) ou Averroès (1126-1198), pénètre ou va pénétrer en Europe.

A cette tâche se consacre Alain de Lille († à Cîteaux en 1203). Dans son *Des gémissements de la nature*, dans l'*Art de prêcher* et dans *La foi catholique contre les hérétiques*, il se propose de délivrer le monde chrétien des monstres qui sont en son sein ou qui l'entourent. Pour cela il veut ériger la théologie au rang d'une véritable science capable de démasquer les erreurs intellectuelles et sprituelles, d'où la rédaction de ses *Règles au sujet de la théologie sacrée*. La même ambition se retrouve chez Nicolas d'Amiens qui construit sa théologie à partir de définitions, d'axiomes et de postulats s'organisant en une suite de théorèmes à la façon de la géométrie d'Euclide ; une telle idée et une telle méthode réapparaîtront, au siècle suivant, dans l'œuvre de Raymond Lulle.

Parmi toutes les luttes entreprises par l'Eglise pour sauvegarder son unité doctrinale, une place à part doit être faite à celle dirigée contre les cathares. Le catharisme a des origines assez mystérieuses ; il fit son apparition en Italie, en Saxe, en Espagne, en Angleterre et en France aux XIe et XIIe siècles. Cette doctrine dualiste et manichéenne, venue probablement d'Orient par la Bulgarie et les bogomiles, affirme que le monde matériel a été créé par une puissance mauvaise. Il faut donc fuir ce qui appartient au monde : les biens, les plaisirs, le corps, la chair et tout ce qui relève de la matière. Les cathares, c'est-à-dire les « purs », s'abstenaient de toute nourriture née d'une union sexuelle ou obtenue au prix d'un de ces actes sanglants auxquels ont recours les bouchers. La pauvreté, la chasteté et l'annonce de la délivrance promise par Jésus constituaient pour eux autant de voies capables d'amener la disparition d'un monde œuvre du Prince des Ténèbres. Ils pensaient, en outre, que le Christ avait subi son martyre seulement en apparence et que sa nature purement spirituelle conférait à l'Incarnation tous les caractères d'une illusion. Les Parfaits (les Bonshommes) devaient se garder de toute souillure, ne pas fonder une famille, ne pas donner naissance à une progéniture et ne jamais faire couler le sang. A une époque où les mœurs de certains membres du clergé n'étaient pas toujours très édifiantes et où la richesse des prélats contrastait avec la pauvreté de beaucoup de fidèles, les cathares apparurent à certains comme des hommes admirables, délivrant un message libérateur et célébrant la prochaine victoire du Bien sur le Mal. En outre, des seigneurs virent dans ce nouveau courant d'idées une occasion de s'affranchir de la tutelle de Rome, voire de celle du roi, et eurent une grande sympathie pour les cathares. Des centres cathares apparurent un peu partout : à Orléans, à Limoges, en Champagne, dans la vallée du Rhin, autour de Milan, en Catalogne, mais principalement dans le Midi de la France autour d'Albi, de Toulouse et de Carcassonne. Un concile cathare se tint à Saint-Félix-de-Caraman en 1167 et le « pape » cathare Nicetos vint de Constantinople pour y assister.

L'Eglise décida de réagir ; le pape Innocent III envoya des légats dans le Midi, dont le cistercien Pierre de Castelnau et Dominique. Ils étaient chargés à la fois de sermonner vigoureusement quelques évêques et de rivaliser de pauvreté et de charité chrétiennes avec les cathares. Mais Pierre de Castelnau fut assassiné ; le pape décida alors d'entreprendre une croisade contre ceux que l'on appelait aussi les « albigeois ». Une grande armée fut levée dans le Nord et descendit dans le Midi. En 1209, cette armée fait le siège de Béziers, prend la ville et massacre des milliers de personnes. Puis c'est le tour de Carcassonne, de Minerve, de Lavaur, des châteaux de Lastours. Simon de Montfort est désormais à la tête des troupes ; il met en déroute Pierre II d'Aragon, venu prêter main-forte au comte de Toulouse Raymond VI, à la bataille de Muret (1213). Après la mort de Simon de Montfort (1218) et celle de Dominique (1221), la lutte contre les cathares s'intensifie. Des cathares égorgent des inquisiteurs qui s'étaient rendus tristement célèbres à Lavaur. La reine Blanche de Castille, femme de Louis VIII et mère du futur Saint Louis, fait alors mettre le siège devant le château de Montségur où les derniers cathares meurent en chantant sur le bûcher (1244). Les dix années qui suivent voient la chute des derniers châteaux, en 1271 tout le Languedoc est réuni au domaine royal. Il fallait insister sur ces événements ; bien qu'ils aient été repris et embellis à des fins politico-touristiques pour glorifier l'Occitanie, on peut se demander si cette croisade ne mit pas tragiquement fin à une civilisation languedocienne.

Quant à la secte des « pauvres de Lyon », fondée par Pierre de Vaux ou Valdo (1140-1217), qui prêchait un retour à la Bible, elle se répandit avec plus ou moins de bonheur dans la vallée du Rhône et en Provence. Les derniers vaudois devaient être massacrés dans le Luberon, à Mérindol, en 1545 ; cependant une Eglise vaudoise existe toujours aujourd'hui dans le Piémont.

A l'opposé des albigeois qui dénonçaient le monde comme histoire et comme nature, deux grands noms contemporains du catharisme jouèrent un rôle de premier plan : Joachim de Flore et saint François d'Assise ; bien que profondément différentes, leurs spiritualités n'ont cessé de rayonner.

Joachim de Flore (1130-1202), fondateur de l'ordre de Flore en Calabre, peut être tenu pour le père indirect des modernes « théologies de la libération ». Dans une lettre à Karl Barth, Moltmann prétend que Joachim de Flore est plus vivant que saint Augustin, et Henry Mottu pense qu'avec Joachim commence l' « âge théologique de la révolution ». Joachim distinguait trois âges dans l'histoire : l'âge du Père qui allait jusqu'à l'Incarnation rédemptrice, l'âge du Fils qui était celui de l'Eglise présente, et l'âge du Saint-Esprit qui devait succéder au nôtre. Nous nous trouvons ici en présence d'une sécularisation de l'Apocalypse annonçant que « les temps sont proches » et que va commencer une Histoire guérie, guérisseuse et bonne qui mettra fin à tous les maux. Au nom d'un tel millénarisme, mystiques et révolutionnaires sociaux vont s'allier et rivaliser de zèle. En 1254, paraît anonymement un *Evangile éternel,* aussitôt attribué à Joachim alors qu'il était l'œuvre d'un franciscain, qui va contribuer à alimenter les spéculations de ceux que l'on a appelés les « fanatiques de l'Apocalypse ». Des illuminés de toutes sortes, frères du Libre Esprit, hommes de l'Intelligence, prêchent la mise en commun de tous les biens, célèbrent les ordres mendiants et annoncent la revanche des pauvres ; ils affirment qu'un futur tout proche va venir délivrer du présent. On ajoutera vite que, pour hâter la venue de ces temps bénis, le recours à une bienfaisante violence révolutionnaire est indispensable.

Au XVe siècle, ce courant d'idées alimentera les entreprises des taborites ou, vers 1460, l'annonce de la prochaine promulgation d'un *Troisième Testament* par le franciscain Janko. Toutes ces idées se retrouveront chez Thomas Müntzer (1490-1525) qui, la Bible à la main, prêchera une révolution sociale et recrutera des mercenaires chargés de faire naître par la force les temps nouveaux qui mettront fin à la misère sociale et spirituelle. L'idée d'une histoire rédemptrice est donc lancée, et l'on ne sera pas étonné de voir des historiens marxistes se passionner pour ces prophètes planificateurs. L'histoire devenue une Révélation en marche se trouvera chargée de réconcilier l'homme avec Dieu et l'homme avec lui-même.

Saint François d'Assise (1182-1226) vénère Dieu et sa Création, non pas dans leur manifestation historique, mais dans la présence sacrée de la nature et de ceux qui y vivent. Après avoir mené une jeunesse dissipée, ce fils d'un drapier entendit la voix de Dieu qui l'incitait à vivre selon l'Evangile, c'est-à-dire en pauvreté et en charité. Au moment même où saint Dominique fondait l'ordre des Frères prêcheurs, il fonde l'ordre des Frères mineurs ; à cet ordre appartiendra saint Antoine de Padoue (1195-1231) qui prêchera en Afrique ; sainte Claire devait fonder le deuxième ordre franciscain, celui des clarisses, tandis que se constituait un troisième ordre, celui des tertiaires, composé de laïcs et dont Saint Louis devait faire partie. A la différence des moines qui vivaient reclus dans leurs monastères, le *Poverello* et ses frères vivaient parmi le peuple, prêchant l'amour et ne possédant aucun bien ; ils vont et viennent dans les villes et les campagnes sans jamais s'astreindre à habiter à l'intérieur d'une clôture les séparant du monde. Le recueil anonyme des *Fioretti* nous présente les « petites fleurs » et les miracles qui émaillèrent la vie de celui qui n'hésitait pas à prêcher à ses « frères les oiseaux », à ses « frères les poissons », à parler à « frère le Soleil » et à « sœur la Lune », qui rendit doux comme un agneau le féroce loup de Gubbio après l'avoir admonesté, qui guérit un lépreux, convertit le sultan de Babylone, qui prêcha nu en n'ayant gardé que ses braies. Un autre texte nous raconte comment François reçut les stigmates du Christ. Pour toutes ces raisons, il n'est pas étonnant que saint François ait été vite considéré comme une image vivante du Christ. Le personnage du *Petit Pauvre*, vivant parmi les humbles, servit de modèle à beaucoup d'ordres mendiants et même à ceux qui, attentifs aux idées de Joachim de Flore ou à celles de révolutionnaires moins évangéliques, voulurent travailler à lutter contre les injustices et contre la misère. Cette proximité de saint François avec les hommes et les êtres qui peuplent la Création implique un retour à la pureté et à la simplicité évangéliques de Jésus et de ses apôtres qui se traduit par un dialogue direct avec tout ce qui entoure les hommes.

On a souvent opposé les dominicains aux franciscains en faisant des premiers des moines prêcheurs intellectuels et des seconds des moines prédicateurs s'efforçant de conduire les hommes sur le chemin de la purification intérieure. Une telle distinction doit amener à réfléchir sur les différents aspects de la vie du clergé régulier obéissant à une règle et faisant partie d'un ordre, contrairement au clergé séculier prêchant et œuvrant dans des paroisses ; cette réflexion est d'autant plus instructive qu'elle peut servir de transition entre l'étude de la pensée au XIIe siècle et celle de la pensée au XIIIe siècle.

Etienne Gilson disait que, si les moines avaient place dans l'histoire de la philosophie, c'était « en dépit d'eux-mêmes, car ils ne l'ont jamais aimée. Tout en eux se tendait contre elle ». Les moines furent, en effet, beaucoup plus des contemplatifs que des spéculatifs : « Toute ma littérature philosophique, disait saint Bernard, consiste à savoir que Jésus est, et qu'il fut crucifié. » Toutefois, une telle position ne doit pas être trop durcie, car le XIIIe siècle compte de grands docteurs franciscains comme Jean de Parme, Roger Bacon, Henri de Gand, saint Bonaventure, Duns Scot ou Guillaume d'Occam, ainsi que de grands docteurs dominicains tels que Vincent de Beauvais, saint Albert le Grand ou saint Thomas d'Aquin ; tous ces docteurs furent des professeurs, voire des savants. Il ne faut pas non plus oublier que la vie monastique n'était pas incompatible avec une défense active de la chrétienté ni avec une action sociale efficace. On pourrait tout au plus dire que le souci principal des moines était de rénover le cœur de l'homme, plutôt que d'innover dans le domaine des spéculations démonstratives, comme certains se préoccupaient de le faire dans les universités.

Les origines du monachisme doivent être cherchées dans ce désir de se retirer au désert qui anima ceux que l'on a appelés les « Pères du désert » et qui, dès le IVe siècle, réagirent contre les dangers de la sécularisation nés de l'accès de l'Eglise au rang de religion d'Etat. Dans son *Sur l'avantage des moines de vivre loin des cités et dans les déserts,* le disciple de Jean Chrysostome Nil d'Ancyre (*i. e.* d'Ankara) († 430) faisait l'éloge de la vie érémitique qu'il mettait au-dessus de la vie ascétique dans le monde. Le désert arrache aux tentations de la ville, l'homme s'y trouve seul, confronté à la Lumière, à l'Immensité, à l'invisible présence de Dieu. Bref, les Pères allaient au désert parce qu'ils avaient soif et qu'ils voulaient y trouver une source que ne pouvaient capter les fontaines des villes. Saint Antoine fut le type même de ces moines priant dans le désert.

Dans l'extrême Occident, saint Hilaire fonda vers 360 le monastère de Ligugé, saint Martin celui de Marmoutiers vers 350, plus tard saint Honorat celui des îles de Lérins, en 590 Cassien fonda le monastère Saint-Victor à Marseille. Les moines dépendaient d'abord uniquement de leur abbé, mais le concile de Chalcédoine, en 452, les plaça sous l'autorité des évêques. Toutefois, celui que l'on a justement appelé « le patriarche des moines d'Occident » est saint Benoît de Nursie (près de Rome, 480-547), qui, pour son monastère du mont Cassin, rédigea la règle des monastères bénédictins que les premiers carolingiens imposèrent au VIIIe siècle à tous les moines de leur empire. Saint Colomban (543-615) créa des monastères à Derry, dans l'île d'Iona, à Deer et à Luxeuil ; Aidan en fonda un autre à Lindisfarne en 653. En 589, Recarède fonde le monastère de Santa Maria à Ripoll en Espagne, détruit par les Arabes il fut rétabli en 888. La très célèbre abbaye de Fulda fut construite en 744 par Sturmius, disciple de saint Boniface. Les monastères étaient parfois des forteresses offrant un refuge, toujours des hostelleries pour les pèlerins et des hospices ouverts aux malades, aux infirmes et aux vieillards.

L'abbaye de Cluny, fondée en 920, connut un rayonnement sans pareil, son faste liturgique était extraordinaire. L'abbaye de Molesmes, près de Langres, fut fondée en 1075, elle devint rapidement si riche qu'une vingtaine de moines, impuissants à convaincre leur communauté de changer de mode de vie, partirent sous la conduite de l'abbé Robert fonder en 1098, en un lieu marécageux près de Dijon, l'abbaye de Cîteaux. C'est là qu'un jour se présenta Bernard de Fontaine suivi d'une vingtaine de compagnons nobles comme lui. Réagissant contre le luxe de Cluny, saint Bernard (1090-1153) donna une extraordinaire expansion à Cîteaux ; des abbayes filles furent fondées : La Ferté, Pontigny, Morimont, Clairvaux à qui saint Bernard se consacra, ce qui lui valut le nom de saint Bernard de Clairvaux. A la fin du XIIIe siècle, l'ordre de Cîteaux comptait mille maisons réparties en Europe et jusqu'en Palestine ; le premier monastère pour des moniales fut fondé à Tart près de Dijon en 1125.

Saint Bernard rétablit l'intégrité et la pureté de la règle de saint Benoît, il prêcha la simplicité et le dépouillement aussi bien dans la liturgie que dans l'architecture, d'où le style austère des églises cisterciennes en contraste total avec le style clunisien. Dans un texte célèbre destiné à Cluny, Bernard s'indignait : « O vanité des vanités, mais encore plus folie que vanité ! L'église scintille de tous côtés, mais le pauvre a faim. Les murs de l'église sont couverts d'or, les enfants de l'Eglise restent nus. [...] Dites-moi donc, pauvres moines — si toutefois vous êtes pauvres — dans le lieu saint que vient faire l'or ? [...] On laisse les pauvres crier famine et l'on dépense ce qui leur serait nécessaire en somptuosités inutiles. » Pour Bernard « le moine doit se faire étranger aux manières du siècle » et il accueillait ceux qui voulaient le suivre en leur disant : « Laissez les corps à la porte ou repartez vers le monde. » Extraordinaire prédicateur, comme en témoignent ses *Sermons*, lutteur infatigable, il dénonce le luxe des prélats mais s'attaque aussi aux idées d'Abélard (avec qui il se réconciliera). Pour Abélard, « le péché n'est pas une substance, puisqu'il consiste dans une absence plutôt que dans une présence, semblable aux ténèbres qu'on pourrait définir : l'absence de la lumière » ; le péché est donc un manque et « la contrition du cœur fait disparaître le péché, c'est-à-dire le mépris de Dieu ou encore le consentement au mal ». Au contraire, saint Bernard mettait l'accent sur le péché et non sur le pécheur : « Engendrés du péché, pécheurs nous engendrons des pécheurs, [...] nés corrompus, des corrompus, [...]. Nous sommes des blessés dès notre entrée dans le monde, durant que nous y vivons et lorsque nous en sortons. [...] Rien n'est sain en nous. » Saint Bernard parcourut l'Europe, soutenant le pape Innocent III contre l'antipape Anaclet II, prêchant, un peu malgré lui, la deuxième croisade à Vézelay en 1146. Il aurait voulu épargner à cette entreprise les brutalités inhérentes à toutes les expéditions militaires ; accablé par l'échec de cette expédition, il passe sa vie à Clairvaux à partir de 1148. C'est presque à son corps défendant que cet homme de foi et de feu fut mêlé à tous les problèmes politiques de son temps. En dehors de son œuvre de spirituel itinérant, de bâtisseur, de rassembleur d'âmes, saint Bernard est l'auteur de *Sermons sur le Cantique des Cantiques* et celui du très beau *Traité de l'amour de Dieu* qu'un positiviste comme Auguste Comte fera figurer dans la liste des ouvrages nécessaires à la constitution d'une bibliothèque idéale.

Saint Bernard a écrit : « L'amour ne cherche pas de justification en dehors de lui-même. L'amour se suffit à lui-même. L'amour est son propre mérite et sa propre récompense. L'amour ne cherche aucune raison en dehors de lui-même et aucun résultat que lui-même. Le fruit de l'amour, c'est l'amour. » Ces seules lignes auraient pu suffire à faire de lui une des grandes figures de l'histoire.

A côté des bénédictins, des cisterciens et de la branche des trappistes fondée en 1140, l'ordre des Franciscains, auquel on peut rattacher l'ordre des Cordeliers, eut une grande influence. Quant aux jacobins, ils restent assez près des dominicains. Il faut citer, en outre, les augustins de l'ordre des Carmes ; ces derniers furent chassés du mont Carmel par les Sarrasins en 1229 et se répandirent en Europe ; plus tard apparut l'ordre féminin des Carmélites approuvé au XVe siècle. Bien que plus effacés, les prémontrés, qui prirent le nom de la vallée où ils s'étaient retirés près de Laon et dont l'ordre fut fondé par saint Norbert, et l'ordre des chartreux fondé en 1082 par saint Bruno eurent un rôle non négligeable. Parmi tous ceux qui donnèrent des exemples particulièrement édifiants, on trouve les admirables trinitaires ou frères de la Merci qui faisaient vœu de se livrer en échange des prisonniers tombés aux mains des infidèles et réduits par eux en esclavage.

A côté de ces différents ordres monastiques, des ordres militaires, où se distinguèrent des moines chevaliers, défendirent la chrétienté les armes à la main. Les Hospitaliers de Saint-Jean-de-Jérusalem soignaient les pèlerins puis les croisés ; chassés de Jérusalem par Saladin en 1191, ils allèrent à Saint-Jean-d'Acre, puis à Chypre, à Rhodes et à Malte. En 1119 est fondé l'ordre des Templiers ; logés par le roi Baudouin II dans le Temple de Salomon, ils furent appelés les Chevaliers du Temple. Guerriers farouches, ils finirent par accumuler de grandes richesses, devinrent des banquiers et suscitèrent des jalousies tenaces. Philippe le Bel résolut de leur intenter un procès après avoir convaincu le pape Clément V ; l'ordre du Temple fut aboli, les Templiers arrêtés, et Philippe le Bel fit brûler leur Grand Maître, Jacques de Molay, ainsi que ses compagnons, en 1314. Quant aux Chevaliers Teutoniques, dont l'ordre fut fondé en 1198 à Jérusalem, ils exercèrent leur puissance en Allemagne et en Europe du Nord autour de Marienbourg leur capitale ; ils luttèrent très souvent contre les Polonais et les Lituaniens.

Le XIIIe siècle : les Noces de la Terre et du Ciel

Au cours du XIIe siècle, l'Eglise dut se livrer à tout un travail de justification devant des adversaires intérieurs ou extérieurs. Fondateurs de monastères, comme saint Bernard, prêcheurs comme saint Dominique, élaborateurs de démonstrations comme Nicolas d'Amiens, annonciateurs de temps nouveaux comme Joachim de Flore, ou témoins d'une pureté originaire comme saint François d'Assise, s'employaient à faire pénétrer les Ecritures dans tous les domaines. Leur vocation les amenait souvent à se déplacer pour aller porter leur message, et ceux qui le recevaient les suivaient dans leurs déplacements, que ce fussent les élèves d'Abélard qui se rendaient là où enseignait leur maître, ou les moines qui suivaient saint Bernard de Clairvaux en l'imitant et en fondant de nouveaux monastères.

Le XIIIe siècle fut plutôt le siècle de l'*édification*, aussi bien dans le domaine architectural qui vit fleurir les églises gothiques, que dans celui des universités, ou dans celui de l'élaboration de philosophies mises au service de la foi.

Le XIIIe voit le triomphe de l'art gothique qui avait commencé de naître au XIIe, lequel fut surtout le siècle de l'art roman avec Cluny, Cîteaux, Sainte-Foy de Conques, l'abbatiale de Jumièges, Trèves, Worms, Saint-Jacques de Compostelle, la cathédrale de Durham, etc. On sait que le gothique introduit un élément nouveau : l'ogive, dont Henri Focillon disait qu'elle était « une invention de maçon » pensée comme un organe de structure. Pour expliquer l'apparition d'une telle nouveauté, on n'a pas manqué d'invoquer des origines orientales, toutefois il ne faut pas perdre de vue que cette « invention de maçon » impliquait et engendrait une nouvelle image de la cathédrale ainsi qu'une conception du monde non certes opposée à celle qui avait pu lui donner naissance, mais différente d'elle. L'édifice roman, avec ses lourdes voûtes, donne une impression de masse en procurant aux pèlerins qui s'y abritent ou aux moines qui y vivent le sentiment d'une protection et d'une présence mystérieuses que contribue à accentuer la pénombre qui règne en ces lieux ; là résonnaient les paroles et les chants de ceux qui imploraient les secours du Pardon et de la Grâce.

L'ogive a permis des constructions beaucoup plus légères donnant la possibilité de travailler avec des murs où la pierre n'occupait qu'une partie très réduite de la surface de l'ensemble ; une grande place était ainsi offerte à la lumière perçant à travers les vitraux. Les églises purent s'élever à des hauteurs beaucoup plus considérables, multiplier les étages, voire donner l'image d'une dentelle de pierre. Ceux qui y entraient avaient une impression de majesté renforcée par les chants et les jeux d'orgue qui montaient vers les hauteurs de l'édifice. Lancés vers le Ciel, les clochers et les flèches gothiques donnaient l'image même d'une œuvre humaine recevant la lumière d'en haut, et non plus celle d'une sorte de sarcophage dont le couvercle ressemblait à un bouclier résistant aux atteintes du monde. Les monastères cisterciens s'étaient écartés des villes, à la recherche de la *beata solitudo* ; au contraire, les cathédrales gothiques dominent les villes. Ainsi triomphent les idées de Suger qui, s'opposant à saint Bernard, dès 1137 avait élevé à Saint-Denis un chœur où la lumière pénétrait par de grandes fenêtres pour éclairer l'autel, les reliques et la Croix ; fier de son œuvre, il avait fait graver dans la pierre : « Le milieu du sanctuaire brille de sa splendeur. Resplendit en splendeur ce que l'on unit splendidement, et l'œuvre magnifique qu'inonde une lumière nouvelle, resplendit. »

Notre-Dame de Paris avait déjà indiqué la voie, Chartres, Reims, Bourges, Amiens, Cologne, Strasbourg, Wells, Marbourg, León voient se dresser des cathédrales qui trônent au milieu des villes qu'elles couronnent. L'église ou le monastère romans semblaient être tombés du ciel comme de pesantes météorites à l'intérieur desquelles les hommes auraient creusé un refuge. La cathédrale gothique est un immense système de déductions pétrifiées, et l'on n'a qu'à parcourir les carnets de l'architecte Villars de Honnecourt (XIIIe s.) pour s'en convaincre ; comme la *Somme théologique*, elle paraît incarner le savoir humain qui, de la

Terre, se lance vers le Ciel pour convoler avec lui dans des Noces spirituelles. C'est pourquoi Erwin Panofsky a pu justement rapprocher l'architecture gothique de la pensée scolastique, leurs apogées respectifs étant d'ailleurs contemporains.

Les universités constituent le deuxième genre de constructions qui caractérise le XIIIe siècle. Bologne, Oxford, où s'illustre Robert Grosseteste (1175-1253), critique d'Aristote et admirateur de Platon comme de saint Augustin, et Paris constituent les trois premières universités ; cette dernière, fondée par le pape Innocent III et ses successeurs, est de loin la plus prestigieuse ; dans le Midi, l'université de Montpellier est fondée en 1230. Laïcs et religieux s'y affrontent souvent aussi bien pour des problèmes d'autorité (le chancelier représentant le pouvoir épiscopal, le maître de l'université le pouvoir culturel) que pour des problèmes de programmes. L'Eglise défendait la théologie et le droit canonique, les laïcs les arts libéraux. De sérieuses grèves opposent assez fréquemment les étudiants à la police. Des querelles naissaient même entre les maîtres religieux à propos de l'attribution des chaires à des dominicains ou à des franciscains. Les professeurs étaient souvent payés par les étudiants, mais l'Eglise décréta la gratuité des études au nom de cette idée que, puisque le savoir était un don de Dieu, il ne pouvait pas se vendre ; elle prit alors en charge les salaires des maîtres et par là même les lia à elle. Quant aux étudiants, ils étaient à la charge de leur famille où bénéficiaient de bourses. Le *trivium*, le *quadrivium* et l'étude des *Sentences* de Pierre Lombard (1100-1160) constituaient une des bases de l'enseignement. La leçon et la discussion étaient au principe d'études qui duraient six ans pour les arts, cinq ou six années supplémentaires étaient nécessaires pour le droit et la médecine ; quant à la théologie elle exigeait au moins huit années d'études et ne se commençait guère avant trente-cinq ans. Le tout était sanctionné par les examens du baccalauréat et de la licence. A côté des universités, ces fondations charitables qu'étaient les « collèges » accueillaient des étudiants pauvres. En 1257, le chanoine Robert de Sorbon fonda un collège pour douze étudiants en théologie et lui légua sa riche bibliothèque ; en 1280, apparut à Paris le collège d'Harcourt, puis en 1304 le collège de Navarre. Parfois ces collèges finissaient par se fondre dans l'université, parfois ils devenaient des espèces de seigneuries jalouses de leurs privilèges.

Nous voici maintenant conduits au troisième genre de construction que nous présente le XIIIe siècle ; ce sont ces œuvres où des hommes d'Eglise s'efforcèrent d'opérer une synthèse des arts libéraux et de la théologie afin d'unir le physique au métaphysique, le naturel au surnaturel, la Création et les créatures au Créateur. Dans sa *Doctrine chrétienne,* saint Augustin avait invité les chrétiens à faire l'inventaire des connaissances profanes pour les mettre au service de la Parole ; c'est ainsi que quelques-uns s'attachèrent à rédiger ce que nous appellerions aujourd'hui des encyclopédies, elles furent souvent qualifiés de miroirs, car elles étaient censées refléter l'ensemble des connaissances. La plus célèbre avait été celle d'Isidore de Séville (VIIe s.) : les *Origines.* Hugues de Saint-Victor (1096-1141) mit au principe de son *Didascalion* (le Prédicateur) le conseil : « Apprends tout et tu verras que rien n'est superflu. » Raoul Ardent († 1200) rédige un *Speculum universale* et, au XIIIe siècle, le dominicain précepteur des enfants de Saint Louis, Vincent de Beauvais, écrit un *Speculum majus* comprenant le « Miroir naturel », le « Miroir historique » et le « Miroir doctrinal ». A de telles entreprises on pourrait rattacher une œuvre comme celle du dominicain, archevêque de Gênes, Jacques de Voragine (1225-1298), qui dans sa célèbre *Légende dorée* se livre à une compilation de toutes les histoires et légendes de la vie des saints puisées dans les traditions des IVe, V^e^, VIe siècles et inspiratrices de beaucoup de chapiteaux, tympans, sculptures et peintures du Moyen Age.

De tels ouvrages étaient plutôt des inventaires sans grand génie que des constructions véritables. Il n'en va pas de même des œuvres de deux franciscains : Roger Bacon et saint Bonaventure, ni de celles de deux dominicains, saint Albert le Grand et saint Thomas d'Aquin, qui dominent ce XIIIe siècle.

Roger Bacon (1214-1294), surnommé le Docteur admirable, étudia à Oxford puis à Paris, enseigna successivement dans ces deux villes et entra dans l'ordre des Franciscains. Il projette d'écrire une encyclopédie, le *Scriptum universale,* mais n'écrira que l'*Opus majus,* l'*Opus minus* et l'*Opus tertium* (de 1266 à 1268) ; ces livres lui valurent des démêlés avec son ordre qui lui reprochait son intérêt pour l'astrologie et l'alchimie, il fut même probablement condamné à la prison. L'intention de Roger Bacon est double. D'une part, il veut mettre la connaissance (la *scientia experimentalis,* expression qui apparaît ici pour la première fois) au service de l'amélioration matérielle par où doit passer la recherche de l'éternel. D'autre part, il se propose de démystifier les prestiges trompeurs de la magie et de montrer que les faux miracles de celle-ci sont parfaitement explicables et à la portée de ceux qui en connaissent les causes naturelles. Rien n'est plus clair à ce sujet que sa « Lettre à Clément IV » qui accompagnait l'*Opus majus* et où Bacon écrit : « Le Bien du monde entier dépend de l'étude de la sagesse et, au contraire, le monde entier est bouleversé quand elle est perdue. » Il précise que les saints ont reçu « la sagesse contenue dans l'Ecriture sainte » et que « la philosophie est nécessaire pour comprendre, expliquer, développer, défendre, démontrer et répandre cette sagesse ». Une autre lettre « Sur les œuvres secrètes de la nature et de l'art et sur la nullité de la magie » est devenue célèbre, car Bacon y parle, au présent, de réalisations d'inventions possibles qui ne devaient voir le jour que plusieurs siècles plus tard : des machines marines et des chars à feu se déplaçant à grande vitesse, des machines à voler ou à explorer la mer et le fond des fleuves, des appareils permettant de multiplier considérablement la force naturelle de l'homme ; pour la première fois il décrit fort bien les effets de la poudre, composée de salpêtre, de soufre et d'autres ingrédients ; cette dernière invention permet d' « imiter le tonnerre et les éclairs d'une manière plus terrifiante que dans la nature » ; il se préoccupe également de reculer l'apparition de la vieillesse et de prolonger la vie humaine. Cependant, si Bacon a créé l'expression de « science expérimentale », il ne peut être considéré comme le père de la science moderne, car les notions de mesure et de physique mathématique lui sont étrangères ; il n'en demeure pas moins qu'il a eu le souci d'établir une sorte de réconciliation de la Terre et du Ciel grâce aux ressources de la connaissance et de l'action.

Les Noces de la Terre et du Ciel purent revêtir d'autant plus d'éclat que, le 19 septembre 1255, la Faculté des arts de Paris adopte de nouveaux statuts qui mettent au programme toutes les œuvres d'Aristote. Les écrits ésotériques d'Aristote, c'est-à-dire ceux qui étaient destinés à son enseignement et que n'avaient pas connus les contemporains du Stagirite, s'étaient répandus rapidement et avaient remporté un énorme succès. L'Université de Paris puis le Saint-Siège les avaient pourtant interdits en 1210, 1215 et 1228. Mais ces interdictions étaient restées lettre morte. Le changement complet d'attitude de l'Université de Paris constitue un événement important. Maîtres et étudiants se trouvaient, en effet, désormais confrontés à des œuvres véhiculées et souvent interprétées par des penseurs arabes tels qu'Avicenne et surtout Averroès, comme la *Physique*, la *Métaphysique*, l'*Ethique à Nicomaque* ou la *Politique* qui voulaient apporter une réponse aux grandes questions de la connaissance et de la morale, et qui posaient même le problème de Dieu. Or tous ces textes avaient uniquement recours à la raison et avaient été naturellement pensés en dehors de toute référence à la révélation judéo-chrétienne. Comment donc une telle entreprise avait-elle été possible ?

Poser cette question revenait à poser le problème des relations de la raison et de la foi. Certains, comme Siger de Brabant ou Boèce de Dacie, vont professer un aristotélisme radical et militer en faveur d'une indépendance de la philosophie. D'autres, comme saint Bonaventure, verront dans ces philosophies des « attaques faites à la doctrine du Christ ». Au contraire, saint Thomas voudra opérer une synthèse de la philosophie aristotélicienne et du christianisme en les réconciliant dans un aristotélisme chrétien. C'est pourquoi l'on peut dire que les Noces de la Terre et du Ciel furent célébrées selon une liturgie bien différente par le franciscain saint Bonaventure et par le dominicain saint Thomas d'Aquin. Chez le premier on retrouve le souci de saint François de parvenir à une prière dialoguée avec les créatures afin de découvrir en elles les signatures de Dieu et de sa Création. Chez le second est partout présente la vision aristotélicienne du monde qui conçoit la nature comme une sorte de pyramide où les êtres et les choses sont classés selon des formes et des genres s'emboîtant les uns dans les autres et où un premier Moteur divin fait courir les liens de la causalité entre les individus ; cette conception du monde est exposée selon la méthode du « oui et non » qui donne la solution de chaque problème après l'élimination des solutions dénoncées comme spécieuses. La philosophie de saint Bonaventure est un cantique intellectuel des créatures, le thomisme est un édifice dont les visites sont méticuleusement organisées.

Jean de Fidanza, le futur saint Bonaventure (1221-1274), appelé aussi le Docteur séraphique, naquit en 1221 près d'Orvieto. Tout jeune il prend l'habit franciscain et étudie à Paris sous la direction du grand maître Alexandre de Hales, auteur d'une *Summa theologiae* dont Roger Bacon disait qu'elle « représentait à peu près le poids qu'un cheval pourrait porter ». Peut-être entend-il aussi Albert le Grand. Son opposition à Aristote, en qui il ne voit qu'un païen, est irréductible, il vénère saint Augustin et surtout saint François. Nommé professeur à Paris, en même temps que Thomas d'Aquin, il partit presque aussitôt pour l'Italie, car il venait d'être élu général de l'ordre des Franciscains. Nommé cardinal, il meurt en 1274. Il ne fut pas lié à Thomas d'Aquin par une vive amitié mais plutôt par cette estime de bon ton due aux collègues avec qui l'on est en désaccord. Ses œuvres principales sont : *Commentaires sur les quatre livres des « Sentences » de Pierre Lombard* et l'*Itinéraire de l'esprit vers Dieu* (1259).

Pour saint Bonaventure, la vie est un pèlerinage vers Dieu ; il veut montrer « comment l'homme tend vers Dieu à travers toutes les autres choses », car elles portent en elles la présence cachée de Dieu : « A partir de la grandeur et de la beauté des créatures, le Créateur pourra devenir connaissable. » La Création est un langage que nos sens et tout notre être doivent lire et entendre dans ce monde sensible où règne l'ombre de Dieu. Saint Bonaventure se situe donc dans la même perspective que celle de saint François qui parlait aux créatures parce qu'elles étaient enfants de Dieu. Cela lui permet de donner à l'argument de saint Anselme une portée particulière : même si nous nions Dieu, cela implique malgré tout que nous en ayons l'idée en nous, idée à laquelle nous refusons l'existence ; or cette idée de Dieu témoigne de la présence et de l'existence de celui-ci, car nier Dieu implique que nous lui disions « Non », donc que Dieu soit déjà là, notre imagination étant bien incapable de faire germer en nous une idée de cette envergure. L'itinéraire de l'esprit vers Dieu que saint Bonaventure nous invite à parcourir est beaucoup plus intellectualisé que les chemins suivis dans les *Fioretti*, c'est pourquoi E. Gilson a pu dire de saint Bonaventure qu'il était « un saint François d'Assise qui s'oublierait à philosopher ». C'est ce dont témoignent les idées de saint Bonaventure sur l'analogie universelle. La Création implique une analogie entre les créatures et leur Créateur, celui-ci ayant laissé sur celles-là son ombre, ses vestiges ou son image. L'analogie divine s'imprime dans notre pensée et jusque dans la matière ; c'est pourquoi il faut voir dans les créatures des signes et non de simples choses. La nature contient en elle une qualité créée mais transcendante à la nature même, l'homme peut y participer, non par identification, mais par similitude et cette qualité n'est autre que la Grâce. Le miroir du monde sensible nous permet de contempler Dieu *par* ses créatures en tant qu'elles sont ses vestiges, leur éclat nous conduit jusqu'au seuil de nous-même ; ensuite « nous devons chercher à saisir Dieu par le miroir de notre âme » où se réfléchit son image créée. Dès lors, nous pourrons voir Dieu en nous-même « comme par son image, c'est-à-dire le voir par son miroir de façon symbolique ». Si bien que « lorsque l'âme se considère, elle s'élève par soi comme par un miroir à la contemplation de la bienheureuse Trinité ». Ainsi « il nous est loisible de contempler Dieu, non seulement *hors de nous* et *en nous,* mais encore *au-dessus de nous :* hors de nous par ses vestiges, en nous par son image, au-dessus de nous par la lumière empreinte sur notre esprit et qui n'est autre que la lumière de la Vérité éternelle ». De toutes ces démarches, le Christ est la porte à laquelle nous ne pouvons accéder que par la foi, l'espérance et l'amour, jusqu'à ce que nous parvenions dans le tabernacle à la « cime supra-consciente, supra-lumineuse et toute sublime des paroles mystiques [...], jusqu'au rayon suressentiel de la divine ténèbre, dépouillé de tout et libre de toute attache ». On le voit, saint François est au point de départ et le pseudo-Denys au point d'arrivée.

En passant des franciscains aux dominicains, nous nous trouvons sur un territoire tout autre où prévaut le souci de construire un système du savoir et de la croyance. Albert de Cologne, le futur saint Albert le Grand (1206-1280), surnommé le Docteur universel, a été pittoresquement décrit par E. Gilson comme un homme qui « s'est jeté sur tout le savoir gréco-arabe avec le joyeux appétit d'un colosse de bonne humeur, ou généralement tel, sauf lorsque des confrères bien intentionnés lui conseillaient de se modérer dans l'intérêt de la religion ». Albert de Bollstaedt est né en Souabe, il entre dans l'ordre des Dominicains et étudie à Paris puis enseigne à Cologne et à Paris. Son enseignement rencontre un tel succès qu'il doit donner ses leçons sur une place publique dite la place Maître-Albert, qui deviendra la place Maubert. Evêque de Ratisbonne en 1260, il se consacre de nouveau à l'enseignement. Son ambition est de permettre au monde latin d'accéder à la science que les Grecs, les Arabes et les Juifs ont pu élaborer. Aristote, mais aussi Platon, le pseudo-Denys, Avicenne, Averroès lui fournissent de quoi exposer des connaissances sur les mathématiques, la physique et la métaphysique ; une *Somme des créatures* constitue le premier de ses ouvrages et une *Somme théologique* en constitue le dernier ; leurs titres et leur contenu devaient inspirer Thomas d'Aquin qui suivit les cours d'Albert à

Cologne. E. Gilson a voulu rendre justice à Albert le Grand, tenu souvent pour un obscurantiste, en soulignant qu'il est un de ceux qui, en faisant leur part à la raison et à la religion, avaient revendiqué pour la philosophie le droit à une spéculation indépendante. Quoi qu'il en soit, Albert le Grand, par son projet intellectuel, son enseignement et son œuvre, a ouvert la porte à Thomas d'Aquin chez qui les Noces de la Terre et du Ciel inspirent la *Somme théologique* en même temps qu'elles en résultent.

Autant saint Bonaventure sait trouver dans sa mystique des illuminations lyriques, autant saint Thomas d'Aquin, qui procède par définitions, déductions et démonstrations, apparaît froidement rationnel et dogmatiquement certain. Cette philosophie édifiante voulut construire une habitation définitive pour la foi et pour la raison ; l'Eglise catholique trouvera dans ce monument irréprochable la source intarissable de toute spéculation et, jusqu'au XXe siècle, l'érigea au rang de « philosophie éternelle ». Ici, nous sommes loin des accents pathétiques d'un saint Augustin, et l'aristotélisme christianisé du thomisme risque bien de ne jamais désaltérer ceux qui ont soif d'Eau vive ou qui, avec « crainte et tremblement », cherchent le berger capable de ramener la brebis perdue. Cependant, il serait injuste de ne voir dans le thomisme qu'une construction sans intérêt que plus personne ne saurait habiter, et de penser que le sobriquet de Bœuf muet, que ses condisciples avaient donné à Thomas, lui convient mieux que le titre de Docteur angélique qui lui sera donné par la suite.

Nul mieux que le romancier anglais G. K. Chesterton dans son petit livre sur saint Thomas, ouvrage que Gilson qualifie justement de chef-d'œuvre, n'a su parler avec plus de sympathie de l'auteur de la *Somme*. Ses analyses permettent de comprendre pourquoi le thomisme connut un tel succès pendant des siècles et pourquoi beaucoup voient aujourd'hui en lui une saine thérapeutique aux verbalismes contemporains. Pour Chesterton, saint Thomas est « l'unique théologien optimiste » ; si le catholicisme l'a tellement encensé c'est parce que « le catholicisme est l'unique théologie optimiste. [...] De toutes les croyances, le catholicisme est la seule qui soit absolument du parti de la vie. » Ayant « baptisé Aristote », saint Thomas a jeté les bases d'une philosophie du bon sens pour laquelle « ce qui *est* est » ; « il a vu le blé et ne dira pas qu'il ne l'a point vu parce qu'il est aujourd'hui mais que demain il ne sera que paille. [...] Il ne dira pas qu'il n'est que croissance parce qu'il l'a vu croître. Il dira qu'il appartient à une réalité plus haute et même plus réelle ; et non qu'il est moins réel qu'il n'en a l'air ». Chesterton précise encore : « La fleur est une vision parce qu'elle est autre chose qu'une vision. Ou, si l'on préfère, la fleur est une vision parce qu'elle n'est pas un rêve. » Contrairement aux antiques religions asiatiques et à la philosophie allemande contemporaine qui voient dans le monde une entité voilée d'illusions, saint Thomas s'appuyant sur Aristote a vu que « si les choses nous trompent c'est en ce qu'elles sont encore plus réelles qu'il n'y paraît ». Ainsi, « l'essence du bon sens thomiste revient à dire que la rencontre de la réalité et de l'esprit qui la connaît est une sorte de mariage ». C'est parce que Dieu a créé l'homme capable d'accéder à la réalité que l'homme ne peut séparer ce que Dieu a uni. En conclusion, Chesterton nous invite à comprendre que « jamais depuis ce temps aucun penseur de cette envergure n'a estimé que la réalité était évidente, d'une évidence assez sûre (l'évidence de ses propres sens par exemple) pour supporter le poids de déductions certaines ». On ne saurait trouver meilleure introduction à une approche du thomisme.

Thomas d'Aquin naquit en 1225 au château de Roccasecca, son père était comte d'Aquino. Il commença ses études au monastère bénédictin du mont Cassin, les continua à l'université de Naples et entra en 1243 dans l'ordre des Dominicains. Ses frères cherchèrent à le détourner de sa vocation, l'enfermèrent pendant un an et le soumirent à diverses tentations. En 1245, Thomas va étudier à Paris où enseignent Albert de Cologne et Alexandre de Hales. Sa forte corpulence et son sérieux le font surnommer « le Bœuf muet de Sicile », mais son maître Albert, qui l'avait remarqué, affirmait qu'un jour ce bœuf « ébranlerait le monde de son mugissement ». Thomas enseigne tantôt à Paris, tantôt à Rome ou à Naples. Il meurt en 1274. La *Somme théologique* constitue l'essentiel de son œuvre ; il n'est certes pas le premier à avoir utilisé un tel titre, mais cette somme est la seule qui soit parvenue à défier les siècles.

On pourrait centrer autour de la notion d'analogie tout ce qui sépare saint Thomas de saint Bonaventure. Ce dernier cherche les liens qui unissent la créature à son Créateur ainsi que les ramifications analogiques qui, à travers l'hétérogénéité apparente des êtres, conduisent l'esprit vers Dieu. Chez saint Thomas, la doctrine de l'analogie résulte de la synthèse d'un thème platonicien, celui de la participation, et d'un thème aristotélicien, celui de l'unité de l'ordre par référence à un Premier. L'être n'est pas une forme mais un acte, la causalité n'opère pas sur le mode de la ressemblance de la copie au modèle, mais sur celui d'un être à l'égard d'un autre qui le produit. La causalité efficiente distingue donc le Créateur du créé, bien que tous deux communient dans l'acte puisque l'acte de l'agent devient celui du patient ; l'analogie est donc fondée *unius ad alterum.* Les créatures se trouvent ainsi installées, à la fois, dans leur être propre et leurs essences respectives, et dans une dépendance à l'égard de Dieu. Il y a donc chez saint Thomas un souci de maintenir un intervalle entre les créatures (et ici la philosophie aristotélicienne permettra de jeter les bases d'une science) et le Créateur (et ici nous devrons avoir recours aux Ecritures). Toutefois, la *Somme* vise à réconcilier la religion et la raison, et c'est ce dont se félicite Chesterton dans des analyses souvent plus instructives que celles écrites par bien des spécialistes ; pour lui, en effet, saint Thomas a rendu aux sens leur dignité de fenêtres de l'âme et à la raison son droit divin à se nourrir de faits. Il a affirmé que la foi devait s' « assimiler la substantifique moelle de la plus dense et de la plus expérimentale des philosophies païennes ». C'est pourquoi Chesterton sait gré à saint Thomas d'avoir fait « la chrétienté plus chrétienne en la rendant plus aristotélicienne [car] le chrétien est d'abord un homme qui croit que la divinité ou la sainteté a des liens avec la matière et pénètre le monde des sens ».

La pensée de saint Thomas frappe par le calme qui l'anime ; elle se préoccupe, avant tout, de présenter une explication globale du monde en nous donnant à comprendre que la réalité est là, que nos sens y ont accès et que notre raison doit en pénétrer les messages sans lesquels nous serions coupés de ce réel avec lequel, d'une certaine manière, nous ne faisons qu'un, car nous appartenons à cette Création d'où les créatures tiennent leur être. Saint Thomas n'est pas un penseur tragique ; pour chasser le doute il faut chercher la raison suffisante de ce qui se déroule sous nos yeux à l'intérieur de cette nature où tout se meut. La certitude au nom de laquelle Thomas écrit, et qu'il veut communiquer à ses lecteurs, l'amène à présenter la *Somme* sous forme de questions auxquelles il faut apporter des réponses ; la plupart du temps, chacune de ces questions est divisée en parties subsidiaires dont l'examen fait l'objet d'articles ; difficultés et objections sont prévues, puis Thomas donne finalement les solutions et les conclusions aux problèmes soulevés. Le lecteur doit donc retirer de sa lecture une tranquillité d'esprit le libérant de toute inquiétude et lui exposant l'ordre selon lequel les choses et les idées qui leur correspondent doit être pensé. La foi s'appuie sur la raison parce qu' « il est impossible que la vérité de foi soit contraire aux principes que la raison connaît naturellement », mais elle lui apporte cependant un précieux secours, car la lumière grâce à laquelle cette raison pense peut l'éblouir et l'empêcher de bien voir.

L'attachement de saint Thomas à la présence du réel, dont tout éloignement ne saurait être qu'une source de sophismes et d'errances stériles, s'exprime par son respect pour Aristote et par sa conception de la vérité. Saint Thomas trouve, en effet, chez Aristote, qu'il appelle le Philosophe, une philosophie où l'univers est présenté comme une hiérarchie d'êtres, voire d'essences, que l'on peut classer dans des espèces, des genres, des familles, des ordres, des classes et dont les analogies permettent de définir des notions générales grâce auxquelles la pensée s'organise sans pour cela jamais perdre le réel de vue. Il y trouvait aussi une définition du mouvement comme passage de la puissance à l'acte capable de nous faire comprendre que les êtres se meuvent en vue d'une fin dont le besoin implique en eux la présence d'une force tendue vers ce qui pourrait les parfaire. Cette théorie du mouvement, complétée par celle de la cause efficiente et de la cause finale, couronnée par la définition de Dieu comme premier Moteur non mû et comme « pensée qui se pense », montre à saint Thomas la voie lui permettant de passer des créatures qui sont dans le monde à l'Etre qui est pleinement ce qu'il est, qui est soustrait au devenir et qui constitue la raison suffisante de ce qui est. L'empirisme aristotélicien est donc adopté comme tel, rien n'est dans l'entendement qui ne soit auparavant passé par les sens parce que les sens ont pour mission première de nous mettre en accord avec ce qui est. Nous constatons que les êtres sont, que l'Etre est, tout en nous-même nous oblige à en convenir ; ces êtres imitent l'être divin auquel ils tiennent tout en ne pouvant être confondus avec lui. Dans les choses perçues par les sens se trouve une forme ; cette forme est un élément intelligible qui, comme l'idée divine, est réalisée dans la matière. Le sensible et l'intelligible doivent donc remonter de ce qui est jusqu'à la source de l'Etre.

C'est pourquoi la vérité est, en même temps, ce que recherche la raison et ce qui illumine la foi. Le vrai ne doit pas être confondu avec l'être, la vérité ajoute, en effet, à l'être un rapport de conformité à l'intelligence ; mais la démarche par laquelle l'intelligence humaine cherche la vérité implique d'abord la reconnaissance de cette vérité. D'où l'idée essentielle de saint Thomas que la vérité se montre en ce sens qu'elle apparaît au terme d'une recherche et que celui qui la découvre peut la montrer en tant qu'elle se manifeste ici et maintenant. La vérité est donc l'adéquation du réel et de l'esprit. Les choses naturelles sont la mesure de l'intellect, car c'est à partir d'elles que celui-ci acquiert sa connaissance, mais ces choses naturelles sont elles-mêmes mesurées par l'intellect divin. Comme le dit le *De Veritate* : « Ainsi donc l'intellect divin est mesure sans être mesuré ; une chose de la nature est à la fois mesure et mesurée ; alors que notre intellect est mesuré sans être la mesure des choses naturelles, [il ne mesure] que les objets fabriqués. Donc les choses naturelles, constituées entre deux intellects, sont dites vraies en fonction de la conformité qu'elles ont tant avec l'un qu'avec l'autre : par rapport à l'intellect divin, en effet, elles sont vraies si elles remplissent la fonction que celui-ci leur a assignée. [...] Par rapport à l'intellect humain, on dira d'une chose qu'elle est vraie si elle est, par nature, apte à produire un jugement vrai à son sujet ; de même on dira fausses, au contraire, les [choses] dont " la nature est d'apparaître autrement qu'elles ne sont, ou ce qu'elles ne sont pas ", selon les termes du Ve livre de la *Métaphysique*. »

Par conséquent, l'homme se trouve situé entre le réel qui est et Dieu par lequel ce réel existe ; la vérité surgit des choses, passe par l'homme, mais elle est née de Dieu, elle est arrivée aux choses comme un événement créateur, elle arrive aux hommes comme une marque de révélation. Toutefois, saint Thomas ne fait pas preuve d'un inconditionnel triomphalisme empirico-rationnel, il est conscient des limites de la raison et des faiblesses de celle-ci. Si la théologie est rigoureuse, ses principes restent cependant indémontrables et sont des « articles de foi » ; c'est pourquoi saint Thomas distingue les vérités qui dépassent le pouvoir de la raison, comme le dogme de la Trinité, et celles qui peuvent être découvertes par la raison, au nombre desquelles il met l'existence de Dieu. Par conséquent, il y a place, à la fois, pour le révélé et pour le rationnel.

L'optimisme explicatif de saint Thomas ne peut pas ne pas conduire à soulever le problème du Mal ; comment, dans un monde créé par Dieu, peut-il y avoir place pour le Mal ? Il ne s'agit pas de se réfugier ici dans le manichéisme, il faut se souvenir de ce que disait le pseudo-Denys, à savoir que le Mal n'a ni essence ni réalité, qu'il est une négation et un manque. Le Mal est une privation du Bien, il n'est pas un être en soi ; paradoxalement nous devons donc dire que le Bien est le support et le sujet du Mal. La perfection de l'univers implique l'existence d'êtres corruptibles ; Dieu n'est pas la cause première du Mal, mais il l'est seulement par accident dans la mesure où la corruption des choses est une conséquence du Bien de l'ordre universel, le Mal vient donc d'une causalité déficiente des créatures et non de Dieu ; mais, même dans les êtres corruptibles de moindre perfection, subsiste du Bien et même dans les choses les plus viles se manifeste ne serait-ce qu'une infime parcelle de Bien. On le voit donc, saint Thomas travaille à tout justifier, même Dieu ; il agit ainsi par désir de combler toute distance où viendraient s'insérer le doute, la détresse et la perdition.

Un tel édifice est couronné par ce que saint Thomas nous *apprend* du salut. Pour Aristote, la béatitude accompagne l'acte le plus élevé de l'intelligence : la contemplation du divin, contemplation qui est devenue chez Plotin une véritable identification ; à cette perspective saint Thomas ajoute une dimension eschatologique. La fin de l'homme est Dieu qui dépasse infiniment toute connaissance humaine ; il était donc nécessaire que Dieu révélât à l'homme ces connaissances supranaturelles qui constituent le contenu de la *sacra doctrina* que, depuis Abélard, on appelle *théologie.* La vérité surnaturelle nous parvient en descendant de Dieu jusqu'à nous à travers les anges, les apôtres et les prophètes. La théologie explicite la Parole de Dieu par l'intermédiaire de la raison naturelle, elle est une sorte de révélation continuée qui présente les « articles de foi » que l'homme doit croire. Quant à la philosophie, elle expose des vérités que peut saisir la raison humaine, vérités connaissables mais en fait souvent inconnues, comme par exemple l'existence de Dieu. Ces vérités appartiennent au domaine du *revelabile,* ce révélable, dit excellement E. Gilson, est « du philosophique entraîné, pour ainsi dire, dans l'orbite de la théologie » ; la philosophie possède donc une place à côté, voire à l'intérieur, de la théologie. La connaissance du révélé et celle du révélable sont nécessaires au salut, car elles permettent à l'homme d'acquérir ce qui lui permettra d'atteindre sa fin dernière qui est de participer à la divinité.

La célébration des Noces de la Terre et du Ciel apparaît très nettement dans cette synthèse de l'hellénisme et du christianisme opérée par saint Thomas. Aux traditionnelles vertus cardinales (la prudence, le courage, la tempérance et la justice) chères aux Grecs et aux Latins, il ajoute les vertus théologales (la foi, l'espérance et la charité) chargées de les parachever. C'est pourquoi saint Thomas rapproche jusqu'à les confondre des affirmations d'Aristote et des passages des Ecritures : « Il appartient [...] à l'homme de se rapprocher du divin autant qu'il le peut, comme dit même le Philosophe et comme cela est recommandé dans les saintes Ecritures de multiples façons, comme avec cette parole (Mt,48) : " Soyez parfaits comme votre Père Céleste est parfait. " »

Saint Thomas rapproche et assimile ici deux visions du monde pourtant bien différentes. Pour Aristote, en effet, la vie selon l'intellect est divine comparée à la simple vie humaine ; l'homme ne doit donc pas borner sa pensée aux choses humaines, il « doit, dans la mesure du possible, s'immortaliser et tout faire pour vivre selon la partie la plus noble qui est en lui » ; l'activité théorétique « qui est la plus apparentée à la vie divine sera aussi [pour l'homme] la plus grande source de bonheur ». Aristote parle donc de connaissance et d'activité et, une fois de plus, nous nous trouvons en présence de cette idée typiquement grecque que la connaissance nous permet d'accéder jusqu'à Dieu et de nous rendre semblables à lui. Au contraire, les Ecritures parlent en termes de perfection qui implique l'amour qui édifie, un amour qui ne surgit nullement à cause de la présence préalable d'un « aimable » qui agirait sur lui comme un moteur ; l'amour édifie parce qu'il fait naître en l'autre ce qui ne s'y trouvait pas d'abord. Avec saint Thomas, les Noces de la Terre et du Ciel sont si joyeusement célébrées que le révélé, le révélable, le surnaturel, le naturel, la foi, la raison, les Ecritures, la théologie et la philosophie englobent dans une vaste synthèse tout ce qui doit permettre à l'homme de faire son salut grâce à une connaissance révélée et grâce à un savoir révélateur. Il n'y a guère de place ici pour les vertiges de la tentation, pour l'angoisse, ni même pour la détresse sanglante du Christ vivant une mort hurlante à travers sa cruelle agonie. Faut-il en féliciter saint Thomas ou regretter que toute une dimension essentielle de l'homme et du christianisme ait été gommée au profit d'une sérénité édifiante ? Faut-il suivre G.K. Chesterton parlant de saint Thomas ou relire *L'Ecole du christianisme* de Kierkegaard ?

Nous avons déjà rencontré chez des théologiens philosophes un désir et des tentatives pour exposer la *sacra doctrina* à l'aide de démonstrations irréfutables devant entraîner l'adhésion de l'hérétique et la conversion de l'infidèle. Mettre un tel « art » au principe de la célébration des Noces de la Terre et du Ciel fut le souci de Raymond Lulle (1235-1316), dit le Docteur illuminé. Ce noble catalan, né à Majorque, élevé selon les traditions de la chevalerie, eut une jeunesse dissipée. Marié, père de deux enfants, il décida un jour d'abandonner le siècle. Proche des franciscains, il semble bien qu'il n'ait jamais vraiment appartenu à leur ordre. Voyageur infatigable, il ira à Paris, à Rocamadour, à Saint-Jacques de Compostelle, à Montpellier, Gênes, Tunis, à Chypre où il rencontre Jacques de Molay, le grand maître du Temple, à Lyon, Avignon, Bougie, Pise. Ayant appris l'arabe qu'il traduisait, parlait et écrivait, il obtint des autorités ecclésiastiques que l'arabe, l'hébreu et le chaldéen fussent enseignés dans des universités. Soucieux d'organiser une nouvelle croisade, il consacra toute sa vie à la conversion des infidèles. Telle est la raison pour laquelle ce mystique, qui écrivit des livres empreints d'un certain lyrisme tels que *L'Arbre de philosophie d'amour* et le *Livre de l'ami et de l'aimé*, travailla à mettre au point des arts de la démonstration : *L'Art abrégé pour découvrir la vérité*, le *Grand Art*, l'*Art de Dieu* complémentaires de cet *Arbre de science* qui se présente comme une encyclopédie des connaissances humaines. Tous ces « Arts » se proposent d'élaborer une méthode logico-métaphysique capable de réfuter les hérésies et d'amener quasi irrésistiblement les infidèles à la foi chrétienne. A l'occasion de ses séjours en Afrique, séjours qui se terminèrent toujours mal, Lulle voulut appliquer sa méthode auprès de philosophes musulmans, de muftis et de sultans. On sait que ces projets de démonstrations méthodiques provoquèrent le mépris de Descartes et l'admiration de Leibniz.

L'œuvre lullienne prend la suite de ces entreprises qui voulurent donner au christianisme une cohérence doctrinale et une rigueur d'autant plus grande que la Révélation était invoquée pour la confirmer. Démontrer ce qui se montre et montrer ce qui ne se démontre pas constituent deux efforts convergents qui veulent donner à la Terre issue du Ciel le moyen de retrouver l'itinéraire la ramenant à celui-ci. Cela est si vrai que ces tentatives pour permettre implicitement à l'homme de contempler le divin trouvèrent rapidement des extrapolations dans des traditions légendaires hautement significatives. On affirma vite, en effet, que ces savants théologiens étaient parvenus à acquérir les secrets de l' « art hermétique » et de la théurgie ; on fit d'eux des sortes de synthèses de Prométhée, de Simon le Magicien et du futur Faust. C'est ainsi que l'on prêta à Roger Bacon des pratiques alchimistes, qu'Albert le Grand passait pour porter un talisman grâce auquel il pouvait attirer tous les serpents d'une région ; il aurait aussi fabriqué un androïde doué de la parole que saint Thomas aurait détruit d'un coup de bâton, dépité de voir cet être artificiel le battre sur le plan de la discussion. On attribua à Albert le Grand la rédaction de livres de recettes magiques connus sous le nom de *Grand Albert* et de *Petit Albert.* On soulignera que saint Thomas d'Aquin fabriquait des pierres précieuses artificielles. Enfin, dès 1332, apparaissent de nombreux ouvrages d'alchimie faussement attribués à Lulle. Beaucoup croyaient donc que rien n'était impossible à ceux qui travaillaient à remettre les hommes sur les voies conduisant jusqu'au Ciel ; de tels guides, s'imaginait-on, devaient connaître même les secrets divins de la Création.

Avec Dante (1265-1321), cette quête, pour parvenir à un savoir et à une pratique transmutant le plomb vil en or pur, prit le visage « d'une mission historique qu'il exprima sous la forme d'une prophétie voilée par des symboles. [...] L'Eglise devait renoncer à sa soif de puissance temporelle et devenir une Eglise purement spirituelle », ainsi que le note E. R. Curtius. Comme le montre bien E. Gilson, Virgile personnific la raison, Béatrice la foi et saint Bernard l'amour, il faut que la foi s'ajoute à la charité et la couronne, tout comme la foi s'ajoute à la raison et l'illumine. Avec la *Divine Comédie*, la transmutation prend les dimensions d'une régénération historique dont Dante se fit le chantre messianique.

Le XIVe siècle et la trouée du Ciel

Le XIIIe siècle nous avait conviés à assister aux Noces de la Terre et du Ciel ; le siècle suivant se demande au nom de quelle idée de l'union sacrée ces noces purent être célébrées. D'où provient ce sacrement qui descend à la fois sur l'homme et sur Dieu, ne faut-il pas et ne peut-on pas remonter plus haut que cette dualité qui distingue et unit les créatures et leur Créateur ? Telles sont les questions dont les réponses *implicites* président aux réflexions des mysticismes spéculatifs qui, on a trop souvent tendance à l'oublier, sont d'une très grande actualité et se retrouvent au cœur de pensées modernes utilisant des terminologies différentes.

Une étude du climat intellectuel de cette époque ne doit pas faire oublier que ce siècle fut celui de grandes catastrophes : en 1338 des sauterelles s'abattent sur les récoltes, en 1342 et 1343 des inondations provoquent d'énormes ravages, la faim s'installe ; en 1328 apparaît une terrible épidémie, puis en 1347 la peste, la « mort noire », se répand dans tout l'Occident, tandis que des tremblements de terre se multiplient ; en outre, de 1378 à 1418 l'Eglise catholique connaît un grand schisme et l'on compte deux et même trois papes.

Dans ce XIVe siècle on pourrait distinguer deux grands groupes de penseurs : tout d'abord les deux franciscains Jean Duns Scot et Guillaume d'Occam, puis ceux qu'il est convenu d'appeler les mystiques rhénans.

Jean Duns Scot (1266-1308), dit le Docteur subtil, naquit en Ecosse, il entra dans l'ordre des Franciscains en 1272, étudia à Oxford, à Paris et de nouveau à Oxford. Il enseigna tantôt dans l'une, tantôt dans l'autre de ces deux villes et mourut à Cologne. Ses œuvres principales sont : *Commentaire sur les sentences* (de Pierre Lombard), connu aussi sous le titre d'*Opus Oxoniense*, *Questions sur la métaphysique*, *Du premier principe*. La théologie a-t-elle encore droit de cité et pourquoi continuer à parler de Révélation si la raison explique tout ? Aristote et les philosophies n'ont rien fait que philosopher, à quoi bon croire si l'on peut savoir ? Duns Scot se livre alors à ce que Paul Vignaux a pu justement appeler une « phénoménologie de l'Absolu ». Toute notre connaissance part des sens, or l'homme cherche à voir Dieu ; la tension vers l'intuition intellectuelle ne peut trouver son origine dans les choses de la nature, c'est la Révélation qui vient nous dire que nous sommes capables de Dieu. Duns Scot refuse les voies de l'analogie selon lesquelles nous pourrions parler de l'être de Dieu parce que celui-ci serait analogue à l'être des créatures ; une telle position implique, en effet, que nous connaissions *d'abord* à la fois l'être des créatures et celui de Dieu pour en conclure *ensuite* qu'ils sont analogues ; c'est donc à tort que l'on prétend pouvoir passer du premier au second. Duns Scot veut montrer que seule une Volonté extérieure aux êtres peut les unir dans leur diversité. La notion d'analogie impliquait une équivocité de l'être qui, en même temps, unit et distingue ; au contraire, Duns Scot insiste sur cette idée que l'être est *univoque*, le rapport entre Dieu et les créatures ne fonde pas l'être mais il le suppose, car celui-ci est fondateur. C'est sur cette nature de l'être univoque que nous devons maintenant raisonner ; alors que philosophes et métaphysiciens remontent à Dieu comme premier Moteur en partant des effets pour aller vers la Cause, nous devons méditer sur cette Cause en tant qu'elle est première, pour aller ensuite vers ses effets.

Duns Scot va réfléchir sur l'essence de cette nature d'être pour se demander d'abord si Dieu est possible ; c'est pourquoi il ne part pas de l'évidente existence des créatures. L'idée de Dieu est possible, car elle n'implique aucune contradiction, mais nous pouvons et devons lui attribuer en outre l'existence, car, si cette idée n'était qu'en nous-même, nous devrions dire qu'elle est à la fois possible (nous venons de le voir) et impossible (puisque nous lui refuserions l'existence), ce qui serait contradictoire. Nous voilà donc en présence d'une évidence, mais d'une évidence paradoxalement inaccessible ; car, par exemple, en ce qui concerne la Trinité il faut que la foi nous la présente d'abord pour que nous puissions y découvrir ensuite de quoi penser sur elle. Cela est si vrai que, si nous pouvons penser selon du nécessaire, ce nécessaire est lui-même suspendu à la Volonté infiniment libre de Dieu. Au-dessus de Dieu il n'y a pas un *fatum* auquel Il serait lié, comme le croyaient les Grecs. L'Intelligence de Dieu crée librement tous les possibles, sauf ceux qui, impliquant quelque contradiction, seraient logiquement impossibles ; Dieu fait ensuite passer à l'être tout ce qui s'accorde avec les lois de sa Justice et de sa Sagesse ; celles-ci ne découlent nullement de la nature mais elles la fondent. Dieu aurait pu vouloir un ordre différent de celui auquel les choses et les êtres appartiennent ; puisque Dieu l'aurait voulu, un tel ordre aurait été aussi juste et sage. Il ne faut donc pas dire que Dieu a voulu qu'il en fût ainsi parce que cela était bon, il faut dire que cela est bon parce que Dieu l'a voulu ; il n'y a aucun Bien en soi devant lequel la volonté de Dieu devrait s'incliner, Dieu n'est pas soumis au Bien, c'est le Bien qui lui est soumis ; il n'y a pas à se demander pourquoi Dieu a voulu ceci plutôt que cela : la volonté de Dieu est fondatrice du pourquoi, elle ne lui est pas subordonnée.

La conception de l'être et de l'ordre chez Duns Scot implique ou détermine une théorie originale de l'individu. Pour Aristote, l'individu est le mixte d'une matière et d'une forme, saint Thomas pensait que la matière individualisait la forme. Pour Duns Scot, ce qui fait tel individu c'est l'*haeccéité* qui s'ajoute à la matière, à la forme et au composé ; cette *haeccéité* fait qu'un individu est constitué de telle matière et de telle forme pour constituer tel composé ; cela permet à Duns Scot, adversaire du nominalisme, de donner tout de même un statut à l'individu et de ne pas le réduire à une abstraction.

La philosophie de Duns Scot fait songer à ce que diront Descartes (sur les vérités éternelles) ou Leibniz (sur les possibles et les compossibles) ; mais Duns Scot est, avant tout, celui qui a cherché à parvenir à l'être originaire et au fondement même de la vérité, ou tout au moins à montrer que ce problème devait être posé.

Guillaume d'Occam (1290 ?-1348 ?) naquit à Ockham dans le Surrey. Franciscain, il étudia à Oxford, peut-être y enseigna-t-il ainsi qu'à Paris jusqu'en 1324, date à laquelle il doit se rendre à Avignon pour comparaître devant le pape Jean XXII auprès de qui il avait été accusé d'hérésie. Assigné à résidence dans un couvent, il s'enfuit à Pise en 1328 et se réfugie près de l'empereur Louis de Bavière en lutte avec le pape, il suit son protecteur à Munich et écrit des textes politiques où il déclare le pape hérétique et affirme que l'empereur n'a pas besoin de la consécration papale, car son élection suffit ; il exhorte les intellectuels à combattre la puissance papale sous peine de n'être plus que des « chiens muets refusant d'aboyer ». En 1339, l'université de Paris interdit l'enseignement de sa philosophie ; il meurt à Munich vers 1348. Ses principales œuvres sont : *Commentaire sur les sentences* (de Pierre Lombard), *Centilogium theologicum* où sont exposées cent thèses théologiques ; il faut y ajouter des ouvrages sur la logique et sur la physique.

L'œuvre d'Occam nous situe au cœur de problèmes philosophiques très actuels, mais l'on a souvent du mal à les dégager, car ils sont encombrés de tout un appareil de syllogismes. Bien qu'Occam ait critiqué Duns Scot, nous voudrions montrer qu'il va jusqu'au bout de positions que celui-ci avait amorcées. Occam se place au centre même de la querelle des Universaux : la connaissance porte-t-elle sur des choses ou sur des concepts généraux qui seraient eux-mêmes des choses ou qui ne seraient que dans notre entendement ? Entre les choses et le pensé, il faut choisir. Pour Occam, seul le particulier est réel, les universaux n'existent que dans le sujet connaissant ; Occam est donc nominaliste ou « terministe » en ce sens que, au nom du « principe d'économie » (que l'on appellera plus tard *le rasoir d'Occam*), il affirme qu'il ne faut pas multiplier sans nécessité ces entités inutiles qui encombrent la philosophie et la théologie et qui prétendent être de l'universel réalisé sous différentes formes. Il ne faut donc interposer aucun intermédiaire entre la chose vue et l'acte par lequel nous la voyons, personne n'ayant jamais vu d'espèce ni de genre, il faut éliminer ces entités. Puisque les universaux ne sont que dans l'âme et ne sont pas des choses extra-mentales, que sont les concepts ? Ce sont des *signes* du réel, mais non des imitations du réel. Ainsi nous ne parlons pas vraiment des choses, nous n'en parlons que par la médiation de ces signes que sont les mots ou les concepts. Nous sommes donc en présence d'une analyse de la science qui débouche sur une analyse du langage.

Mais reste-t-il encore une place pour la théologie ? Quelle connaissance pouvons-nous avoir de Dieu ? Puisque la connaissance intuitive est la seule qui, portant sur des existences, permette de parvenir jusqu'aux faits, il faut bien dire qu'il ne peut y avoir de preuves de l'existence de Dieu, l'existence appartient au domaine du donné et non à celui de la conclusion ; ce n'est donc que par la Bible que le chrétien est certain de Dieu et de la Création. Ici ce franciscain va rejoindre l'autre franciscain Duns Scot et en radicaliser les positions en mettant au principe de toute chose la liberté toute-puissante de la volonté divine qui n'a de comptes à rendre à personne. Dieu aurait pu créer un monde différent et meilleur que le nôtre ; le vol ou l'adultère auraient pu être des actes vertueux si Dieu en avait décidé ainsi, Dieu aurait même pu se faire âne, bois ou pierre au lieu de se faire homme ; rien ne limite la volonté de Dieu puisqu'il n'y a ni essences ni archétypes universels. Le monde ne dépend donc d'aucune nécessité inéluctable, sa contingence provient de la liberté totale avec laquelle Dieu l'a créé.

Nous voici maintenant parvenu à un tournant décisif, il importe de montrer ce avec quoi il rompt et ce sur quoi il ouvre.

1° Bien que l'occamisme ait fait l'objet de condamnations en 1339 et en 1340, il remporta un vif succès, notamment à Paris. On qualifia d'*antiqui* les partisans du thomisme et de *moderni* les partisans d'Occam ; il ne faut pas sous-estimer cette opposition. Le siècle précédent avait travaillé à construire de vastes édifices philosophico-théologiques où pussent être célébrées les Noces de la Terre et du Ciel, la *Somme* de saint Thomas en étant le meilleur exemple. Voici que, avec Occam, ce genre de construction est pour ainsi dire miné ; Aristote, saint Thomas, les pyramides de concepts, les démonstrations et les preuves sont dénoncées comme n'étant que des verbalismes ; on ne peut donc plus trouver de certitudes reposantes dans un édifice construit par la raison et par la foi. Le franciscain Occam se met seulement sous la protection de l'amour tout-puissant et gratuit de la volonté divine. Toute possibilité d'une théologie naturelle se trouve donc sapée ; la porte est désormais ouverte, d'une part à un scepticisme annonçant celui de Hume ou à une dénonciation de la théologie au profit de la science, d'autre part à un mysticisme pur s'abandonnant à la volonté de Dieu dont personne ne peut rendre compte.

Jean Gerson (1363-1429) fut le témoin de ces disputes qui divisaient l'université de Paris dont il était le chancelier depuis 1395, il les a déplorées sans pouvoir y porter remède. Loin de ces querelles, fut écrit un très célèbre ouvrage d'une spiritualité sereine et dans lequel Fontenelle puis Michelet verront un des plus beaux livres de l'humanité : *L'Imitation de Jésus-Christ* dont l'auteur est probablement Thomas a Kempis (Thomas de Kempen, 1380-1471) ; en dehors de tout débat philosophique, ces pages nous rappellent que « le juste vit *de* la foi » et non *dans* la science.

2° On peut dire qu'Occam a ouvert, bien malgré lui, la porte à des nihilismes humanistes. Puisqu'il n'y a pas de preuve de l'existence de Dieu, certains en concluront que cet être ou cette idée inutile ne doivent plus avoir droit de cité, pas plus que ces universaux qu'on appelait le Vrai, le Bien ou le Beau. Dès lors, on transférera à l'homme le volontarisme théologique d'Occam pour dire que l'Homme est le libre créateur des valeurs, qu'il n'y a donc pas de « bonnes » ni de « mauvaises mœurs », mais seulement des mœurs tout court et que ce n'est pas parce qu'une pratique est bonne que les hommes la respectent mais que c'est parce qu'ils l'ont instituée qu'ils la disent bonne. Le sociologisme de Durkheim, l'existentialisme de Sartre et le structuralisme ne diront pas autre chose. Le désir de trouer le Ciel pour parvenir à l'Originaire d'où la Terre et le Ciel lui-même seraient issus, aboutira à prétendre que derrière le voile des nuages ne se cache absolument rien ; mais, à l'inverse du nominalisme d'Occam, on affirmera que de nouveaux Universaux ne cessent de surgir à l'occasion de « ruptures épistémologiques » bouleversant les champs des structures.

Toutefois, à l'époque d'Occam on n'en est pas encore là, et le souci de percer le voile de nuages qui masque ce d'où la Terre et le Ciel sont nés débouche sur le mysticisme spéculatif d'un Maître Eckhart qui cherche à remonter plus haut que Dieu lui-même, jusqu'à la Déité *(Gottheit)* d'où Dieu serait issu. Certes, il serait difficile d'établir chronologiquement une filiation *historique* allant d'Occam à Eckhart, mais ce dernier se situe sur une ligne de force parallèle en recourant au néoplatonisme du pseudo-Denys ; en outre, la filiation des idées n'est pas toujours dépendante de la chronologie, mais il arrive qu'elle fonde celle-ci.

Maître Eckhart (1260-1327 ?) naquit en Thuringe ; entré chez les dominicains à Erfurt, il étudia à Paris, y enseigna de 1302 à 1303, puis de 1311 à 1313. Des fonctions ecclésiastiques lui sont confiées en Thuringe et à Strasbourg ; il va enseigner à Cologne, mais ses sermons paraissent suspects, une commission les étudie et, en 1329, le pape Jean XXII condamne vingt-huit propositions attribuées à Eckhart ; celui-ci venait juste de mourir, peut-être à Avignon, après avoir fait savoir qu'il se soumettrait au jugement de l'Eglise. L'œuvre d'Eckhart apporte avec elle une grande nouveauté, car, à côté d'œuvres traditionnellement écrites en latin, Eckhart utilisait l'allemand pour prêcher, principalement à des religieuses ; en ce sens il passe pour un des fondateurs de la prose allemande. Ses œuvres principales sont : en latin, *Questions parisiennes, Ouvrage triparti,* des *Commentaires ;* en allemand, *Le Livre de la consolation, De l'homme noble* et de nombreux *Sermons.*

Par-delà toutes les belles constructions philosophico-théologiques célébrant les Noces de la Terre et du Ciel, Eckhart veut parvenir en deçà de cette dualité, en deçà même de ce qui l'a créée. Heidegger, qui admirait Eckhart, dira que les humanismes ne fondent pas assez haut l'*humanitas* de l'homme et qu'ils ne s'interrogent pas sur l'Etre de cet étant appelé homme ; on pourrait dire qu'Eckhart pensa que les théologies et même les Ecritures ne fondaient pas assez haut la Déité de Dieu et qu'elles ne s'interrogeaient pas sur l'Originaire de cet Etre divin. Ce souci de dévoiler même ce qui, à force de transparence pure, échappe à tout voile implique qu'une telle démarche ascensionnelle trouve dans l'homme lui-même un tremplin suffisant et que, paradoxalement, l'homme ait en lui les semences de ce qui lui permettra de parvenir plus haut encore que le Semeur. C'est ce que pourraient mieux faire comprendre quelques réflexions sur le miroir.

Le thème du miroir revient souvent chez les philosophes du Moyen Age et plusieurs ouvrages utilisèrent ce mot dans leur titre. Il s'agissait de présenter aux hommes le « miroir du monde » et le « miroir de l'âme », bref le miroir de l'extériorité et celui de l'intériorité, jusqu'à ce que les hommes pussent y voir apparaître l'image de Dieu ; si ces miroirs sont fidèles ils doivent conduire à la fidélité. C'est pourquoi les grandes étapes de l'*Itinéraire de l'esprit vers Dieu,* chez saint Bonaventure, allaient de *par* à *dans* et à *sur :* il faut passer *par* les créatures, *dans* notre âme, pour déboucher *au-dessus* d'elles. C'est ce à quoi nous invitent l'Echelle de Jacob et les marches du Trône de Salomon, le Christ étant la porte, la voie et le véhicule de cette démarche ascensionnelle.

Voici que le dominicain Eckhart rejoint le franciscain saint Bonaventure grâce au pseudo-Denys. Eckhart incite bien à aller du *par* au *dans* et au *sur,* mais il ne se contente pas de polir un miroir parfait et de nous le tendre, il veut traverser le miroir pour parvenir au-delà de l'*alpha,* au-delà de l'Etre, jusqu'au Silence d'où naquit et que rompit le « Je suis celui qui suis ». Quelle Puissance au-delà de toutes les puissances a donc fondé l'Acte pur ? Quel Premier, au-delà de tous les premiers, a posé le premier Principe ? Autant que la révélation chrétienne, le néoplatonisme et le pseudo-Denys sont là pour nous guider tout au long de cette quête. Eckhart ne cesse de jouer de l'Immanence et de la Transcendance pour passer de l'une à l'autre en poussant jusqu'à ses conséquences extrêmes l'idée que Dieu a fait l'homme à son image.

Eckhart n'hésite pas, en effet, à écrire : « Dieu et moi nous sommes un. Par la connaissance j'attire Dieu en moi » ; mais, puisque Dieu est le Dieu vivant, Eckhart en conclut : « L'essence de Dieu est ma vie. [...] L'être de Dieu doit être mon être, ni plus ni moins. » Le « Dieu caché » se dévoile donc dans et par l'homme, et Eckhart va jusqu'à dire : « Que Dieu soit Dieu, j'en suis une cause. » Dieu déploie sa présence dans et par l'homme, si bien que ce que celui-ci devient « n'est pas autre chose que ce que Dieu devient lui-même ». Finalement, l'identification de l'homme par Dieu se transforme en une identification de l'homme avec Dieu : « Beaucoup de gens simples se figurent qu'ils devraient voir Dieu comme s'il se tenait là, tandis qu'eux-mêmes se tiendraient ici. Il n'en est pas ainsi. Dieu et moi sommes un. » Les Noces de la Terre et du Ciel débouchent maintenant sur les Noces spirituelles de l'homme et de Dieu ; il n'est plus besoin de miroir puisque désormais le modèle et l'image ne font plus qu'un.

Cependant, Eckhart veut aller plus loin et traverser le miroir ; ici la théologie négative vient prendre le relais. Eckhart, s'appuyant sur le « Heureux les pauvres en esprit », nous invite, en effet, à nous dépouiller de notre volonté de créature et à régresser jusqu'au moment où nous n'étions pas encore nous-même, « là, précise-t-il, je n'avais pas de Dieu et j'étais ma propre cause. Je ne voulais rien, je ne désirais rien, car j'étais un être entièrement disponible, me connaissant moi-même dans la jouissance de la Vérité [...]. J'étais libre de Dieu et de toutes choses. Mais quand je sortis de ma volonté libre et que je reçus mon être créé, j'eus un Dieu ; car avant qu'il y eût des créatures, Dieu n'était pas encore Dieu, mais Il était ce qu'Il était ». Eckhart cherche donc à redevenir pauvre et prie Dieu « d'être libéré de Dieu et de concevoir la Vérité et d'en jouir éternellement là où les anges les plus élevés et la mouche et l'âme sont semblables ».

Eckhart veut traverser le miroir pour parvenir jusqu'au « Fond secret », jusqu'au « Néant incréé » d'où l'Etre et ses images naquirent, jusqu'à la Déité d'où surgirent Dieu et ses créatures. Dans une telle « percée » je me dépouille de moi-même, de Dieu et de toute sa Création, une grande richesse pénètre en moi qui fait « que Dieu ne peut me suffire avec tout ce qu'il est comme Dieu, ni avec toutes ses opérations divines ».

Le mysticisme spéculatif d'Eckhart eut une grande influence sur les « mystiques rhénans » et avant tout sur deux de ses élèves à Cologne. Tout d'abord le dominicain Henri Suso (1300-1363) auteur de : *Le Livre de la vérité, Le Livre de la sagesse éternelle, l'Horologium, Le Grand Livre des lettres.* Suso est trop simplement connu pour les terribles mortifications qu'il s'imposait et qui nous sont décrites dans une biographie qui n'est peut-être pas de lui. Poète émouvant, Suso sut décrire et analyser la souffrance avec un lyrisme pathétique : « La souffrance est pour le monde une abjection, pour moi elle a une immense dignité. [...] La souffrance rend pour moi l'homme aimable, car celui qui souffre me ressemble. [...] Elle fait d'un homme de la Terre un homme du Ciel. [...] Elle diminue le nombre des amis et augmente la grâce. » L'influence de Suso fut fort grande et il fut rapidement traduit en plusieurs langues. L'autre grand disciple d'Eckhart est le dominicain Jean Tauler (1300-1361), né et mort à Strasbourg, la ville mystique ; il nous reste de lui les *Sermons* qu'il prêchait à un groupe de prêtres et de religieuses, les « Amis de Dieu », pour les amener au « noble fond » qui est en l'homme et où demeure Dieu. A ces deux noms il convient d'ajouter celui du Flamand Jean Ruysbroeck (1293-1381) qui vers soixante ans se réfugia dans la Vallée verte avec un groupe d'amis ; des pèlerins y affluèrent ;

davantage mystique que philosophe, il est surtout l'auteur d'un très beau livre de ferveur : *L'Ornement des Noces spirituelles.*

L'habitude relativement récente de parler d'un début et d'une fin du Moyen Age n'échappe pas à l'arbitraire des découpages dans du continu ni à des appellations qui sont loin d'être toujours innocentes. Depuis le décret de Justinien, par lequel fut fermée l'Ecole d'Athènes en 529, jusqu'à cette fin du XIVe siècle nous avons assisté à de multiples efforts des clercs pour demander aux Ecritures de leur permettre de polir parfaitement le miroir dans lequel les Grecs avaient tenté de capter l'image du monde et celle de l'homme ; les théologiens voulurent que ce miroir fût celui de la fidélité et qu'il leur permît de dominer toute la distance séparant l'*alpha* de l'*oméga.* On ne peut pas dire avec Emile Bréhier que le christianisme n'a jamais existé sans la philosophie ; bien au contraire, au Moyen Age c'est la philosophie qui n'a jamais existé sans le christianisme ; c'est en tant que philosophes que les théologiens ont pensé obtenir du christianisme qu'il leur ouvrît les portes du monde, qu'il leur indiquât les voies à suivre et qu'il leur servît de véhicule pour les parcourir toutes. Lorsque Eckhart cherche à traverser le miroir, il le fait en spéculatif, la porte qu'il veut ouvrir au-delà des créatures, de la Création, de l'Etre et de Dieu donne sur une voie qui part du monde et qui avait déjà trouvé son point de départ dans le néoplatonisme.

Le christianisme était venu apporter le message de la discontinuité, de la rupture et de la transfiguration ; on lui a demandé de rénover ce qui était déjà là, d'ouvrir les portes qui restaient fermées dans le monde mais qui, de toute manière, donnaient toujours sur le monde. Que la foi soit à la recherche de la raison, ou que ce soit la raison qui se mette en quête de la foi, on pense toujours en termes d'alliances possibles et d'épaulements réciproques. Or Jésus, prêchant l'amour ou connaissant l'agonie sur la Croix, parlait une langue qui n'était pas celle de la spéculation, il parlait à ceux pour qui la Promesse venait illuminer une vie en détresse. En ce sens, au Moyen Age, le christianisme véritable n'est pas tellement celui qui fut diversement teinté de philosophies, c'est celui qui s'exprimait à travers l'art sacré, les chants et la musique qui élevaient les âmes vers autre chose qu'un premier Moteur, une Cause suprême, un Etre en soi ou un Néant incréé. Certains ne s'y trompèrent pas qui écrivirent des prières qui ne relèvent ni de la spéculation ni de l'action. Et puis il y eut tous ceux, humbles et obscurs, qui ne nous ont rien laissé, mais qui, par leur témoignage, leurs paroles et leur charité, apportèrent à ceux qui les approchaient l'irremplaçable chaleur d'une présence illuminatrice. Mais rien de tout cela n'appartient à l'histoire de la pensée.

4

Le Livre du Monde

I. — L'OUVERTURE AU MONDE

La Renaissance

Le Moyen Age s'efforça d'escalader l'Echelle de Jacob, de nous ouvrir la Porte et de nous montrer la Voie ; il se proposa de mettre sous nos yeux le miroir du monde et celui de l'âme, il désira même traverser ce miroir afin d'accéder à ce d'où provenaient l'image et son modèle. A la Renaissance, on divise ce miroir en de multiples facettes dont chacune renvoie une image différente où l'homme cherche à contempler ses multiples visages ; si bien que le problème se posera de penser le monde en terme d' « harmonie » ; ce mot fut utilisé pour la première fois en 1525 par l'Italien François Georges de Venise (1460-1540) dans son *Harmonia mundi* et fut repris souvent par la suite. L'apparition de ce miroir à facettes eut de multiples causes.

Au Moyen Age, l'enseignement relevait exclusivement des clercs ; à la Renaissance apparaissent des maîtres laïques qui se détournent de plus en plus de la théologie pour se livrer à une réflexion qui ne sera pas uniquement centrée sur les Ecritures et sur Aristote. Au théologisme médiéval succèdent ainsi les humanismes qui trouvent dans l'homme, non plus tellement un être pécheur et sujet à l'erreur, peu digne de retenir l'attention, mais un sujet d'étude remarquable par sa richesse et sa complexité.

L'homme « ondoyant et divers » que cherchera à peindre Montaigne prend peu à peu la place de ce monde de substances gouvernées par un Etre éternel. On pensa donc que l'on pouvait parvenir à une *restitutio* de l'Antiquité, voire à une *renovatio* de l'homme permettant peut-être de restaurer l'humanité dans son état d'innocence primitive ; et cela d'autant plus que le rêve joachimite était toujours vivace. En outre, on demandera souvent à la Kabbale juive de venir renouveler le néoplatonisme, le néopythagorisme, voire le gnosticisme. La prolifération des professeurs laïques eut pour conséquence une intronisation progressive des langues nationales au détriment du latin, mouvement que l'invention de l'imprimerie contribua à accentuer tout en permettant de redécouvrir la littérature non chrétienne de l'Antiquité.

De part et d'autre de l'apparition du livre se situent des penseurs qui, par certains traits, tiennent encore au Moyen Age mais qui, par d'autres, se rattachent à un futur en train de naître.

Un des plus importants de ces penseurs est Nicolas Krebs, dit Nicolas de Cues (ou de Cusa) (1401-1464) ; il naquit près de la Moselle où se trouvent encore sa maison natale, sa belle bibliothèque et l'hospice qu'il fit bâtir. Il étudie à Heidelberg et à Padoue. Il est mêlé de près aux problèmes que connaît la papauté et se passionne pour la recherche de manuscrits. Il va à Constantinople inviter le patriarche d'Orient et l'empereur J. Paléologue à participer au concile d'union des Eglises à Florence. Nommé cardinal en 1448, évêque de Brixen, dans le Tyrol du Sud, en 1450, il meurt à Rome en 1464.

Nicolas de Cues nous parle d'une illumination qu'il a brusquement eue : « A mon retour de Grèce, sur mer, sans doute par un don du père des lumières de qui vient tout don excellent, j'ai été amené à embrasser les choses incompréhensibles d'une façon incompréhensible dans la docte ignorance » ; c'est à elle que doit se porter tout l'effort de l'esprit humain « afin de s'élever à cette simplicité où coïncident les contradictoires ». Cette coïncidence des contradictoires se retrouve chez Nicolas de Cues dans différents domaines. Tout d'abord sur le plan des mathématiques. La circonférence d'un cercle est d'autant moins courbe que le diamètre en est grand ; à la limite, pour un cercle de diamètre maximum la circonférence est courbe au minimum ; ainsi « le minimum coïncide avec le maximum » puisque la ligne maxima est droite au maximum et courbe au minimum. De même, si nous considérons un triangle, que nous augmentions au maximum l'un de ses angles, les autres seront au minimum et, à la limite, le triangle se résoudra en une simple ligne. Invoquant le pseudo-Denys l'Aréopagite, le Cusain voit Dieu dans ce maximum, « il est toutes choses et il n'est aussi rien du tout ». A chercher l'essence de Dieu, la sagesse s'arrête et est réputée ignorance, car le maximum est dans n'importe quelle chose et dans aucune ; tous les êtres participent de l'entité, si l'on enlève de tous les êtres cette participation, il reste l'entité qui est l'essence simple de tous les êtres, nous ne la voyons que dans la *docte ignorance,* lorsque plus rien ne reste. Nous pouvons appliquer le même raisonnement au monde : il n'a ni circonférence, ni centre, s'il en était ainsi il serait limité par rapport à quelque chose d'autre qui serait hors de ce monde, ce qui n'a aucun sens. Il est donc impossible d'atteindre le monde, car, formule célèbre, « la machine du monde a, pour ainsi dire, son centre partout et sa circonférence nulle part, parce que Dieu est circonférence et centre, Lui qui est partout et nulle part ».

Ici nous allons trouver le miroir à facettes, car Nicolas de Cues précise que « partout où l'on se trouve on se croit au centre ». Puisqu'il n'y a pas de centre, on ne peut que constater la pluralité des mœurs et des rites qui varient selon les temps ou les lieux. Nicolas de Cues répond que seule sauve la foi et qu'il faut retenir le sens spirituel donné à des institutions nées de conventions multiples. Ici aussi, les contradictoires sont invités à s'unir. D'ailleurs le Cusain invoque plusieurs tableaux, dont un perdu de Roger Van der Weyden, où un visage donne l'impression de regarder en face tous ceux qui sont autour de lui, quelle que soit la place occupée par chacun d'eux. Dieu est cet « omnivoyant » qui nous « regarde tous ensemble et chacun en même temps », son regard absolu embrasse tous les modes du voir. Dans tout ce que l'on dit de Dieu, en réalité il n'y a pas de différence et Dieu se voit au-delà de la coïncidence des contradictoires, Dieu enveloppe toutes choses sans altérité. Finalement Jésus assure l'union suprême : celle de Dieu et de l'homme.

Ainsi, il s'agit de *voir,* car, comme nous le dit *Le Tableau ou la Vision de Dieu,* une cuiller, un tableau, la pierre grossissante du béryl nous amènent à réfléchir ; ils sont, en effet, des images réfléchissantes qui impliquent un regard ; le miroir est lui-même un miroir, c'est-à-dire une image, et il faut regarder à travers ce miroir jusqu'à rencontrer le regard qui nous parle et se fixe sur nous. Ce regard est la face du Seigneur qui nous regarde avec amour, le miroir vivant de l'éternité qui est la forme des formes ; celui qui se regarde dans ce miroir de l'éternité ne voit pas une figure mais « la vérité dont lui-même n'est que la figure ». L'œil de Dieu est un miroir vivant qui voit toute chose, « Il est le cercle, plus encore : la sphère infinie. » Le visage du Seigneur est antérieur à toute face susceptible d'être formée, toutes les faces sont des images de sa Face irréductible qui ne participe de nulle autre : « Qui Te regarde avec indignation trouvera dans Ta face la même indignation ; qui Te regarde avec joie trouvera dans Ta face la même joie : Ta face portera ce que le regard de qui Te regarde y apporte. » La lumière invisible ne s'atteint que dans l'obscurité, dans cette « ignorance où entre celui qui cherche Ta face quand il dépasse tout savoir et tout concept ».

Par tout ce qu'il doit à la théologie négative du pseudo-Denys, Nicolas de Cues se rattache toujours au néoplatonisme du Moyen Age ; mais son idée, que partout où l'on se trouve on se croit au centre, jointe à ce qu'il dit de la face et du regard, pourra se retrouver déviée au cœur d'une vision du monde qui, se détournant de la Face transcendante à toutes les faces, affirmera qu'il y a autant de centres que de regards, thème que l'on rencontrera chez Montaigne et qui, beaucoup plus tardivement, débouchera sur ces philosophies qui voudront déterminer les coordonnées socio-historiques d'où partent ces regards.

Avec Nicolas de Cues, le regard commence à se substituer à l'écoute. Dans les monastères et dans les églises, on avait écouté la lecture de la Parole de Dieu, les seigneurs avaient écouté les troubadours et les trouvères, le peuple avait écouté des conteurs sur les places publiques et les étudiants avaient écouté leurs maîtres. Voici qu'avec Nicolas de Cues il s'agit de regarder ; certes il s'agit de regarder *à* Dieu, mais ce verbe sera vite utilisé dans sa construction transitive et appliqué à la nature : désormais on va commencer à se détourner de l'écoute de la Parole pour s'attacher à regarder le monde. Et cela de différentes manières et dans divers domaines.

Le Moyen Age n'était certes pas un monde composé d'aveugles ; ceux qui regardaient les chapiteaux et les tympans des abbayes romanes ou des cathédrales gothiques réentendaient les passages des Ecritures ou les sermons dans lesquels il avait été question des scènes que les sculptures mettaient sous leurs yeux. A la Renaissance le regard va de l'ensemble au détail et du détail à l'ensemble de l'édifice. Dans le domaine de l'urbanisme et de l'architecture, les villes, les châteaux et les églises vont prendre, en effet, une autre allure. La ville forte, la « bastide » close sur elle-même, s'ouvre, surtout en Italie dans des villes comme Florence ou Venise, à des fontaines, à des statues et à des bâtiments qui viennent s'insérer dans des perspectives où les rues et les places donnent souvent aux ensembles urbains le caractère de lieux à l'usage du promeneur qui passe en admirant ce qui jalonne son itinéraire. Les châteaux (que l'on songe surtout à ceux de la Loire) multiplient leurs fenêtres, érigent les toits eux-mêmes au rang d'œuvres d'art (n'oublions pas Chambord), ils s'entourent de jardins et de parcs que l'on admire des étages ou en flânant. Bref, le monde cesse d'être ce dont l'âme, prisonnière d'un corps, éprouvait la clôture, ou ce qu'un système de concepts permettait de saisir, pour devenir un spectacle ouvert à l'existence humaine et dont il importe d'explorer toutes les scènes.

Au cœur de tous ces problèmes, dont elles renouvellent les données, se trouvent les deux œuvres capitales de Léon Baptiste Alberti : son traité de la peinture *De pictura* (1435), où sont exposées les lois de la perspective, et son traité d'architecture *De re aedificatoria* (1452) ; la scène picturale à regarder, comme la ville à habiter, est mise en perspective selon des itinéraires qui s'offrent aux regards invités à se déployer dans l'espace ; cet espace n'est donc plus tellement ce qui, inexorablement, nous localise, il devient ce qui convie à toutes sortes d'explorations. C'est encore un maître du regard que l'on trouve chez un des grands noms de la Renaissance : Léonard de Vinci (1452-1519) ; il sut poser son regard sur les visages qu'il peignait mais il sut aussi leur conférer ce regard chargé de mystère sur lequel on n'a pas fini d'épiloguer. Vinci se révéla également un maître du regard dans ses observations portant sur l'anatomie du corps humain, les fleurs, les animaux, le vol des oiseaux et tout ce qui l'entourait. Mais son œuvre nous met en présence d'une nouveauté radicale ; on sait que Vinci fut un ingénieur qui dessina des plans de machines et que, en ce domaine, il fut un visionnaire de la technique. Certes Vinci s'occupa de machines de guerre et d'inventions utilitaires, mais il importe de retenir surtout son effort pour donner à l'homme la possibilité de marcher ou de naviguer sous l'eau, de voler dans les airs ; de telles inventions devaient permettre à l'homme de promener son regard dans des domaines qui, jusqu'alors, lui étaient restés inaccessibles.

Un tel désir d'étendre le champ de la vue et de ne plus se

contenter d'écouter ce qui venait d'une source unique fut naturellement avivé par la découverte de l'imprimerie qui diffusa la lecture et permit à l'imagination de vagabonder sans se limiter au livre clef de la Bible. La naissance de l'imprimerie fut précédée, dans l'Italie du XIIe siècle, par l'apparition du papier qui remplaça peu à peu le parchemin. A Mayence, l'orfèvre Gutenberg mit au point les techniques nouvelles : caractères mobiles en métal fondu, encre grasse, presse, qui permirent l'impression de textes et qui aboutirent à la publication de la fameuse *Bible* de Gutenberg en 1450. Très vite se développèrent une industrie et un commerce du livre avec l'apparition de ces métiers nouveaux qu'étaient ceux de l'imprimeur, du libraire, du colporteur, ainsi que la naissance de foires du livre. On imprima des livres édifiants, des histoires de la vie et de la Passion du Christ, *Le Miroir de la rédemption,* le *Miroir de la vie humaine,* l'*Art de bien mourir et de bien vivre,* la *Légende dorée* de Jacques de Voragine, le populaire *Calendrier des bergers ;* mais on imprima aussi des livres de fables, *Le Roman de la rose,* l'*Histoire de Troie, Lancelot, Le Songe de Poliphile,* les *Métamorphoses* d'Ovide, etc. Ces livres, souvent illustrés de vignettes ou de planches, élargirent et multiplièrent les horizons.

Finalement, les autorités ecclésiastiques, qui avaient applaudi à l'invention de l'imprimerie, durent prendre des mesures de censure, surtout après la Réforme, pour interdire l'impression, la vente ou la lecture de tel ou tel livre ; elles reçurent vite l'appui du bras séculier qui ne pouvait tolérer que l'on imprimât des ouvrages hostiles au prince. D'où l'obligation d'obtenir une autorisation préalable à l'impression et, par voie de conséquence, l'apparition de toute une littérature clandestine. Selon la juste expression de Lucien Febvre, l'apparition du livre fut un ferment, elle développa l'esprit critique dans la mesure où les discussions n'étaient plus conduites à partir d'une référence doctrinale, mais avaient précisément pour fin de mettre en question une telle référence. Le lecteur solitaire pouvait voir dans le maître, non plus celui qu'il devait suivre, mais celui dont il allait pouvoir se libérer.

Le désir de multiplier les facettes du miroir du monde fut encore exacerbé par la découverte de nouveaux continents et l'exploration de terres inconnues. Et cela avec d'autant plus d'avidité que, derrière une entreprise comme celle qui aboutit à la découverte du Nouveau Monde, ne se cachait pas seulement un désir de trouver de l'or ou une route plus courte vers les Indes ; le vrai moteur de telles expéditions fut la volonté de redécouvrir le

Paradis terrestre. Coïncidence troublante, 1492 est la date de la découverte du Nouveau Monde par Christophe Colomb mais aussi celle de l'expulsion des Juifs d'Espagne. Or, la découverte de Colomb ressuscita dans la conscience juive (et même chrétienne) l'idée que les Dix Tribus d'Israël venaient d'être retrouvées ; du XVIe au XVIIe siècle, en effet, d'assez nombreux auteurs affirmèrent que les Indiens des îles et du Nouveau Monde étaient des Hébreux issus des Dix Tribus perdues d'Israël dont ils avaient conservé certains rites, voire une langue apparentée.

Les découvertes de continents se multiplient, Christophe Colomb découvre l'Amérique en 1492, Vasco de Gama (1469-1524), Amerigo Vespucci (1454-1512), Magellan (1480-1521), puis Jacques Cartier qui va au Canada en 1534 et qui remonte le Saint-Laurent l'année suivante, parlent des contrées, des animaux et surtout des indigènes aux mœurs souvent étranges découverts au cours de leurs lointains voyages. Dès lors, la nature humaine et la nature tout court paraissent d'une fascinante complexité que l'on veut voir et connaître.

En outre, après la prise de Constantinople par les Turcs en 1453, les réfugiés grecs de Byzance avaient répandu la connaissance du grec (bien oublié au Moyen Age) en Europe et notamment à Florence. De plus, la langue hébraïque fut propagée en France et surtout en Italie où beaucoup de Juifs expulsés d'Espagne s'étaient réfugiés.

On en arrive à penser que le système d'Aristote ne suffit plus pour saisir ces nouvelles richesses étalées sous les yeux de chacun et qui débordent infiniment le cadre méditerranéen ou européen à l'intérieur duquel la réflexion s'était jusqu'alors exercée. C'est pourquoi Marsile Ficin (1433-1499) traduit Plotin et fait de nouveau appel à Platon ; mais il le rattache à Pythagore, à Hermès, à Mithra, Ormuzd et Ahriman ; il invoque Zoroastre et Moïse et n'hésite pas à penser qu'Aristote a dit la même chose que son maître. L'appel à Moïse rencontre chez son ami Pic de La Mirandole (1463-1498) un retentissant écho, mais Pic se tourne vers une autre tradition : celle de la Kabbale. Mort jeune, Pic dévore tout, apprend toutes les langues possibles ; il cite les philosophes grecs, Hermès, Zoroastre, Orphée, les philosophes médiévaux, les philosophes iraniens, le pseudo-Denys, la Kabbale, le Coran et tout ce qui lui tombe sous les yeux. Il s'intéresse à l'astrologie, à l'arithmologie, etc. Cette accumulation assez affolante d'idées les plus disparates apparaît dans son *Discours sur la dignité de l'homme*, que l'on peut considérer comme le manifeste dans lequel la Renaissance exposa son point de vue sur l'homme et sur la place de celui-ci dans la nature, et dans les *Neuf cents thèses* traitant de tous les sujets et à propos desquelles Pic se faisait fort de répondre à toutes les objections, proposant même de rembourser leurs frais de voyage aux contradicteurs venus de loin.

Un tel recours à la « doctrine secrète des Hébreux » donna naissance à un courant illustré par ceux que l'on a appelés les « kabbalistes chrétiens » étudiés par G. G. Scholem et auxquels François Secret a consacré sa thèse sur *Les Kabbalistes chrétiens de la Renaissance*. S'y distinguèrent entre autres : J. Reuchlin (1455-1522), dont le *De arte cabalistica* constitue le premier traité sur la Kabbale rédigé par un non-Juif, Georges de Venise (1460-1540), le cardinal Gilles de Viterbe (1465-1532), Guillaume Postel (1510-1581) qui spécule surtout sur le *Zohar*, Blaise de Vigenère (1523-1596). A vrai dire, il s'agit là beaucoup moins d'un authentique souci de connaître la grande tradition juive que d'un désir de lui demander une sorte de merveilleuse idéologie de regonflage.

La soif de voir le monde et tout ce qu'il contient s'est exprimée dans les domaines les plus divers. André Vésale, qui avait étudié la médecine à Paris, à Louvain et à Padoue, publie en 1543 son *De humani corporis fabrica* en guise d'introduction à son œuvre ; dans ses *Tables d'anatomie* il présente aux étudiants des « images très ressemblantes » pour faciliter la pratique de la dissection et permettre « l'examen attentif de ce qui est à la fois l'asile et l'instrument de notre âme immortelle et que les anciens, pour ses correspondances à plus d'un égard remarquables avec l'univers, ont justement qualifié de microcosme ». Le regard pénètre ainsi à l'intérieur du corps humain pour montrer comment celui-ci est fabriqué.

La même année, avec la publication du livre de Copernic sur *Des révolutions des orbes célestes*, un regard neuf se porte, non plus sur l'intérieur du corps humain, mais sur le macrocosme qui l'entoure. On ne se contente plus du système de Ptolémée vénéré pendant des siècles ; la planète habitée par l'homme est chassée de la situation privilégiée que celui-ci lui avait attribuée, elle suit désormais les autres planètes dans leur course autour du Soleil. L'homme se découvre non seulement comme un être excentrique, mais aussi comme un être excentré qu'il va donc falloir remettre en perspective afin de pouvoir dresser des bilans et établir des projets. C'est ainsi que les Sommes céderont la place à des ouvrages analytiques et à des livres-programmes. Du microcosme au macrocosme, le regard de l'homme vagabonde, bientôt l'invention du microscope et celle du télescope lui donneront la possibilité d'élargir encore ses horizons.

Ce regard humain posé sur le monde se fait critique et soucieux de voir les choses et les êtres tels qu'ils sont et non tels qu'ils devraient être. C'est lui que l'on trouve à l'œuvre chez Machiavel (1469-1527) dont *Le Prince* (le titre exact du livre est *Des principautés*) démystifie la politique afin de la faire descendre du Ciel sur la Terre. Machiavel montre que les conduites des princes doivent dépendre non pas de quelque volonté divine dont ils ne seraient que les instruments, mais d'une logique humaine commandée par un souci d'efficacité : « Quiconque veut fonder un Etat et lui donner des lois doit supposer d'avance les hommes méchants et toujours prêts à montrer leur méchancé toutes les fois qu'ils en trouveront l'occasion. » Avec Machiavel, la politique est arrachée à la théologie pour devenir une technique du pouvoir et des relations sociales concrètes. La lucidité de l'auteur du *Prince* lui valut une réputation peu flatteuse de cynisme « machiavélique » parce qu'on ne lui pardonnait pas d'avoir arraché les masques avantageux derrière lesquels les tenants du pouvoir avaient jusqu'alors travaillé.

Cependant, le regard des hommes de la Renaissance ne fut pas que critique ; au contraire, car le désir de tout voir fit que bientôt on vit de tout. On chercha à multiplier les facettes du miroir jusqu'à ce que celui-ci devînt un miroir à merveilles. En ce sens on peut dire que la Renaissance fut l'âge de l'hermétisme, de la sorcellerie, de la magie, de l'astrologie, de la démonologie, de l'alchimie qui paraissaient comme autant de pratiques capables d'ouvrir les portes de domaines inconnus et extraordinaires. Au-delà du réel, qui n'est que la réalisation d'un seul possible parmi d'autres, comme le laissait entendre Lorenzo Valla (1407-1457) dans son *Dialogue sur le libre arbitre* (dont se souviendra Leibniz lorsque, à la fin de sa *Théodicée,* il nous fera visiter le « Palais des destinées » où se trouvent tous les possibles non réalisés), il doit y avoir place pour une infinité de possibles qui ne demandent qu'à devenir réels. Il faut donc, pense-t-on, découvrir les chemins conduisant jusqu'à eux ainsi que les moyens capables de les faire advenir à une réalité dont ils étaient frustrés. De telles croyances se rencontrent d'ailleurs chez des hommes possédant de solides connaissances médicales, mathématiques ou astronomiques et doués d'un pouvoir d'observation certain.

Un attachant personnage, qui devint vite un sujet légendaire mais qui eut beaucoup d'admirateurs importants, fut l'abbé Jean Trithème (1462-1516) qui assure, pour ainsi dire, la soudure entre de telles spéculations et la théologie. Né près de Trèves, élu abbé du monastère bénédictin de Spanheim à l'âge de vingt et un ans, il y rassemble une très riche bibliothèque de 2 000 volumes que l'on venait consulter de loin. Il mit au point une *Steganographia* (langage chiffré) et fut un spécialiste de la « bonne et sainte science de la magie » qu'il distinguait de la « magie défendue » et mauvaise. Il se flattait de pouvoir transmettre sa volonté à distance, il se passionna pour la divination, les chronologies mystiques et pour les exorcismes. On prétendit qu'il détenait des grimoires remplis de signes diaboliques et l'on racontait qu'il avait fait apparaître devant l'empereur le fantôme de son épouse Marie de Bourgogne. Point important : il fut le premier, en 1507, à parler de Faust « prince des nécromanciens » qui se serait enfui à la seule vue de Trithème. Nombreux furent ceux qui, de son vivant ou beaucoup plus tard, se réclamèrent de l'œuvre de l'abbé magicien.

A commencer par Heinrich Cornelis Agrippa von Nettesheim, dit Cornelius Agrippa (1486-1535). Né à Cologne, ce médecin, juriste et théologien, qui enseigna à Dôle puis à Cologne, fut médecin à Fribourg ; installé à Lyon, il eut beaucoup de démêlés avec les théologiens et avec François Ier. Connaissant de nombreuses langues, très érudit, il chercha à concilier les Ecritures avec les textes sacrés d'autres religions et se préoccupa de magie. Il est surtout l'auteur de *De l'incertitude et de la vanité des sciences et des arts* — où il attaque ces derniers comme étant nuisibles à l'homme ; malgré son succès, ce livre fut brûlé en 1531 par ordre de la Faculté de théologie de Paris — et de *De la philosophie occulte* où il étudie « les vertus occultes des choses », le pouvoir magique des nombres, les secrets de l'harmonie musicale et du zodiaque, la magie cérémonielle, les anges, les mauvais esprits, etc. On racontait qu'il était toujours suivi d'un grand chien noir qu'il appelait « Monsieur » et qui n'était autre que le Diable.

Une tradition discutée voit un autre disciple de Trithème dans Theophile Bombast von Hohenheim, plus connu sous le nom de Paracelse. Né en 1493 près de Zurich, fils de médecin, chimiste, chirurgien militaire, il enseigna en allemand et non en latin, sans porter la robe traditionnelle. On ne lui pardonna pas son non-conformisme impertinent et il dut quitter Bâle en 1528 où il enseignait la médecine depuis un an. Il se signala par quelques guérisons exceptionnelles, voyagea beaucoup en Allemagne, en Autriche et en Suisse et mourut en 1541. Ses œuvres, où le merveilleux est souvent mêlé aux observations et aux découvertes les plus fécondes, appartiennent à la fois à l'histoire de la médecine et à celle de la Renaissance. Paracelse dénonce les traditions médicales issues de Galien et d'Avicenne, car il a davantage de confiance dans les remèdes de bonne femme. Transposant, pour ainsi dire, le nominalisme dans le domaine de la médecine, Paracelse sait qu'il y a autant de maladies que de malades. Il veut fonder une médecine spagyrique réunissant les principes chimiques capables de séparer le pathologique du normal. Selon lui, l'homme est un microcosme comparable au macrocosme universel ; tous deux ont en commun une force M qui conserve toutes les créatures et à laquelle le médecin doit rester attentif. Chaque maladie peut avoir cinq causes : astrale (l'exhalaison des astres peut corrompre M) ; vénéneuse (elle vient de notre alimentation, notre estomac étant un laboratoire alchimique opérant des transmutations) ; naturelles (chaque organe : cerveau, cœur, rate, poumons, estomac, foie, reins, a sa destination, mais, s'il empiète sur celle des autres, il en résulte des maladies) ; spirituelle (l'esprit peut maltraiter le physique, « là où l'esprit souffre, le corps souffre aussi ») ; divine (« toute maladie est un purgatoire » dans la mesure où elle est un châtiment infligé par Dieu). La grande idée de Paracelse est que « le semblable guérit le semblable » ; on peut ainsi le tenir pour le véritable fondateur de l'homéopathie ; cette idée se prolonge dans une théorie des signatures selon laquelle les végétaux et les minéraux portent sur eux des signatures indiquant à quelle partie du corps ils peuvent accorder leurs bienfaits ; par exemple, l'ancolie est à prescrire pour les maladies des yeux, car elle possède en elle l'image d'un œil, la fève, qui a la forme d'un rein, sera salutaire à cet organe.

L'importance de la pensée de Paracelse ne doit pas être sous-estimée, car elle dépasse de beaucoup le domaine de l'histoire de la médecine, malgré tout ce qu'elle a pu apporter à cette dernière par ses recherches sur le diagnostic, la pharmacopée, les maladies des mineurs, la syphilis, l'épilepsie ou la psychiatrie. En ce sens le *Paragranum*, le *Paramirun* et la *Grande Chirurgie* font date. Mais les vues médicales de Paracelse sont sous-tendues par toute une vision du monde qui se dégage de l'inachevée *La Grande Astronomie ou De toute la philosophie subtile du grand et du petit monde.* Précurseur de la *Naturphilosophie,* Paracelse veut décrire « la religion tout entière de toutes les créatures, le fondement et l'art qui en déterminent l'ordonnance ». Il veut y consigner « l'ordre juste des deux sagesses », c'est-à-dire celle issue de la lumière naturelle de la raison et celle née de la Grâce. Les apôtres et les saints guérissaient miraculeusement les maladies mais, comme ils ne sont plus là, c'est au médecin de tâcher de prendre leur suite. Paracelse ne situe pas l'homme au centre de la réflexion, il cherche à le réintégrer dans le vaste concert des choses où l'homme fait l'épreuve de ce qui le constitue, car le visible nous cache l'Invisible, mais c'est pourtant lui qui nous permet d'en avoir l'idée ; les arcanes, les secrets et les mystères de la nature sont en nous. La médecine n'est que le chapitre d'une connaissance beaucoup plus vaste par laquelle nous pouvons devenir les « collaborateurs » de Dieu : « le médecin appuie, en effet, son art sur la connaissance de signes sûrs » à partir desquels il établit son diagnostic ; si nous nous rappelons que « tout vient au jour grâce au signe », nous comprendrons que nous devons nous livrer à une lecture de ces signes pour parvenir jusqu'à ce dont ils sont les signatures. N'oublions pas que les sculpteurs sont des alchimistes à leur manière : ils enlèvent au bois ce qui ne convient pas, afin que surgisse une statue ; là réside l'essence de l'alchimie qui est de « conduire à son terme ce qui n'y est pas parvenu » ; or « Dieu n'a rien créé jusqu'à son terme et a confié au *vulcanus* le soin de conduire les choses en leur fin ». Travaillons à séparer du remède ce qui n'est pas remède, comme le font les médecins, et nous comprendrons que la « philosophie subtile » tient de la médecine puisqu'elle nous invite à connaître l'anatomo-physiologie du monde et, par là même, « Dieu dans ses merveilles ». La médecine relève d'une thérapeutique générale qui doit nous rendre attentifs au prochain, car « le Christ a confié le malade au médecin », lequel doit se considérer comme un élu et se préserver du Mal dans lequel les puissances mauvaises pourraient le précipiter.

Un extraordinaire document fort représentatif du climat culturel régnant à la Renaissance se trouve dans l'autobiographie de Jérôme Cardan (1501-1576), *Ma Vie (De Propria vita).* Ce médecin italien, astrologue et mathématicien, à peu près contemporain du français Nostradamus (1503-1566) dont les célèbres centuries et *Prophéties* datent de 1555, réalisa plusieurs guérisons retentissantes ; il prit, ou vola, au mathématicien Tartaglia la formule de la résolution de l'équation du troisième degré mais sut en exposer la théorie complète ; son nom est resté attaché à cette découverte ainsi qu'à celle de l'invention de la célèbre suspension généralisée sur les automobiles dont les roues avant peuvent être à la fois motrices et directrices grâce à leurs « cardans ». Mieux peut-être que les livres intitulés *De la Subtilité* et *De la diversité des choses,* où magie et théurgie sont associées au mysticisme néoplatonicien pour permettre de capter les « forces supérieures » et commander aux « inférieures », *Ma Vie* nous offre le récit des passions, maladies, vexations, persécutions, jalousies, malheurs, menaces, dangers et condamnations que Cardan eut à subir toute sa vie ; le tout baignant dans une atmosphère d'horoscopes, de présages, de magie, d'envoûtements, de surnaturel qui ne cesse d'entourer celui qui disait avoir « vécu avec la passion de la vérité à laquelle [il avait] associé l'amour de Dieu ».

Cette vie de Cardan fait intégralement partie de cette Renaissance italienne qui, comme l'a bien souligné Jacob Burckhardt, vit fleurir le brigandage, le meurtre payé, les empoisonnements, les scélérats de toutes sortes, les monstres en tout genre, mais cette époque fut aussi celle des grandes fêtes, du carnaval, des pantomimes, des cortèges et des triomphes. Nietzsche, qui suivit avec enthousiasme les cours de Burckhardt à Bâle, vit, dans un tel mélange de criminels et de génies, l'indivisible témoignage d'une prodigieuse vitalité telle qu'il la trouvait également chez Stendhal.

Toutefois, le personnage probablement le plus représentatif de cette époque fut un savant magicien, mi-historique mi-légendaire, né du *Zeitgeist* qui le façonna jusqu'à se reconnaître en lui : Faust. Il exista un Faust historique qui dut vivre de 1480 à 1539 ; guérisseur, faiseur de miracles, illusionniste, hypnotiseur, tirant des horoscopes, il fréquentait les tavernes, le monde des étudiants et même les cours — n'aurait-il pas promis à François Ier de lui ramener en volant ses fils retenus en otage à Madrid ? Luther et Mélanchthon l'auraient rencontré ; errant, fuyant la justice, cet aventurier, qui s'intitulait « le philosophe des philosophes », va rapidement donner naissance à un type d'homme que la Renaissance admira et renia à la fois. Très vite, la légende s'empare de lui ; le livre populaire, ou *Volksbuch,* du Docteur Faust parut en 1587 et le *Faust* de Marlowe fut rédigé entre 1588 et 1592. D'emblée, Faust est auréolé d'une légende ambiguë parce que ce monde chrétien juge diabolique une telle aventure, mais parce que, en même temps, on sent surgir à travers lui un homme titanesque capable de défier Dieu. Le Docteur Faust est ainsi tenu pour un grand savant, sachant et pouvant tout, forçant l'admiration de ceux qui l'approchent mais n'hésitant pas malheureusement à conclure un pacte avec le Diable ; sa damnation éternelle apparaît, dès lors, comme la juste récompense de sa démesure, de son orgueil et de son défi lancé à Dieu. Mais il est très significatif de constater que les critiques ne sont pas d'accord pour interpréter le *Faust* de Marlowe : les uns en font une pièce chrétienne qui dénonce la soif ambitieuse de Faust, d'autres pensent, au contraire, que Faust y est décrit sous les traits d'un héroïque Prométhée vaincu par un Dieu jaloux, mais dont la mort prépare quelque future victoire. Santayana verra dans la tragédie de Faust le martyre de l'homme de la Renaissance en lutte contre l'enchaînement de l'esprit. Quoi qu'il en soit, Lessing, dans un texte perdu, fera de Faust l'incarnation du savant invincible et dont l'exemple assurera le progrès ; à la damnation de Faust il substitue la rédemption de Faust. Goethe fera ensuite de ce Titan un esprit religieux révolté contre Dieu au nom d'une piété plus haute. Bref, un Faust sauvé finira par prendre la place du Faust perdu. Au fond, ces deux Faust se trouvaient déjà dans la légende initiale qui posait le personnage ; l'horreur dont il frappait était une sorte d'horreur religieuse née de la tentation de le sanctifier. L'homme faustien se dégagera peu à peu des scories qui l'empêchaient d'apparaître en pleine lumière. Pour le meilleur et pour le pire. La Renaissance craignait encore le pire ; mais les temps modernes naissants y cherchaient déjà le meilleur.

Tant de facettes renvoyant des images contradictoires de l'homme, tant de récits parlant d'étranges mœurs lointaines, tant de possibles merveilleux ou hallucinants déferlant sur le monde finirent par donner à quelques-uns le sentiment que ce monde était devenu comiquement ou tragiquement fou. On s'en effraya ou l'on s'en amusa. La satire *La Nef des fols du monde* de Sébastien Brant, imprimée à Bâle en 1494, imitée et amplifiée par Josse Bade d'Asse sous le titre *La Nef des fous* (Paris, 1500) eut beaucoup de succès. Le culte du fou et de sa bêtise connut son apogée vers 1500 ; certains jours on célébrait la grande fête de la folie, dans les soties le fou tenait un rôle important, des confréries pratiquaient même le culte de la folie. Dans ses tableaux, Jérôme

Bosch (1450 ?-1516) peignit les monstres qui hantèrent le Moyen Age, mais il en trouvait mainte réincarnation symbolique dans son propre siècle ; des fatrasies d'êtres et d'objets y sont emportées dans des sarabandes de métamorphoses, et un invisible aimant les attire au fond d'athanors où s'opère une fabuleuse alchimie de l'impossible et du réel. Rabelais (1494-1553) se plut souvent à faire le fou en donnant à ses personnages, à ses scènes, à ses énumérations une énormité telle que nous sommes pris d'un vertige et d'un rire affolants qui peuvent cependant servir de début à une réflexion critique.

Mais c'est Erasme (1469-1536) qui composa *L'Eloge de la folie* (1511) le plus célèbre et le plus sérieux. Toutefois, on a souvent donné à cet ouvrage une portée qui n'était pas la sienne en y voyant l'œuvre d'un humaniste au scepticisme souriant qui se serait amusé à décrire la folie d'un monde à transformer. Il ne faut pas oublier qu'Erasme avait reçu une forte éducation religieuse, qu'il était entré chez les augustins, avait prononcé ses vœux définitifs et avait reçu la prêtrise en 1492. Ce grand voyageur, ce grand érudit, philosophe et éditeur de textes anciens, refusa toujours les honneurs universitaires (François Ier lui avait offert la direction du Collège de France qu'il venait de fonder) et ecclésiastiques (à plusieurs reprises il refusa le chapeau de cardinal). Dénonçant la Réforme (n'oublions pas que Luther, dans son *Du serf arbitre,* attaque le *Du libre arbitre* d'Erasme), Erasme ironise sur les accoutrements du christianisme qui le rendent méconnaissable, sur les mercantilismes, les dérèglements de la vie monastique, les pharisaïsmes, le luxe insolent de la papauté, la révolte du moine Luther, etc. Mais s'il le fait, ce n'est pas en libre penseur désabusé, c'est au nom du christianisme intérieur et pur dont il voit avec affliction que tout le monde se détourne au profit de scandaleuses mascarades. Le contresens très répandu sur les intentions d'Erasme est fort révélateur : on a voulu trouver à tout prix chez lui ce dont on avait besoin pour en faire le précurseur d'un humanisme anticlérical, attendant un prochain rationalisme libérateur. Si Erasme fut un témoin de son temps, il le fut toujours en prêtre fidèle.

La Réforme

Dès que les hommes veulent institutionnaliser le christianisme en prétendant qu'ils le *connaissent* et qu'ils savent par conséquent ce qu'il faut *faire*, les luttes fratricides suivent de près, car le témoin fait place à l'agent, la force se substitue à la Grâce par souci d'efficacité et avec une bonne conscience manichéenne. L'Eglise romaine avait déjà eu affaire à des hérétiques et avait entrepris différentes croisades contre les infidèles, ou contre les albigeois et les vaudois ; mais la Réforme, dans son souci de purification militante contre les abus de la riche puissance papale, provoqua elle-même des abus qui furent réprimés par d'autres ; si bien que, au nom de la religion de l'Amour, des chrétiens s'entre-tuèrent dans des guerres de religion où de nombreux César se firent passer, ou même se prirent sincèrement, pour les exécuteurs de la volonté divine. En ce domaine, comme en d'autres, chaque camp se souvient de ses massacrés mais oublie ses propres massacreurs. C'est pourquoi il faut se garder des points de vue sommaires qui font de Luther et de Calvin d'épouvantables schismatiques ou des espèces de seconds christs.

Des mouvements réformateurs étaient apparus en Angleterre avec Wyclif (1320-1384) et en Bohême avec son disciple Jan Hus excommunié puis brûlé vif en 1415 ; mais c'est avec Luther (1483-1546) que la Réforme prend véritablement corps. Luther ne s'appela jamais le Réformateur, car il ne reconnaissait pour réformateur que Jésus-Christ et ne nomma jamais Réforme le mouvement auquel il donna naissance, la seule réformation étant pour lui celle qui, à la fin des temps, donnerait naissance à un nouveau Ciel et à une nouvelle Terre. En un sens, Luther est contre les réformes : « La Réforme et les réformations ont été essayées par les cardinaux, par les papes et les chanceliers, mais en vain, car la *réformation* est *causa Dei*, la Réformation est l'affaire de Dieu qui l'accomplira à la fin des temps, c'est-à-dire bientôt. » L'Eglise catholique avait vu naître des hommes admirables : saints, martyrs, artistes, savants, philosophes, prêtres et moines ou hommes d'Etat, mais Luther trouvait en face de lui une Eglise pourrie par l'argent. Envoyé à Rome en 1511 pour y défendre les intérêts des ermites de saint Augustin auquel il appartenait, il fut choqué par la légèreté et par la corruption des mœurs, par le scepticisme des prêtres et par les pompes de la cour romaine. En

1511 surgit la querelle des indulgences ; le pape Léon X, qui avait besoin d'argent, publia une indulgence de jubilé, la prédication en fut confiée à un dominicain retors : Jean Tetzel. La moitié des sommes recueillies devait aller au pape désireux de financer les travaux de la basilique Saint-Pierre, et l'autre moitié était destinée à l'archevêque de Mayence ruiné par l'achat de son pallium à Rome. Luther s'indigne et s'écrie : « J'apprends que Tetzel a prêché d'affreux propos, d'épouvantables blasphèmes. Il a reçu, disait-il, un tel pouvoir du pape qu'il pourrait même absoudre un homme qui aurait violé la Sainte Vierge Marie, Mère de Dieu, ou l'aurait rendue enceinte, pourvu que celui-ci déposât dans la caisse la somme nécessaire [...]. Il disait encore : si quelqu'un achète une indulgence pour une âme au Purgatoire, au moment où la pièce tombe et résonne dans la caisse, l'âme s'échappe et va au Ciel. » Luther ne voulait pas provoquer un schisme, il crut au début que la mise au jour de tels abus amènerait leur disparition. Le 31 octobre 1517, Luther affiche à Wittenberg ses célèbres « 95 thèses » qui peuvent être considérées comme le manifeste de la Réforme. Excommunié après de longues discussions, Luther brûle la bulle d'excommunication et dans *De la captivité babylonienne de l'Eglise,* il écrit : « Les indulgences sont des maléfices des courtisans romains [...]. Je sais maintenant de science certaine que la papauté est le royaume de Babylone et la puissance de Nemrod le fort chasseur [...]. La papauté est la grande chasse de l'évêque de Rome. » Mis au ban de l'Empire par la diète de Worms, Luther traduit la Bible en allemand et se marie en 1525.

Pour Luther, il s'agit de démystifier les œuvres et de privilégier la foi. Il insiste sur cette nécessité dans *La Liberté du chrétien* : « La foi suffit à un chrétien, il n'a besoin d'aucune œuvre pour se justifier. S'il n'a plus besoin d'aucune œuvre il est certainement délié de tous les commandements et de toutes les lois ; s'il en est délié, il est certainement libre. Telle est la liberté chrétienne, c'est la foi seule qui la crée, ce qui ne veut pas dire que nous puissions rester oisifs ou faire le mal, mais que nous n'avons besoin d'aucune œuvre pour nous justifier et atteindre la félicité. » On répand une doctrine absurde et dangereuse quand on enseigne que c'est par les œuvres qu'il faut accomplir les commandements, une telle croyance est le fruit même de la tentation. Avant de pratiquer les œuvres, il faut satisfaire par la foi aux exigences de celle-ci et les œuvres ne peuvent venir qu'après l'accomplissement des commandements, d'où cette affirmation : « Des œuvres bonnes et justes ne font jamais un homme bon et juste, mais un homme bon et juste fait de bonnes œuvres. Des œuvres mauvaises ne font pas un homme mauvais, mais un homme mauvais fait de mauvaises œuvres [...]. Ce n'est pas l'œuvre qui fait le maître, telle qu'elle est elle-même, mais au contraire, tel est le maître, telle est aussi l'œuvre. Il en est de même des œuvres humaines [...]. Les œuvres, de même qu'elles ne donnent pas la foi, de même elles ne justifient pas ; mais la foi, de même qu'elle justifie, de même elle fait les bonnes œuvres. »

Mais nombreux furent ceux qui crurent que la justification par la foi dispensait des œuvres, on pensa que Luther avait enterré les œuvres et que l'adoption des paroles et de la doctrine rendait quitte de toute action. C'est là un grossier contresens dénoncé par Luther : « Bien que, à l'intérieur de lui-même et pour ce qui est de son âme, l'homme soit suffisamment justifié par la foi, bien qu'il ait tout ce qu'il doit avoir, si ce n'est qu'il doit sans cesse développer en lui la foi et la satisfaction jusque dans l'autre vie, néanmoins l'homme demeure encore sur terre pendant cette vie corporelle, et il faut qu'il gouverne son propre corps et entretienne des rapports avec les hommes. C'est là que commencent les œuvres, dès lors il lui est impossible de rester oisif. » Mais « le monde est semblable à un paysan ivre à cheval, quand on le remet d'aplomb à droite, il retombe à gauche ».

Luther ne se contenta pas de mettre l'accent sur la foi ; contre tous les optimismes il se présente comme un prophète de l'Apocalypse, il est certain que la fin des temps a commencé, que nous sommes plongés dans le combat décisif que se livrent Dieu et Satan. Luther réintroduit une idée que l'on avait eu tendance à oublier en rappelant que Satan est le « Prince de ce monde », le Mal n'est pas seulement l'absence du Bien, il est une réalité, il y a une présence du Mal. Luther met donc l'accent sur la positivité de la faute et du péché, sur la puissance effective du Malin qui s'attaque à chacun de nous, surtout s'il décèle en quelqu'un un chrétien. Nous sommes aux antipodes de ces perspectives que d'autres penseurs de la Renaissance vont faire leurs et selon lesquelles la Création a été à peine touchée par le Mal, si bien que nous devons faire nôtre une joie d'être dans le temps et goûter les choses nouvelles qu'il met sans cesse sous nos yeux. Pour Luther l'existence libre, spontanée et joyeuse n'est pas celle qui se met au service du monde mais celle « qui se voue gratuitement au service du prochain ».

Non seulement Luther traduisit la Bible en allemand, mais il organisa la liturgie sur de nouvelles bases ; les laïcs étaient associés au culte, en langue allemande, grâce à l'emploi très large du choral ; rejetant la transsubstantiation, il voit dans la substance du corps et du sang du Christ ce qui est associé, et non plus substitué, au pain et au vin. Il donna aux prêtres et aux moines l'exemple de sa liberté devant les vœux de célibat. Toutes ces transformations théologiques et ecclésiales aboutirent à la rédaction de la *Confession d'Augsbourg* par Luther et Mélanchthon (1497-1560). Luther se préoccupa activement de l'organisation des paroisses, mais aussi de celle des écoles. Il rédigea plusieurs ouvrages destinés à l'éducation populaire et, entre autres, le *Grand* et le *Petit Cathéchisme ;* dans un texte de 1524 adressé *A tous les magistrats et conseillers des villes allemandes,* il se fait le défenseur de l'instruction de la jeunesse et attire l'attention sur l'importance de l'étude des langues.

Tous ces bouleversements n'allèrent pas sans heurts, César s'en mêla et Luther fit appel à lui. On prit vite Luther pour un héros politique et non pour un témoin de la foi ; il lança, en effet, un *Appel à la noblesse chrétienne de la nation allemande sur l'amendement de l'Etat chrétien.* Désigné par Rubianus comme le « père de la patrie », il embouche pour elle sa « trompe de guerre » et demande qu'on tende la main à la malheureuse nation pour vaincre les princes de l'Enfer ; il faut que les Allemands culbutent de leur souffle les murailles de Jéricho des « romanistes ». A l'autorité définie par le pape, Luther substitue l'autorité de l'Eglise définie par les chrétiens et se lance dans des professions de foi quasi démocratiques : « Il faudrait maintenant que la nation allemande, que les évêques et les princes se considèrent aussi comme des chrétiens et protègent le peuple dont ils ont pour tâche de régler et de défendre les intérêts matériels et spirituels contre ces loups ravisseurs qui, revêtus de la dépouille des brebis, se donnent pour des pasteurs et des monarques. »

Les choses s'envenimèrent assez vite. A Bruxelles, on brûla deux luthériens. Des paysans virent dans la Réforme l'annonce d'une libération et les mesures prises contre la Réforme soulevèrent leur colère et ils se révoltèrent. Luther tenta de calmer les esprits dans son *Exhortation à la paix,* mais les troubles reprirent, la Saxe fut en proie à la guerre des paysans, Wittenberg fut menacé. Parmi ceux qui enflammaient les paysans se trouvait Thomas Müntzer, le père des actuelles théologies de la libération fort prisées des historiens marxistes, qui se donnait pour le « glaive de Gédéon », ne faisait aucune objection à la polygamie ; pris et condamné à mort, il dit avant d'être décapité : « Rien ne peut naître de la violence. » Luther se retourna alors contre les paysans et prêcha une véritable guerre sainte dans des textes d'une grande violence : « La révolte remplit le pays de meurtres et de sang, elle fait des veuves et des orphelins, elle détruit tout comme le plus grand des malheurs. Aussi qui le peut, en secret ou publiquement, doit frapper, égorger, tuer, car il n'y a rien de plus empoisonné, de plus dangereux, de plus diabolique qu'un homme révolté. On court sur un chien enragé et on le tue ; sinon c'est lui qui vous tue et tout un pays avec vous. » Puisque les âmes des paysans sont possédées par le démon, il faut donc les délivrer : « Ayez pitié de ces pauvres gens. Que celui qui le peut pique, frappe, égorge. Si tu y perds la vie, tu es bienheureux, car tu ne pourrais trouver une mort plus sainte. C'est la mort dans l'obéissance à la Parole et au commandement de Dieu, dans le service par amour du prochain, pour le délivrer des liens de l'Enfer et du diable. »

Tous ces appels à César ne furent pas des plus heureux, et un Calvin (1509-1564), fondateur d'une république théocratique réformée à Genève, exposa certes ses idées sur la Grâce et la prédestination dans son *Institution de la religion chrétienne* (1536) mais n'empêchera pas que le médecin Michel Servet ne soit brûlé. Les guerres de Religion ensanglantent la France à partir de 1562, date du massacre de Wassy ; des protestants détruisent des églises, les catholiques se livrent au massacre de la Saint-Barthélemy en 1572 où l'amiral de Coligny est assassiné. Finalement, en 1598, l'édit de Nantes assure la liberté de culte aux protestants, mais il sera révoqué en 1685, et les conséquences de cette révocation provoqueront la guerre des Camisards. Quant à l'Allemagne, elle fut dévastée par la guerre de Trente Ans (1618-1648) que se livrèrent catholiques et protestants par princes interposés.

Les idées de la Réforme se répandirent un peu partout en Europe où elles rencontrèrent naturellement la résistance des catholiques ; selon les pays celle-ci fut plus ou moins efficace et violente ; en Amérique elles s'implantèrent solidement. L'Eglise romaine brûlait toujours pour hérésie, le dominicain Savonarole était mort sur le bûcher en 1498, Giordano Bruno est brûlé en 1600 et Vanini en 1619. L'Espagne avait eu ses problèmes avec l'Inquisition, problèmes rendus encore plus aigus par l'antisémitisme. Mais l'Eglise romaine réagissait également dans un autre sens en s'efforçant de redécouvrir les chemins de la rigueur et de la pureté à l'occasion du mouvement appelé la « Contre-Réforme ».

Dans cette Contre-Réforme, l'Espagne joua un rôle important de deux manières différentes. Tout d'abord la forte personnalité d'Ignace de Loyola (1491-1556), dont les *Exercices spirituels* datent de 1548, est à l'origine de la Compagnie de Jésus. Les jésuites très érudits, disciplinés, habiles dans l'art de la discussion, jouèrent un rôle considérable comme missionnaires et comme éducateurs ; ils eurent à faire face à de nombreuses expulsions de la part de plusieurs pays, furent même persécutés et donnèrent à l'Eglise un certain nombre de martyrs dans des contrées lointaines. On ne saurait sous-estimer leur rôle dans l'élaboration de la Contre-Réforme ni dans celui de la pénétration de l'Europe en Orient et notamment en Chine. Mais l'Espagne donna à la chrétienté deux admirables figures : sainte Thérèse d'Avila (1515-1582) et saint Jean de la Croix (1542-1591), dont les œuvres sont empreintes d'une fervente poésie les plaçant aux premiers rangs des chefs-d'œuvre de l'humanité. *Le Château de l'âme ou le Livre des demeures,* ainsi que les poèmes de sainte Thérèse notamment :

> *Je vis mais sans vivre en moi*
> *Et mon espérance est de telle sorte,*
> *Que je me meurs de ne point mourir !*

allient d'une manière extraordinaire l'inspiration poétique, l'extase et le mysticisme spéculatif. Il en va de même de *La Montée du mont Carmel,* de *La Nuit obscure* et des cantiques de saint Jean de la Croix où l'expérience du Nocturne se trouve exposée avec une rare profondeur. Ailleurs, saint François de Sales (1567-1622), auteur de l'*Introduction à la vie dévote,* et saint Vincent de Paul (1581-1660), aumônier des galères et créateur de l'œuvre des Enfants trouvés, furent de hauts témoins de la spiritualité chrétienne au service d'autrui.

Le XVIe siècle ne fut pas seulement celui des guerres de Religion ; il fut aussi celui d'humanistes qui s'efforcèrent de jeter les bases d'un classicisme universel : Lefèvre d'Etaples (1450-1536), Guillaume Budé (1468-1540), Charles de Bovelles (1475-1553) et ses importants *Livre du Néant, Livre du sage, Art des opposés,* Pierre Charron (1541-1603), trop peu lus aujourd'hui, voulurent s'arracher aux passions du siècle. C'est presque au moment où Shakespeare compare la vie à une histoire absurde racontée par un idiot que Charron publie sa *Sagesse* qui connut un vif succès.

Montaigne

Toutefois, c'est ailleurs qu'il faut chercher les dimensions nouvelles qui donnèrent à la Renaissance un caractère radicalement nouveau. Les récits d'explorateurs, d'autant plus facilement diffusés que l'invention récente de l'imprimerie les rendait plus accessibles, finirent par donner aux Européens le sens, puis le goût du relatif. Les guerres de Religion, dans la mesure où ce qui devrait relier et unir devient ce qui divise, jetèrent aussi un grand trouble dans les consciences.

Au moment où l'héliocentrisme de Copernic excentre l'homme de la situation qu'il occupait jusque-là dans le cosmos, l'homme est mis au cœur de la réflexion philosophique par Montaigne (1533-1592) dont les *Essais* (1580, 1588, 1595) se présentent comme un humanisme tournant le dos aux théologismes du Moyen Age ; désormais c'est l'homme, et non plus Dieu, qui est mis au centre de la réflexion philosophique. Montaigne connut les troubles qui surgirent à Bordeaux, dont il devait devenir maire, il fut le contemporain de la Saint-Barthélemy et de la guerre civile, il lut de nombreux ouvrages de l'Antiquité, parmi lesquels les œuvres du sceptique Sextus Empiricus, et des récits de voyageurs. Montaigne veut tout d'abord nous donner des leçons de modération critique en nous inculquant le sens du relatif. Dans le chapitre « De la coutume », il prend un malin plaisir à étaler sous nos yeux les coutumes les plus étranges afin de nous faire comprendre que « chacun appelle barbarie ce qui n'est pas de son usage ». Montaigne n'est pas le sceptique inconditionnel que l'on dépeint toujours, il affirme, en effet, que « la vérité doit avoir un visage pareil et universel », il ne dit pas que la Vérité n'existe pas mais seulement que ce que nous appelons vérité n'a rien à voir avec elle, car « nous n'avons d'autre mire de la vérité et de la raison que l'exemple et l'idée des opinions et des usances du pays où nous sommes » ; or, nous n'avons pas choisi notre nationalité, ni même notre religion, « nous sommes chrétiens au même titre que nous sommes ou Périgourdins ou Allemands ». Quant aux lois qu'on nous demande de respecter, elles ne naissent pas de la nature mais de la coutume ; ceux que l'on y soumet ne les comprennent d'ailleurs pas : « Quelle chose peut être plus étrange que de voir un peuple obligé à suivre des lois qu'il n'entendit oncques [...]. Qu'est-il plus farouche que de voir une nation où par légitime coutume la charge de juger se vend et les jugements sont payés à purs deniers comptants et où légitimement la justice soit refusée à qui n'a de quoi la payer. »

Le doute de Montaigne est l'expression d'un scrupule, Montaigne se préoccupe de parvenir à une auto-épuration qui dénonce l'esprit d'autorité ; c'est pourquoi dans le chapitre « De l'institution des enfants » il demande, selon la formule célèbre, que ceux-ci aient la tête bien faite et non pas la tête bien pleine. Dans son « Apologie de Raymond de Sebond » (théologien catalan que Montaigne avait traduit à la demande de son père et qu'il critique en prétendant en faire l'apologie), Montaigne se livre à une charge féroce contre la scolastique dont Sebond s'était fait l'avocat ; il conclut que « c'est folie de rapporter le vrai et le faux à notre suffisance ». Ainsi Montaigne pose la question clef : « Que sais-je ? » Ce ne sont plus seulement les modes du savoir qui sont en question, c'est le savoir lui-même.

Mais voici que Montaigne décide de se prendre comme sujet de réflexion, non comme avait pu le faire saint Augustin en nous parlant des voies selon lesquelles il avait cherché Dieu, mais pour nous dresser un tableau ayant une valeur en soi et dont il va s'apercevoir qu'il est d'une richesse infinie. L'homme, et plus précisément le moi, est donc pris comme sujet d'étude et centre de la réflexion : « C'est moi que je peins. » La richesse inépuisable de cet être « ondoyant et divers » qu'est l'homme amène Montaigne à écrire : « Je n'ai vu monstre ni miracle au monde plus exprès que moi-même. » Ici viendront s'enraciner tous ces récits autobiographiques dont le XIXe et le XXe siècle seront friands ; ces « monstres » sacrés et « miracles » se dépeindront avec complaisance, chercheront à « s'exprimer » de façon « authentique », ils manieront volontiers le lyrisme du symptôme et l'esthétisme du pathologique ; ils s'autodisculperont avec grâce de ce qu'ils tiendraient chez les autres pour de la bassesse ; Maurice Barrès, André Gide, Henry de Montherlant et J.-P. Sartre en constitueraient quelques exemples. Il faut donc faire tourner le miroir à facettes afin de multiplier les angles sous lesquels il nous permet de nous voir.

Si bien que Montaigne en arrive à une profession de foi capitale : « Je ne peins pas l'être, je peins le passage. » Pour l'homme du Moyen Age, le monde était constitué de choses et d'êtres subsistants, le passage n'était que ce qui passait et qui appartenait à l'éphémère sans consistance ; pour Montaigne, au contraire, le passage est ce qui, loin de nous défaire, nous constitue en nous renouvelant et en refaisant de nous des « monstres » et des « miracles » toujours nouveaux.

D'où une certaine joie d'être dans le temps qui, dans quelques domaines, caractérise l'homme de la Renaissance. C'est elle qui est au cœur du « Cueillez dès aujourd'hui les roses de la vie » chanté par Ronsard ; vivre dans le temps revient non pas à s'éloigner de soi, mais à s'avancer dans le domaine inépuisable de l'exploration du moi. La Renaissance pensa avec joie à la venue de temps nouveaux dans lesquels on pourrait accorder toute confiance à l'homme en vue de l'organisation d'une Cité idéale ; c'est pourquoi ce siècle fut celui ou fleurirent les utopies : celle de l'abbaye de Thélème de Rabelais où la devise était « Fais ce que voudras », l'*Utopie* de Thomas More (1516), la *Cité du Soleil* de Campanella (1568-1639) ou *La Nouvelle Atlantide* de Francis Bacon (1561-1626). L'homme se sent prêt désormais à affronter le monde et l'histoire, non en pécheur soumis, mais en conquérant joyeux.

L'humanisme de Montaigne axé sur son « Que sais-je ? » trouvera deux issues différentes chez ses deux principaux lecteurs : Descartes répondra à la question posée en disant : Je sais ce que je comprends, et Pascal affirmera : Je sais ce que je crois.

Du XVIe au XVIIe siècle

Le passage du XVIe au XVIIe siècle, du discours des hommes interprétant la Parole de Dieu à celui par lequel ils voulurent lire le Livre du Monde, fut tout d'abord marqué par deux bûchers. Le premier fut celui où périt le dominicain en rupture de ban Giordano Bruno (1548-1600) qui, très influencé par le livre de Copernic, affirmait que l'univers était infini et infiniment peuplé ; Bruno chante l'écroulement de ces murailles dans lesquelles nous étions intellectuellement enfermés et pense que Dieu se glorifie non par un seul monde mais par une infinité de mondes. Ce Dieu infini se manifeste sous deux formes : la Matière et l'Esprit, les êtres particuliers n'étant que des modes de ces deux formes. Dieu est donc toutes les choses. Ce monisme, cet immanentisme et ce panthéisme étaient à la mesure de l'enthousiasme d'un homme cherchant à passer du monde clos à l'univers infini. Le second bûcher fut allumé à Toulouse pour y brûler le carme italien Vanini (1585-1619) qui, mettant en doute les origines surnaturelles des possessions, des extases, des stigmates, des apparitions et des miracles, voulut intégrer l'homme à la nature en abandonnant le géocentrisme et l'anthropocentrisme. L'homme est peut-être le produit d'une lente évolution et il n'est pas exclu « qu'avec le temps un poisson ait pu se transformer en homme ». Entre le monde et Dieu il y a continuité et unité de substance, la nature n'est que Dieu ramené à l'échelle humaine ; c'est elle que nous devons apprendre à déchiffrer.

Ce passage d'un siècle à un autre ne fut pas seulement marqué par une ouverture sur un univers près d'être confondu avec Dieu, il trouva en Johannes Kepler (1571-1630) un astronome qui voulut lire à la fois le Livre de Dieu et celui du Monde. Kepler n'a, en effet, rien à voir avec un savant qui se serait contenté de se livrer à des observations et à des calculs. Fils d'un soudard peu recommandable et d'une sorcière qu'il sauva du bûcher, astrologue, souffrant de toutes sortes de maladies et de troubles de la vision, choisissant ses femmes d'après leur horoscope, harcelé par la guerre de Trente Ans, auteur d'un *Songe* où il raconte un voyage dans les astres, mêlant des confidences biographiques à ses textes scientifiques, Kepler chercha dans l'observation du Ciel une consolation à ses malheurs terrestres. S'il a découvert les célèbres lois qui portent son nom, il l'a certes fait à partir des observations de Tycho Brahé, mais ses idées directrices proviennent de considérations mystiques. D'une part il a été inspiré par Nicolas de Cues pour assimiler la sphère, le monde et la Trinité créatrice ; d'autre part il a puisé ses idées dans la Kabbale juive que lui avait fait connaître un de ses amis, le rabbi David Gans (1541-1613), disciple de rabbi Loeb (c'est ce qu'a mis en évidence André Neher dans : *David Gans disciple du Maharal de Prague, assistant de Tycho Brahé et de Jean Kepler*, 1974). Finalement, l'*Astronomia nova* de Kepler a placé le Soleil au centre du monde parce que l'exigeait la perfection de cet astre qui « est le corps principal du monde entier », « le foyer du monde », « le cœur du monde », et c'est avec « le meilleur droit » qu'il est tenu pour tel.

Jacob Boehme

A cheval lui aussi sur deux siècles, Jacob Boehme (1575-1624) ne chercha pas à lire dans le Livre du Monde un système ni une musique comme le fit Kepler, il y vit l'expression d'un drame ayant l'Absolu pour auteur et pour acteur, un Absolu au sein duquel il voulut pénétrer pour en raconter la naissance et en suivre le processus. L'importance de Boehme a été trop souvent sous-estimée ; son propos est radicalement neuf dans la mesure où il cherche à nous faire assister à la genèse de l'Absolu, idée que Hegel reprendra en la dynamisant dans l'Histoire. A part la Bible, on ne connaît pas les lectures ni les sources de Boehme, ce cordonnier théosophe de Görliz semble devoir tout à ses intuitions illuminatrices. Boehme se propose de rénover le christianisme, ce qui lui valut pas mal d'ennuis avec les autorités ecclésiales. *L'Aurore naissante* (1612), *De la signature des choses* (1621) et le *Mysterium magnum* (1623) nous donnent l'essentiel de sa pensée. La connaissance de Dieu est liée à celle du monde, la renaissance spirituelle doit permettre à l'homme de se reconquérir, de voir le monde dans sa réalité profonde et de voir Dieu dans le mystère de la nature. Dieu est le Grand Mystère, en dehors de tout, séparé de tout ; mais alors pourquoi et comment la nature a-t-elle été créée ? Il faut faire sortir l'être de ce Néant transcendant qui n'est pas le Rien. Un tel Néant est repos et calme mais gros de mouvement, de lutte et de vie ; nous devons voir comment l'Absolu s'engendre, voir l'Absolu concret *mysterium magnum manifestans seipsum.*

L'Absolu possède une double tendance : une volonté, mouvement d'expansion centrifuge qui cherche à poser des êtres, et un désir qui est faim et soif, il attire à lui et veut se nourrir des êtres. Volonté et Désir s'opposent et se retrouvent en même temps ; la Vie est lutte et victoire, victoire de la vie sur la mort qui est au centre de la vie comme l'obscurité se trouve au centre de la flamme de la bougie. Toute vie s'engendre dans la souffrance et en renaît, la joie est à ce prix. Dieu est la synthèse du *Oui* (amour) et du *Non* (courroux). Ainsi, « dans le oui et le non résident toutes choses », la dialectique hégélienne ne dira pas autrement.

En tant qu'il est Désir, Dieu est avide de lui-même, il se cherche et ne peut se trouver que s'il se donne et s'offre lui-même à cette recherche éternelle ; il est comme un œil qui pour se voir s'opposerait à lui-même et surmonterait cette opposition dans la vision ; la Trinité exprime que Dieu est en soi, par soi et pour soi, qu'il est Tri-identité. Dans et par la Trinité, Dieu se connaît en tant qu'un, pour qu'il se connaisse en tant que multiplicité il lui faut un quatrième terme que Boehme appelle *Sophia,* Sagesse éternelle, Gloire et splendeur de Dieu, imagination de Dieu qui incarne dans des êtres finis l'esprit infini de Dieu. Mais ici Dieu rêve, il ne vit pas encore, il lui manque un corps, Dieu a besoin d'une Nature ; du Dieu conscient il faut passer au Dieu vivant. La Nature est le côté organique et vital de l'être de Dieu, l'Univers est un organisme, car la Nature divine a engendré la Nature temporelle. Mais alors pourquoi le Mal ? Tout d'abord parce qu'il y eut la chute de Lucifer tombé par orgueil et jalousie, et celle d'Adam tombé par paresse et ignorance. Ensuite parce que le Non est nécessaire au Oui, la Ténèbre à la Lumière ; il y a place pour la *felix culpa* qui permet une révélation plus ample de Dieu.

Quant à l'homme, il est à la fois l'image individuelle et personnelle de Dieu et l'image du monde dont il fait partie. Le corps de l'homme est un microcosme qui participe à tout, lorsque l'homme s'exprime il exprime l'Univers : la Parole divine a créé le monde, la parole humaine le sauve de la vanité de son être temporel. La mission de l'homme est de déchiffrer et de fixer par la parole le sens des « signatures » diverses dont l'ensemble compose l'univers. Car dans l'âme sont contenues les signatures des choses comme les sons sont contenus dans les cordes des instruments de musique ; les paroles lues ou entendues provoquent en nous des résonances et les idées sont des consonances. Boehme s'oppose à Luther en ce sens que, pour lui, « chacun porte en soi-même le Paradis et l'Enfer, son propre Dieu et son propre Satan ». Boehme fut lu par Milton, peut-être par Newton, par Leibniz, Hamann, Blake, les quakers, les martinistes, les francs-maçons, Louis-Claude de Saint-Martin qui le traduisit en français, Novalis, Tieck, Schlegel, Goethe, Fichte, Schelling, Hegel, Franz von Baader.

A l'aube de ce XVIIe siècle, quelques années avant que Descartes ne parle de l'arbre de la philosophie où il n'est question que de racines, de tronc et de branches, mais jamais de terre ni de fruits, Boehme comparait aussi la philosophie à un arbre, mais à un arbre vivant : « Je compare toute la philosophie, l'*astrologie,* la théologie, en y joignant la source d'où elles dérivent, à un bel arbre qui croît dans un superbe jardin de délices [...]. Le jardin où est cet arbre signifie le monde ; le terrain, la nature ; le tronc de l'arbre, les étoiles ; les branches, les éléments ; les fruits qui croissent de cet arbre, les hommes ; le suc dans l'arbre, la pureté divine ; or, les hommes sont formés de la *nature*, des étoiles et des éléments. Mais Dieu le créateur domine dans toutes ces choses, comme le suc dans la totalité de l'arbre. » Descartes ne connaissait naturellement pas ce texte, mais il est troublant de noter que Jacob Boehme et Descartes, témoins de la guerre de Trente Ans, assistèrent tous deux à la bataille de la Montagne blanche, près de Prague, en 1620. Le théosophe et le philosophe s'ignoraient ; leurs arbres respectifs appartiennent à deux mondes différents. L'arbre est-il un être vivant qui donne naissance à des fleurs et à des fruits, où n'est-il qu'une machine à fabriquer du bois dont on tirera des planches ? De la merveille au système se déploie toute la distance qui sépare la vie et la connaissance, l'existence et le concept.

II. — L'ÊTRE ET LE CONNAÎTRE

Le moment historique du cartésianisme

Au Moyen Age, la Nature était tenue pour une langue que Dieu nous parlait et qui célébrait la Gloire du Seigneur ; l'empirisme était donc presque toujours le premier mot d'une théologie du contact de l'homme avec le réel. Dans les Temps Modernes, tout change ; rien n'est plus clair à ce sujet que ce texte de Galilée de 1623 : « La philosophie est écrite dans ce très vaste livre qui est éternellement ouvert devant nos yeux — je veux dire l'Univers —, mais on ne peut le lire avant d'avoir appris la langue et s'être familiarisé avec les caractères dans lesquels elle est écrite. Elle est écrite en langue mathématique et ses lettres sont des triangles, des cercles et d'autres figures géométriques, moyens sans lesquels il est humainement impossible de comprendre un seul mot, sans lesquels l'on erre en vain dans un obscur labyrinthe. » L'expression « Livre du Monde », issue de l'éloquence sacrée, prend désormais une acception toute différente, le Livre de la Nature devient celui dont seul le savant peut déchiffrer les caractères. Certes, un Newton ne détachera pas ses conceptions mathématiques de considérations théologiques, puisqu'il fera du temps et de l'espace les *sensoria Dei* ; toutefois de plus en plus le règne de la quantité va étendre son empire et *comprendre* reviendra à *mesurer*. En ce domaine le cartésianisme a joué un rôle capital.

Descartes naquit à La Haye en Touraine en 1596, il étudia au collège de jésuites de La Flèche, puis fut reçu licencié en droit à Poitiers en 1616. Il fit son instruction militaire à l'Ecole de guerre internationale de Hollande, se rendit au Danemark, en Basse-Allemagne, s'engagea dans les troupes du duc de Bavière ; le 10 novembre 1619, au cours d'une nuit d'enthousiasme, il eut la révélation d'une « science admirable ». Après un voyage en Italie et divers séjours en France, il va habiter en Hollande où il se consacre à la rédaction de son œuvre. Invité à Stockholm par la reine Christine de Suède qui lui demande des leçons de philosophie, il part après avoir hésité et meurt bientôt d'une pneumonie en 1650. Ses œuvres principales comprennent : les *Règles pour la direction de l'esprit* (1628 ?, en latin), le *Discours de la méthode pour bien conduire sa raison et chercher la vérité dans les sciences* (1637, en français) suivi de la *Dioptrique*, la *Géométrie* et les *Météores* qui sont des essais de cette méthode ; les *Méditations métaphysiques* (1641, en latin, traduction française en 1647) bientôt suivies d'*Objections* et de *Réponses*, les *Principes de la philosophie* (1644, en latin, traduction française en 1647), les *Passions de l'âme* (1649, en français) ; il faut y ajouter de nombreuses *Lettres* très importantes.

Avec Descartes, la Vérité descend du Ciel pour venir habiter sur la Terre, mais elle ne perd pas sa racine maîtresse qui la rattache au Ciel. Descartes commence par dire « Non » à tous les héritages intellectuels et ne veut même pas savoir s'il y a eu des hommes avant lui ; se détournant de toutes les traditions, il ne cite presque jamais personne. Mais il ne prend pas non plus le collectif pour l'universel puisque, songeant à la condamnation de Galilée, il écrit que, pour les vérités un peu malaisées à découvrir, il y a plus de chance qu'un homme seul les ait découvertes que tout un peuple. Descartes refuse donc l'esprit d'autorité et ne se réfugie jamais derrière Aristote ni saint Thomas ; son esprit critique repose sur une « inspection intérieure » où l'esprit reste seul à seul avec lui-même. Telle est la raison pour laquelle Descartes se détourne également de l'empirisme scolastique ; puisque les sens nous trompent souvent nous ne pouvons pas nous appuyer sur eux pour parvenir à la vérité ; quant à l'imagination qui, selon les empiristes, préside aux associations d'images d'où naissent les idées, elle est une source constante d'erreurs et fait de nous les esclaves du corps : concevoir ne revient nullement à imaginer, c'est ainsi que nous pouvons fort bien concevoir un polygone de 1 000 côtés mais que nous sommes incapables de l'imaginer, inversement nous pouvons imaginer quelque inconcevable chimère.

Descartes met au principe de la connaissance l'*évidence*, l'*idée claire et distincte* avec la célèbre formule : « Je décidai de ne tenir aucune chose pour vraie que je ne la connusse évidemment être telle », et appelle « intuition » (c'est-à-dire vue intérieure) l'acte intellectuel qui les pense. Cette intuition n'a rien à voir avec le jugement trompeur des sens ni avec l'imagination qui compose mal son objet, elle est la conception d'un esprit pur (c'est-à-dire dégagé de toute influence corporelle) et attentif ; pour Descartes, en effet, la distraction est une des sources de nos erreurs, elle nous incite à la prévention qui consiste à vouloir juger trop tôt et à la précipitation qui revient à vouloir juger trop vite. Les évidences intellectuelles typiques sont ces idées claires et distinctes que nous présentent les mathématiques dont les principes ne reposent jamais sur des témoignages sensibles et dont les démonstrations ne font appel à aucune référence empirique. Les *déductions* sont, en effet, de « longues chaînes de raisons » dans lesquelles les intuitions s'impliquent les unes les autres, non selon des emboîtements de concepts, comme dans les syllogismes aristotéliciens, mais selon des rapports intelligibles ; la déduction n'est autre que la vérité s'engendrant elle-même à partir de réseaux de démonstrations.

A ce niveau, nous pouvons dire que la vérité telle que la pense Descartes n'est révélée ni par Dieu ni par un Logos transcendant, elle s'auto-dévoile, elle est auto-référentielle, *norma sui et falsi*, elle n'a besoin de rien d'autre que de cette « lumière naturelle » (et non surnaturelle) par laquelle elle s'impose à l'entendement en dehors de toute référence théologique, sociologique ou empirique. La vérité n'est ni ce qui échappe immanquablement à l'homme, ni ce qui se trouve au-dessus de lui, elle est ce que l'homme comprend ; en ce sens on peut parler d'un humanisme cartésien selon lequel la philosophie se développe par elle-même, sans avoir à demeurer la domestique d'une théologie.

Un tel point de départ se trouve au principe de la science cartésienne de la nature qui, pour expliquer les phénomènes, ne part pas des choses pour remonter à leur cause première, à ce moteur non mû dont parlait Aristote. Descartes ne part pas du monde pour remonter jusqu'à Dieu ; de telles perspectives avaient eu en effet pour résultat de s'achever dans des finalismes, or Descartes cherche à expliquer les effets par les causes et non les causes par leurs effets. Au dynamisme aristotélico-scolastique qui rendait compte des phénomènes par des jeux de forces internes ou externes et qui recourait à ces entités obscures baptisées archées, entéléchies ou formes substantielles, Descartes oppose un mécanisme pour lequel un corps est ou en repos ou en mouvement ; si un corps est un mouvement c'est parce qu'il a reçu un choc repérable en grandeur et en direction. A la physique aristotélicienne essentiellement qualitative et pour qui juger revient à attribuer une qualité sensible à une substance par l'intermédiaire du verbe être, pour qui « rien n'est dans l'entendement qui ne soit auparavant passé par les sens », Descartes oppose l'idée d'une physique mathématique en affirmant : « Toute ma physique n'est que géométrie » et en partant de cette idée que « tout se fait par figures et par mouvements », la figure étant l'objet de la géométrie. Le recours aux affinités, aux attractions ou aux répulsions des corps entre eux, qui conduisait souvent à importer de la psychologie en physique, se trouve donc abandonné et ce que l'on a appelé le « dualisme cartésien » distingue rigoureusement la *chose étendue* de la *chose pensante*. Pour Descartes, en effet, ce qui constitue l'essence de la matière ce ne sont pas les qualités sensibles éprouvées par le sujet, mais la seule *extensio*, comme l'établit l'exemple célèbre du morceau de cire. Non seulement qui dit matière dit étendue, mais qui dit étendue dit également matière ; c'est pourquoi Descartes déclare qu'il ne saurait y avoir de vide dans la nature, c'est-à-dire une étendue qui serait sans matière.

Nous sommes donc ici en présence d'un tournant capital dans l'histoire des idées. Après Galilée, Descartes s'efforce d'appliquer les mathématiques à la physique, idée qui était profondément étrangère aux Grecs et aux savants du Moyen Age. Descartes intronise les notions de mesure et de quantité, parle d'une « mathématique universelle » dont les autres sciences ne sont que des parties. De plus, en fondant la géométrie analytique qui, grâce aux coordonnées dites cartésiennes, ramène les problèmes de géométrie à des problèmes d'algèbre, Descartes ne voit plus dans les figures de simples dessins, il en fait les expressions graphiques de fonctions algébriques. Une telle physique mathématique a trouvé ses applications dans la *Dioptrique*, où Descartes expose, après ou peut-être en même temps que Snellius, les lois de la réfraction, ainsi que (parfois) dans les *Météores*. Descartes a donc déthéologisé l'étendue, ce que lui reproche son correspondant le platonicien de Cambridge Henry More ; elle n'est plus l'expression de l'omniprésence de Dieu ni ce qui chante la gloire du Créateur, elle devient l'essence de la matière. De telles perspectives débouchent sur un projet techniciste au nom duquel Descartes invite les savants à mettre leurs travaux en commun afin de « nous rendre comme maîtres et possesseurs de la nature ».

A ce niveau, on peut donc voir dans Descartes le philosophe pour qui l'homme n'est plus perdu mais seulement égaré et qui a trouvé dans une méthode le moyen de « bien conduire sa raison et chercher la vérité dans les sciences ». C'est d'ici que pourront partir toutes les interprétations, laudatives ou dépréciatives, faisant de Descartes le « père de la philosophie moderne » (Hegel), un ancêtre des Lumières, du rationalisme militant, voire du matérialisme démystifiant, qui aurait invité les hommes à construire un univers de plus en plus cohérent pour une humanité de plus en plus raisonnable. On mettra alors en avant la formule cartésienne « il suffit de bien juger pour bien faire » qui met fin à la tradition selon laquelle « il est humain de se tromper » et qui n'invoque pas les secours de la Grâce. Et ce d'autant plus que, pour Descartes, les passions naissent d'un conflit de jugements entretenu ou renforcé par le fonctionnement de l'organisme ; la lutte contre les passions relève donc d'une réflexion rigoureuse et d'un dressage de notre corps, deux entreprises à la portée de l'homme.

L'homme apparaît désormais comme capable de se sauver par ses propres forces des errements de l'erreur et de ceux de la faute, le pécheur étant seulement un ignorant. De telles considérations peuvent être renforcées par une autre image que l'on s'est faite de Descartes. Descartes fut un des rares philosophes, peut-être le seul, qui n'ait rien écrit sur la politique ; il voyait surtout en elle un champ d'activité réservé à ces humeurs brouillonnes et inquiètes qui, n'étant pas capables de se diriger elles-mêmes, se donnent pour mission de diriger les autres. Pourtant, certains n'ont pas hésité à voir dans Descartes un des nombreux pères de la Révolution française ; Descartes notait, en effet, qu'il n'y avait pas autant d'ordre dans les cités dont les maisons ont été juxtaposées au hasard que dans ces villes qui ont été tracées selon un plan directeur précis ; Descartes ne pousse pas plus loin sa comparaison, mais certains verront là une invitation à organiser la société tout entière selon une constitution rationnellement élaborée.

Tel est le Descartes auquel beaucoup se tiennent pour l'encenser ou le critiquer. Mais Descartes ne se limite pas à ce portrait figé, ce que quelques-uns négligent ou que d'autres déplorent. Le cartésianisme est, en effet, sous-tendu par une métaphysique derrière laquelle se profile une théologie implicite. Pour Descartes toute la philosophie (c'est-à-dire l'ensemble des connaissances) est comme un arbre dont le tronc est la physique et les branches principales, la médecine, la mécanique et la morale ; mais les racines de cet arbre plongent dans la métaphysique. Si nous pouvons accéder au vrai, c'est grâce à des « semences de vérité » qui sont en nous mais qui ne sont pas nées de nous. C'est là ce que découvre l'expérience du célèbre *cogito ergo sum.* Afin de parvenir à l'indubitable, Descartes doute des différentes sources traditionnellement données comme étant celles de la vérité ; mais son doute, à la différence de celui des sceptiques, ne s'étale pas en surface, il s'organise en profondeur. Descartes refuse le témoignage des sens qui ne lui permettent même pas de distinguer le sommeil de la veille ; faudra-t-il cependant admettre d'emblée les vérités mathématiques ? Non, car il peut se faire que Dieu me trompe parce qu'il ne me juge pas digne de connaître la vérité, et que ce que j'appelle vérité ne soit autre chose qu'une constance dans l'erreur. Mais si je ne suis pas sûr de la vérité des essences, ne le suis-je pas de celle des existences ? Même pas, car il peut se faire que je sois victime d'un « malin génie », infiniment rusé et trompeur, qui me fasse prendre des illusions pour des réalités.

Au moment où l'esprit risque d'être éliminé, il se découvre parce qu'il reste seul en face de lui-même, Descartes parvient ainsi à la certitude par le doute. Car, pour puissant et rusé que soit le malin génie, il ne peut m'empêcher d'avoir conscience de mon doute, je ne peux douter que je doute et que je pense que je doute. Pour qu'il en soit ainsi il faut que je sois, que je sois quelqu'un qui pense qu'il doute ; d'où le *Je pense donc je suis* ; pour douter, il faut penser et pour penser il faut être. Voilà la découverte de la première idée claire et distincte ; elle est une intuition instantanée et ici le terme *donc* ne marque nullement une déduction mais une équivalence ; cette première idée claire et distincte constitue le point d'appui que réclamait Archimède pour soulever le monde avec son levier, car Descartes décide de tenir pour vrai tout ce qu'il concevra avec autant de clarté et de distinction.

Descartes procède donc du connaître à l'être et continue son itinéraire en allant vers l'Etre, car l'expérience du *cogito* se prolonge et s'accomplit dans le « Je pense donc je suis, donc Dieu est ». Puisque j'ai cherché à sortir de cet état insupportable du doute, il faut que j'aie en moi quelque idée de la certitude et de la perfection en fonction desquelles je conçois le doute et l'ignorance. De même, puisque j'éprouve que je suis un être fini ne pouvant tout savoir ni tout faire, il faut que j'aie en moi l'idée d'infini ou de parfait en fonction de laquelle je me sens imparfait. J'ai donc bien en moi l'idée d'infini et du parfait *avant* celle du fini et de l'imparfait. Cette idée d'infini ne peut venir ni de moi-même ni des choses qui sommes finis et imparfaits, il est en effet impensable que du *moins* puisse naître le *plus*. Je ne peux donc tenir cette idée de parfait que du Parfait lui-même, c'est-à-dire de Dieu ; cette idée est une idée « innée » que ne m'ont pas donnée les choses mais qui est née avec moi, elle constitue la marque de Dieu sur son ouvrage. Ainsi l'homme peut accéder à la vérité mais il ne saurait en être le créateur, ce n'est pas lui qui a allumé la « lumière naturelle » grâce à laquelle il dissipe l'erreur et élabore la science. La créature tient la vérité de son Créateur, si bien que la compréhension implique une passivité de l'esprit qui ne peut que s'incliner devant la vérité qui s'impose à lui parce qu'elle a Dieu pour auteur.

Descartes va si loin en ce sens que, dans sa théorie des « vérités éternelles », il prend le contre-pied de tout ce qu'avaient dit Aristote, saint Thomas et bien d'autres. Pour ces derniers, en effet, il est des choses que Dieu, tout-puissant qu'il soit, ne peut faire. Il ne peut, par exemple, faire que 2 + 2 ne fassent pas 4. Dans plusieurs de ses lettres, Descartes affirme, au contraire, que Dieu a créé la vérité sans avoir à se soumettre à quelque Vérité ni à quelque Logique qui lui seraient transcendantes. Dieu aurait pu faire que 2 + 2 ne fissent pas 4, que la somme des angles d'un triangle ne fût pas égale à 180°, il aurait alors créé un univers différent de celui que nous connaissons et nous aurait dotés d'un entendement pour lequel ces propositions eussent été vraies. Chez Leibniz, au contraire, le théologique se trouvera suspendu à une sorte de Logique suprême qui ne saurait être enfreinte ; pour Descartes, une telle conception reviendrait à faire de Dieu un dieu païen assujetti aux lois du Styx, selon lui Dieu a établi les lois de la nature avec la même liberté que celle au nom de laquelle un roi établit des lois en son royaume.

La présence totale de Dieu se retrouve enfin dans la théorie cartésienne de la « création continuée ». Selon Descartes, il ne faut pas moins de perfection et de puissance à Dieu pour maintenir l'univers dans le temps que pour l'avoir créé une première fois à partir du Néant. Nous vivons donc dans le temps de la création continue et Dieu est le garant du déterminisme et de la constance des lois de la nature.

Quel est alors le « statut » de l'homme, situé entre le *Je pense donc je suis* et le Dieu des vérités éternelles et de la création continuée ? Comme nous l'avons vu, il y a une présence de Dieu en nous puisque c'est lui qui nous a donné les « semences de vérité » à partir desquelles nous pensons. Mais il existe aussi une distance de Dieu à nous, car, si nous le *connaissons* par l'expérience intellectuelle du *cogito,* nous ne pouvons le *comprendre* puisque nous ne sommes pas Dieu. Tel est l'intervalle infranchissable dans lequel vient naître la possibilité de l'erreur à laquelle Descartes confère une allure toute nouvelle. Avant Descartes, l'erreur était considérée comme le signe même de l'infirmité de l'homme incapable d'accéder à une vérité dont le péché l'avait rendu indigne. Avec Descartes, l'erreur devient la marque de la grandeur de l'homme qui, à la différence de l'automate ou de l'animal, est le seul être qui court un risque. Tel est bien ce qui ressort de la distinction établie par Descartes entre l'entendement et la volonté. L'entendement est passif, car il se borne à reconnaître une vérité qu'il ne peut faire, et limité, car il ne peut tout comprendre, il a en outre des degrés, car il comprend plus ou moins bien. Au contraire, notre volonté est active, infinie et absolue. L'homme se trompe lorsque sa volonté infinie et active dépasse les limites de son entendement, lorsqu'il veut plus qu'il ne sait. C'est précisément là que s'exerce notre liberté, une liberté que Dieu nous a donnée si grande qu'elle nous donne la possibilité de dire « Non » même à Dieu et de le nier. L'homme dont nous parle Descartes est un homme en équilibre toujours instable qui doit travailler à maîtriser sans cesse ses pensées et ses actes dans les limites de la lumière naturelle, mais qui possède en lui une sorte de propension à vouloir les franchir.

Avec Descartes, l'Arbre du Savoir a pris une vigueur considérable, et l'idée d'un salut par la connaissance est venue là se préciser. Car la philosophie de Descartes n'est pas une philosophie tragique, ce n'est pas une philosophie de la crainte ni du tremblement ; les uns l'en félicitent, d'autres l'en blâment. C'est ainsi que Pascal trouvera Descartes « inutile et incertain » et lui reprochera de s'en être tenu à un Dieu pour savants et pour philosophes qui n'a rien à voir avec celui d'Abraham, d'Isaac et de Jacob. Kierkegaard puis Jaspers verront dans le doute cartésien une sorte de subterfuge méthodologique totalement étranger au doute dévorant de la foi ou de l'angoisse existentielle.

Quant à l'Arbre de la philosophie, Heidegger demandera dans quel sol les racines puisent les sucs nécessaires à sa croissance. La tradition positiviste ne verra dans de telles racines qu'un appendice scolastique sans intérêt et nous assisterons alors à la prolifération de toutes sortes de branches privées même d'un tronc commun, ce contre quoi un Husserl a mis justement en garde. L'arbre de Descartes est finalement un arbre mort ; il n'a ni feuilles, ni fleurs, ni fruits, aucun oiseau ne viendrait y nicher, il ne pourrait offrir de l'ombre à aucun voyageur fatigué, il est tout au plus bon à fournir du bois que des machines transformeront en planches. Bref, il y a dans le cartésianisme un Arbre de la Connaissance qui a contribué à faire disparaître l'Arbre de Vie. La chute, la faute, la Passion du Christ, les vérités sanglantes, font peut-être partie de ce que Descartes appelait les vérités de la foi et de la religion, mais elles n'ont aucune place dans sa réflexion philosophique. En outre, dans le cartésianisme la démonstration se substitue à la monstration par la Révélation et l'Incarnation ; c'est l'homme qui accède à Dieu à l'occasion d'une réflexion ascensionnelle, ce n'est pas Dieu qui vient vers l'homme à travers le Médiateur. Un Malebranche trouvera dans cette démarche un moyen d'instituer une philosophie chrétienne, d'autres n'y verront que des séquelles scolastiques dont il conviendrait de purger le cartésianisme tout en le félicitant d'avoir voulu faire habiter la vérité sur la Terre, d'avoir pensé que l'homme était capable de transformer par son savoir et son pouvoir la nature, voire la société, dans lesquelles il vit. Dans ce Dieu cartésien créateur des vérités éternelles, l'existentialisme sartrien verra le dieu le plus libre forgé par l'imagination humaine mais il lui substituera l'homme créateur de vérités.

Bref, la mathématisation de la physique, l'intellectualisation de

Dieu par le cartésianisme, le recours à la lumière de l'idée claire et distincte, l'intronisation de la mesure et de la quantité, l'affirmation qu'il suffit de bien juger pour bien faire, l'idée que l'homme doit travailler à instaurer une science dont les applications techniques le délivreront d'un passé dont il doit se détacher, tout cela donc constituera, certes, le centre de thèmes autour desquels pourront s'organiser des leçons de rigueur, mais tout cela servira aussi de fondement à une aristocratie du savant et du technicien et à une auto-consécration de l'homme comme être autosauveur et autocréateur.

Il ne serait pas exagéré de dire que l'homme de Descartes est privé de toute une dimension ; les *Passions de l'âme*, qui traitent plutôt des émotions que de la passion, sont l'œuvre d'un intellectualiste et d'un biologiste qui a pensé en termes de réflexes conditionnés en cherchant à expliquer les relations de l'esprit et du corps ; ses spéculations gravitent autour de « l'admiration » et laissent de côté le mystère de la naissance de l'amour ou celui des désespoirs auxquels peut conduire la violence passionnelle. Contempteur de l'imagination dans laquelle il voyait une trahison de l'esprit se détachant de lui-même pour se tourner vers le corps, Descartes reste aveugle à l'imagination créatrice et l'art occupe dans sa pensée une place quasi inexistante. Tout le XVIIIe siècle français, vivant plus ou moins sur l'héritage cartésien, restera à peu près incapable de réfléchir sur le Beau ; l'œuvre d'art cherchera à être « vraie » ou à donner des leçons de morale ; il faudra attendre le romantisme, et surtout le romantisme allemand, pour assister à une réhabilitation de l'imagination.

Pourrons-nous poser la question sacrilège : Descartes fut-il un penseur original ? Beaucoup ont peut-être trouvé chez lui ce dont ils ignoraient l'existence chez ses prédécesseurs. Etienne Gilson a bien mis en lumière tout ce que Descartes devait à la pensée médiévale à laquelle celui-ci ne se référa jamais et qu'il accabla d'un méprisant silence mais qu'il avait appris à connaître chez les jésuites de La Flèche. On peut trouver chez Descartes bien des idées qui renvoient au pyrrhonisme, au stoïcisme, à l'augustinisme, à Duns Scot ou à Occam. Ajoutons que, avec Descartes, la nature se trouve réduite à un matériau, que l'espace et le temps n'ont plus rien de vécu mais qu'ils constituent le champ de travail de la géométrie et de la mécanique. Quant à sa physique, elle ne constitue en rien un développement de son projet fondamental pour la mathématiser : ses lois des chocs sont fausses, ses explications par la « matière subtile » ou les « tourbillons », son interprétation du magnétisme sont à la fois obscures et puériles. On pourrait être tenté de dire que Descartes n'a fait qu'aplatir dans une démarche rationaliste des idées qu'il n'avait pas entièrement découvertes mais que l'on n'a pas voulu reconnaître chez d'autres. On pourrait être tenté de dire tout cela. Faut-il succomber à cette tentation ?

Quoi qu'il en soit, on trouve chez Descartes une très puissante affirmation du sujet pensant. Aujourd'hui, certains le lui reprochent, les uns parce qu'ils croient voir en lui le père de « l'individualisme petit-bourgeois », d'autres parce que leurs anti-humanismes célèbrent la mort du *cogito* et celle du sujet qu'ils réduisent à un pli dans le champ structural du savoir ou dans celui de l'Histoire. Enfin Descartes a clairement montré que nous n'avons pas allumé la lumière intellectuelle qui se trouve en nous et qu'elle a son origine dans une source transcendante, point capital que les rationalistes qui se réclament de lui feindront d'oublier ou de minimiser.

A partir du *Je pense donc je suis* l'histoire de la philosophie s'est, au fond, scindée en deux grands courants. D'une part, celui des philosophies du *Je pense* qui s'attacheront à étudier les démarches intellectuelles de la pensée humaine à la lumière des progrès de la science, lesquels impliquent et engendrent à la fois de nouveaux types d'intelligibilité, et d'autre part, le courant des philosophies du *Je suis* qui cherchent à décrire et à approfondir les expériences vécues au cours desquelles l'homme est confronté à sa condition.

Pascal : l'état et la condition de l'homme

La philosophie de Descartes provoqua des réactions opposées de la part de deux penseurs chrétiens : une réaction de rejet avec Pascal, une réaction enthousiaste avec Malebranche qui y chercha de quoi fonder une philosophie chrétienne.

Pascal est un des plus grands philosophes européens et sa pensée est d'une permanente actualité, mais trop souvent il est abandonné en France aux spécialistes de littérature ou dédaigneusement considéré comme un écrivain religieux qui, en son temps, fit heureusement quelques découvertes scientifiques et polémiqua avec les jésuites. Pascal n'eut pas d'enfance. Né en 1623 à Clermont, il perd sa mère alors qu'il avait trois ans ; son père, président de la cour des aides, lui donne l'occasion d'écouter ses discussions avec des mathématiciens, et l'on sait que, selon sa sœur Gilberte, Pascal tout jeune réinventa seul le début de la géométrie d'Euclide. A seize ans, il écrit déjà un *Essai sur les coniques.* En 1646, une conversation de son père avec deux chirurgiens jansénistes l'ouvre à la théologie à une époque où l'on commence à parler du jansénisme. Il connaît l'expérience de Torricelli et fait des expériences à Rouen, ce qui lui vaut l'occasion d'une polémique sur le vide avec le P. Noël. En 1649, il fit faire par son beau-frère Périer une expérience au puy de Dôme pour vérifier le bien-fondé de l'hypothèse sur la pression atmosphérique. Il perd son père en 1651, hérite d'une grande fortune et mène pendant trois ans une vie mondaine assez mystérieuse, fréquente les salons, jouant aux jeux de hasard ; sa sœur Jacqueline, religieuse à Port-Royal, fut très sévère sur cet épisode de la vie de son frère.

Or voici que trois événements lui donnent l'occasion de réfléchir. En 1654, les chevaux de son carrosse s'étant emballés, il manque d'être précipité dans la Seine du haut du pont de Neuilly, il voit la mort de près. La même année il connaît une nuit d'extase où il est visité par l'illumination de la Grâce, il consigne les détails de cette révélation dans un « Mémorial » que, à sa mort, on trouva cousu dans ses vêtements. Puis, en 1656, c'est le miracle de la Sainte-Epine, sa nièce ayant été guérie d'une très grave fistule à l'œil par un reliquaire dont on avait touché sa paupière. Dès lors, Pascal devient ce grand penseur chrétien qui polémique avec les jésuites dans ses *Provinciales* (1656), s'intéresse encore à quelques problèmes scientifiques comme celui de la cycloïde et de la roulette et entre à Port-Royal ; harcelé par la maladie et par d'épouvantables maux de tête, il se consacra à la rédaction d'une Apologie de la religion chrétienne mais mourut en 1662 avant de l'avoir achevée ou même organisée. Les notes trouvées dans sa chambre furent éditées sous le titre *Pensées,* chaque éditeur les a classées à sa manière pour tenter de mettre de l'ordre entre elles.

Chez Descartes la pensée me renvoie à Dieu à qui je suis soumis, mais elle me renvoie aussi au monde que je me soumets, d'où le thème cartésien du sage héroïque qui deviendra maître de lui en devenant maître de la nature. Pascal situe l'homme entre Dieu et le Néant dans une perspective dramatique dominée par l'expérience du péché et par la soif de Salut. La situation de l'homme n'est donc pas pensée en termes gnoséologiques mais en termes existentiels et religieux. Pour Pascal, il manque à l'homme cartésien toute la dimension de la subjectivité vécue, c'est pourquoi Descartes est « inutile et incertain », la raison n'est pas la lumière véritable, car, si elle cherche à persuader par des preuves, elle ne peut pas convaincre le cœur.

L'homme sans Dieu. Pascal distingue soigneusement l'*état* de l'homme et sa *condition* et veut nous montrer que l'homme travaille à se divertir de son état pour s'attacher frivolement à sa condition. Lorsque l'homme réfléchit sur son état, il est saisi par l'*effroi* (terme fondamental de la réflexion pascalienne), car il se sent « injustifiable » : « Je ne sais qui m'a mis au monde, ni ce que c'est que le monde, ni que moi-même ; je suis dans une ignorance terrible de toutes choses ; je ne sais ce que c'est que mon corps, que mes sens, que mon âme et cette partie même de moi qui pense ce que je dis, qui fait réflexion sur tout et sur elle-même, et ne se connaît non plus que le reste. Je vois ces effroyables espaces de l'univers qui m'enferment, et je me trouve attaché à un coin de cette vaste étendue, sans que je sache pourquoi je suis plutôt placé en ce lieu qu'en un autre, ni pourquoi ce peu de temps qui m'est donné à vivre m'est assigné à ce point plutôt qu'à un autre de toute l'éternité qui m'a précédé et de toute celle qui me suit. Je ne vois que des infinités de toutes parts, qui m'enferment comme un atome et comme une ombre qui ne dure qu'un instant sans retour. Tout ce que je connais est que je dois bientôt mourir, mais ce que j'ignore le plus est cette mort même que je ne saurais éviter. Comme je ne sais d'où je viens, aussi je ne sais où je vais ; et je sais seulement qu'en sortant de ce monde je tombe pour jamais ou dans le néant, ou dans les mains d'un Dieu irrité, sans savoir à laquelle de ces deux conditions je dois être éternellement en partage. Voilà mon état, plein de faiblesse et d'incertitude. »

Les trois interrogations fondamentales que la conscience de cet état fait surgir en moi sont : *D'où viens-je ? Où suis-je ? Où vais-je ?* Toutes ces questions sans réponse se ramènent à une seule : Pourquoi ? Je dois donc être justifié sinon, pourrions-nous dire en employant une terminologie moderne, je demeure une facticité sans contexte ayant le sentiment-abrupt-de-se-trouver-là. Je reste en effet injustifiable : « Quand je considère la petite durée de ma vie, absorbée dans l'éternité précédant et suivant, le petit espace que je remplis et même que je vois, abîmé dans l'infinie immensité des espaces que j'ignore et qui m'ignorent, je m'effraie et m'étonne de me voir ici plutôt que là, car il n'y a point de raison pourquoi ici plutôt que là, pourquoi à présent plutôt que lors. Qui m'y a mis ? Par l'ordre et la conduite de qui ce lieu et ce temps a-t-il été destiné à moi ? [...] Pourquoi ma connaissance est-elle bornée ? ma taille ? ma durée à cent ans plutôt qu'à mille ? Quelle raison a eue la nature de me la donner telle, et de choisir ce nombre plutôt qu'un autre, dans l'infinité desquels il n'y a pas plus de raison de choisir l'un que l'autre, rien ne tentant plus que l'autre ? » L'espace, que Descartes avait géométrisé, le temps, qu'il avait réduit à un paramètre physique, retrouvent ainsi avec Pascal toute la dimension du vécu. Voilà donc quel est l'état de l'homme sans Dieu. Or, un des signes essentiels de l'égarement de l'homme se trouve dans l'effort de celui-ci pour se masquer son état au profit de sa condition ; l'homme se détourne en effet du métaphysique et du religieux pour se complaire dans le psychologique et dans le social.

La condition de l'homme. A plusieurs reprises, Pascal nous montre la contingence de cette condition et notamment dans les *Trois discours sur la condition des grands* que Pascal dut tenir au fils aîné du duc de Luynes et que Nicole nous a rapportés dans une rédaction de 1670. Pascal dit à son noble élève : « Vous ne vous trouvez au monde que par une infinité de hasards » ; il y a donc une contingence fondamentale de notre surgissement dans le monde qui dépend de toute une suite de mariages eux-mêmes liés à « une visite par rencontre » ou à « un discours en l'air ». Quant aux richesses dont les grands sont si fiers, elles dépendent aussi des mille hasards grâce auxquels leurs ancêtres les ont acquises et conservées. Les « grandeurs d'établissement » que vénèrent les hommes ne sont donc que des grandeurs apparentes qui n'ont rien à voir avec les « grandeurs réelles ». Mais, dit Pascal à son élève, « le peuple qui vous admire ne connaît pas ce secret. Il croit que la noblesse est une grandeur réelle, et il considère les grands comme étant d'une autre nature que les autres ». Ainsi donc, la condition de l'homme n'est que prestiges et apparences, or « le dernier acte est sanglant, quelque belle que soit la comédie en tout le reste : on jette enfin de la terre sur la tête, et en voilà pour jamais ».

Oublieux de son état, l'homme oublie aussi que, au milieu de la foule qui l'entoure, il demeure profondément seul, il l'oublie, car il croit que ceux qui cherchent sa compagnie la cherchent pour elle-même, alors qu'ils ne la recherchent que pour ce qu'elle leur permet d'obtenir. « Qu'est-ce à votre avis d'être grand seigneur ? C'est être maître de plusieurs objets de la concupiscence des hommes, et ainsi pouvoir satisfaire aux besoins et aux désirs de plusieurs. Ce sont ces besoins et ces désirs qui les attirent auprès de vous, et qui font qu'ils se soumettent à vous : sans cela ils ne vous regarderaient pas seulement. » Le roi lui-même n'est jamais aimé pour lui-même mais pour ce qu'il procure, il n'est qu'un « roi de concupiscence ». Nous aurons beau nous entourer de tous les appareils sociaux possibles, rien n'empêchera cette inéluctable conclusion : « On mourra seul. »

Il en est de même en amour, et ici Pascal va dénoncer les prestiges de l'Erôs en nous invitant à découvrir ce qu'est l'*agapè*. « Celui qui aime quelqu'un à cause de sa beauté l'aime-t-il ? Non, car la petite vérole qui tuera la beauté sans tuer la personne fera qu'il ne l'aimera plus. [...] On n'aime donc jamais personne mais seulement des qualités. » « Le moi est haïssable » parce qu'il est rempli d'une concupiscence qui le pousse à ne rechercher que les apparences, en outre l'admiration portée aux hommes risque de détourner de l'amour que l'on doit à Dieu, « il faut n'aimer que Dieu et ne haïr que soi », car « il est faux que nous soyons dignes que les autres nous aiment ». L'homme oublie trop souvent l'Etre au profit des êtres qui l'en détournent, « la vraie et unique vertu est donc de se haïr (car on est haïssable par sa concupiscence) et de chercher un être véritablement aimable pour l'aimer. [...] Or il n'y a que l'Etre universel qui soit tel. »

L'homme plongé dans le monde s'essouffle au cours d'une vaine course au bonheur, bonheur qu'il croit trouver soit en dehors de lui, soit en lui-même. Lorsque l'homme cherche le bonheur dans le monde il est victime de l'imagination, du divertissement et de la curiosité. Nous avons rencontré chez Descartes une critique gnoséologique de l'imagination que la raison doit vaincre ; Pascal nous montre, au contraire, que la raison est incapable de remporter une telle victoire, car « la raison a beau crier, elle ne peut mettre le prix aux choses ». Elle ne le peut puisque l'imagination triomphe de la raison même chez les plus sages : « Le plus grand philosophe du monde, sur une planche plus large qu'il ne faut, s'il y a au-dessous un précipice, quoique sa raison le convainque de sa sûreté, son imagination prévaudra. Plusieurs n'en sauraient soutenir la pensée sans pâlir et suer. [...] Plaisante raison qu'un vent manie, et à tout sens ! » Le principal danger de l'imagination est qu'elle inverse les valeurs, elle grossit les petites choses et diminue les grandes. L'imagination défait donc la raison et « l'homme n'agit point par la raison qui fait son être ».

Mais il n'y a pas que l'imagination qui inverse l'ordre des grandeurs ; le divertissement y contribue également : « Nous courons sans souci dans le précipice, après que nous avons mis quelque chose devant nous pour nous empêcher de le voir. » L'homme qui se divertit se détourne du consistant pour s'attacher au précaire, il délaisse l'éternel pour l'éphémère. Pascal a consacré plusieurs pages au divertissement pour nous montrer que ce que nous cherchons ce n'est pas la prise mais la chasse ; la conversation, la société des femmes, les plaisirs mondains, les charges, la guerre sont autant de procédés utilisés par l'homme pour se détourner de son état et ne s'attacher qu'à sa condition. C'est la raison pour laquelle nous cultivons le paraître et négligeons l'être, « nous ne nous contentons pas de la vie que nous avons en nous et en notre propre être : nous voulons vivre dans l'idée des autres d'une vie imaginaire, et nous nous efforçons pour cela de paraître. Nous travaillons incessamment à embellir et conserver notre être imaginaire, et négligeons le véritable. »

Il en va de même de la curiosité dans laquelle nous nous éparpillons pour nous détourner de ce qui devrait nous regarder : « Curiosité n'est que vanité. Le plus souvent on ne veut savoir que pour en parler. Autrement on ne voyagerait pas sur la mer, pour ne jamais rien en dire, et pour le seul plaisir de voir, sans espérance d'en jamais communiquer. » Ainsi la vanité de l'homme apparaît partout et notamment dans les causes de l'amour comme nous le montre l'exemple du « nez de Cléopâtre » qui, s'il eût été plus court, aurait défiguré la reine d'Egypte qui n'aurait alors jamais séduit un conquérant. Pascal, se souvenant de l'Ecclésiaste, peut donc écrire : « Qui ne voit pas la vanité du monde est bien vain lui-même. »

Pourrons-nous trouver le bonheur, non dans le monde, mais en nous-même ? Il existe des formes de détachement du monde et de repli sur soi-même qui, sans représenter la forme suprême de la sagesse, n'en sont pas pour autant dénuées d'intérêt. Le stoïcisme et Montaigne nous en offrent deux exemples que Pascal étudie dans l'*Entretien avec M. de Saci sur Epictète et sur Montaigne* qui nous a été conservé. Le stoïcisme a le mérite éminent de nous détacher de notre amour pour les choses extérieures, de nous montrer la vanité du divertissement et de l'agitation. Il nous convie à l'ataraxie et à une concentration sur nous-même. Mais, si le stoïcisme a le mérite d'avoir vu la grandeur de l'homme, il n'en a pas vu la petitesse ni la faiblesse ; en outre il ne s'est pas aperçu

« qu'il n'est pas en notre pouvoir de régler le cœur ». Montaigne, au contraire, n'a vu que la faiblesse de l'homme ; il a dénoncé la relativité de toutes choses, l'orgueil de la raison et la confiance aveugle dans l'opinion, mais il risque de nous donner le goût du relatif et de nous conduire à l'impiété et aux vices. C'est pourquoi Pascal se propose de corriger la lecture d'Epictète par celle de Montaigne et inversement. Et cela afin de nous faire saisir le caractère ambigu de l'homme à la fois plein de grandeur, en tant que créature faite à l'image de Dieu, et plein de faiblesse, en tant qu'être pécheur. Ainsi « l'homme n'est ni ange ni bête, et le malheur veut que qui veut faire l'ange fait la bête » ; il est donc essentiel que l'homme comprenne qu'il est une sorte de monstre contradictoire, d'où la proclamation de Pascal : « S'il se vante je l'abaisse ; s'il s'abaisse, je le vante ; et le contredis toujours, jusqu'à ce qu'il comprenne qu'il est un monstre incompréhensible. »

Pascal et le christianisme. Le Dieu dont parle Pascal n'a rien à voir avec celui de Descartes qui est un Dieu pour savants et pour philosophes. Pascal cherche une vérité pour laquelle il vaille de vivre ou de mourir : « Je trouve bon qu'on n'approfondisse pas l'opinion de Copernic : mais ceci... ! Il importe à toute la vie de savoir si l'âme est mortelle ou immortelle. » L'homme ne connaissant pas Dieu ne trouvera pas dans la nature la réponse dont il a soif, l'homme sans Dieu ne peut qu'être confronté au silence du monde et répéter : « Le silence éternel de ces espaces infinis m'effraie » ; en définitive « la science des choses extérieures ne me consolera pas de l'ignorance de la morale, au temps d'affliction. » Car il manque à la science toute une dimension. Pascal fut le contemporain de deux grandes inventions : celle du microscope et celle du télescope ; pour lui elles furent l'occasion, non pas de célébrer le génie de l'homme, mais bien de faire sentir à celui-ci la place qu'il occupait dans le monde. Comme le montre la célèbre pensée sur les deux infinis, l'homme est un infini de grandeur si on le compare à l'infiniment petit, mais il est infiniment petit si on le compare à l'infiniment grand : « Qu'est-ce que l'homme dans la nature ? Un néant à l'égard de l'infini, un tout à l'égard du néant, un milieu entre rien et tout. » L'homme est donc essentiellement ambigu et déchiré, car il a une impuissance de prouver invincible à tout le dogmatisme et une idée de la vérité invincible à tout le pyrrhonisme. C'est pourquoi Pascal ne met pas l'accent sur le *cogito* mais bien sur le *sum :* « Je sens que je puis n'avoir point été, car le moi consiste dans ma pensée ; donc moi qui pense n'aurais point été, si ma mère eût été tuée avant que j'eusse été animé ; donc je ne suis pas un être nécessaire. Je ne suis pas aussi éternel, ni infini ; mais je vois bien qu'il y a dans la nature un être nécessaire, éternel et infini. »

Pascal est ainsi amené à distinguer un art de *persuader*, qui procède par preuves et par argumentations, et un art de *convaincre* qui s'adresse au cœur ; toucher le cœur de l'autre n'implique pas la connaissance de l'art de la démonstration ni de la rhétorique. Il y a donc loin de la connaissance de Dieu à l'aimer ; le « Dieu d'Abraham, d'Isaac et de Jacob » parle au cœur et non à la raison, « voilà ce que c'est que la foi, Dieu sensible au cœur, non à la raison ». Les religions non chrétiennes ne donnent que le raisonnement pour parvenir à Dieu, alors que dans le christianisme c'est Dieu qui vient vers l'homme, « la foi est un don de Dieu ; ne croyez pas que nous disions que c'est un don de raisonnement ». Il importe donc de se défier de la « superbe » de la raison qui doit apprendre à se démettre devant ce qui la dépasse, c'est pourquoi « il n'y a rien de si conforme à la raison que ce désaveu de la raison » ; la preuve est humaine, la foi est un don de Dieu qui nous parle. Toutefois, il est aussi insensé de ne vouloir suivre que la raison, que de refuser de la suivre en doutant de tout ; il faut savoir douter où il faut, le christianisme demande à la fois l'usage et la soumission de la raison.

Ainsi, l'apologie de la religion chrétienne ne saurait avoir recours à des démonstrations, mais elle doit être attentive à des signes. A une époque où l'on parlait de Mahomet, Pascal insiste sur ces signes que sont les miracles et les prophéties, mais il faut comprendre que « les miracles sont pour la doctrine, et non pas la doctrine pour les miracles » ; car les miracles servent à condamner les fausses religions : « Au lieu de conclure qu'il n'y a point de vrais miracles parce qu'il y en a tant de faux, il faut dire au contraire qu'il y a certainement de vrais miracles, puisqu'il y en a tant de faux » ; de même il n'y a de fausses religions que parce qu'il y en a une vraie.

Chez Descartes, Dieu demeurait certes transcendant puisque nous ne pouvions le comprendre, mais c'était tout de même l'homme qui parvenait à le connaître à partir du *cogito ;* certes nous n'avons pas nous-même semé les semences de vérité qui sont en nous, mais il y a chez Descartes une perspective immanentiste qui lui permet d'aller de l'homme vers Dieu. Chez Pascal, Dieu reste caché, car nous ne pouvons pas accéder à ce que signifie le mot *être :* « On ne peut entreprendre de définir l'être sans tomber dans cette absurdité : car on ne peut définir un mot sans commencer par celui-ci, *c'est,* soit qu'on l'exprime ou qu'on le sous-entende. Donc, pour définir l'être, il faudrait dire *c'est,* et ainsi employer le mot défini dans sa définition. » Le Dieu d'amour est situé infiniment au-dessus de l'homme, c'est Dieu qui trouve le chemin pour aller vers l'homme et non pas l'homme qui découvre la route pour monter jusqu'à Dieu ; c'est pourquoi Pascal, loin de toutes les évidences et de toutes les idées claires et distinctes chères à Descartes, écrit : « Qu'on ne nous reproche donc plus le manque de clarté, puisque nous en faisons profession. » L'homme tient à Dieu par la Création et par le Christ, mais il s'en détache par le péché ; seul Dieu peut retrouver l'homme, car l'homme n'est pas seulement égaré, il est perdu. La méthode ne peut se substituer à la Grâce, et les analyses sur l'entendement et la volonté ne sauraient nous masquer ce mal radical qui est en l'homme et qui fait de lui un être de misère.

Par-delà tous les triomphalismes de la raison et de la science, Pascal médite sur l'existence humaine : « En voyant l'aveuglement et la misère de l'homme, en regardant tout l'univers muet, et l'homme sans lumière, abandonné à lui-même, et comme égaré dans ce recoin de l'univers, sans savoir qui l'y a mis, ce qu'il y est venu faire, ce qu'il deviendra en mourant, incapable de toute connaissance, j'entre en effroi comme un homme qu'on aurait porté endormi dans une île déserte et effroyable, et qui s'éveillerait sans connaître où il est, et sans moyen d'en sortir. Et sur cela j'admire comment on n'entre point en désespoir d'un si misérable état. » Ainsi donc au sein de l'univers muet, « l'homme passe l'homme » ; Pascal a voulu dénoncer les apaisements superficiels qui cachent notre déroute, mais il a voulu mettre au-dessus de l'inquiétude fondamentale la sérénité que l'homme ne peut avoir mais à laquelle il aspire. C'est ce qu'indique cette pensée inspirée des Evangiles : « Ne craignez point, pourvu [que] vous craigniez ; mais si vous ne craignez pas, craignez. »

Malebranche et l'idée de philosophie chrétienne

Au début du XVIIᵉ siècle, des penseurs chrétiens s'étaient attachés à élaborer des synthèses plus ou moins explicites du christianisme et des grandes philosophies grecques. On en trouverait des traces chez Pierre Charron (1541-1603). Le stoïcisme fut remis à l'honneur par le Flamand Juste Lipse (1547-1606) avec la *Constance,* le *Manuel de philosophie stoïque* et la *Physiologie des stoïques,* ainsi que par Guillaume Du Vair (1556-1621) dans sa *Sainte Philosophie.* Pierre Gassendi (1592-1655), un des contradicteurs de Descartes et un des maîtres de Molière, chercha à établir une synthèse du christianisme et de l'épicurisme. Nicolas Malebranche (1638-1715), au contraire, voulut rompre avec la tradition aristotélico-scolastique et demanda au cartésianisme les moyens de fonder une philosophie chrétienne.

Né dans une famille riche, doté d'une mauvaise santé, Malebranche eut une vocation religieuse sans histoire. Entré à l'Oratoire en 1660, il est ordonné prêtre en 1664 ; il fut contemporain de la grande querelle janséniste où s'engagèrent Pascal et Arnauld, eut comme camarade d'études l'exégète Richard Simon et se sentit attiré par Platon et par saint Augustin. La date capitale, pour sa vocation philosophique, fut la lecture de *L'Homme* de Descartes en 1664 ; ce livre de physiologie lui ouvrit les yeux sur la portée du mécanisme cartésien, il y découvre une philosophie qui vaut la peine d'être étudiée. Encouragé à la lecture de saint Augustin par son confrère Ambrosius Victor (1629-1683), Malebranche décide de fonder une philosophie chrétienne pour lutter contre les « esprits forts » et l'impiété. Cette philosophie comprend trois temps forts : l'occasionnalisme, la théorie de l'étendue intelligible et celle de la vision en Dieu.

Malebranche est, à la fois, une conscience religieuse et une conscience philosophique. Son but est de dénoncer la philosophie « que l'on a reçue du Serpent », c'est-à-dire celle des païens qui adorent la puissance des choses et se détournent ainsi de Dieu. Il veut dénoncer les superstitions nées de l'aristotélisme ; en ce sens il se présente comme un anti-scolastique. La grande œuvre de Malebranche s'intitule *Recherche de la vérité* (1674-1675), elle nous enseigne que nous devons lire le Livre du Monde dont la compréhension implique la lumière naturelle, mais que nous devons lire aussi la Bible qui nous éclaire de sa Lumière surnaturelle. Cet augustinisme cartésianisé, ou ce cartésianisme augustinisé, part de cette idée que causer est synonyme de créer. Dieu fait tout comme cause véritable et ne communique sa puissance aux créatures qu'en les établissant comme « causes occasionnelles ». Ce que Malebranche appelle « l'erreur la plus dangereuse de la philosophie des anciens » est d'avoir cru que les corps et les êtres étaient doués d'une efficacité faisant d'eux des causes : « C'est Dieu seul qui fait comme cause véritable, par les lois générales de l'union de l'âme et du corps, ce que les hommes font comme causes occasionnelles ou naturelles. » Il ne faut pas perdre de vue que « les corps ne nous éclairent pas, et nous ne sommes point à nous-mêmes notre raison et notre lumière ». « L'erreur est la cause de la misère des hommes » qui sont esclaves du péché ; il importe donc de partir à la recherche de la vérité en commençant par démystifier la notion de cause pour comprendre que, à proprement parler, il n'y a que Dieu qui soit tel.

L'occasionnalisme de Malebranche, qui a pu lui être suggéré par la lecture de Descartes et par celle de cartésiens tels que Louis de La Forge et Gérauld de Cordemoy, constitue donc le point de départ d'une théorie de la connaissance, d'une théorie de l'union de l'âme et du corps et celui d'une apologie de la religion chrétienne. Malebranche cherche non pas une vérité qui nous dépasse et où la foi devrait se passer de la raison, ni de simples vérités que nous serions capables de comprendre et pour lesquelles la raison n'aurait pas besoin de la foi, mais des vérités qui nous comprennent et où la foi et la raison s'épaulent mutuellement. C'est pourquoi Malebranche reprend le titre d'un ouvrage de Descartes en le complétant puisque le titre de la première édition des *Méditations chrétiennes* (1683) devient *Méditations chrétiennes et métaphysiques* dans les éditions de 1699 et 1707 ; le pôle religieux et le pôle métaphysique ne doivent pas être séparés, on retrouve les deux mêmes termes dans un ouvrage qui constitue le résumé de la doctrine : *Entretiens sur la métaphysique et sur la religion* (1688). Mais Malebranche opère une transfiguration de la raison. Il écrit en effet dans son *Traité de morale* (1684), « la foi passera, mais l'intelligence subsistera éternellement » ; pour lui l'intelligence n'est autre que le Verbe de Dieu que nous pouvions connaître avant le péché ; mais depuis la chute, nous ne contemplons plus la vérité, nous ne pouvons plus la comprendre et nous sommes obligés de la croire. En ce sens la foi est notre bâton d'estropié ; cependant, après la Rédemption, nous n'aurons plus besoin de cette foi, elle passera et nous serons de nouveau unis à l'Intelligence dont nous étions séparés.

Descartes avait déthéologisé l'étendue en en faisant l'attribut de la matière, Malebranche cherche à rattacher cette étendue à la Création et à Dieu. Pour lui l'étendue doit être rapportée à l' « étendue intelligible », c'est-à-dire à « l'idée que Dieu a des corps ». Malebranche distingue deux sortes d'étendues, l'une intelligible, l'autre matérielle. L'étendue intelligible « est éternelle, immense, nécessaire. C'est l'immensité de l'Etre divin, en tant qu'infiniment participable par la créature corporelle, en tant que représentatif d'une matière immense, c'est en un mot l'idée intelligible d'une infinité de mondes possibles ». Quant à l'étendue créée, « c'est la matière dont le monde est composé ». Ainsi donc, contrairement à ce qu'insinuait son correspondant Dortous de Mairan, Malebranche n'est pas spinoziste ; cette distinction lui permet, en effet, de dire que « l'étendue créée est à l'immensité divine ce que le temps est à l'éternité. Tous les corps sont étendus dans l'immensité de Dieu, comme tous les temps se succèdent dans son éternité ». Alors que Descartes reliait l'étendue à la géométrie, avec Malebranche l'étendue nous renvoie à la théologie.

Le cartésianisme chrétien de Malebranche est couronné par la théorie des idées. Comme Descartes, Malebranche se livre à toute une critique de l'empirisme et fait un procès de l'imagination, cette « folle qui se plaît à faire la folle ». Les idées ne viennent pas des corps matériels, ni de nous-même, elles ne peuvent venir que de Dieu non certes au fur et à mesure que nous en aurions besoin, mais à l'occasion d'une « vision en Dieu ». Connaître c'est essentiellement voir en Dieu ; Malebranche, répondant à des objections faites par des théologiens, prend bien soin de préciser que « vision en Dieu » ne signifie pas « vision de Dieu ». Les idées « sont l'essence divine en tant que les créatures peuvent l'imiter ou y participer ».

La connaissance nous a donc fait suivre un ordre, selon des « rapports de grandeurs », elle nous a conduits jusqu'à Dieu ; il reste à acquérir la connaissance de l'Ordre qui nous permettra de nous y tenir selon les « rapports de perfection ». Il faut bien dire qu'ici Malebranche ne va pas hésiter à se livrer à une sorte de psychologie de Dieu pour nous expliquer comment celui-ci se comporte, car « on peut connaître quelque chose des desseins de Dieu, en consultant la souveraine Raison » ; il est assez significatif de remarquer à ce sujet que les *Méditations chrétiennes* se présentent sous la forme d'un dialogue entre l'auteur et le Verbe, dialogue dans lequel Malebranche va jusqu'à faire parler le Verbe lui-même. Nous avions suivi un ordre qui nous avait permis de participer à l'Etre, nous devons suivre maintenant l'Ordre selon lequel l'Etre se communique. Dieu agit pour sa Gloire, il crée toujours le meilleur et il agit par les voies les plus simples et les plus générales. La puissance de Dieu a ordonné le monde, mais sa volonté a présidé à sa disposition.

Adam était la créature de l'Ordre, le péché fut le refus de cet ordre par lequel Dieu se manifestait dans la Création. Le désordre des créatures est donc venu s'opposer à l'Ordre du Créateur. Mais avec Jésus surgit l'ordre du rachat, Jésus est « l'ordre qui doit nous réformer » ; l'Ordre s'est incarné pour nous parler cette langue de la chair qui est la seule que nous entendions. Refusant le pélagianisme comme le jansénisme, Malebranche voit dans le salut un dialogue dans lequel Dieu met le poids de sa Grâce dans le plateau d'une balance afin de nous ouvrir à la Rédemption, nous ne devons pas mettre un contrepoids sur l'autre plateau. Cette notion d'Ordre est capitale chez Malebranche ; c'est parce que notre être vient de l'Ordre que la connaissance et la soumission à cet Ordre doivent nous redonner l'Etre perdu ; l'Ordre implique l'unité de la recherche et de la présence, il traduit une constance dans l'être qui est fidélité à l'Etre, c'est pourquoi la vertu est une habitude, c'est-à-dire non pas une routine, mais la possession d'une plénitude qui fonde l'être de chacun de nous.

Bref, toute cette philosophie chrétienne pourrait se résumer dans la formule de Malebranche : « La foi nous conduit à l'intelligence de la vérité qui nous mérite la charité. » Ainsi, contrairement à Descartes, Malebranche n'a pas cherché la vérité « dans les sciences », il a voulu rattacher la vérité au Verbe et à la Révélation. Selon la forte conclusion d'Henri Gouhier, Malebranche fut le « missionnaire du cartésianisme dans l'Eglise et le missionnaire du Christ dans le monde cartésien ».

La philosophie de Malebranche eut une curieuse destinée ; son œuvre lui avait valu quelques démêlés avec l'Eglise, mais, comme l'a bien montré Ferdinand Alquié dans *Le Cartésianisme de Malebranche*, Malebranche fut un des auteurs de chevet de Voltaire, des rationalistes et des « esprits forts » du XVIIIe siècle. Ceux-ci croyaient, en effet, trouver chez lui l'idée que Dieu était beaucoup plus admirable dans la conduite que nous en révèlent la physique et la biologie que dans celle dont nous entretient l'Ecriture. Arnauld et Bossuet avaient mis Malebranche en garde, mais celui-ci avait confiance en ses théories sans prévoir qu'elles allaient contribuer à préparer ce que lui-même voulait dénoncer, à savoir : le naturalisme, qui ouvre la totalité du réel à la science, un mécanisme généralisé qui pourra déboucher sur un panthéisme ou sur un humanisme conférant à l'homme les pouvoirs que le père de l'Oratoire avait reconnus à Dieu seul.

Spinoza et le salut par la connaissance

Le spinozisme représente la tentative la plus absolue pour réintégrer l'homme et la nature en Dieu. C'est pourquoi ce Juif hollandais, humble, désintéressé et solitaire, s'attira aussi bien l'incompréhension haineuse de la Synagogue qui l'excommunia que le mépris des chrétiens qui, la plupart du temps, ne l'avaient pas lu. Il faudra attendre les romantiques allemands pour que celui que l'on avait dépeint comme un infâme athée soit enfin admiré comme un homme « ivre de Dieu », selon l'expression de Novalis. Spinoza (1632-1677) publia en 1670 son *Traité théologico-politique* qui fit scandale ; il renonça alors à publier mais ses amis connaissaient ses œuvres en manuscrit. La plus importante est l'*Ethique démontrée selon la méthode des géomètres* (en latin), écrite de 1661 à 1675 et publiée en 1677 après la mort de Spinoza ; il faut y ajouter surtout *De la réforme de l'entendement* (en latin), inachevée, écrite avant 1661 et publiée en 1677 ainsi que le *Traité politique* également inachevé ; il nous reste aussi de très importantes lettres de Spinoza à divers correspondants.

Spinoza avait reçu une éducation juive très poussée et connaissait parfaitement l'hébreu, mais c'était aussi un lecteur de Descartes. Descartes avait distingué trois substances : la matière dont l'essence était l'étendue, l'esprit dont l'essence était la pensée et Dieu ayant pour essence l'infini. Toutefois, Descartes avait pour ainsi dire ouvert la voie au spinozisme en disant que, puisque la substance était ce qui n'avait besoin que de soi-même pour exister, à proprement parler il n'y avait que Dieu qui fût tel. Spinoza « bloque » les trois substances cartésiennes en une seule : Dieu, qui est un, unique, éternel, infini. Ainsi « nulle substance en dehors de Dieu ne peut être donnée ni conçue » et « tout ce qui est, est en Dieu et rien ne peut être sans Dieu ni être conçu ». Spinoza va si loin dans son monosubstantialisme qu'il affirme que le multiple et le nombre ne sont pas des êtres réels, mais seulement des êtres de raison, c'est-à-dire des « manières de penser ou plutôt d'imaginer ». Le temps est également un être de raison et non pas un être réel ; seule est l'éternité où il n'y a aucune place pour un *avant*, un *pendant*, ni un *après*.

Dieu possède une infinité d'attributs dont deux seulement, l'étendue et la pensée, peuvent être conçus par nous. C'est pourquoi Spinoza n'hésite pas à écrire : « Dieu est chose pensante » et « Dieu est chose étendue ». Le scandale fut grand, on traita Spinoza de matérialiste parce que l'on pensait déjà uniquement en termes cartésiens et qu'*étendue* et *matière* apparaissaient comme deux synonymes. En réalité, Spinoza voulait redonner à l'étendue toute la dimension divine dont Descartes l'avait privée, il veut que nous la pensions comme la manifestation de l'être de Dieu. C'est pourquoi Spinoza écrit constamment : « Dieu ou la Nature » ; il ne cherchait par là ni à naturaliser Dieu, ni à diviniser la nature, au nom d'un panthéisme quelconque ou même d'une théologie de la Création, il voulait renforcer cette idée que rien ne peut être ni être conçu en dehors de Dieu. L'idée que Dieu est chose étendue est une thèse quasi mystique à rattacher à la notion d'immensité ou d'ubiquité divines. D'ailleurs une vieille formule rabbinique faisait de Dieu « le lieu du monde », et Henry More, qui reprochait à Descartes de matérialiser l'étendue, avait déjà écrit que, à sa manière, Dieu était étendu. Spinoza reprenait à son compte la formule de Paul qu'il cite : « Toutes choses sont et se meuvent en Dieu. » Enfin, parce que Dieu est chose pensante, les pensées singulières sont des modes exprimant la nature de Dieu, tous les modes de pensées ont Dieu pour cause en tant qu'il est chose pensante ; ce qui détermine l'âme à penser ce n'est ni l'étendue ni un corps, mais un mode du Penser. C'est pourquoi Spinoza met en épigraphe à son *Traité théologico-politique* la phrase de Jean : « Nous demeurons en Dieu et Dieu demeure en nous. » Jamais on n'avait donné à cette formule une portée philosophique aussi radicale pour dire que rien ne peut être conçu en dehors de Dieu.

C'est pourquoi la pensée de Spinoza est d'un abord difficile que ne facilite guère la méthode *more geometrico* adoptée dans l'*Ethique* et où il voyait le moyen le moins mauvais pour coller de très près à son intuition centrale. La philosophie de Spinoza est, en effet, comme une sphère où tout se tient ; pour bien l'aborder il faudrait déjà la connaître tout entière ; le spinozisme se présente comme une intuition infinie qui est telle parce qu'elle cherche à être l'intuition de l'Infini.

Spinoza appelle « nature naturante » la Nature (ou Dieu) et l'ensemble de ses attributs ; il appelle « nature naturée » Dieu (ou la Nature) et ses *modes.* Un mode est une affection de la substance, « autrement dit ce qui est dans une autre chose par le moyen de laquelle il est ainsi conçu ». Les choses particulières sont des « modes finis » de la substance, elles « ne sont rien sinon des affections des attributs de Dieu », autrement dit des modes par lesquels les attributs de Dieu sont exprimés d'une manière certaine et déterminée. Cette théorie des modes est obscure mais centrale. Selon Tschirnhaus, Spinoza disait : « Le vulgaire des philosophes commence par les choses, Descartes a commencé par la pensée, moi je commence par Dieu » ; or une fois parti de Dieu, comment Spinoza peut-il arriver à l'homme, d'autant plus que la Création n'occupe aucune place dans sa pensée ? Nous nous trouvons là en présence du problème insoluble des rapports de l'Un et du multiple dans le spinozisme. Spinoza tient aux deux. D'un côté, Dieu est la substance unique et le multiple n'est qu'un être de raison ; mais, d'un autre côté, Spinoza se refuse à considérer autre chose que des individus concrets : « Chacun existe par le droit suprême de la nature, et par conséquent chacun fait par le droit suprême de la nature ce qui suit de la nécessité de sa propre nature » ; il insiste sur cette idée que chaque chose « s'efforce de persévérer dans son être ». Spinoza est résolument nominaliste et dénonce les termes « transcendantaux » tels que Etre, chose, etc., selon lui ce sont là des termes vagues obtenus par les généralisations de l'imagination ; il leur oppose l'« essence particulière affirmative » de chaque chose. Ainsi donc Spinoza maintient à la fois l'Un et le multiple. Comment passe-t-il de l'un à l'autre ? Un Schelling lui reprochera de n'y être jamais parvenu. Au fond, il ne serait pas exagéré de dire qu'il faut lire la philosophie de Spinoza à rebours, du fini il est allé à l'Infini comme exigence, mais comment passer ensuite de l'Infini au fini lorsqu'on a proclamé que Dieu était la seule substance ? Toutefois, Spinoza a essayé de ménager les intermédiaires entre l'Infini et le fini. Dans un cercle, nous pouvons tracer des figures dont les propriétés leur sont conférées par l'essence du cercle ; nous pouvons dire que ces figures n'existent qu'en tant qu'elles sont comprises dans le cercle ; il en va de même des choses singulières qui n'existent qu'en tant que comprises dans les attributs de Dieu.

La distinction de ces deux attributs de Dieu ne conduit nullement à un dualisme ; c'est ce sur quoi Spinoza insiste dans sa doctrine du *parallélisme* affirmant que « l'ordre et la connexion des idées sont les mêmes que l'ordre et la connexion des choses ». Que nous concevions la Nature sous l'attribut de l'étendue ou sous celui de la pensée, nous trouvons un seul et même ordre ou une seule et même connexion de causes. On pourrait interpréter ce parallélisme dans une perspective rationaliste en disant que la connaissance des corps nous réintègre à la nature, que toute intériorité est la pensée d'une extériorité et que, comme le dirait L. Brunschvicg, le progrès de la conscience est parallèle au progrès de la science. Mais le parallélisme de Spinoza exprime aussi autre chose ; il lui sert à résoudre le problème de l'union de l'âme et du corps, car l'un et l'autre sont une seule et même chose conçue tantôt sous l'attribut de la pensée, tantôt sous l'attribut de l'étendue ; ainsi à une affection du corps (*affectio*) correspond une affection de l'âme (*affectus*), l'ordre des actions et des passions de notre corps concorde par nature avec l'ordre des actions et des passions de l'âme. Ce parallélisme prolonge le monosubstantialisme, car, propositions qui séduiront les romantiques allemands, « l'âme humaine est une partie de l'entendement infini de Dieu » et « le corps humain est une partie de la nature ». Le parallélisme spinoziste est ontologique en son fond (puisque pensée et étendue renvoient à Dieu) et intellectualiste par sa méthode, car c'est à partir de là que se développe une explication intellectualiste de la passion, selon laquelle « les passions dépendent des idées inadéquates », débouchant sur une thérapeutique intellectualiste de la passion puisqu'une passion cesse d'être une passion dès que nous en avons une idée claire et distincte.

Le couronnement de la doctrine se trouve dans le *déterminisme* spinoziste : « Les choses n'ont pu être produites par Dieu d'aucune manière autre et dans aucun ordre autre que de la manière et dans l'ordre où elles ont été produites. » Autrement dit, Dieu est à la fois la cause de lui-même et la cause de toutes choses. Il importe de se garder d'un contresens ; le déterminisme spinoziste est un déterminisme par l'éternité qui n'a rien à voir avec le déterminisme stoïcien qui est un déterminisme par le temps. Pour les stoïciens, tout est déterminé par un nœud de causes qui se déploient dans la temporalité ; pour Spinoza, le déterminisme de la nature naturée exprime l'éternité de la nature naturante. L'unicité, l'infinité, l'éternité de Dieu déterminent, ontologiquement et par présence totale, le multiple, le fini et le temporel ; Dieu n'existe pas antérieurement à ses décrets, il ne peut décréter autre chose puisque tout découle de sa perfection. Spinoza prend le contre-pied de la théorie cartésienne des vérités éternelles, car pour lui tout a été prédéterminé par Dieu, par « la nature absolue de Dieu, c'est-à-dire par sa puissance infinie » et non par sa volonté que les hommes invoquent sans cesse et qui n'est que « l'asile de l'ignorance ». Le déterminisme spinoziste est un déterminisme en et par Dieu et non un déterminisme discursif impliquant des enchaînements temporels de causes.

C'est pourquoi Spinoza distingue la *causalité transitive,* qui recourt au temps et au multiple, et la véritable causalité : la *causalité immanente,* qui implique l'omniprésence de la substance une et unique : « Dieu est cause immanente et non transitive de toutes choses. » Spinoza cite toujours saint Paul : « Toutes choses sont et se meuvent en Dieu » ; les causes transitives ne portent que sur les existences, la cause immanente repose sur l'essence, c'est-à-dire sur Dieu, car en lui l'essence ne se distingue pas de l'existence. Les choses suivent de la nature divine, non comme une émanation temporelle, mais en vertu de l'essence, un peu comme il suit de la nature du cercle que soient rectangles tous les triangles inscrits qui sous-tendent un diamètre. Par conséquent, il n'y a place que pour du nécessaire et la notion de possible est une pseudo-idée.

Ainsi les hommes ne sont pas libres au sens où ils le croient, ils se croient libres parce qu'ils ignorent les causes qui les font agir, « si la pierre jetée en l'air était douée de conscience, elle s'imaginerait qu'elle est à l'origine de son mouvement ». Nous ne devons donc pas distinguer la volonté de l'entendement, comme le faisait Descartes ; vouloir c'est juger, c'est-à-dire adhérer aux idées adéquates. L'erreur n'est que la marque de la faiblesse humaine, elle est une privation de connaissance, or « une privation n'est rien », pour Spinoza il n'y a donc pas de positivité du négatif. La véritable liberté consiste dans la seule connaissance de la nécessité en Dieu et par Dieu. Nous devons ainsi abandonner tous les préjugés concernant la bipolarité des valeurs, car nous ne voulons pas une chose parce qu'elle est bonne, mais nous disons qu'elle est bonne parce que nous la désirons. Il n'y a donc pas de malheur de la conscience, mais seulement des consciences malheureuses parce que non pénétrées de cette idée que tout est en Dieu et que nous agissons par son seul geste.

La philosophie de Spinoza débouche ainsi sur une philosophie intellectualiste du salut. Il distingue trois genres de connaissance auxquels il fait correspondre trois genres de vie. A l'expérience errante de l'opinion changeante correspond une vie de passions ; à la connaissance par la raison correspond une vie d'action fondée sur les seules idées adéquates (c'est ici que viendront s'enraciner les interprétations positivistes du spinozisme comme celle de Brunschvicg) ; à la connaissance intuitive correspond la béatitude qui n'est pas le prix de la vertu mais la vertu elle-même. De ce dernier genre naît l' « amour intellectuel de Dieu ».

L'attachement de Spinoza à l'individu se retrouve dans son « l'homme est un dieu pour l'homme » qui se prolonge dans ses idées politiques. Il faut que l'individu ait « le droit de penser et de dire ce qu'il pense » ; le droit désigne le pouvoir d'agir selon la Nature et selon sa nature, donc celui pour chacun de persévérer dans son être. Voici que Spinoza, le philosophe du « Dieu ou la Nature » et de l'acquiescement intellectuel au déterminisme, substitue à cet être réel qu'est la nature un être de raison : l'Etat, qui va jouer le rôle d'une hypernature dans la mesure où « il faut que l'individu transfère à la société toute la puissance qui lui appartient de façon qu'elle soit seule à avoir sur toutes choses un droit souverain de nature ». Et Spinoza, cet excommunié qui récusait les jugements axiologiques négatifs, traite d' « ennemi » celui qui vit en marge de la cité et il ajoute que celui-ci mérite une condamnation. Ainsi, la Nature, donnée dans *l'Ethique* comme le synonyme de Dieu, est maintenant ce lieu où l'homme est soumis à la loi du plus fort, si bien que la Cité doit corriger l'état de Nature et lui substituer une sorte d'hyper-nature. Spinoza nous conduit ainsi indirectement à nous poser un problème capital : Peut-il y avoir une harmonie entre le politique et l'éthique ou y a-t-il entre eux une séparation radicale ?

Les considérations de Spinoza sur la politique ne peuvent pas nous dispenser de nous poser la question : Quelle peut être la place de l'homme dans l'*Ethique* ? Spinoza ne voit dans le temps qu'un être de raison, mais il lui a fallu du temps pour écrire son livre et il en faut également pour le lire. Le temps *est* donc, il est même terriblement. Or la philosophie de Spinoza reste une philosophie dédramatisée où le Mal ne semble tenir aucune place et où tout malheur est renvoyé à une expérience passionnelle à laquelle la prise de conscience de l'idée adéquate doit mettre un terme.

Faut-il lire Spinoza à partir du deuxième genre de connaissance et faire du troisième genre un simple épiphénomène de celui-ci ? Nous irons alors vers les interprétations positivistes de Spinoza et même vers celles qui, avec Feuerbach, nous inciteraient à ajouter au *Dieu ou la Nature :* ou l'Homme. Ou faut-il comprendre qu'il y a entre le deuxième et le troisième genre de connaissance une séparation radicale qui nous inviterait alors à voir dans la « connaissance intuitive » et dans la béatitude une mystérieuse réinsertion mystique de l'homme en Dieu ? La richesse de la pensée de Spinoza est faite, à la fois, de ce qu'elle expose, de ses silences et des questions qu'elle soulève alors qu'elle voulait les écarter.

Leibniz et l'infini

Le grand Livre du Monde est lu par Leibniz d'une manière radicalement nouvelle en ce sens que, au lieu de situer le fini au sein de l'infini, Leibniz met l'infini au cœur du fini ; en outre, il ne voit pas dans le monde un système ni une histoire mais bien une harmonie.

Grand voyageur, toujours au service de quelque personnage important, bibliothécaire, archiviste, historiographe, juriste, ingénieur des mines, fondateur d'académies et de revues scientifiques, Leibniz (1646-1716) fut un génie universel. Son œuvre est immense ; ses principaux ouvrages furent écrits en français : le *Système nouveau de la nature et de la communication des substances* (1695), les *Nouveaux Essais sur l'entendement humain* (1703, publiés en 1765), où il critique l'empirisme de Locke, les *Essais de théodicée* (1710), les *Principes de la nature et de la grâce fondés en raison* (1714) et surtout deux résumés de sa pensée : *La Monadologie* et le *Discours de Métaphysique.* Il faut y ajouter des opuscules en latin : *Méditations sur la connaissance, la vérité et les idées* (1685), les *Remarques sur la partie générale des Principes de Descartes* (1692), *De l'origine radicale des choses* (1697), plus une volumineuse correspondance, notamment avec Arnauld, Clarke et le R. P. Des Bosses.

Chez Spinoza le multiple barre la route qui mène jusqu'à Dieu ; pour Leibniz, au contraire, le Multiple y conduit, car il faut y voir autant de notes d'une seule harmonie et les signatures mêmes de l'infini ; c'est pourquoi « les systèmes sont vrais par ce qu'ils affirment, faux par ce qu'ils nient ». La philosophie de Leibniz offre plusieurs portes d'entrée, elle est à la fois une philosophie de la substance, une philosophie de l'infini, un panlogisme et une théodicée, mais en elle tout est lié.

Deux découvertes scientifiques ont ouvert une voie à la métaphysique de Leibniz, à moins qu'elles n'aient été commandées par elle. Tout d'abord la découverte du calcul infinitésimal. Leibniz s'aperçoit que 1 = 1/2 + 1/4 + 1/8, etc., que dans : 1 – (1/2 + 1/4 + 1/8, etc.) la différence est plus petite que toute quantité donnée sans jamais être nulle. En outre, dans une figure dessinée par Pascal, Leibniz est mis en présence de deux triangles semblables et voit que, si l'on rapproche deux sommets de l'un vers le troisième sommet, ce triangle tend vers un point alors que l'autre, auquel il est toujours semblable, n'a pas changé. Leibniz en tire deux conclusions ; tout d'abord que la nature ne fait pas de saut et qu'en elle tout est continu ; c'est pourquoi il considère le repos comme un mouvement infiniment lent et l'égalité comme une « inégalité infiniment petite » ; de même, il n'y a qu'une différence de degré entre le jour et la nuit, la conscience et l'inconscience et même entre la vie et la mort. Il voit ensuite dans le monde un infini que l'on peut diviser en une infinité de parties dont chacune est à son tour infinie. Non seulement nous avons affaire à une infinité de substances, mais chaque substance contient à sa manière l'infinité de l'univers ; cela est vrai aussi bien dans l'espace que dans le temps, car il y a dans chaque substance les restes de tout ce qui lui est arrivé et des marques de tout ce qui lui arrivera. Donc « toute substance est comme un monde entier et comme un miroir de Dieu et de tout l'univers », elle est une *pars totalis.* Ainsi l'univers est en quelque sorte multiplié autant de fois qu'il y a de substances, chacune « représente finiment l'infini » et chaque âme exprime exactement l'univers tout entier.

Leibniz dénonce ensuite l' « erreur mémorable de Descartes » dont le tort est d'avoir cru que l'on pouvait rendre compte de la nature de la substance matérielle en termes d'étendue et de géométrie. Descartes a ignoré la notion de *force* dont nous pouvons faire l'expérience par la force de résistance que nous opposent les corps lorsque nous voulons les pousser ; le géométrisme de Descartes traite de corps-fantômes dont il ignore la consistance. Au mécanisme cartésien, Leibniz substitue un *dynamisme* qui le conduit à réhabiliter Aristote et les notions scolastiques d'archées et d'entéléchies. Cette force correspond, à la fois, à un principe métaphysique qui traduit la spontanéité d'un effort se manifestant par un passage de la puissance à l'acte, et une notion psychologique qui implique un vouloir, quelque chose d'analogue au sentiment et à l'appétit. Leibniz revient ainsi au finalisme où la cause est expliquée par l'effet, finalisme qui le conduit à « admirer l'artifice du Grand Ouvrier », car ce finalisme renvoie au principe du meilleur au nom duquel Dieu agit toujours.

Nous voici en présence d'un nouveau type d'intelligibilité qui ne se contente pas de situer le fini dans l'infini, mais qui insère l'infini au cœur du fini lui-même. Entre la partie et le tout il n'y a pas de relations de subordination, entre le fini et l'infini il n'y a pas de rapports d'exclusion, entre l'un et le multiple il n'y a pas de relations de composition (que l'Un englobe le multiple, ou que le Multiple englobe l'un qui le compose), il y a des relations d'intégrations réciproques. Le contenu n'est pas dans le contenant comme dans un vase : il l'exprime, le contenant ne déborde pas le contenu : il le pénètre. De tels rapports d'intégration se déploient selon l'espace (ordre des simultanés) et selon le temps (ordre des successifs).

A partir de 1697, Leibniz ne parle plus de substance mais de *monade*, terme emprunté aux pythagoriciens, à des philosophes de la Renaissance comme G. Bruno et à John Dee. La monade est une substance simple, c'est-à-dire sans partie, qui entre dans les composés ; elle est l'élément des choses dont l'unité provient d'une existence interne substantielle. Les monades ne diffèrent entre elles que par degrés, mais aucune n'est semblable à une autre ; il y a donc « de la vie partout » et « tout est plein de corps animés ». Au principe de la hiérarchie des monades se trouve la mémoire et Leibniz voit dans les corps des monades endormies. Toute monade a un corps qui fait partie de son point de vue sur le monde, pour limité que soit ce point de vue ; nous sommes donc loin du dualisme cartésien puisque le corps fait partie du vivant mais aussi du vécu. La force que possède la monade lui a été imprimée dès la Création, elle se déroule comme une série dans le temps, comme une loi qui se pense. Tous les attributs de la monade ont leur raison d'être dans l'unité de celle-ci ; mais la monade ne se réduit nullement à l'ensemble de ses attributs, elle est un sujet qui déborde toujours n'importe quelle somme d'attributs considérée, « tout attribut se trouve inclus dans le sujet », il ne vient pas du dehors. Le temps n'est donc pas un être de raison, il n'est pas accidentel, il est essentiel et traduit la succession de l'interexistentiel.

Chaque monade est une perception, un miroir de l'univers qu'elle exprime bien que confusément ; chaque monade est une « fulguration » de Dieu dont elle manifeste la Gloire. Nous trouvons chez Leibniz l'amorce d'une philosophie de l'inconscient, qui séduira les romantiques allemands, et pour laquelle il n'y a qu'une différence de degré entre le clair et l'obscur comme l'explique la théorie des « petites perceptions » : le bruit d'un moulin nous empêche de dormir les premiers jours, puis nous n'y prenons plus garde bien que nous le percevions toujours.

Mais un grave problème se pose : puisque les monades sont sans porte ni fenêtre, qu'elles ne reçoivent aucun attribut de l'extérieur, comment communiquent-elles entre elles ? Aucune monade n'agit sur une autre, mais nous n'avons pas à recourir à l'occasionnalisme de Malebranche, car le monde est comme un concert dont Dieu est le chef d'orchestre, la monade développe sa symphonie intérieure selon une *harmonie préétablie* qui la met en relation avec tout le reste. Ainsi donc, il n'y a pas de communication directe, horizontale, d'une substance avec une autre, mais toutes les substances communient en et par Dieu, de l'une à l'autre existe un chemin vertical qui ne va pas directement de l'une à l'autre.

Cette philosophie de l'harmonie préétablie, dans laquelle le monde est lu comme une partition de musique, commande à d'autres doctrines en même temps qu'elle est sous-tendue par elles.

Tout d'abord, elle est au principe d'un panlogisme historiciste. Leibniz distingue les *vérités nécessaires* ou de raisonnement et les *vérités contingentes* ou de fait. Les premières reposent sur le principe de non-contradiction où y ramènent, par exemple, les vérités des mathématiques, elles relèvent d'un entendement fini. Leibniz a d'ailleurs toujours rêvé d'étendre la démonstration mathématique à d'autres domaines tels que la rhétorique ou la jurisprudence ; il songea à établir une « caractéristique universelle » (c'est-à-dire un ensemble de caractères-signes-mots lisibles par tous) où régnerait une logique indiscutable grâce à laquelle on n'aurait plus à dire « Raisonnons » mais « Calculons ». Il voyait dans le syllogisme aristotélicien une sorte de préfiguration de son entreprise à laquelle il voulait conférer la rigueur de preuves irréfutables. Les vérités contingentes portent sur des événements, par exemple *Spinoza est né à La Haye,* leur contraire n'implique aucune contradiction logique. Mais la justification analytique de telles vérités relève d'un entendement infini, c'est-à-dire de Dieu seul ; de telles vérités n'ont leur raison qu'en Dieu et relèvent de sa sagesse.

L'harmonie préétablie est au principe de l'*optimisme* leibnizien. Parmi l'infinité des mondes possibles, Dieu a créé le meilleur, c'est-à-dire celui qui comprenait la plus riche combinaison de compossibles. C'est pourquoi nous devons coopérer au règne de cette harmonie et Leibniz, qui a toujours encouragé la lutte contre les Turcs et protesté contre la révocation de l'édit de Nantes et les dragonnades, désirait unifier l'Europe et même les religions. Le *Candide* de Voltaire, qui ironise sur l'optimisme leibnizien, repose sur un contresens superficiel ; Leibniz n'a pas parlé du « meilleur des mondes » mais du « meilleur des mondes possibles » ; certains possibles s'excluent, par exemple il n'est pas possible de créer des montagnes sans vallées ni des vallées sans montagnes, les tuyaux d'un orgue ne peuvent pas tous être de la même taille, le roman *L'Astrée* est possible mais pour qu'il fût vraiment vécu par des êtres vivants, il faudrait qu'il fût compossible à l'univers et que celui-ci eût été créé tout autre qu'il n'est. Parmi tous les possibles compatibles, Dieu a choisi de faire passer à l'être ceux qui étaient les meilleurs. Quant au mal, il est nécessaire à l'apparition d'un plus grand bien, il est toujours une *felix culpa,* la faute d'Adam était bienheureuse, car sans elle nous n'aurions jamais connu Dieu comme Dieu d'amour dans la personne du Christ. Ainsi le temps est exemplaire et l'histoire manifeste la sagesse de Dieu, elle est le fruit d'un « calcul » de Dieu qui fait exister la combinaison pour laquelle le maximum d'essence ou de possibilité est passé à l'être. Il y a donc une « harmonie entre le règne de la nature et le règne moral de la grâce, c'est-à-dire entre Dieu considéré comme Architecte de la machine de l'univers, et Dieu considéré comme Monarque de la cité divine des esprits. Cette harmonie fait que les choses conduisent à la grâce par les voies mêmes de la nature ».

Réduire Leibniz à l'inventeur du calcul infinitésimal et au mathématicien qui quantifia la force revient à refuser de voir qu'il fut un des plus profonds philosophes du sujet. Avec le leibnizianisme, l'infini entre au cœur du fini, l'inconscient au cœur de la conscience, le nocturne au cœur du diurne, rien n'y est comme une île dans la mer, le monde n'est pas seulement un système ou une histoire, les caractères avec lesquels est écrit le Livre du Monde sont autant de miroirs de l'infini qui reflètent la présence cachée du Livre de Dieu.

Newton et l'attraction universelle

Newton (1642-1727) apparut aux savants et aux philosophes du XVIIIe siècle comme le génie exceptionnel qui avait enfin donné aux hommes la clef qui permettait de déchiffrer le Livre du Monde dans tous ses détails. Newton avait, en effet, découvert le calcul infinitésimal (en même temps que Leibniz mais par d'autres voies), il avait analysé la structure cachée de la lumière, mais il était surtout celui dont la théorie de l'attraction universelle, exposée dans les *Principia mathematica* (1687), donnait une explication unitaire de phénomènes en apparence aussi hétérogènes que la chute des corps, les marées, les phases de la lune et les mouvements des planètes ; Kant tiendra cette science newtonienne pour absolument définitive. Toutefois, on oublie volontiers que les deux tiers des textes de Newton sont des textes théologiques ou traitant de l'alchimie ; beaucoup d'entre eux n'ont pas été publiés, d'autres ont même été détruits par ceux qui se souciaient de faire de Newton un savant dégagé de toute préoccupation métaphysique et ne travaillant que d'après des observations faites sans jamais recourir à des hypothèses. Or ce savant mystique qu'était Newton était constamment préoccupé par des problèmes métaphysico-religieux ; pour lui la lecture du Livre du Monde impliquait le recours à la théologie. Les alchimistes et les médecins l'avaient confirmé dans cette idée que matière et esprit constituaient deux termes convertibles, et c'est en spiritualiste que Newton abordait le problème de la matière. Quant à la théorie physique de l'attraction universelle, elle n'était pour lui que le verso d'un mystère physique ; il est même possible que Newton ait eu l'idée de cette théorie en lisant Jacob Boehme.

Pour Newton, l'attraction constitue l'empreinte originelle qui se perpétue en la matière, en vertu de l'omnipotente Activité, dans la divine nature ; mais pour les successeurs de Newton, l'attraction cessera de poser un mystérieux problème et sera réduite à un simple fait ; comme le dit fort bien A. Koyré, « plus tard le problème fut dissimulé avec beaucoup de succès dans le concept de champ ». Cette attraction universelle soulève un autre mystère : Comment se propage, par la matière, cette force non matérielle appelée attraction ? C'est ici que Newton fit appel à l'*éther*. Peut-être les choses sont-elles nées de l'éther par condensation ou précipitation « *at first by the immediate hand of the*

Creator and even since by the power of Nature » ; il voit dans l'éther la matière subtile nécessaire pour rendre compte de l'attraction. Mais vers 1675 Newton conçoit la lumière comme un phénomène ondulatoire et non plus comme un phénomène corpusculaire ; il fait alors de l'éther un agent luminifère, distinct des milieux matériels, qui transmet le mouvement et les forces mais qui sert également de réceptacle à celles-ci.

On peut dire que Newton, ainsi que Leibniz, a voulu respiritualiser la physique. Descartes avait, en effet, banni de son système toutes les forces non matérielles ; pour Newton, au contraire, il y a des principes actifs agissants qui viennent « d'un Agent tout-puissant et toujours vivant qui, par cela qu'il est présent partout, est plus capable de mouvoir par sa volonté les corps dans son *Sensorium* uniforme et infini (c'est-à-dire dans l'espace absolu), et par ce moyen de former et de reformer les parties de l'Univers, que nous ne le sommes par notre volonté de mettre en mouvement les parties de notre propre corps ». L'espace est donc le théâtre de Dieu ; pour Leibniz l'espace se définissait comme l'ordre des coexistences qui étaient, pour ainsi dire, spatialisantes ; pour Newton, au contraire, ce n'est pas l'ordre des coexistences qui fonde l'espace, car « il y a un espace séparé des corps » : l'espace est le *sensorium* de Dieu. En ce sens le bref et dense « Scholie général » que Newton ajouta à la seconde édition de ses *Principia* (1713) est capital. Pour Newton, Dieu « dure toujours et il est présent partout ; il est existant toujours et en tout lieu ; il constitue l'espace et la durée ». Il ne faut donc pas oublier que Dieu est un seul et même Dieu partout et toujours. Il est présent partout non seulement *virtuellement* mais substantiellement, car on ne peut agir où l'on n'est pas. Tout est mû et contenu en lui, mais sans aucune action des autres êtres sur lui. Dieu, en tant que « Pantocrator, c'est-à-dire le Seigneur universel », constitue donc l'essence et l'être de l'espace. Ainsi la connaissance scientifique du monde nous met en présence de *mystères physiques* que nous découvrons lorsque nous étudions la matière, l'attraction universelle, la gravitation, l'éther, l'espace et le temps ; ces mystères physiques renvoient à cette idée que Dieu a créé le monde et qu'il le gouverne invisiblement. Avec le savant Newton, le problème se trouve réinséré sans le secret ; c'est un aspect essentiel de son œuvre qu'il importe de ne pas occulter ; le langage mathématique et expérimental que la science utilise doit donc toujours se référer à la Parole qui le sous-tend et qui nous renvoie aux Ecritures.

L'empirisme anglo-saxon

La philosophie anglaise est essentiellement dominée par un sens du concret qui dirige la raison vers l'empirisme et vers un utilitarisme soucieux de fuir les spéculations intellectuelles qui risqueraient d'asservir l'individu. Toutefois, y demeure présent un courant plus ou moins souterrain, qui fait surface de temps à autre, et qui conduit l'imagination et la raison vers le suprasensible pour se réclamer du platonisme ou du néoplatonisme ; bien que marginalisée par l'empirisme, une telle tendance n'en demeure pas moins réelle. C'est ainsi que l'on a coutume d'appeler platoniciens de Cambridge des philosophes anglais du XVIIe siècle dont le christianisme fait appel à des considérations platoniciennes, plotiniennes, voire théosophiques. Parmi eux on peut citer Benjamin Whichcote (1609-1683), Joseph Glanvill (1636-1680), John Norris (1657-1711), mais surtout Henry More (1614-1687) qui eut le grand mérite de voir que la réduction cartésienne de la matière à l'étendue et de l'étendue à la matière allait être au principe d'une vision du monde dans laquelle l'étendue désacralisée cesserait d'être l'expression de l'omniprésence de Dieu pour devenir le simple domaine de la spéculation mathématique ; l'univers, et l'homme lui-même, se voyait ainsi privé de toute une dimension fondamentale. *Les Dialogues divins sur les attributs de Dieu et sa Providence dans le monde* où More prend la parole sous le pseudonyme de Bathynoüs, nous montrent un More qui fait appel au *Timée* de Platon, à la tradition de la Kabbale, au néoplatonisme et à Jacob Boehme, pour redonner au Cosmos l'âme dont le cartésianisme le privait.

Le cartésianisme et le malebranchisme furent très vite connus en Angleterre et en Irlande (la *Recherche de la vérité* fut traduite en anglais dès 1694 à Londres et à Oxford) où ils suscitèrent de l'admiration et de l'opposition. La glorification de la raison apparut comme une bienfaisante entreprise de démystification, mais l'innéisme et la vision en Dieu furent souvent considérés comme de regrettables retours à des spéculations scolastiques révolues.

Thomas Hobbes (1588-1679), au cours de sa longue vie, fut le témoin de beaucoup d'événements : l'assassinat d'Henri IV, la révolution anglaise au cours de laquelle Charles Ier fut décapité en

1649, la dictature de Cromwell, l'entrée de Charles II à Londres en 1660, la peste et l'incendie de Londres en 1665 et 1666. Il connut Francis Bacon, William Harvey, Galilée, Descartes, Gassendi, le P. Mersenne mais s'attira la haine de pas mal de ses compatriotes. Ses œuvres furent écrites alors que de graves désordres politiques secouaient l'Angleterre ; ses critiques virulentes s'adressent aux différentes Eglises mais surtout à l'Eglise catholique ainsi qu'aux universités attachées à la scolastique. Selon Hobbes, l'homme pour se connaître doit lire des ouvrages d'expériences, observer les autres et s'observer lui-même. Son *De la nature humaine* (1650) nous expose un mécanisme psychologique où la sensation et les associations d'idées jouent un rôle central, théories complétées par le *Du corps* (1655) dont la psychophysique est au principe d'une étude des sentiments.

Mais l'œuvre capitale de Hobbes demeure son *Léviathan* (1651) qui alimenta bien des polémiques. L'art de l'homme imite la nature en créant ces animaux artificiels que sont les automates, mais cet art peut imiter l'homme lui-même en créant cet être artificiel, ce grand Léviathan, appelé *Common-Wealth* ou Etat. Hobbes, témoin des désordres de son temps et ennemi de l'anarchie, part de l'idée que « l'homme est un loup pour l'homme » parce que l'homme obéit à son égoïsme mais aussi parce qu'une interprétation incorrecte de l'Ecriture fait régner des ténèbres spirituelles dont Hobbes rend l'Eglise catholique responsable. En ce sens le chapitre 44 est le chapitre clef de l'ouvrage : « Une confédération de trompeurs pour obtenir l'empire sur les hommes dans le monde présent s'efforcent, par des doctrines ténébreuses et erronées, d'éteindre en ceux-ci la lumière naturelle comme celle de l'Evangile et ainsi de les rendre inaptes à faire partie du Royaume de Dieu à venir » ; ces trompeurs font violence à l'Ecriture pour laisser croire aux hommes que le Royaume de Dieu est celui de l'Eglise présente qui serait ainsi autorisée à parler et à légiférer au nom du Christ. Hobbes affirme alors que le protecteur ou le roi incarne l'Etat et le peuple, qu'il est le propriétaire du territoire et qu'il doit avoir tout pouvoir dans l'ordre matériel et intellectuel ; à cette condition seront assurées la sécurité et la liberté individuelle de ceux qui obéissent à la loi, sinon le Léviathan social se détruira lui-même. Beaucoup virent là un livre écrit à la gloire de Cromwell et de Charles II et dénoncèrent le livre ; Spinoza s'y opposa dans son *Traité politique* au nom de cette idée que l'homme est un dieu, et non un loup, pour l'homme. Mais certains pensèrent et pensent que seul un ordre extérieur de la plus grande fermeté peut assurer la liberté individuelle et intérieure de chacun.

L'œuvre de John Locke (1632-1704) frappe, à la fois, par l'importance historique qu'elle a eue sur le XVIIIe siècle et par sa désarmante platitude, ceci expliquant cela. Dégoûté par la scolastique, ami du chimiste Robert Boyle et de Newton, médecin philosophe, ayant eu des démêlés avec le pouvoir anglais, Locke ne vécut pas qu'en Angleterre, il habita aussi à Paris, à Montpellier et en Hollande. Ses lettres *Sur la tolérance* (1689), ses deux *Traités sur le gouvernement* (1690), dans lesquels il s'oppose à Hobbes, son *Christianisme raisonnable* (1695), où il cherche à réaliser une synthèse de la religion naturelle et d'un christianisme primitif, firent partie de ces ouvrages de bon aloi que le XVIIIe appréciera fort. Mais c'est surtout l'*Essai sur l'entendement humain* (1690) qui devait devenir un des livres de chevet des Lumières. Pierre Coste le traduisit en français dès 1700 et Burridge en latin en 1701 ; il connut rapidement de nombreuses rééditions. On y trouve, ou plutôt retrouve, toutes les thèses ultra-ressassées sur l'expérience sensible, l'entendement défini comme une table rase sur laquelle les sensations impriment leurs empreintes qui se prolongent dans des images, lesquelles s'associent entre elles pour donner naissance à des jugements. Locke est surtout soucieux de dénoncer les idées innées chères à Descartes qui lui paraissent revenir à des obscurités scolastiques. Locke était tellement confiant dans les messages de la sensation actuelle qu'il en arriva à penser que l'homme qui était devant ses yeux, il y a une minute, n'était peut-être pas le même que celui qu'il voyait quelques secondes plus tard, « il n'y a pas de liaison nécessaire entre son existence depuis une minute et son existence d'à présent » ; nous sommes seulement devant une probabilité, mais nous n'avons pas affaire à une connaissance. Cependant Locke n'en est pas à une contradiction près : après avoir critiqué l'innéisme, il n'hésite pas à dire qu'il y a « dans l'âme des hommes certains penchants qui y sont imprimés naturellement ». De ce pesant ouvrage, Joseph de Maistre dira, dans le sixième entretien des *Soirées de Saint-Pétersbourg* (1821) qui constitue une féroce et judicieuse attaque contre Locke, qu'il est « tout ce que le défaut absolu de génie et de style peut enfanter de plus assommant » ; Hamilton, parlant de l'admiration des Français pour Locke, avouera : « C'est un pauvre témoignage en faveur du patriotisme ou de l'intelligence de leurs compatriotes que les œuvres de Gassendi et Descartes aient été si longtemps éclipsées par celles de Locke, qui ne fit, au vrai, que suivre le premier et réfuter à faux le second. » On sait que Leibniz, dans ses *Nouveaux Essais sur l'entendement humain*, critiquera Locke et ajoutera à la formule reprise par le philosophe anglais « rien n'est dans l'entendement qui n'ait été auparavant dans les sens » la restriction capitale : « si ce n'est l'entendement lui-même ».

Comment expliquer ce succès de Locke auprès des philosophes français du XVIIIe siècle qui en firent leur auteur favori ? Dans les 600 pages de ce volume, qui semble animé par un paisible et permanent refus de penser, on trouve un amoncellement d'idées claires jusqu'à en être diaphanes et une montagne d'évidences dont la facile compréhension devait donner à chacun le sentiment qu'il détenait désormais cette clef de la vérité universelle que la nature lui tendait. L'innéisme cartésien, la théorie des « vérités éternelles », la distinction établie par Descartes entre *comprendre* et *connaître* avaient fait de l'homme une sorte de roi de la Création ayant reçu sa couronne de Dieu ; la lecture du Livre du Monde impliquait donc que la créature eût d'abord appris et retenu les leçons données par son Créateur. Avec Locke, au contraire, l'homme devient le produit de ses propres acquisitions, le génétisme empirique et psychologique lockien fait de l'homme un être qui doit tout à la nature et à sa nature ; cet homme peut, par conséquent, se considérer comme un roi, non plus de droit divin, mais de droit naturel. On trouva ainsi dans l'empirisme de Locke de quoi étayer cette idée que l'homme, fruit de ses propres expériences, ne devait rien à une transcendance quelconque et qu'il s'était couronné lui-même. Quant à la vérité, elle renvoyait aux choses et aux choses seules puisqu'elle était « la conjonction ou la séparation des signes suivant que les choses mêmes conviennent ou disconviennent entre elles ».

L'empirisme lockien eut deux issues radicalement opposées : l'*immatérialisme* de l'évêque anglican Berkeley et le *scepticisme* souriant de l'Écossais David Hume.

Berkeley (1685-1753), l'auteur du *Traité sur les principes de la connaissance humaine* (1710), des célèbres *Dialogues entre Hylas et Philonoüs* (1713), de l'*Alciphron* et de la tardive *Siris*, eut une vocation de philosophe et de missionnaire. Plein d'enthousiasme, il partit pour les Bermudes afin de se consacrer à « la réforme des mœurs parmi les Anglais dans les plantations occidentales et à la propagation de l'Evangile parmi les sauvages d'Amérique » ; faute d'appuis financiers il dut revenir l'année suivante. Nommé évêque de Cloyne, il se consacra à tenter d'adoucir les difficultés dans lesquelles se débattait l'Irlande et à y apaiser les hostilités entre protestants et catholiques.

Berkeley a pu être influencé par Locke, mais Malebranche, qu'il critique, eut probablement une certaine influence sur lui, ne serait-ce que par son souci de fonder une « philosophie chrétienne » se détournant de la scolastique. La philosophie de Berkeley est une théodicée sensualiste qui s'appuie sur l'expérience pour aboutir à un spiritualisme intégral. Son idée centrale est que la nature est une langue que Dieu nous parle et dont nos sens sont capables de saisir les premiers mots ; les abstractions, au contraire, nous en éloignent. Il faut donc partir du sensible pour parvenir à Dieu, les idées abstraites chères à la scolastique : la quiddité, les entéléchies, les universaux, nous plongent dans d' « inextricables labyrinthes de dispute et d'erreur ». Certes, Descartes eut le mérite de substituer l'idée claire et distincte aux idées abstraites, mais cela en a conduit beaucoup, tel Collins, à mépriser les mystères de la religion, or ces mathématiciens ne voient pas qu'ils recourent à des mystères beaucoup plus obscurs et à des abstractions sans réalité, comme dans le calcul des fluxions ou dans le calcul infinitésimal. Il faut donc reconsidérer la notion d'idée et comprendre qu'elle n'est pas « le portrait de quelque chose, une idée ne saurait ressembler qu'à une autre idée ». Cela nous conduit à réexaminer la question de la réalité, car les idées sont les choses immédiatement perçues par les sens, « être c'est être perçu ». Une chose est une collection d'idées et l'esprit est un amas de perceptions, « être c'est percevoir ». Berkeley en conclut qu'il faut dénoncer la notion de matière ; son *immatérialisme* repose sur cette idée que « rien n'existe en dehors de ce qui pense et de ce qui est pensé » ; aucune matière n'agit mécaniquement ou dynamiquement sur l'esprit, seuls existent l'esprit qui perçoit et les idées qui sont perçues, penser revient à passer d'une idée à une autre, car chaque idée est un signe qui nous fait signe. Ainsi les choses sensibles ne peuvent exister que comme idées perçues par un esprit qui ne peut en être la cause, ces idées sont perçues par la seule intelligence de Dieu. On ne peut connaître Dieu qui est actif que par les idées qui sont passives ; les idées abstraites nous éloignent de Dieu en posant des non-êtres, l'idée est une présentation de l'existence qui nous amène à comprendre que nous nous mouvons en Dieu, car, dans la connaissance des idées, il n'y a pas une relation de cause à effet mais une relation de signe à chose signifiée. Dieu nous parle une langue dont les règles sont les lois de la nature qui courent à travers la chaîne des existences. Berkeley a voulu rendre manifestes la proximité et l'omniprésence de Dieu en montrant que les sens nous permettaient de lire le Livre du Monde en y retrouvant le Livre de Dieu.

Jules Lachelier disait du scepticisme qu'il était le fruit naturel et toujours renaissant de l'empirisme ; en demandant tout à l'expérience sensible, on finit par s'apercevoir que celle-ci ne dit rien parce qu'elle conduit à une dissolution du sujet réduit à un amas de sensations sans aucun lien et à un défilé d'images sans aucune relation objectivement ni subjectivement fondée. L'expérience sensible ne dit plus rien parce qu'elle n'a plus personne qui puisse l'entendre.

On pourrait trouver certaines de ces conséquences en germe dans l'empirisme de Locke ainsi que dans la définition de l'esprit donnée par Berkeley : « L'esprit est un amas de perceptions. Supprimez les perceptions et vous supprimez l'esprit. Posez les perceptions et vous posez l'esprit », ou dans son affirmation : « Je ne pense pas que les choses arrivent nécessairement. Il n'y a pas de connexion nécessaire entre deux idées ; tout résulte de la liberté, c'est-à-dire tout est volontaire. » L'issue sceptique de l'empirisme se trouve à son apogée dans la philosophie de David Hume (1711-1776) ; ses analyses et ses conclusions sont importantes à un triple point de vue : comme conséquences inéluctables de l'empirisme, dans la mesure où elles ont réveillé Kant de son « sommeil dogmatique », comme annonçant les actuelles philosophies qui évacuent la notion de sujet. Le titre même de l'œuvre essentielle de Hume : *Traité de la nature humaine. Essai pour introduire la méthode expérimentale dans les sujets moraux* (1739), refondu dans l'*Enquête sur l'entendement humain* (1758), est tout particulièrement significatif. Il ne s'agit plus ici de réfléchir sur la condition humaine ; après Hobbes, Hume parle d'une « nature » humaine ; à côté de la nature des choses est donc introduite une nature humaine, l'une et l'autre étant situées sur le même plan puisqu'il s'agit de les étudier selon la méthode expérimentale. Ainsi donc, l'homme devient une chose dont il va falloir examiner la composition, les actions et les réactions ; on ne se pose plus la question : *Qui est l'homme ?* On pose le problème : *Qu'est-ce que l'homme ?* L'homme n'est plus abordé comme un *qui ?* mais comme un *quoi.* Hume commence donc par évacuer implicitement le sujet, par conséquent il n'est pas étonnant que, en définitive, il déclare n'avoir trouvé rien de tel. Hume veut ouvrir la voie à une psychologie quasi scientifique, tout comme l'avait fait Newton en physique, sans faire appel à des hypothèses mais en partant de l'observation des phénomènes ; d'ailleurs les associations d'idées, chères à la tradition empiriste, peuvent être considérées comme des sortes d'attractions qui s'exercent dans le monde mental tout comme dans le monde naturel. Pour Hume, l'esprit humain n'est qu'un instrument à percussions où les choses résonnent ; si l'on perd cela de vue, si l'on n'étudie pas expérimentalement la nature humaine, on se noie dans de stériles discussions métaphysiques.

Le point de départ de Hume se trouve dans un phénoménisme psychologique classique que William James qualifiera d' « atomisme psychologique ». La connaissance commence par les perceptions, lesquelles se ramènent aux impressions et aux idées, celles-ci sont des images effacées des impressions de nos sens, elles sont vives dans nos souvenirs mais si elles sont faibles elles peuvent être transposées dans un ordre particulier comme lorsque nous imaginons. Les idées simples ou complexes entrent en relation les unes avec les autres selon leurs ressemblances, leurs oppositions, leurs degrés de qualité ou leurs proportions de quantité. Il n'y a donc pas d'idées abstraites, les idées générales ne sont que des idées particulières jointes à un certain terme qui leur donne une signification plus étendue et qui, à l'occasion, leur rappelle d'autres idées singulières semblables. Jusque-là rien de tout cela n'est très original ; mais la pensée de Hume conduit à des idées nouvelles en ce sens qu'elle s'achemine vers une dissolution de la notion de relation ; tous ces composés sans composant conduisent à une désagrégation de la notion de substance, de la causalité, du principe d'identité et du sujet au profit d'un règne dissolvant de la juxtaposition et du « tas ».

Pour Hume, rien ne correspond à l'idée de substance, ce que nous appelons ainsi n'est qu'une collection d'idées simples unies par l'imagination qui leur a donné un nom particulier grâce auquel nous nous rappelons cette collection ou la rappelons aux autres. Hume se met alors à renverser tout ce qui donnait à la science (au nom de laquelle il prétend d'ailleurs travailler...) une signification objective quelconque. Connaître c'est voir, mais par quel miracle peut-on voir un rapport qui implique deux termes : l'un appelé *cause* et qui est présent, l'autre appelé *effet* et qui est absent ? En réalité, nous sommes habitués à voir un événement, que nous appelons *effet,* suivre un autre événement que nous appelons *cause,* mais le rapport de causalité n'existe que dans notre esprit et non dans les objets. Il importe donc de comprendre que ce que nous prenons pour des connexions nécessaires fondées en nature se réduit à des conjonctions habituelles. La relation de causalité n'est pas un objet de raisonnement, elle n'opère sur notre esprit que par l'accoutumance qui pousse notre imagination à passer de l'idée de tel objet à celle de tel autre qui habituellement l'accompagne. Il en résulte, à plus forte raison, que tout recours à une causalité théologique est exclu.

La ressemblance de nos perceptions détachées et discontinues nous pousse à attribuer à celles-ci une unité que nous transposons dans une croyance à une identité extérieure conférée à des objets. Il s'agit là d'une illusion ; la mémoire nous présente toujours un très grand nombre de sensations semblables les unes aux autres, mais la vivacité des impressions de notre mémoire nous amène à croire qu'une existence continue extérieure sert de support à ces apparitions diverses que sont nos impressions. Il faut dire la même chose de la substance de l'âme qui est « absolument inintelligible » et de l'existence de Dieu qui est un concept auquel il est impossible de parvenir.

Cette désagrégation du principe d'identité conduit à la dissolution du moi et du sujet qui, pour Hume, n'est qu'un tas (*bundle*) de sensations, d'impressions et d'images, qui n'est sous-tendu par aucun substrat baptisé *moi, individu* ou *personne ;* un homme n'est qu'une « collection de différentes perceptions qui se succèdent et sont dans un flux et un mouvement continuels ». Le moi n'a aucune identité, la pensée qui glisse le long de la succession confond la succession avec l'identité, mais « un esprit n'est rien qu'un amas ou une collection de perceptions différentes unies les unes aux autres par certaines relations, dont nous admettons, bien qu'à tort, qu'elle possède une simplicité et une identité parfaites. » Ainsi, « nous n'avons aucune idée du moi », l'identité attribuée à l'esprit humain est fictive, les hommes ne sont rien qu'un faisceau de perceptions différentes qui se succèdent les unes aux autres avec une rapidité inconcevable. D'où ce passage capital : « L'esprit est une sorte de théâtre où diverses perceptions font successivement leur apparition ; elles passent, repassent, glissent sans arrêt et se mêlent en une infinie variété de conditions et de situations. Il n'y a proprement en lui ni *simplicité* à un moment, ni *identité* dans les différents moments, quelque tendance naturelle que nous puissions avoir à imaginer cette simplicité et cette identité. La comparaison du théâtre ne doit pas nous égarer. Ce sont les seules perceptions successives qui constituent l'esprit ; nous n'avons pas la connaissance la plus lointaine du lieu où se représentent ces scènes ni des matériaux dont il serait constitué. » Ainsi donc, le réel est une semblance qui passe selon une semblance de causalité entre une semblance de sujet et une semblance de nature.

Finalement Hume avoue : « Je suis effrayé et confondu de la solitude désespérée où je me trouve placé dans ma philosophie » ; il sent naître en lui une « mélancolie » qui le laisse « complètement abandonné et sans consolation ». Et voici que nous retrouvons les questions que se posait l'homme sans Dieu de Pascal : « Où suis-je ? et que suis-je ? De quelles causes tiré-je mon existence et à quelle condition retournerai-je ? Quel est l'être dont je dois briguer la faveur, et celui dont je dois craindre la colère ? Quels êtres m'entourent ? [...] Toutes ces questions me confondent. »

Ces questions finissent par conduire Hume à affirmer qu'il faut être incertain à l'égard du doute lui-même : « Un vrai sceptique se défiera de ses doutes philosophiques. » Cet anti-Pascal pense que la Nature peut nous guérir de « cette mélancolie et de ce délire, soit par relâchement de la tension de l'esprit, soit par quelque divertissement et par une vive impression sensible qui effacent toutes ses chimères ». L'habitude est le grand guide de la vie humaine, elle met notre esprit dans une régularité qui imite celle du monde, et tout se passe comme s'il y avait une harmonie entre les choses et nous. Il ne faut pas gaspiller notre temps à lutter contre le courant de la nature qui porte à l'indolence, au plaisir et à l'agréable société des hommes.

Ne serait-on pas tenté de dire que le volcan du scepticisme dont les laves avaient balayé la causalité, la substance, l'identité et le sujet n'a accouché que d'une gentille souris qui se propose de grignoter paisiblement son fromage ? C'est ce que pourrait nous confirmer la morale de Hume qui, partant de cette idée que la raison ne peut en élaborer une par déduction, fait appel à un sens moral qui nous montre qu'une action est vertueuse ou vicieuse selon qu'elle cause un plaisir ou un malaise ; ainsi « la sympathie est la source principale des distinctions morales ». Quant aux

Dialogues sur la religion naturelle (écrits en 1751 mais publiés en 1778 après la mort de Hume) et à l'*Histoire naturelle de la religion*, ils ont donné lieu aux interprétations les plus diverses. Les uns y ont vu l'œuvre d'un chrétien soucieux de purifier la religion de toute bigoterie et de tout fanatisme, d'autres pensent que ces œuvres constituent une attaque contre la religion révélée au profit d'un théisme défenseur d'une religion naturelle, alors que certains affirment, pour l'en blâmer ou pour l'en féliciter, que Hume était un irréductible athée ennemi aussi bien des religions révélées que des religions naturelles.

On peut dire, en définitive, que Hume a construit une gigantesque machine destructrice pour nous inviter à comprendre que rien ne vaut de jouer au trictrac entre amis à la conversation agréable, ce qui implique que l'on n'ait pas la tête envahie de chimères et qu'on ne se laisse pas séduire par tous les Picrocholes qui sont prêts à mettre le monde à feu et à sang pour le faire entrer de force dans les cadres *a priori* de leur système. Mais d'autres utilisèrent la machine de Hume pour parvenir à des conclusions différentes.

La philosophie analytique anglo-saxonne verra en effet dans Hume une sorte d'ancêtre de Wittgenstein démystificateur du langage et de la métaphysique. Les anti-humanismes contemporains ne parleront pas de « tas de sensations » mais, comme Hume, ils dénonceront les notions d'identité et de moi en réduisant le sujet à un faisceau de structures inscrites dans le champ du savoir ou dans celui de l'Histoire. Enfin l'image de Hume faisant du moi une semblance de théâtre où apparaissent et disparaissent des perceptions pourra donner à certains le désir d'intensifier et d'accélérer tous ces « effets d'être » à l'aide de drogues psychochimiques désagrégeant la conscience ; c'est ce dont Baudelaire avait parlé dans *Le Théâtre de Séraphin* et ce à quoi s'attacheront Aldous Huxley et ses émules en cherchant à ouvrir *les portes de la perception.*

III. — LE DIURNE ET LE NOCTURNE : LE XVIIIe SIÈCLE

Les Lumières

La lecture du Livre du Monde s'est appuyée sur la raison glorifiée par le cartésianisme et sur l'expérience mise au premier plan par l'empirisme anglo-saxon ; on pense de plus en plus que les ressources de la « lumière naturelle » dispensent de recourir à la Révélation des Ecritures et que le monde deviendra auto-explicatif pour ceux qui seront capables d'en interpréter scientifiquement le langage ; on consentira, tout au plus, à quelque concession déiste affirmant que Dieu est l'Horloger qui a fabriqué la machine du monde selon des lois à mettre au jour. En France, en Allemagne, en Italie comme en Angleterre, les Lumières travaillent à faire de l'homme ce vivant capable de transformer la nature, après en avoir connu les lois, ainsi que la société dont l'organisation devra être soumise à un ordre rationnel au lieu d'être livrée au bon plaisir de quelques-uns ou au hasard des conjonctures. Ce culte de la raison et de l'expérience se prolonge dans cette idée nouvelle que l'homme est *perfectible* et que l'Histoire peut et doit ouvrir la voie au Progrès. D'où la conviction que le péché ne pèse pas inexorablement sur la condition humaine, mais que l'homme est capable de *faire* le Bien ; la *bienfaisance* permettra d'assurer à chacun une vie où le plaisir sera substitué à la contrition et à la résignation une fois que les idées claires et l'observation des faits auront délivré les hommes de l'erreur, des superstitions et des fanatismes qui s'y rattachent. La raison et l'expérience deviennent les deux veaux d'or capables de permettre aux hommes d'être « comme des dieux » pour domestiquer le Léviathan en lui permettant de vivre enfin dans une cité où le bonheur sera à la portée de tous. Rationalisme, empirisme, hédonisme, utilitarisme et eudémonisme convergent ainsi dans cette idée qu'il faut apprendre dans le Livre du Monde ce qui permettra de connaître la nature humaine pour lui donner la possibilité de s'épanouir. Telles sont les conclusions qui déboucheront sur le livre sonore, synoptique et social de Condorcet *Esquisse d'un tableau historique des progrès de l'esprit humain* où il nous est dit que « la perfectibilité de l'homme » est infinie et que « les progrès de cette perfectibilité [sont] désormais indépendants de toute puissance qui voudrait les arrêter » ; cette foi dans la perfectibilité de l'espèce humaine n'empêcha pas Condorcet d'être victime de la Révolution.

Le passage du XVIIe au XVIIIe siècle s'est opéré à l'occasion de ce que Paul Hazard a justement appelé « la crise de la conscience européenne » et que l'on pourrait situer de 1680 à 1715. Le XVIIe siècle fut celui de l'ordre, de la hiérarchie et de la discipline ; l'amour de la stabilité conduisait les penseurs et les pouvoirs à se méfier du changement et des innovations auxquels on reprochait de n'avoir pas encore fait leurs preuves. Le XVIIIe fut, au contraire, le siècle où triomphèrent les idées de progrès, d'égalité et de liberté. De partout surgirent des professeurs de relativisme dont les leçons visèrent à faire comprendre aux hommes que les dogmes régentant les mœurs reposaient sur une ignorance totale de la réalité ; des hommes du XVIIIe comme Voltaire, Rousseau et Montesquieu furent de grands voyageurs qui, au cours de leurs déplacements, acquirent le sens voire le goût du relatif et pensèrent enrichir la connaissance de la nature humaine en lui montrant qu'elle débordait infiniment tous les cadres *a priori* à l'intérieur desquels on avait prétendu la fixer. Un procédé littéraire fut fréquemment utilisé pour parvenir à de telles conclusions, c'est celui qui consistait à faire venir en France un étranger qui restait stupéfait de nos usages, ou à faire visiter quelque pays lointain par un Français s'émerveillant de la sagesse dont faisaient preuve des hommes vivant selon des règles et des coutumes totalement différentes de celles de l'Europe chrétienne ; le Persan, le Siamois, le Turc, l'Arabe musulman, le Chinois à la civilisation millénaire païenne et admirable furent tour à tour utilisés à de telles fins ; sans parler de ces voyageurs de l'irréel dont les *Voyages de Gulliver* (1726) de Swift fournissaient maints exemples. Bref, on va opposer de plus en plus les « rationaux » aux « religionaires ».

Une telle volonté de donner à l'homme des dimensions multiples eut pour effet de ne plus voir seulement dans Rome la capitale de toutes les cités ; on apprécia Paris pour son art de vivre en société et de cultiver les conversations d'où des idées étaient censé jaillir ; on loua fort l'Angleterre pour son respect de l'individu et sa loi de l'*habeas corpus* (1679), son attachement à la liberté de penser ; la Hollande parut également un pays exemplaire accueillant ceux qui étaient persécutés pour leurs convictions religieuses et où les libraires faisaient imprimer et vendaient des livres interdits ailleurs par le pouvoir royal.

Bien des esprits furent convaincus qu'il était nécessaire d'instituer un ordre social nouveau, fondé sur la « tolérance » célébrée par Locke et sur un réalisme raisonnable, lorsque la Révocation de l'édit de Nantes (1685) par Louis XIV et les dragonnades qui s'ensuivirent dans les Cévennes contraignirent les protestants, dont le culte était désormais interdit, à choisir entre une conversion forcée au catholicisme, les galères, la résistance intérieure ou l'exil. On dénonça le *compelle intrare*, le « force-les d'entrer », au nom duquel certains croyaient pouvoir justifier les persécutions religieuses. Pierre Bayle et son *Dictionnaire historique et critique* (1696), Fontenelle (1657-1757) contribuèrent à répandre la devise « Sus aux légendaires », à dénoncer les miracles, à faire le procès des oracles et à affirmer qu'il fallait tenir pour faux un dogme réfuté par les idées claires et distinctes de la « lumière naturelle ». L'autorité de la raison se subtituait ainsi à la raison de l'autorité.

De telles idées se trouvaient renforcées par la critique de textes à laquelle l'oratorien Richard Simon avait donné une impulsion toute nouvelle. Son *Histoire critique du Vieux Testament* (1678), son *Histoire critique du texte du Nouveau Testament* (1689), *Le Nouveau Testament de N.-S. Jésus-Christ traduit sur l'ancienne édition latine avec des remarques* (1702) valurent à Richard Simon la condamnation de l'Eglise et l'estime de ceux qui lui étaient reconnaissants de chercher le sens des Ecritures, et leur sens seulement, en se dégageant de l'autorité de la Tradition ; toutes préoccupations que l'on pouvait rapprocher de celles qui avaient inspiré Spinoza dans son *Traité théologico-politique*.

Bossuet, porte-parole officiel de l'Eglise catholique, ne voyait dans de telles entreprises que des œuvres de malfaiteurs, pour lui l'Ecriture étant de source divine ne saurait être traitée comme un texte écrit de main humaine. Lorsque Jurieu affirmait, au nom des protestants exilés en Hollande, que, si les rois avaient le droit d'exiger de leurs sujets de leur être fidèles, leur pouvoir ne s'étendait pas sur les consciences et que ces sujets avaient le droit d'embrasser la religion de leur choix, Bossuet répondait que l'on ne saurait permettre à l'erreur d'être enseignée ni de se répandre et que les protestants n'avaient qu'une chose à faire : rentrer dans le sein de l'Eglise d'où ils n'auraient jamais dû sortir.

Ces considérations éthico-religieuses eurent de très importantes répercussions sur la conception que l'on se fit du droit. Selon la *théorie du droit divin*, le roi était considéré comme le représentant de Dieu sur la Terre, nul pouvoir ne venait de lui-même, ce qui devait, ou aurait dû, inciter les rois à beaucoup d'humilité et à comprendre qu'être responsable devant Dieu était beaucoup plus redoutable que d'être seulement responsable devant les hommes. Les fameuses formules « Parce que tel est notre bon plaisir » ou « l'Etat c'est moi » ne doivent pas être comprises comme les expressions d'un affolant autoritarisme arbitraire ; le « bon plaisir » du roi était supposé bon parce qu'il devait, ou aurait dû, coïncider avec le bonheur de ses sujets. L'autre formule : « Un roi, une foi, une loi » consacrait l'unité du pouvoir de l'Etat et de la religion.

A la fin du XVIIe siècle, de telles manières de concevoir le droit commencèrent d'être battues en brèche. L'ouverture sur des pays vivant en paix sous des législations complètement différentes de celles auxquelles l'Europe chrétienne était habituée, la seconde révolution d'Angleterre qui chassait le roi Jacques II et dont le successeur Guillaume d'Orange était choisi à la manière d'un représentant de comté et acceptait le contrôle des Chambres, les guerres de Religion, la révocation de l'édit de Nantes contribuèrent fortement à de telles remises en question. Mais l'œuvre qui joua dans ce domaine un rôle essentiel fut *L'Esprit des lois* (1748) de Montesquieu. Montesquieu y montre, en effet, que les lois ne sont nullement la manifestation de quelque absolu transcendant qui les aurait imposées aux hommes, mais qu'elles sont le produit de contingences géographiques, climatiques, sociales, etc. ; les lois d'un peuple de montagnards ne conviennent pas à un peuple de marins, les lois des pays froids ne sont pas faites pour les pays chauds, etc.

Peu à peu naîtra ainsi l'idée que, puisque les lois sont nées des cadres dans lesquels vivent les hommes, il serait possible et souhaitable d'en prendre en main l'élaboration pour établir une constitution sur des données rationnelles. En outre, les persécutions religieuses, des injustices flagrantes et des différences de niveau de vie considérables donnèrent à penser que les hommes avaient le droit d'avoir des droits, qu'il existait donc des *droits naturels* qu'aucun pouvoir ne saurait enfreindre. En ce domaine, le juriste hollandais Hugo Grotius (1583-1645) et le juriste allemand von Pufendorf (1632-1694), premier titulaire de la chaire de droit naturel à Heidelberg, avaient préparé le terrain. Cette notion de droit naturel se répandit à travers toute l'Europe et son enseignement devint très courant ; en France on fonde une chaire de droit naturel au Collège royal en 1771. Parmi ceux qui étudièrent une telle notion, il faut citer l'Allemand Johann-Christian Wolff et son

Droit de la nature étudié selon une méthode scientifique (1740-1748) et le professeur genevois J.-J. Burlamaqui qui publie en 1748 ses *Principes du droit naturel.* Cette notion de droit naturel a présidé à la rédaction des diverses *Déclarations des droits de l'homme et du citoyen* qui se proposèrent de dresser une liste des droits naturels fondamentaux que toute législation se devait de respecter.

De plus, les sciences de la nature qui progressaient dans différents pays renforçaient cette idée que la raison naturelle était universelle et que le savoir n'avait pas de frontières. Fontenelle disserte sur *La Pluralité des mondes* (1686), l'optique fait des progrès très importants, en Hollande avec Huygens (1629-1695) ; le microscope permet aux sciences naturelles d'agrandir le champ de leurs investigations avec Swammerdam (1637-1680) et Boerhaave (1668-1738) ; chez les Scandinaves, Römer (1644-1710) détermine la vitesse de la lumière, en Allemagne, Otto von Guericke (1602-1686) se rend célèbre par ses expériences sur le vide, en Angleterre paraissent les *Principia mathematica* (1687) de Newton qui sont tenus pour le livre donnant la clef du fonctionnement de l'univers à partir de la seule observation des faits, le chimiste Robert Boyle se rend célèbre par ses travaux sur l'analyse des corps. En France, Nicolas Lémery (1645-1715) et l'abbé Mariotte spécialisé dans la pneumatique, ainsi que Denis Papin (1647-1714), l'inventeur de la machine à vapeur, ouvrent la voie à des perspectives nouvelles. Dans le domaine des sciences médicales, le développement du microscope permet à Malpighi d'étudier la structure des tissus, à Leeuwenhoek de découvrir les spermatozoïdes (1677) et les globules rouges (1688).

Cet internationalisme de la science conduit souvent à confondre le nécessaire rationnel avec le collectif et à tenir pour vrai ce qui fut considéré comme tel par tous et partout ; la notion de Révélation de la vérité se trouve ainsi éliminée au profit d'une évidence et d'une clarté qui servirent souvent de masque à de banales superficialités considérées par beaucoup comme des conquêtes définitives du « bon sens ».

Le XVIIIe siècle, les *Lumières,* l'*Aufklärung,* l'*Age of Enlightenment,* l'*Illuminismo,* assurent le règne de ceux que l'on appelle « les philosophes » ; il faut entendre par là les « savants » au sens courant du terme, c'est ainsi que le *Dictionnaire de l'Académie* de

1694 définissait le philosophe comme « celui qui s'applique à l'étude des sciences et qui cherche à en connaître les effets par leurs causes et par leurs principes » ; mais le terme de « philosophe » s'appliquait aussi à ceux qui affichaient une « liberté » d'esprit hostile aux religions révélées et donnaient soit dans un athéisme radical, soit dans un déisme consentant à faire de Dieu le Grand Architecte et Horloger de l'univers, les idées maçonniques jouant en ce domaine et en d'autres un rôle important.

Les philosophes partaient en guerre contre la religion établie. On attaquait tout d'abord le fanatisme, la prétention du catholicisme à se donner comme la seule religion reconnue par Dieu. En ce sens le célèbre *Testament du curé Meslier* (1729) constitue un texte d'une violence exceptionnelle ; ce curé champenois dénonce les Ecritures et l'usage qu'on en fait ; son fanatisme de l'anti-fanatisme le conduit à affirmer qu'il faut abolir les princes et les lois, refuser de payer les impôts, il se souvient avec ravissement d'un homme qui souhaitait que « tous les grands de la Terre et tous les nobles fussent pendus avec les boyaux des prêtres ». Cet inquisiteur d'un nouveau genre en appelait aux régicides à venir et aux libérateurs prochains. En ce domaine l'influence de penseurs anglais comme Toland, Collins ou Tindall ne fut pas négligeable.

Les critiques adressées au christianisme sont toujours les mêmes et gravitent autour du problème du Mal, problème que le tremblement de terre de Lisbonne (1755) posa dans toute son acuité : ou Dieu permet le Mal et il n'est pas bon, ou Dieu ne peut pas l'empêcher et il est impuissant ; il est assez piquant de noter que tous ces penseurs champions de la liberté n'hésitent pas à tenir Dieu pour responsable et ne se préoccupent pas de savoir si la liberté humaine ne doit pas entrer en ligne de compte pour un examen de ce problème. Cet anticléricalisme de base a souvent eu Voltaire (1694-1778) pour champion ; celui dont on a pu dire qu'il maniait « un chaos d'idées claires » nous confie en effet :

> Je veux aimer ce Dieu, je cherche en lui un père,
> On me montre un tyran que nous devons haïr.
> Il créa des humains à lui-même semblables
> Afin de les mieux avilir ;
> Il nous donna des cœurs coupables
> Pour avoir droit de nous punir.

Cet anticléricalisme put être renforcé par les événements qui marquèrent l'expulsion des jésuites. Le P. La Valette et les jésuites avaient voulu payer en denrées les commerçants de Marseille, mais les navires furent saisis par le blocus anglais ; les juges marseillais condamnent alors les jésuites à payer leurs dettes ; ceux-ci refusent et en appellent au parlement. Celui-ci examine leur constitution et pense qu'elle représente un danger pour le pays dans la mesure où les jésuites affirment ne devoir obéir qu'au pape. On cherche alors à leur enlever l'éducation de la jeunesse et finalement, en 1764, le roi de France les chasse de son royaume très chrétien. D'Alembert voit là un événement historique capital et écrit en 1765 *Sur la destruction des jésuites en France*. En 1766 les jésuites sont chassés d'Espagne, de Venise, de Parme, du royaume des Deux-Siciles ; beaucoup d'entre eux sont accueillis dans le royaume protestant de Frédéric II ; finalement le pape supprime la compagnie et demande à tous les ordres de s'unir pour lutter contre l'irréligion. Toutefois les « esprits forts » ne l'entendent pas ainsi et pensent que, puisque l'on ne peut pas faire confiance à Dieu, qui n'est même pas un bon diable, il va falloir reporter cette confiance sur l'homme. Malheureusement les siècles suivants montreront tragiquement que cet Homme divinisé n'est pas un bon dieu.

L'anticléricalisme ambiant débouche sur une sorte d'humanisme naturaliste qui sait gré à Locke de nous avoir fait assister à la genèse de l'homme en ayant seulement recours à la psychologie et à l'association des idées. Ce « sensationnisme » est repris par l'abbé de Condillac (1715-1780) dans son *Essai sur l'origine des connaissances humaines* (1746) et dans son *Traité des sensations* (1754) ; comme Hume, il veut devenir un « géographe » de la raison en dressant le tableau et l'histoire de l'esprit ; c'est ainsi que, dans une image célèbre, Condillac nous demande de considérer une statue à qui l'on accorderait un à un tous les sens, la reconnaissance de la même sensation engendrerait la mémoire, la combinaison de ces sensations finiraient par engendrer l'esprit, et Condillac pense pouvoir nous faire ainsi assister à une genèse de la réflexion ; malheureusement Condillac suppose toujours l'existence préalable de ce à la reconstitution de quoi il prétend nous faire assister, car ou bien sa comparaison n'a aucun sens, ou bien, si elle en a un, c'est à la condition que nous n'ayons pas affaire à une statue mais à un homme. Tel est l'irrémédiable défaut de tous les réductionnismes qui confondent la composition et la synthèse et pensent que l'esprit naît, comme par enchantement, de la juxtaposition de sensations, sensations qui impliquent toujours ce que les empirismes oublient, à savoir un sujet sentant. Il faut ajouter, cependant, que l'abbé de Condillac ne tombe pas dans le matérialisme, car, pour lui, avant le péché l'âme pouvait acquérir des connaissances sans avoir besoin des sens, depuis la chute l'homme n'a plus que des idées qui lui viennent des sens.

Ce XVIIIe siècle a hypostasié la Nature tenue pour sage et bonne ; on n'a donc nul besoin de prêtres, de cultes, ni de sacrements, une religion intérieure suffit. Toutes ces idées sont parfaitement exprimées dans la pièce de Lessing (1729-1781) *Nathan le Sage* (1779) ; on y trouve exposé ce qu'un laudateur a cru pouvoir appeler un « code exquis de morale religieuse et laïque ». Des idées naïvement généreuses et au souffle un peu court animent l'œuvre de Lessing et doivent pas mal de choses à la franc-maçonnerie dont il était membre. Le primat de la raison et les progrès de la science permettent de retrouver par le raisonnement les grandes vérités éternelles auxquelles ont puisé les différentes croyances religieuses. Il existe une *Urreligion*, une religion naturelle et primitive, dont participent toutes les autres religions, y compris le christianisme ; ces religions sont vraies dans la mesure où elles se rapprochent de cette religion naturelle et fausses dans le cas contraire. Il existe donc une sorte de palais spirituel aux multiples portes à l'intérieur duquel chacun est convié à entrer, personne ne doit avoir la prétention de s'annexer Dieu en cédant aux excès de l'imagination trompeuse et sans mesure. L'homme raisonnable est capable de déterminer lui-même ses devoirs, la raison peut nous délivrer de l'erreur et par conséquent de la faute. Nous devons donc travailler sans relâche à améliorer notre humanité.

Un tel œcuménisme rationnel permettra la construction d'une radieuse Cité des hommes, le jugement droit servira de boussole, de gouvernail et de carte, grâce à eux l'homme se dirigera fermement à travers les écueils des passions, tandis que les gouvernants conduiront la société vers des plaisirs sains et un bonheur sans nuage. C'est ainsi que beaucoup de « philosophes » devinrent des adeptes d'un « despotisme éclairé » en pensant que des souverains comme Frédéric II, le philosophe de Sans Souci, Catherine II de Russie, Gustave III de Suède ou Christian VII de Danemark seraient sensibles à leurs théories et travailleraient à construire cette nouvelle société où le bonheur pour tous serait enfin assuré. En réalité, comme le dit justement Paul Hazard, « la philosophie croyait se servir des rois et c'étaient les rois qui se servaient d'elle ».

Une telle confiance dans l'avenir de la société se trouvait renforcée par le développement des sciences. Des académies des sciences s'ouvrent dans les capitales ; après Paris, c'est le tour de Londres, de Saint-Pétersbourg, de Stockholm et de Copenhague. Partout plane l'ombre du grand Newton, mais d'autres noms apparaissent dans le panthéon des mathématiques et de la physique : Bernoulli qui étudie l'hydrodynamique (1738), d'Alembert et son *Traité de dynamique* (1743), Maupertuis, Euler, Monge et sa géométrie descriptive, Lambert, Lagrange, Legendre. Linné classe les végétaux dans son *Systema naturae* (1737), Réaumur étudie les insectes et le phénomène de la digestion, Charles Bonnet la parthénogenèse des pucerons (1740), en 1749 Buffon commence la publication de sa grande *Histoire naturelle*, Jussieu étudie les espèce végétales, Spallanzani la régénération des organismes et Lavoisier se livre à des recherches sur la chaleur animale et introduit la balance pour mesurer les réactions chimiques. Il ne faut pas non plus oublier que les dames et les habitués des salons se passionnent pour le magnétisme, la minéralogie ou la botanique ; des abbés s'adonnent aux sciences et, entre autres, l'abbé Nollet (1700-1770) dont les expériences sur l'électricité étonnent et ravissent.

Dans le domaine de la technique des inventions très importantes voient le jour. Comme grande entreprise le XVIIe siècle n'avait guère connu que le creusement du canal du Midi par Paul Riquet de 1666-1681 ; le XVIIIe siècle travaille, en France et en Angleterre, à perfectionner le métier à tisser, ce qui eut des répercussions sociales importantes ; le règne de la machine commence à apparaître dans les domaines les plus divers : vers 1715, ce sont les premiers essais d'une machine à écrire d'Henri Mill, machines à raboter et à tourner le fer en 1751, à carder le coton (1748), invention de la batteuse à grains par Meilke (1775). Le traitement du coke, du fer, de l'acier ne cesse d'être perfectionné. Des mines sont ouvertes et des manufactures sont fondées (la manufacture de Saint-Gobain datait de 1685, l'usine du Creusot est ouverte en 1782). On crée de nouvelles grandes écoles : l'Ecole des ponts et chaussées en 1747 par Trudaine (Vauban avait créé le Corps du génie en 1690), l'Ecole des mines de Freiberg en 1724, des mines italiennes en 1754, celle de Paris en 1783, l'Ecole des constructeurs de navires à Paris en 1763, la première école vétérinaire à Lyon en 1765 ; plus tard le Conservatoire national des arts et métiers et l'Ecole polytechnique en 1794. Il faut signaler également d'autres dates ou découvertes importantes ; en 1697 Vauban avait pris une ordonnance sur l'éclairage public des villes, en 1721 est inventée une cloche à plongeur, le premier pont à bascule apparaît en Angleterre en 1741, Franklin invente le paratonnerre en 1752 ; en 1747 Margraff extrait du sucre de la betterave et vers 1760 on développe la culture de la pomme de terre en France. On le voit donc, contrairement à un mythe répandu, la Révolution française n'a nullement trouvé la France dans un lamentable état de sous-équipement intellectuel, scientifique et technique.

Mais ce qui est absolument essentiel c'est l'apparition du moteur par le biais de la construction de machines à vapeur. Dès 1690 Denis Papin avait construit une machine à vapeur, Watt en avait fait breveter une en 1769 ; les premières « pompes à feu » furent utilisées pour vider les mines de l'eau qui s'y infiltrait, puis l'idée vint de les rendre « automobiles ». Cugnot construit son fardier en 1769 ; la mise au point du rail amène l'apparition du premier chemin de fer en 1776 pour le transport du charbon, la première voie ferrée française voit le jour au Creusot en 1785, et en 1797 fonctionnera une machine à vapeur sur route de Trevithick. Le Français Jouffroy d'Abbans fait fonctionner un pyroscaphe sur le Doubs en 1779, puis construit un nouveau bateau à vapeur de 46 mètres de long qui transporte quatorze personnes et remonte le cours de la Saône en 1783. Cette conquête de la terre et de l'eau se complète d'une conquête de l'air, les premières montgolfières datent des environs de 1780 et en 1783 Pilâtre de Rozier réalise la première ascension en montgolfière.

Ces dernières inventions ne sont pas seulement importantes parce qu'elles seront à l'origine d'applications techniques et de problèmes sociaux considérables ; elles impliquent et engendrent une nouvelle vision du monde. Tout d'abord cette domestication du feu par la machine à vapeur qui en utilise la puissance motrice apparaît comme la grande victoire de Prométhée qui désormais peut faire mouvoir les choses et les êtres sans avoir recours aux forces naturelles des animaux tracteurs, du vent qui souffle sur les ailes des moulins et les voiles des navires, ou du courant des rivières qui entraîne les cargaisons qu'on leur confie. Désormais l'homme va commencer à se considérer comme l'ingénieur du monde ; dans le siècle suivant il voudra devenir le pilote de l'Histoire et l'architecte de la vie sociale. Telle est l'idée qui semble se trouver déjà en germe dans *La Science nouvelle* de G.B. Vico (1668-1744) qui voit dans l'histoire ce où s'exerce le pouvoir créateur de l'homme ; passant d'une soumission aux sens, puis à l'imagination, l'humanité fait finalement triompher sa raison et construit d'elle-même sa propre Providence.

Une des œuvres les plus significatives de ce siècle fut l'*Encyclopédie* de d'Alembert et de Diderot vite soumise à la censure. Pour la première fois dans l'histoire, l'on mettait en chantier un travail collectif afin de dresser un bilan de ce que l'homme savait et de ce qu'il pouvait. L'*Encyclopédie* se proposait d'« exposer, autant qu'il est possible, l'ordre et l'enchaînement des connaissances humaines » et, en tant que *Dictionnaire raisonné des sciences, des arts et des métiers,* elle voulait « contenir sur chaque science et sur chaque art, soit libéral, soit mécanique, des principes généraux qui en sont la base, et les détails les plus essentiels qui en font le corps et la substance ». Mais elle ne se contentait pas de dresser des bilans, elle avait aussi l'ambition de débarrasser les hommes de leurs préjugés et de « changer la manière commune de penser ». Le livre eut un grand succès, notamment les volumes de planches qui représentaient les machines en usage dans les différents corps de métier.

De telles considérations sur les sciences allaient de pair avec un déisme de bon aloi. Lord Bolingbroke et surtout l'*Essai sur l'homme* (1733) de Pope servaient de références, Pope avait d'ailleurs écrit une *Prière universelle* (1738) adressée au : « Père de toutes choses, adoré en tout temps et en tous lieux, par les saints, par le sauvage et par le sage, Jehova, Jupiter, ou le Seigneur. » Dans son *Dictionnaire philosophique* (1764), Voltaire définit ainsi le théiste : « Le théiste est un homme fermement persuadé de l'existence d'un Etre suprême aussi bon que puissant, qui a formé tous les êtres étendus, végétants, sentants, réfléchissants ; qui perpétue leur espèce, qui punit sans cruauté les crimes et récompense avec bonté les actions vertueuses [...]. Il rit de Lorette et de La Mecque ; mais il secourt l'indigent et il défend l'opprimé. »

Toutefois, la confiance mise dans une possible reconstitution de l'homme ne s'exprima pas seulement par un psychologisme à la Locke, toujours présent chez d'Alembert et chez Diderot, teinté de déisme, elle se voulut plus radicale et se manifesta dans des matérialismes qui demandèrent à la matière seule de rendre compte de la genèse de l'homme. Ce matérialisme prit son expression la plus radicalement athée chez La Mettrie qui écrit une *Histoire naturelle de l'âme* (1745), le fameux *Homme machine* (1747), suivi de *L'Homme plante* (1748), le tout couronné par

L'Art de jouir ; le *Système de la nature* du baron d'Holbach, le *De l'esprit* d'Helvétius professent un matérialisme athée que n'approuvèrent ni Voltaire ni les encyclopédistes.

Cette confiance pour retrouver les archives matérielles de l'espèce humaine prit les allures d'un génétisme annonciateur du lamarckisme et du darwinisme. On pensait que Newton avait fait le premier pas, mais que Buffon avait fait le second en montrant dans son *Histoire de la terre* et dans *Les Epoques de la nature* qu'il fallait « fouiller les archives du monde » pour comprendre la structure de celui-ci à partir de sa genèse historique. De différents côtés on est convaincu que l'on va pouvoir expliquer la pluralité des êtres à partir d'une origine naturelle. Dans ses *Pensées sur l'interprétation de la nature* (1754), Diderot invoque « un premier animal prototype de tous les animaux » ; le naturaliste français Vicq d'Azyr parle d'un « modèle primitif et général » ; Benoît de Maillet, dans son *Telliamed ou entretiens d'un philosophe indien avec un missionnaire français* (1755), veut nous montrer que la vie est sortie de la mer ; J.-B. Robinet, dans ses *Considérations philosophiques sur la gradation naturelle des formes de l'Etre ou Les Essais de la nature qui apprend à faire l'homme* (1768), s'acharne à trouver des formes pré-humaines dans des fossiles de toutes sortes et demande finalement à l'histoire naturelle de lui permettre de récrire le livre de la Genèse. Goethe se passionnera pour tous ces problèmes ; dans sa *Métamorphose des plantes* (1790), il spécule sur l'*Urpflanze* et l'anatomie comparée lui donne l'occasion de méditer sur les dessins de l'anatomiste Camper qui, un morceau de craie à la main, transformait sur un tableau noir le chien en cheval, le cheval en homme et la vache en oiseau. Tout semble donc parler d'un archaïque fondateur, confondu avec l'originaire, à partir duquel on pourrait retrouver les processus et les itinéraires de la vie. Darwin ne fera que repuiser dans ce vieux fond de zoologie faustienne.

Toutes ces analyses ne doivent pas faire oublier que les Lumières revêtirent des aspects différents en France, en Allemagne et en Angleterre ; mais elles permettent de parvenir à dégager deux conclusions très importantes.

1° Dans la vieille querelle des Universaux, les Lumières commencèrent d'assurer la victoire des réalistes par le soin inconscient qu'elles mirent à donner naissance à un Etre nouveau qui allait devenir de plus en plus puissant : la Volonté générale. Diderot nous dit de cette nouvelle déesse qu'elle est « un acte pur de l'entendement qui raisonne dans le silence des passions sur ce que l'homme peut exiger de son semblable, et sur ce que son semblable est en droit d'exiger de lui ». Il ajoute aussitôt cette déclaration très grave : « La Volonté générale n'erre jamais », il en conclut que « la puissance législative lui appartient ». Il ne s'agit pas de brandir ici le spectre de l'anti-démocratie, il s'agit simplement de savoir si l'on peut ainsi déifier le général, le rendre infaillible et affirmer, comme le fait Diderot, que celui qui ne s'y soumet pas « ne veut pas raisonner, [et que] renonçant à la qualité d'homme, [il] doit être traité comme un être dénaturé ». Cette assimilation du rationnel au général, cette divinisation du collectif est à la base de tous les totalitarismes qui institueront l'impardonnable crime de lèse-société.

Paradoxalement, l'adoration du général engendre son contraire, et cela d'une double manière. Tout d'abord, puisqu'on reconnaît que l'on doit débarrasser les hommes de leurs préjugés et qu'il faut « changer la manière commune de penser », on avoue implicitement que cette Volonté générale doit être modifiée, éduquée ; aussitôt des « philosophes » et des politiciens, agissant au nom de leur système ou de leur parti, se proposeront d'instruire cette Volonté générale afin de la guider rationnellement. C'est ainsi que, plus tard, les marxistes invoqueront sans cesse le recours à la base, mais ajouteront aussitôt que les économistes, les urbanistes, les artistes, les savants et les philosophes doivent travailler sous la conduite du Parti qui les guide selon les lois de l'histoire ; le Parti se propose donc de former cette volonté générale en lui enseignant ce qu'elle doit vouloir pour ne pas dévier.

Ensuite, cette Volonté générale apparaîtra à certains comme devant être régionalisée. Puisqu'il faut respecter la liberté de conscience, qu'aucun peuple ne doit prétendre posséder l'exclusivité de la pensée, il faut professer un œcuménisme des cultures respectant les volontés générales qui animent chacune d'entre elles et qui correspondent à une individualité particulière originale. On trouverait cette idée soutenue dans les *Idées pour la philosophie de l'histoire de l'humanité* (1784) de Herder. Ce pasteur allemand, anti-voltairien mais influencé par l'*Aufklärung*, met l'accent sur le *Volksgeist*. Chaque peuple possède un esprit national caractérisé par sa langue et par sa culture ; le génie national n'est pas formé d'en haut par les dynasties qui règnent sur des Etats, mais d'en bas par le peuple, le *Volksgeist* engendre des phénomènes collectifs populaires et nationaux qui possèdent une individualité caractéristique. Cette idée, qui aura beaucoup de succès en Allemagne et se retrouvera à la base de beaucoup de pangermanismes, implique donc une sorte de fragmentation de la Volonté générale que l'on régionalise en autant de nations que peut en compter la planète. La notion de Volonté générale conduit, par conséquent, à cette idée qu'il n'y a que des volontés générales qui doivent être toutes respectées. Ce pluralisme des cultures en arrive à faire disparaître toute distinction entre la civilisation et la barbarie, car au nom de quoi pourrait-on préférer telle culture à telle autre si toutes sont respectables parce que chacune provient d'une collectivité qui s'exprime en elle ? Tout cela nous conduit de l'apologie du « bon sauvage » à *La Pensée sauvage* de Lévi-Strauss. Le désir de ne s'appuyer que sur des faits et de récuser toute transcendance permettant de les juger s'achève par un respect des faits en tant que tels, c'est-à-dire par une soumission inconditionnelle au *C'est ainsi et pas autrement* qui constituera le dernier mot de la « sagesse » structuraliste.

2° L'entreprise de démystification libératrice par la raison, jointe à la reconnaissance d'une pluralité des volontés générales proposées à notre admiration aussi bien chez le Persan, le Siamois, le Turc, l'Iroquois, que chez le Chinois ou le musulman, conduit donc à une fragmentation des volontés collectives en des volontés particulières que l'on demande également de respecter en invoquant la liberté de conscience. Si bien que, au nom du naturel, le rationnel se trouve chassé au profit du passionnel. On en trouverait un exemple typique dans *Le Neveu de Rameau* (écrit en 1762) de Diderot ; le personnage central, personnification de Diderot lui-même, est à la fois un rationaliste et une âme imaginative au cœur effervescent. Certes, la nature a tout créé, elle est bonne et artiste, elle sait ce qu'elle fait, mais elle est aussi inégale, imprévisible et protéiforme. Cela explique que plusieurs de ces hommes des Lumières, comme Diderot, Mirabeau, Restif de la Bretonne ou Choderlos de Laclos appartiennent aux Lumières mais écrivent des œuvres dans lesquelles se manifestent la violence passionnelle ou l'érotisme le plus licencieux, chaque personnage donnant libre cours à ses instincts « naturels ». De telles conséquences se trouvent poussées jusqu'à leurs dernières conséquences chez l'indispensable marquis de Sade dont les œuvres figurent aujourd'hui dans toutes les anthologies de textes philosophiques à l'usage des candidats au baccalauréat. Puisque tout vient de la nature, rien n'est contre nature (comme le répétera Michel Foucault) ; il est de la nature d'un volcan d'entrer en éruption et de détruire des villes, va-t-on le traduire en justice et le juger ? nous demande Sade. Or chacun de nous est comme un volcan qui doit pouvoir librement exploser en exprimant *sa* nature qui vient elle-même de la Nature ; les notions de normal et de pathologique se trouvent donc récusées comme autant de préjugés, car puisque la nature est mère de toutes choses, il n'existe aucun belvédère moral du haut duquel nous pourrions nous placer au-dessus d'elle et la juger. On qualifie justement de « sadiques » les tortionnaires des camps d'extermination, mais Sade, ce concepteur cérébral de nombreux Buchenwald sexuels, a droit au titre de « divin marquis ».

Ainsi, tous les déchiffreurs du Livre du Monde sont finalement conduits aux pires contradictions, car ils pensent que le sens naît de ce livre lui-même, que tous les messages se trouvent en lui et qu'il n'est chargé d'en transmettre aucun sinon celui-ci : *Tout est naturel.*

En 1784, Kant se propose de répondre à la question : *Qu'est-ce que « les Lumières » ? :* « Qu'est-ce que les Lumières ? *La sortie de l'homme de sa Minorité, dont il est lui-même responsable. Minorité,* c'est-à-dire incapacité de se servir de son entendement sans la direction d'autrui, minorité *dont il est lui-même responsable,* puisque la cause en réside non dans un défaut de l'entendement, mais dans un manque de décision et de courage de s'en servir sans la direction d'autrui. *Sapere aude !* Aie le courage de te servir de ton propre entendement. Voilà la devise des Lumières. » Descartes avait voulu « marcher avec assurance en cette vie », Kant nous incite à « marcher d'un pas assuré ». C'est pourquoi il stigmatise les tuteurs et les tyrans qui « après avoir rendu sot leur bétail, et avoir soigneusement pris garde que ces paisibles créatures n'aient pas la permission d'oser faire le moindre pas hors du parc où ils les ont enfermées, leur montrent le danger qui les menace, si elles essaient de s'aventurer seules au dehors ». Mais le brave Kant n'avait pas prévu que, aujourd'hui, c'est au nom de la Raison que l'on enferme les paisibles créatures dans un parc en leur montrant le danger qui les menace si elles essaient de s'aventurer seules au-dehors ; à partir du moment, en effet, où l'on affirmera qu'il existe une (et une seule) science de la nature, de l'homme, de l'histoire, de l'économie et de la politique, on dénoncera comme « idéologies » toutes les formes de pensée situées en dehors de la sphère rationnelle unique, nécessaire et obligatoire, et les « gardiens de parcs » seront chargés de faire respecter les règlements. C'est ce que fait aujourd'hui le marxisme qui parque le « bétail » à l'intérieur de frontières géographiques et intellectuelles au nom de cette idée que la vérité ne saurait être tolérante.

Ainsi la Volonté générale, la Raison, le culte du Fait sont devenus autant d'incarnations de ce nouveau Léviathan, de ce « Gros animal » que les Temps Modernes croiront domestiquer alors qu'ils ne feront que le libérer en le rendant encore plus barbare et en s'imaginant lui donner l'occasion de devenir plus « authentiquement » sauvage.

Jean-Jacques Rousseau : Solitude et Société

Rousseau (1712-1778) est l'exemple le plus net de ce mélange de passionnel et de rationnel, chacun chassant et appelant l'autre, qui caractérise bon nombre de représentants des Lumières désireux, à la fois, de suivre la Nature et de la changer.

Rousseau fut l'homme des contradictions non résolues. Ce collaborateur de l'*Encyclopédie* soutient dans son discours *Si le rétablissement des sciences et des arts a contribué à épurer les mœurs* (1750) que les sciences et les arts n'ont pas contribué au bonheur de l'humanité mais la font régresser ; ce père qui nous avoue avoir mis ses enfants à l'assistance publique (ce qui d'ailleurs est peut-être faux) rédige un ouvrage sur l'éducation des enfants : l'*Emile ;* ce solitaire qui se complaît dans la rêverie écrit un ouvrage de socio-politique. Tantôt Rousseau fait preuve d'un optimisme naturaliste et d'un pessimisme sociologique en nous disant que l'homme naît bon mais que la société le déprave, tantôt il est animé d'un pessimisme naturaliste et d'un optimisme sociologique au nom desquels il affirme que la nature nous offre le triste spectacle du triomphe du plus fort et que la société doit substituer à cet ordre naturel injuste une égalité de droit garantie par une constitution rationnelle.

On ne comprend rien au célèbre *Contrat social* (1762) si on le prend uniquement pour une œuvre politique à partir de laquelle il serait possible de construire rationnellement la société. Le *Contrat* est un document psychologique, œuvre d'un perpétuel désadapté social qui a inconsciemment cherché son salut dans toutes sortes de fuites auxquelles il demandait la dissolution de son moi : « Je sens des ravissements inexprimables à me fondre pour ainsi dire dans le système des êtres, à m'identifier avec la nature entière. » Cette œuvre a d'ailleurs suscité les éloges les plus outrés et les appréciations les plus diverses. Carlyle voyait dans ce livre le « cinquième évangile », Auguste Comte dit qu'il y eut une époque où le *Contrat* suscita plus d'enthousiasme et de foi « que n'en obtinrent jamais la Bible et le Coran » ; la Révolution française vit dans Rousseau un de ses pères alors que Rousseau avait vivement condamné le régime de la députation ; Proudhon fera, au contraire, de Rousseau le défenseur de la tyrannie. Quant à la célèbre *Profession de foi du vicaire savoyard* qui nous demande d'écouter la voix intérieure de notre conscience seul juge infaillible du Bien et du Mal, elle sera interprétée par les uns comme un exemple de morale sentimentaliste, et par d'autres comme un héritage du cartésianisme et des Lumières soucieux de fonder la vie morale et sociale sur des principes clairs et distincts.

Une lecture attentive du *Contrat* faite sans verres colorés ne peut pas ne pas constater que cet ouvrage, écrit par un contempteur de la société, est plein de contradictions et qu'il est peu cohérent. Tout d'abord, Rousseau reconnaît que cet *état de nature* si vanté par lui n'a peut-être jamais existé ; l'homme « naturel » serait l'homme pur, abstraction faite de tout ce qu'il doit à la société, cet homme serait celui des désirs très simples en qui les besoins et les ressources s'équilibreraient. Pour connaître cet état de nature purement abstrait, il faut se fier à ce que nous montre l'expérience chez les animaux et chez les sauvages, puis raisonner à partir de ces observations. Rousseau admet toutes les idées de Condillac sur les sensations et fait de cet état de nature l'expression d'une libre harmonie et d'une innocente dépendance à l'égard des choses. Nous sommes donc ici en pleine sociologie-fiction.

A cet état de nature, Rousseau oppose l'*état social ;* par le biais des associations d'idées, l'intelligence se développe au-delà des sensations et l'équilibre naturel est rompu, d'où la célèbre formule : « L'homme qui médite est un animal dépravé. » Ne cessant lui-même de méditer, Rousseau nous montre que l'état social engendre des besoins toujours nouveaux, des inégalités et une perte de la liberté par une dépendance toujours plus grande à l'égard des hommes.

A cet état social, Rousseau veut substituer un *état politique et moral* qui rétablira l'ordre naturel et assurera une régénération de l'homme. Pour cela il faudra obtenir le concours de tous et mettre la loi au-dessus des hommes de façon à réaliser un nouvel équilibre ; la transformation d'un ordre de fait en un ordre de droit donnera ainsi naissance à la moralité.

Par conséquent, tantôt le salut vient d'une nature, reconnue en même temps pour quasi mythique, tantôt de la Cité tenue pour correctrice. Rousseau est à la recherche d'une forme d'association, d'état civil, dont les lois se superposeraient sans les violer aux lois fondamentales de l'état de nature ; il faut chercher à « allier [...] ce que le droit permet avec ce que l'intérêt prescrit », car, nous dit Rousseau, dans une de ces formules sonores qui ont fait le tour du monde, « l'homme est né libre et partout il est dans les fers ». Rousseau nous convie donc à une véritable régénération par le politique puisque « le passage de l'état de nature à l'état civil produit dans l'homme un changement très remarquable en substituant dans sa conduite la justice à l'instinct en donnant à ses actions la moralité qui leur manquait auparavant ». Mais Rousseau pense aussi que les notions morales ne sont que des préjugés collectifs aliénants : « Les mots de vertu et de vice sont des notions collectives qui ne naissent que de la fréquentation des hommes. » Rousseau est-il un « philopolis » ou un « misopolis » ? Telle est la question qui demeure en suspens.

Toutefois, c'est la théorie de Rousseau sur le *législateur* qui est particulièrement instructive. Rousseau appelle *souverain* le corps politique auquel le contrat social a donné naissance, la puissance législative appartient au peuple et la puissance exécutive au gouvernement ; la puissance du souverain n'a pas besoin de garant envers ses sujets, car le corps ne peut vouloir nuire à tous ses membres. Rousseau, habitué au système de « votation » en usage dans les villes suisses où tout le monde vote sur la place publique, souligne que la souveraineté est inaliénable et qu'elle ne peut s'exercer par voie de représentation, car le pouvoir peut se transmettre mais non la volonté ; aussi dès que le peuple se donne des représentants, des députés, il n'est plus ; c'est là ce que certains appelleront aujourd'hui la « démocratie directe ».

Mais voici que Rousseau démolit aussitôt l'édifice qu'il a construit. Reprenant les théories sur la Volonté générale qui ne peut errer, il insiste sur ceci qu'elle tend toujours à l'utilité publique et que le peuple soumis aux lois doit en être l'auteur, la liberté consistant dans l'obéissance à la loi qu'on s'est soi-même donnée. Cependant, ajoute Rousseau, le peuple qui veut le Bien ne le voit pas toujours ; il a donc besoin d'être éclairé par un guide. Ce guide, c'est celui que Rousseau appelle *le législateur.* C'est un être véritablement extraordinaire dont la grande âme et la mission constituent de quasi-miracles ; il doit éclairer le peuple qui risquerait d'errer dans les ténèbres, comme il ne peut pas toujours convaincre il a souvent recours aux dieux. Cette théorie du législateur se retrouverait aujourd'hui au cœur même du fonctionnement des régimes communistes ; tout vient de la base, mais comme celle-ci n'y voit pas toujours très clair, elle a besoin d'un guide qui n'est autre que le Parti, lequel est éclairé à son tour par un législateur extraordinaire qui s'appelle Karl Marx, Lénine, le Petit Père des peuples Staline ou le Grand Timonier Mao Tsê-Tung.

Mais voici que Rousseau n'hésite pas à démolir une nouvelle fois ce qu'il a voulu construire. Dans sa *Lettre au Marquis de Mirabeau* du 26 juillet 1767, il commence par constater avec saint Paul que nous savons ce qu'est le Bien mais que nous faisons le Mal et il déplore : « De quoi sert que la raison nous éclaire quand la passion nous conduit ? » Il rappelle alors que, pour lui, « le grand problème en politique », qu'il compare à celui de la quadrature du cercle en géométrie, est de « trouver une forme de Gouvernement qui mette la loi au-dessus de l'homme ». Mais il confesse tout de suite : « Si malheureusement cette forme n'est pas trouvable, et j'avoue ingénument que je crois qu'elle ne l'est pas, mon avis est qu'il faut passer à l'autre extrémité, et mettre tout d'un coup l'homme autant au-dessus de la loi qu'il peut l'être, par conséquent établir le despotisme arbitraire, et le plus arbitraire qu'il est possible : je voudrais que le despote pût être Dieu. » Prenant subitement conscience de la portée de ses conclusions, Rousseau se lamente : « Mais les Caligula, les Néron, les Tibère !... mon Dieu !... Je me roule par terre, et je gémis d'être homme. »

Les contradictions et incohérences du *Contrat* de Rousseau peuvent être comprises, sans pour cela être dissipées, à partir du moment où l'on voit dans ce livre un document psychologique des plus significatifs, d'ailleurs Rousseau disait lui-même : « Pour bien juger de ma conduite, il me faudrait connaître mon tempérament, ma nature. » Le *Contrat* est écrit par un timide, mal à l'aise dans les milieux sociaux, se réfugiant dans une orgueilleuse solitude soupçonneuse et écrivant : « Le monde est plein de gens qui me haïssent pour tout le mal qu'ils m'ont fait. » Pour se « protéger », Rousseau organise inconsciemment des fuites. On trouve tout d'abord chez lui une fuite vers un âge d'or primitif, la pensée fuit en arrière retrouver quelque vie antérieure où aurait régné la pureté de l'innocence. Nous trouvons également une fuite au désert, dans la nature qui nous aime et où l'on ne rencontre pas les hommes ; puis une fuite en soi-même qui s'exprime par un lyrisme égocentrique et par le besoin de confessions. Enfin et surtout, nous trouvons chez Rousseau une organisation de la fuite en avant vers une utopie qui fait figure de paradis projectif et engendre des prédictions et des prédications politico-religieuses. Ainsi, *demain* doit nous guérir d'un *aujourd'hui* rendu malade par la perte d'un *hier*, non historique peut-être, mais bienheureux. C'est pourquoi Rousseau croit souvent à un salut par le social, tout comme d'autres croient à un salut par le rationnel, mais la croyance en ce salut est chez lui essentiellement émotive et sentimentale. D'autres penseront opérer la synthèse définitive en déclarant rationnel tout ce qui vient du social et en se lançant ensuite dans des logiques passionnelles pour prétendre construire le social sur un modèle rationnel. Telles sont, au fond, les attitudes qui sont au principe de la Révolution française.

De la Révolution considérée comme un des beaux-arts

Les révolutions séduisent les hommes, car elles leur offrent de gigantesques représentations théâtrales auxquelles ils participent comme auteurs et acteurs ou auxquelles ils assistent comme spectateurs. Les actes sanglants qui inévitablement les accompagnent relèvent de ce *théâtre de la cruauté* célébré par Antonin Artaud.

La Révolution française fait partie de ces tabous auxquels on ne saurait s'attaquer sous peine de disqualification immédiate ; les Français, toujours très attentifs aux massacres perpétrés par les autres, oublient ou angélisent ceux dont ils sont les auteurs. La Saint-Barthélemy, l'incendie du Palatinat par Louvois, le « brûlement des Cévennes » sont, hélas, tout aussi révoltants que bien des Oradours, mais on jette volontiers sur eux un voile pudique en invoquant l'ancienneté des faits. Quant aux destructions et aux massacres perpétrés par la Révolution française, ils sont systématiquement sacralisés à l'aide du sophisme selon lequel de grandes choses seraient nées de ces crimes indispensables parce qu'inévitables.

Un premier lieu commun fut celui selon lequel la Révolution française aurait été faite par le « peuple de France » ; ce mythe fut remplacé par un autre mythe : celui selon lequel la Révolution aurait été l'œuvre d'une bourgeoisie soucieuse de conquérir le pouvoir. Cette mise en avant de la lutte pour un pouvoir libérateur, menée par telle ou telle catégorie de la société, n'est qu'un écran de fumée qui cache le feu essentiel, car la déesse Révolution naît d'un même fond ténébreux caché au fond de l'homme qui entend toujours la promesse : « Vous serez comme des dieux. » C'est pourquoi la Révolution, vécue comme une fascinante pièce de théâtre, est également célébrée comme une fête. Au cours de la Révolution française, le culte de la Raison, la fête de l'Etre Suprême, les plantations d'arbres de la liberté et autres mascarades rationnelles ou déistes firent la joie de tous ceux qui y participèrent. Un siècle et demi plus tard, un Drieu La Rochelle, hypnotisé par les congrès nazis de Nuremberg, trouvera à ceux-ci une extraordinaire beauté et dira qu'il n'avait pas connu une telle émotion esthétique depuis les Ballets russes de Diaghilev ! Ces ballets militaires devaient finir en danses macabres ; mais on se garde bien d'en dire autant de la Révolution française. Lors de l'écartèlement de Damiens (1757), qui avait à peine effleuré Louis XV avec un canif, tout le beau monde se bousculait aux fenêtres pour assister au supplice ; des témoins nous confient même que les messieurs possédaient les dames par-derrière tandis que, penchées sur les balcons, elles assistaient au supplice. Une génération plus tard, on se pressait autour des guillotines pour voir tomber les têtes, y compris celle du roi. Le spectacle était le même, seule la mise en scène et les acteurs avaient changé. Mais la révolution exerce une fascination si puissante qu'elle ôte tout sens critique à ceux qui y sont soumis et pour lesquels elle est nécessairement belle et bonne.

L'histoire de l'acception du mot « révolution » est des plus instructives. Primitivement ce terme désignait le retour régulier des astres et des planètes et c'est dans ce sens que Copernic l'utilisa dans son fameux *Des révolutions des orbes célestes* (1543). Une révolution désignait donc un circuit fermé ; ce n'est qu'à la fin du

XVIIe que ce terme prit l'acception politique qu'il a aujourd'hui. Celle-ci impliquait que le circuit fût ouvert, que le mouvement de la société et de l'histoire pût se déployer selon une ligne droite, qu'il y eût place pour une progression « donc » pour le progrès et que l'homme pût devenir le moteur de ce mouvement en avant. La Révolution fut alors tenue pour un heureux bouleversement permettant de rompre avec un passé « mauvais » et d'accéder à un avenir « heureux », conviction que bien des clercs firent leur parce qu'ils y trouvaient une confirmation de vieilles « prophéties » millénaristes. Devenue une déesse bienveillante, la Révolution dut être installée dans un Olympe enrichi de toute une mythologie édifiante. De là naquirent des contes de fées dont la « Prise de la Bastille par le peuple de Paris » et l' « Epopée des volontaires de l'an II » sont les plus connus et les plus méconnus. C'est en toute bonne conscience que la Raison se fait mystificatrice au nom de cette idée qu'il faut dénoncer les histoires objectives pour leur substituer une histoire engagée, donc apologétique ; c'est ainsi que la Révolution auréole son histoire afin de pouvoir se couronner elle-même : elle fabrique l'histoire telle que celle-ci doit être, cette histoire devient alors éducative et rectrice puisque la Révolution a été faite pour qu'il en fût ainsi.

Ce qui caractérise la Révolution, c'est l'angélisme dont on l'entoure. Les noyades de Nantes organisées par Carrier, les massacres de septembre 1792, les « colonnes infernales », la Terreur, les guillotinements en série, les 600 000 morts de Vendée, la « régénération guillotinaire » réclamée pour les Juifs par le commissaire de la convention Baudot furent jugés « très profitables pour le bonheur futur de l'espèce humaine ». Le conventionnel Jean Bon Saint-André déclare qu'il faut « réduire la population de plus de moitié » pour établir solidement la République, son collègue Guffroy était plus radical encore et pensait qu'il fallait ramener la France à « cinq millions d'habitants », Marat se livrait à des calculs semblables. Les lois sur les suspects, la délation rétribuée permettent à d'obscurs inconnus, comme Robespierre, de surgir brusquement sur le devant de la scène politique et de hurler : « Mort aux tyrans ! » entre deux séances de guillotine. D'ailleurs « la Révolution n'a pas besoin de savants », Lavoisier en fit l'expérience, ni de poètes, André Chénier en sut quelque chose, ni de philosophes, Condorcet s'en aperçut. De quoi donc a-t-elle besoin ? Uniquement d'elle-même, car elle se donne pour auto-justificative. C'est pourquoi elle séduit les intellectuels toujours à la recherche d'idées qui les excitent, les bourgeois fatigués de leurs privilèges, les femmes hystériques en quête d'orgasmes collectifs, les enfants aspirant à des vacances perpétuelles. Bref, elle charme tous ceux que Nietzsche appellera « les explosifs ».

Mais les grands prêtres de la déesse Révolution lui confèrent le pouvoir suprême de sanctifier le Mal au nom de cette idée que la fin justifie les moyens, devise qu'ils trouvent aussi pernicieuse que laide et odieusement cynique lorsqu'elle est utilisée par ceux de la révolution d'en face. La déesse Révolution est investie d'un pouvoir quasi sacral et rédempteur ; c'est pourquoi l'homme en est venu à proclamer qu'il devait en être la créature soumise, car la Révolution a pour devise : « Au commencement était l'action. » Telle est la raison pour laquelle on se refuse avec obstination à tenir des livres comme celui de l'Irlandais Edmund Burke *Réflexions sur la Révolution française* (1790), ou comme les *Considérations sur la France* de Joseph de Maistre (1753-1821), pour autre chose que pour d'infâmes libelles réactionnaires.

On ne manque pas de justifier les abus de la Révolution en invoquant les conquêtes de celle-ci et en ajoutant qu'on ne fait pas d'omelette sans casser des œufs. Or, la Révolution française a empêché la France de devenir la première nation industrielle d'Europe, au profit de l'Angleterre ; elle a détruit une grande partie du patrimoine culturel et a considérablement abaissé le niveau de vie. Tous les historiens sont d'accord sur ces points. Quant aux conquêtes mises en avant, tôt ou tard elles auraient eu lieu d'elles-mêmes ; qui oserait prétendre, en effet, que si Galilée n'avait pas existé, nous ignorerions toujours la loi de la chute des corps ? D'ailleurs, les révolutionnaires abolitions des privilèges aboutissent toujours à une nouvelle répartition des mêmes avantages, voire de privilèges encore plus exorbitants, car toute révolution a son intouchable *nomenklatura.*

Nous voici conduits à faire les constatations suivantes. Tout comme il existe un angélisme de la « belle âme » qui se refuse à agir par crainte de se salir les mains, de même il existe un angélisme de l'action autojustificative pour qui les mains mises au service de la Révolution ne sauraient être sales. D'un côté l'indifférence sereine finit par être complice du Mal qui compte sur la passivité des « purs », mais d'autre part l'action révolutionnaire est la ruse du Mal qui cherche à se faire passer pour une grâce. De toute façon, nous sommes au rouet : nous ne pouvons pas ne pas agir lorsqu'il le faut mais, ce faisant, en allumant des contre-feux, nous déclenchons des incendies. Tel est le dilemme dramatique vécu par Karl Moor, le héros des *Brigands* (1782) de Schiller. Pour lutter contre les injustices, il pille et tue, puis comprenant qu'il est contradictoire de vouloir faire régner le Bien à l'aide du Mal, il finit par se livrer à la police : « O insensé que j'étais de croire que je rendrais le monde plus beau par des horreurs et que je redresserais les lois par l'anarchie », confie-t-il bouleversé en dressant le bilan de sa « vie abominable. » N'est-ce pas là le signe que l'homme n'est pas à lui-même sa propre solution et qu'il demeure tragiquement un être blessé qui inflige aux autres des blessures ?

L'exploration du Nocturne et le romantisme

Le XVIIIe siècle ne fut pas seulement celui des Lumières, il eut aussi tout un côté nocturne très important. Celui-ci se manifesta de manière fort différente en France et en Allemagne.

La grande figure de Goethe (1749-1832) tient à la fois à ce diurne et à ce nocturne. Chronologiquement à cheval sur deux siècles, Goethe fut le savant, le poète et le sage dont l'œuvre rayonna sur l'Allemagne et sur l'Europe. En réaction contre les Lumières, le mouvement préromantique du *Sturm und Drang* célébrait la vie, la puissance créatrice du Moi et voyait dans la Nature non l'expression de lois divines, mais la manifestation d'un Dieu vivant ; le jeune Goethe adhéra d'abord à cette vision du monde, puis sa maturité l'orienta vers une maîtrise de soi pour laquelle « le classique c'est le sain, le romantique c'est le malade ». Goethe se présente à nous sous plusieurs visages. On trouve tout d'abord chez lui un « savant » qui se passionna pour la minéralogie, la *métamorphose des plantes*, l'anatomie comparée, qui spécula sur l'os intermaxillaire, sur l'origine cervicale du crâne du mouton et rédigea une *Théorie des couleurs* (1810) dans laquelle il critiquait l'analyse du spectre par Newton à l'aide du prisme et voyait dans les couleurs des mariages du blanc et du noir. Selon Goethe, il existe un *Urphaenomen*, un phénomène premier, générateur des formes, il ne se révèle pas à l'analyse déductive mais au regard du génie. Il y a aussi chez Goethe un romantisme latent qui décrit les drames du sentiment et de la passion, allant de l'exaltation au désespoir, dans *Les Souffrances du jeune Werther* (1774), *Les Affinités électives* (1809), voire dans la célèbre *Elégie de Marienbad.* On trouve également dans son œuvre un désir de célébrer les Titans comme dans le drame inachevé *Prométhée* écrit à la gloire du héros rebelle. Enfin le sage raisonnable et apaisé finit par connaître la sérénité. C'est ainsi que dans le second *Faust*, le héros n'est plus condamné à la damnation, il est sauvé en dépit de ses erreurs et incarne l'humanité vivant dangereusement dans l'action, « par-dessus les tombeaux », car, comme le dit le chœur mystique final : « Tout ce qui passe n'est que symbole ; l'Imparfait, ici, trouve l'achèvement ; l'Ineffable, ici, devient acte ; l'Eternel-Féminin nous entraîne en haut. »

Mais c'est surtout dans *Les Années d'apprentissage de Wilhelm Meister* que Goethe nous donne un aperçu de sa sagesse néo-classique. L'éducation de Wilhelm Meister est mystérieusement conduite par une association secrète, la « Société de la Tour », dont l'inspiration maçonnique est très nette. Meister partage d'abord la vie de comédiens puis il s'écarte d'eux lorsqu'il comprend qu'une conception esthétique de l'existence réduit celle-ci à une scène sur laquelle se jouent de perpétuelles répétitions en vue d'une représentation sérieuse qui ne viendra jamais. Il ne s'agit donc pas de prendre seulement pour devise « Deviens ce que tu es », il faut dire : « Deviens un exemple de la *belle* humanité. » L'éducation de Meister s'achève alors au contact de personnalités supérieures dominé par « l'Oncle » et par sa nièce « la Belle Ame ». Les années d'apprentissage se terminent quand Meister, qui a un fils, voit dans la Nature ce qui l'affranchit et lorsqu'il comprend qu' « avec le sentiment d'un père il avait acquis toutes les vertus d'un citoyen ». Ainsi l'homme clairvoyant, raisonnable, se défiant du hasard doit devenir l'artisan serein de sa destinée personnelle. Cette œuvre irrita Novalis (1772-1801) au plus haut point ; il y vit « un livre néfaste et niais [...], prosaïque [...], un Candide dirigé contre la poésie ». En ce sens, son *Henri d'Ofterdingen* est une protestation contre l' « athéisme poétique » de Goethe, il se présente comme un anti-Wilhelm Meister où sont mis au premier plan le rêve du Paradis perdu, la *Sehnsucht*, l'amour conduisant vers l'union des âmes et l'harmonie primitive.

En France, l'aspect nocturne du siècle des Lumières se manifeste par tout un courant, trop souvent négligé, puisant son inspiration dans des traditions maçonniques. Ces spéculations s'appuient sur un savoir initiatique censé transmettre une très lointaine tradition porteuse d'une lumière plongeant dans la Nuit des temps ; les préoccupations de ceux qui se situèrent dans ce courant de pensée cherchaient à remonter au-delà de l'aurore, jusqu'au domaine invisible où la Nuit donne naissance au jour.

Le Suédois Swedenborg (1688-1772) fut un de ceux dont le rayonnement eut le plus d'importance, sa pensée et ses livres étaient connus en Allemagne (c'est le « visionnaire » auquel s'attaquera Kant), en Russie, en Pologne, en Angleterre et en France. Cet ancien ingénieur des mines, qui nous a laissé dans *Le Livre des rêves* des témoignages très significatifs et notamment érotiques, connut en 1743 une crise morale et mystique au cours de laquelle il vit et entendit un personnage lui confiant la mission d'expliquer à l'humanité le sens intérieur des Ecritures. A partir de 1747, Swedenborg vécut de nombreux voyages mentaux qui le conduisirent sur différentes planètes dont il donne une description. Ses expériences visionnaires lui inspirèrent les huit volumes des *Arcanes célestes* où il commente la Bible. Puis il visite l'Enfer et le Ciel et rend compte de ces nouveaux voyages dans *Le Ciel, ses merveilles et l'Enfer d'après ce qui a été vu et entendu* (1758). Il consacra la fin de sa vie à une réforme du christianisme dans sa *Vraie religion chrétienne contenant la théologie universelle de la Nouvelle Eglise* (1771) ; une église et des groupes swedenborgiens existent toujours.

Swedenborg inspira William Blake, Balzac (notamment dans *Séraphita*) et les *Correspondances* de Baudelaire. Sa pensée fut introduite en France par Dom Pernety, un bénédictin ancien aumônier de la frégate avec laquelle Bougainville découvrit les îles Malouines. Ayant abandonné l'habit religieux, il devint franc-maçon et fonda, près d'Avignon, une communauté d'illuminés : le Temple de Thabor ; il est surtout l'auteur du *Dictionnaire mytho-hermétique* et des *Fables égyptiennes et grecques dévoilées et réduites au même principe, avec une explication des hiéroglyphes et de la guerre de Troie* (1786). Martines de Pasqually (1727-1774), descendant de Juifs espagnols convertis au catholicisme, adhéra très vite à la franc-maçonnerie ; il fonda une organisation initiatique : l'ordre des Elus Coens qui cherchaient à retrouver la condition d'Adam avant le péché, alors qu'il était encore l'homme-dieu. Les idées principales du martinisme se trouvent dans le *Traité de la réintégration des êtres créés dans leurs primitives propriétés, vertus et puissances spirituelles divines ;* et ouvrage, réservé aux initiés, ne fut publié qu'en 1899. Son secrétaire Louis-Claude de Saint-Martin (1743-1803), dit le Philosophe inconnu, abandonna assez vite l'armée pour se consacrer à son aventure mystique. Dans *Des erreurs et de la vérité* (1775), dans son *Tableau naturel des rapports qui existent entre Dieu, l'homme et l'univers* (1782) et dans *L'Homme de désir* (1790) il dénonce le matérialisme et le christianisme clérical pour célébrer un culte intérieur et parler du désir qu'a l'homme déchu d'être enfin régénéré. Découvrant l'œuvre de Jacob Boehme vers 1788, il en traduisit plusieurs volumes et contribua à faire redécouvrir Boehme en Allemagne. Il faut enfin citer Fabre d'Olivet (1767-1825) que l'on a pu qualifier de « gnostique de la Révolution » ; il adhéra au club des Jacobins mais ne fit pas preuve d'une fidélité inconditionnelle à cet engagement politique. Il prétendait pouvoir, comme Gygès, se rendre invisible et voir, sans être vu, tout ce qui se passait dans Paris. Passionné par l'Atlantide et les atlantes, il traduisit *Les Vers dorés de Pythagore* (1813), publia un volumineux ouvrage sur *La Langue hébraïque restituée* et une *Histoire philosophique du genre humain ;* toutes ses spéculations sur la « psychurgie », l' « homme universel », sur les Celtes et le mystérieux Ram, sa fondation d'un « culte théodoxique universel » restent des plus fumeuses. Dans un tel climat évoluèrent des personnages plus ou moins hauts en couleur, aventuriers, thaumaturges ou francs-maçons, hantant les salons, séduisant souvent les dames, et exploitant la crédulité des grands. Parmi eux se détachent le comte de Saint-Germain racontant volontiers ses vies antérieures et se prétendant immortel, le thaumaturge Cagliostro (1743-1795) et Casanova. Ces explorations spirituelles du nocturne invoquaient souvent une Kabbale d'opérette, le pythagorisme, Moïse, les hiéroglyphes égyptiens et le culte d'Isis ; il faut bien dire qu'un tel « nocturne » est surtout nébuleux et donne fort souvent envie de revenir à une thérapeutique intellectuelle par les « idées claires et distinctes ».

L'exploration du nocturne par le romantisme allemand ne saurait être réduite aux spéculations des théosophes du XVIIIe ; si les affiliations des romantiques allemands à la franc-maçonnerie furent nombreuses, elles impliquent une attitude spirituelle tout autre qui témoigne d'un des très grands moments de la pensée européenne. Le romantisme allemand n'est pas une simple école littéraire, il représente toute une vision du monde qui s'est déployée non seulement dans le domaine artistique avec des poètes, des peintres et des musiciens, mais aussi dans les domaines scientifiques et philosophiques. Car il n'y avait pas de cloison étanche entre ces différents champs de la création et de la réflexion, à tel point que des poètes philosophaient et que des philosophes se consacraient à la recherche scientifique, voire à la poésie. Né plus tôt que le romantisme français, le romantisme allemand possède une puissance et une profondeur auxquelles le premier n'est jamais parvenu ; il se présente, en outre, avec une cohésion intellectuelle qui lui permit d'avoir une revue quasi officielle : l'*Athenaeum* dont les frères Schlegel furent les maîtres d'œuvre.

Les romantiques s'efforcèrent de sentir et de penser l'unité des choses et des êtres, « l'Un et le Tout » constituait leur devise favorite. Cela explique leur admiration pour la Révolution française à ses débuts ; ils en retinrent, en effet, la retentissante abolition des privilèges, l'intronisation d'un idéal de liberté, d'égalité et de fraternité ; toutefois, beaucoup déchantèrent assez vite devant le spectacle des destructions et des massacres provoqués par les révolutionnaires organisateurs de terreurs « libératrices » ; l'Allemagne, encore à la recherche de son unité, voulut tout de même chercher dans cette Révolution, et plus tard chez Napoléon, ce qui permettrait l'instauration d'un Empire universel consacrant l'unité du genre humain.

La recherche d'une telle unité, dont il fallait découvrir les racines afin de la promouvoir, ne se limitait nullement à des spéculations socio-politiques, bien plus : celles-ci n'en constituaient qu'un aspect, sinon secondaire, du moins second. En cette fin du XVIIIe siècle, les sciences semblaient mettre au jour le principe caché d'une nature de plus en plus conçue comme un gigantesque organisme doué d'une âme et de courants vitaux qui lui conféraient une quasi-personnalité dotée d'une biographie. D'où le développement de cette *Naturphilosophie* et la multiplication de ces *Naturforscher* pour qui la physique doit être conçue comme une biologie cosmique chargée de déceler les palpitations secrètes de l'univers, ses rythmes de diastoles et de systoles, ainsi que les *Affinités électives* que les choses et les êtres peuvent avoir entre eux.

Une telle vision du monde se trouvait renforcée par les découvertes de plus en plus nombreuses sur le magnétisme et l'électricité. Les ouvrages, les expériences sur le magnétisme animal et les cures de Mesmer (1734-1815) furent célèbres dans toute l'Europe. Les propriétés de l'aimant, celles de la sensitive étaient connues depuis longtemps, mais voici que Galvani met en évidence les relations de l'électricité et des mouvements organiques. Dès lors, l'électricité apparaît comme la manifestation de ce *nisus* cosmique qui court du Ciel sur la Terre et qui témoigne de l'unité profonde du minéral, du végétal et de l'animal. L'électricité et le magnétisme président au phénomène de l'éclair, aux mouvements de l'aiguille aimantée ou à ceux de certaines plantes, aussi bien qu'aux contractions musculaires, aux phénomènes de fascination et d'hypnotisme, ou aux attirances et aux répulsions que les individus peuvent éprouver les uns à l'égard des autres. J. W. Ritter (1776-1810) assura la synthèse de telles conceptions ; physicien, kabbaliste et théosophe, il découvre le galvanisme en 1797 en même temps que Volta mais sans connaître encore les expériences de ce dernier. L'année suivante il décrit tout corps comme un système de chaînes galvaniques et fait de l'univers un gigantesque animal dont les corps célestes sont les corpuscules sanguins, la Voie lactée les muscles et l'éther le fluide nerveux ; si l'homme est un microcosme, l'univers doit être pensé comme un macanthrope. C'est pourquoi, en 1800, Schlegel écrit à Schleiermacher qu'il se réjouit de voir les physiciens passer dans le camp des philosophes et des poètes, il y voit un phénomène contagieux des plus significatifs : « Le processus de dépoétisation a assez duré, il faut repoétiser l'eau, l'air, le feu, la terre. Goethe avait longtemps illuminé l'horizon de ses éclairs poétiques, l'orage poétique qu'il avait préparé vient enfin d'éclater. » La nature n'est donc plus frustrée de cette spiritualité dont l'avaient privée les cartésiens puis les philosophes du XVIIIe ; elle est désormais pensée et sentie comme un Grand Vivant dont les hommes sont les membres.

De telles considérations conduisent les romantiques à se situer par rapport à Kant. Certes le père de la critique eut une influence bienfaisante dans la mesure où il avait cherché à mettre fin à l'absence de principes ; mais il a laissé un grand vide et une grande inquiétude dans les esprits, car il n'a pas trouvé de réponses aux questions qui se rapportent principalement au fonds même de toute existence. Il a parlé de la chose-en-soi mais, dit Schelling, il s'agit là d'une notion contradictoire, car « pour autant qu'elle est chose elle n'est pas en soi, et pour autant qu'elle est en soi, elle n'est pas chose ». Que dire également de l' « aperception transcendantale » à laquelle le sujet ne saurait se réduire ? Les romantiques reprochent à Kant de n'être pas allé assez loin ; ils se proposent de dévoiler l'X inconnaissable de la chose-en-soi, d'explorer la mer dangereuse qui entoure l'« île de l'entendement » et de dépasser le conflit de ces antinomies dont Kant avait fait l'inventaire.

En ce domaine, la philosophie de Spinoza joua le rôle d'un catalyseur. Redécouvert à l'occasion du livre de F.-H. Jacobi *Lettres à Monsieur Moses Mendelssohn sur la doctrine de Spinoza* (1785) où Jacobi le critiquait, Spinoza va être lavé de toute accusation d'athéisme et de matérialisme pour devenir un des penseurs-phares des romantiques. Ceux-ci découvrent, en effet, plusieurs lignes de forces essentielles. Dans ce monosubstantialisme, ils trouvent une chasse à l'unité qui fait de Dieu la Substance une, unique, éternelle et infinie, les individus n'étant que des modes de Dieu. De même, le déterminisme spinoziste par l'éternité de Dieu leur permettait de découvrir dans les choses finies l'expression de la présence totale de Dieu. Ce monisme leur paraissait conciliable avec un panthéisme, voire un panpsychisme, qui pouvait venir se greffer sur la proposition spinoziste : « Les hommes et les autres individus sont tous animés, bien qu'à des degrés divers. » C'est autour de telles considérations que pouvaient graviter la proclamation d'Heinrich von Schubert : « Je vois partout une grande force qui agit, la même dans les grandes et les petites choses », ou le panenthéisme de Carl-Gustav Carus pour qui « la personne est l'individu à travers lequel résonne *(per + sonare)* la voix de la divinité intérieure ». Bref, Spinoza n'est plus cet impie que le XVIIe avait calomnié ; Goethe l'avait qualifié de *theissimum,* Novalis l'appelle un « homme ivre de Dieu ». Les romantiques allemands pouvaient également trouver chez Spinoza un naturalisme spiritualiste reposant sur le célèbre *Dieu ou la Nature* qui faisait de la pensée et de l'étendue deux des infinis attributs de Dieu. De telles idées, ainsi que celles nées du parallélisme spinoziste, pouvaient conduire à proclamer l'identité du spirituel et du matériel. Spinoza n'avait-il pas d'ailleurs écrit : « Je ne sais pas pourquoi la matière serait indigne de la nature divine, puisqu'il ne peut y avoir en dehors de Dieu nulle substance par l'action de laquelle en tant que substance il pâtirait. » Une telle identification leur semblait aller dans le sens d'une spiritualisation de la matière, ce qui correspondait également à la tradition alchimique.

Ainsi, le moi apparaît aux romantiques comme un monde et le monde comme un moi, la Nature est tenue pour un organisme animé et l'âme pour un univers en réduction, la nature est porteuse d'idées tout comme l'âme est porteuse de nature. Dès lors, on comprend qu'ils aient vu dans l'univers une pensée de Dieu et que Novalis puisse écrire : « Notre corps est une partie de l'univers, un membre plutôt [...] l'analogie avec le tout [...]. L'univers est entièrement un analogue de l'être humain en corps, âme et esprit. Celui-ci est une abréviation, celui-là une élongation de la même substance. » D'où l'*idéalisme magique* de Novalis pour qui « les corps sont des pensées précipitées et cristallisées dans l'espace » et qui nous demande de « faire avec des objets extérieurs des pensées » et « avec des pensées des objets extérieurs ».

En outre, les romantiques trouvaient chez Spinoza l'idée d'un *amor intellectualis* qui leur permettait de ne plus se demander si c'était l'amour qui fondait la connaissance ou si c'était la connaissance qui fondait l'amour. De cet amour intellectuel permettant d'accéder à l'Absolu, les physiciens et les poètes de la *Naturphilosophie* voyaient des expressions dans les réactions chimiques où ils décelaient une eucharistie universelle et un unanimisme panthéistique. Pour Ritter et Werner, le métal fond par désir de se marier à l'air, les phénomènes acoustiques témoignent, par leurs résonances, leurs consonances et leurs harmonies, d'une amitié entre les choses du même sexe ; quant à la lumière, elle est la manifestation de l'amour entre les êtres inanimés, si bien que Novalis pense que « la philosophie naît avec le mariage ». Chez Hegel, cet amour intellectuel porté à Dieu s'infléchit vers une sorte d'*amor fati,* le souverain Bien consistant à être dans l'Etre, c'est-à-dire à marcher avec lui dans l'Histoire : « La plus haute liberté de l'homme consiste à se savoir absolument déterminé par l'idée d'Absolu, c'est cette conscience et cette façon de se comporter que Spinoza appelle *amor intellectualis Dei* » ; le même Hegel trouve également dans le spinozisme l'idée clef de sa dialectique selon laquelle « toute détermination est une négation ». Mais c'est peut-être la *Lucinde* (1799) de Friedrich Schlegel qui traduit le mieux l'alchimie passionnelle et spirituelle dont les romantiques purent auréoler l'amour.

Toutefois, les romantiques adressaient au spinozisme un reproche majeur : celui de son statisme dans une éternité qui leur paraissait d'autant plus figée que pour Spinoza le nombre, le multiple et le temps sont des êtres forgés par la raison humaine et non des êtres réels. Les romantiques voulurent dynamiser ce Dieu trop abstrait, ce « gouffre dévorant » selon l'expression de Hegel, où s'évanouissaient toutes les individualités. Pour Fichte, le tort de Spinoza a été de vouloir chercher au-delà du Moi quelque chose qui le fonde et de ne pas avoir pensé en termes de palpitations de l'Absolu. Schelling compare le spinozisme à la statue sculptée par Pygmalion et qui n'a pas encore été animée, il déplore « cette absence de tout mouvement, de toute vie ». « Spinoza postule bien l'identité des deux principes, le spirituel et le matériel, mais ces deux principes sont tout à fait inactifs, ils ne font rien l'un à l'autre, n'agissent pas l'un sur l'autre : ils sont. Il n'y a entre eux ni opposition vivante, ni compénétration vivante. » A un tel statisme de l'Absolu, Schelling oppose le dynamisme de la Nature.

Quant à Hegel, qui qualifie le spinozisme non d'athéisme mais d' « acosmisme », il souligne que la substance spinoziste « ne s'ouvre pas ni n'évolue, elle reste privée de vie, de spiritualité et de pouvoir créateur », bref, selon lui, « nous trouvons dans le spinozisme une substance inactive et pas encore l'Esprit, nous ne nous sentons pas encore chez nous ». C'est pourquoi Hegel se propose de mettre le Dieu de Spinoza en marche dans l'Histoire. Bref, on peut dire que Schelling et sa *Philosophie de la Nature*, Hegel et sa philosophie de l'Histoire ont donné toute sa portée à la formule de Schiller : « Je m'entends avec l'Infini par l'intermédiaire de la Nature et de l'Histoire. »

Les romantiques découvrirent chez Leibniz de quoi remédier aux « insuffisances » de Spinoza ; ils ont en effet trouvé chez lui une vision infinitiste du monde qui avait de quoi les séduire, car Leibniz ne perd pas de vue le multiple ni les individus dont pas deux ne se ressemblent. Comme le note Schelling, « ce qui chez Leibniz était primitivement réel et réel *en soi*, c'étaient les êtres pensants ». Chacun de ces êtres représentant « finiment l'infini » est une « fulguration de Dieu ». L'idée que l'infini se trouvait au cœur du fini et que tous les êtres finis appartenaient à une chaîne infinie des êtres, elle-même dépendant de l'infinité de Dieu était une idée que les romantiques trouvaient lumineuse. Leibniz leur offrait également une vision du monde dynamiste dans laquelle la force jouait un rôle essentiel et qui leur faisait voir dans ces « monades endormies » qu'étaient les choses, de véritables êtres spirituels que les philosophes et les poètes avaient pour mission de réveiller. Et ce d'autant plus que la théorie leibnizienne des « petites perceptions » permettait aux romantiques d'accéder à un Inconscient d'où la conscience était issue. Enfin la théorie leibnizienne de l' « harmonie préétablie » et de la « sympathie universelle », selon laquelle rien n'est dans le monde comme une île dans la mer, amenait les romantiques à voir dans le monde une musique grâce à laquelle les êtres et les choses entraient en consonance. C'est pourquoi Novalis, dans une lettre à Friedrich Schlegel, crée des néologismes tels que « symphilosophie » ou « sympoésie », pour indiquer la voie que doit suivre désormais la réflexion.

Parler du romantisme allemand implique que l'on n'oublie pas non plus la grande tradition de Jacob Boehme ; les romantiques y trouvaient une vision du monde dans laquelle l'Absolu, le *Mysterium magnum* s'engendrait sous les yeux mêmes de l'homme. Cet Absolu est un œil qui, pour se voir, s'oppose à lui-même et surmonte cette opposition dans la vision ; il y a en lui un mouvement d'expansion et d'attraction, et un affrontement des contraires où s'opère finalement la synthèse du *oui* et du *non ;* toutes thèses que l'on peut retrouver au sein de l'historicisme dialectique de Hegel. Quant à l'idée boehmienne que l'homme a pour mission de déchiffrer les diverses « signatures » dont l'ensemble constitue l'univers, elle inspira aussi bien la *Naturphilosophie* de Franz von Baader que celle de Schelling, mais aussi l'esthétique de Novalis.

Toutes ces influences, non pas subies mais choisies par les romantiques, se retrouvent au cœur de l'œuvre de Novalis dont Ed. Spenlé a pu justement dire qu'elle était « la clef du romantisme allemand » ; elle constitue, en effet, la quintessence de cet incomparable mouvement philosophico-artistique.

Les *Hymnes à la nuit* (1800) illustrent poétiquement ce que le nocturne représente pour les romantiques. Pour l'*Aufklärung*, la Nuit est ce qui tue inexorablement le jour après le crépuscule, elle reste le domaine de l'ignorance et de la superstition. Pour Novalis et pour les romantiques, au contraire, la Nuit est ce qui donne naissance à la Lumière du jour avant l'aurore, elle est le fondement ténébreux des êtres. Novalis se situe dans une perspective qui pourrait faire songer à celle de la théologie négative, des mystiques rhénans, voire de la *Théologie germanique,* ce livre anonyme édité par Luther en 1516 et qui eut une grande influence ; il voit dans la Nuit la « reine de l'univers », la « messagère des mondes sacrés », l'Inconscient originaire du monde et des êtres. Là se dissipe le mirage de l'individuation, là réside l'Unité absolue nous permettant de comprendre que « tous les hommes sont les variations d'un individu complet, c'est-à-dire d'un mariage » et d'avancer sur la route où s'expriment les analogies avec le Tout. L'Univers est un organisme vivant et la magie une identification partielle du monde avec notre moi. La poésie doit nous resituer au sein de l'ondulation universelle du circuit cosmique afin que nous comprenions que Nature et Esprit sont deux unités qui s'intègrent parfaitement : « Le rocher ne devient-il pas un *toi* véritable dans le moment que je lui parle ? Et que suis-je d'autre que le fleuve quand je regarde mélancoliquement ses flots et que mes pensées se perdent dans son cours ? Chaque paysage est un corps particulier pour une pensée particulière de l'esprit et tout paysage doit être senti comme on sent un corps. » Les corps eux-mêmes ne sont que des pensées pétrifiées et cristallisées dans l'espace ; c'est pourquoi l'on peut dire que « le temps est l'espace intérieur et [que] l'espace est le temps extérieur ».

Pour Novalis, le philosophe est un poète intériorisé ; la magie étant l'art d'employer à son gré le monde sensible, il faudrait créer une discipline nouvelle, la Fantastique qui, à l'inverse de la Logique, nous donnerait l'art d'inventer et grâce à laquelle le rêve deviendrait un monde et le monde deviendrait un rêve. Novalis pense qu' « un jour viendra où l'homme ne cessera de veiller et de dormir à la fois » ; le poète est donc « vraiment insensé », c'est un « voyant », un « mage idéaliste » qui devient tout ce qu'il voit et tout ce qu'il veut être, traitant de la même façon les objets réels et les objets imaginaires. Le destin qui nous opprime n'est autre que la paresse de notre esprit, il faut que « nous soyons tout en Tout », que nous voulions modifier notre corps, parvenir à la création de sens et d'organes nouveaux. Le songe ne nous montre-t-il pas la faculté qu'a notre âme de pénétrer dans tout objet et de se changer immédiatement en lui ? C'est pourquoi Novalis célèbre le *Märchen,* le conte fantastique qui nous plonge dans un rêve éveillé : « On peut imaginer des histoires sans suite mais cependant associées comme des rêves. Des poèmes qui sont simplement sonores et pleins de mots éclatants mais dépourvus de sens et de cohésion, dont tout au plus quelques strophes sont compréhensibles, comme des fragments de choses les plus diverses. » Il est à peine besoin de rappeler que cet *idéalisme magique* de Novalis marquera profondément le surréalisme fondé par André Breton en 1924.

L'humanisme kantien

L'œuvre de Kant (1724-1804) marque un tournant considérable dans l'histoire des idées car elle met l'homme au centre d'une théorie de la connaissance et d'une morale sans recourir à une théologie ni à un empirisme quelconque. Le Livre du Monde ne donne pas des leçons de lecture à l'homme, c'est l'homme qui y écrit des textes à partir d'une morphologie et d'une syntaxe inhérentes à sa nature ; c'est également l'homme qui peut prendre l'initiative d'un commencement grâce à l'action éthique par laquelle il appose sa signature dans le déroulement des événements. Toutefois, si l'homme est le dépositaire du sens, il n'en est pas l'auteur ; car le kantisme se présente comme un effort pour régionaliser l'humanité de l'homme et souligner que celui-ci ne saurait être confondu avec Dieu. La sagesse de Kant se contente de dresser la carte de l'entendement en insistant sur cette idée que le pays de la vérité est une île au-delà de laquelle existe un continent auquel nous ne pouvons pas accéder ; c'est pourquoi Kant nous dira que le monde reste un « livre scellé ».

De sa mère et du pasteur Albert Schultz, Kant reçut une éducation piétiste confiante dans la régénération intérieure par la lecture de la Bible. Mais, à l'université de Königsberg où il est étudiant et où il deviendra professeur, il reçut également l'influence d'un rationalisme d'inspiration leibnizienne par l'intermédiaire de Martin Knutzen. Ce rationalisme était lui-même issu de Christian Wolff (1679-1754), grand admirateur de Leibniz, auteur de cours et de manuels qui donnèrent pour longtemps à la philosophie universitaire allemande son programme, sa terminologie et sa méthode. Wolff pense que l'analyse peut atteindre les essences, que toute cause est une raison et voit dans la philosophie « la science de toutes les choses possibles » c'est-à-dire non contradictoires. On affirme volontiers que Schultz forma le cœur de Kant et que Knutzen structura son intelligence.

L'humanisme du savoir. Le jeune Kant oscilla tout d'abord d'un rationalisme confiant à un empirisme modéré jusqu'à sa période critique qui date de 1770. Kant nous dit lui-même que, avant cette date, sa pensée n'était pas encore formée. Confiant dans la géométrie d'Euclide et dans la physique de Newton, Kant y voyait une explication indiscutable et définitive de la structure du monde. Or voici que, vers 1760, Kant lit Hume qui le réveille de son

« sommeil dogmatique » et lui lance un « avertissement ». On sait que Hume dénonçait toute idée de relation causale en prétendant que ce que nous prenions pour des connexions nécessaires se réduisait à des conjonctions habituelles ; le lien causal ne se trouverait donc pas dans les choses mais dans l'habitude qui relève d'une psychologie empiriste. Ainsi, cette causalité que Kant pensait objectivement fondée, empiriquement et rationnellement certaine, était mise en question par Hume ; il faut donc répondre au philosophe écossais et trouver le point où vient s'ancrer ce que Kant tient pour un sophisme. Kant se demande alors : Comment une science de la nature est-elle possible, c'est-à-dire comment des formes de la pensée peuvent-elles s'appliquer à la structure des choses ?

Mais Kant se trouve en présence d'un autre problème. De tous côtés surgissent des métaphysiques qui ne sont que des constructions intellectuelles revêtant souvent, comme chez Swedenborg, la forme de *rêveries de visionnaires*. Alors qu'il n'y a qu'une seule science, les disputes des métaphysiciens, qui ne sont jamais d'accord entre eux, nous offrent le spectacle de la tour de Babel. Pour dénoncer le sophisme de Hume et les verbalismes métaphysiques, Kant veut fonder un système définitif qui assurera à la connaissance des fondements indiscutables. Pour cela il va récuser, à la fois, l'empirisme qui, ne partant que de l'empirique, est incapable de parvenir au rationnel et sombre dans le scepticisme, et l'idéalisme, voire le rationalisme pur qui, ne travaillant que sur des idées ou sur des concepts, est incapable de parvenir au réel. La théorie kantienne de la connaissance est un réalisme empirique pour qui tout commence avec l'expérience, et un idéalisme transcendantal qui nous montre qu'avec l'expérience rien ne s'achève, car l'entendement doit rendre celle-ci compréhensible.

Il est donc nécessaire d'instituer un « tribunal de la raison » qui posera la question essentielle : « Que puis-je savoir ? » Ce sera l'œuvre du *criticisme*. Cette philosophie pure théorique devra être complétée par une philosophie pure pratique qui, par-delà tous les utilitarismes relativistes et tous les théologismes dogmatiques, voire fanatiques, posera une deuxième question : « Que dois-je faire ? » Mais le travail de géographe de la nature humaine, auquel Kant veut se livrer, l'amène à comprendre que l'humanité de l'homme se profile sur un fond avec lequel elle ne se confond pas ; il faudra donc poser une troisième question : « Que m'est-il permis d'espérer ? » où la croyance dépassera le savoir. Ces trois questions fondamentales convergent vers la question clef : « Qu'est-ce que l'homme ? »

Kant a exposé sa théorie de la connaissance dans la *Critique de la raison pure* (la première édition date de 1781, en 1787 il en donna une seconde édition assez remaniée afin de dissiper les contresens que certains avaient pu faire sur la première en y voyant un idéalisme et en comparant Kant à Platon ou à Berkeley ; il n'en demeure pas moins que des successeurs et des historiens de Kant verront dans cette nouvelle édition une trahison de la première). La théorie de la connaissance se trouve également exposée dans les *Prolégomènes à toute métaphysique future qui pourra se présenter comme science* (1783) ; dans ce second ouvrage plus « populaire », Kant adopte une méthode analytique, il examine les problèmes qui se posent à lui et se dirige ensuite vers leurs solutions ; dans la *Critique* il adoptait un ordre synthétique qui, partant des principes, conduisait à éliminer les faux problèmes.

La théorie kantienne de la connaissance est un humanisme dans la mesure où Kant se situe au niveau de l'opération de connaissance et non au-delà d'elle (théologisme) ni en deçà d'elle (empirisme). Avec Kant l'entendement humain acquiert son autonomie, la conscience ne s'appuie plus, comme chez Leibniz, sur une raison qui, en définitive, a son siège en Dieu. Pour saint Thomas « les choses sont selon la vérité telles que Dieu les a ordonnées selon sa science. Or ces choses sont causes et mesures de notre science », notre entendement ne mesure pas les choses de la nature, il est mesuré par elles ; il s'agit donc d'accueillir la vérité telle qu'elle est ; le malheur est que, à plus ou moins brève échéance, cet empirisme sombre dans une attention exclusive aux choses qui conduit au scepticisme de Hume. Ainsi, lorsqu'on étudie la nature humaine sans Dieu comme le fait Hume, l'homme ne reçoit plus le sens qui lui venait de Dieu par les choses ; mais si l'on a la prétention de partir de Dieu pour arriver à l'homme, on sombre dans les « rêveries des visionnaires » qui se mettent à la place de Dieu et parlent dans le vide.

Kant, au contraire, met l'homme au centre de la nature ; la nature est ce qu'en font les lois de l'esprit. La métaphysique traditionnelle faisait aussi tourner l'homme autour de l'objet et avait la prétention de lui laisser croire qu'il pouvait ainsi parvenir jusqu'à Dieu. L'empirisme, qui faisait tourner l'homme autour de l'objet, était incapable de dire ce qu'étaient cet objet et l'homme lui-même. Le criticisme kantien opère une « révolution copernicienne » et fait tourner l'objet autour de l'homme ; la connaissance suit un itinéraire qui va de l'homme à l'objet, elle constitue un savoir du phénomène. La révolution copernicienne instaure un humanisme dans lequel l'homme donne une signification au monde sans lui donner le Sens. L'homme est l'être qui donne un sens, l'être pour qui, et partiellement par qui, il y a un sens ; toutefois, il n'est pas le créateur du Sens. Si, dans la connaissance, les objets tournent autour de l'homme, c'est parce que l'homme ne peut faire entièrement le tour de l'objet ; la connaissance est une opération humainement valable mais limitée, car la nature humaine est inscrite à l'intérieur de seuils qu'elle ne peut franchir.

Les objets nous sont donnés par nos intuitions sensibles mais sont pensés par notre entendement. Le réalisme empirique de Kant se trouve exposé dans la partie de la *Critique* intitulée « esthétique », terme qui doit être pris ici dans son acception étymologique, c'est-à-dire : étude de la sensibilité. Kant compare les mathématiques aux métaphysiques ; les unes et les autres se passent de l'expérience, or les mathématiques constituent une science une et universelle alors que les querelles des métaphysiciens se livrent sur un champ de bataille purement verbal où il ne peut y avoir ni vainqueur ni vaincu. Si les premières sont de véritables sciences alors que les secondes ne sont que des rêveries incontrôlables, c'est pour des raisons que va nous exposer l' « Esthétique transcendantale ». Les mathématiques travaillent sur l'espace (géométrie) ou sur le temps (mécanique) ; ni le temps ni l'espace ne sont des objets, car, si on perçoit dans l'espace et dans le temps, on ne perçoit ni le temps ni l'espace eux-mêmes. On peut donc parler d'une idéalité du temps et de l'espace puisqu'ils ne sont pas des réalités sensibles. Toutefois, le temps et l'espace possèdent une réalité empirique indiscutable : lorsque je vois un bateau descendre le cours d'une rivière, je ne peux pas le voir passer ensuite d'aval en amont selon ma fantaisie, car le temps est irréversible ; de même, il est impossible de faire coïncider deux pyramides symétriques, nous nous heurtons là aussi à une impossibilité réelle. Ainsi donc il y a, à la fois, une idéalité transcendantale (c'est-à-dire antérieure à toute expérience) de l'espace et du temps qui fait que ni la géométrie ni la mécanique n'ont besoin de l'expérience, et une réalité empirique du temps et de l'espace qui leur confère une objectivité. Mais, dans les spéculations métaphysiques, on ne trouve plus l'indispensable référence à une expérience possible, d'où l'arbitraire et l'échec de ces dernières. Quant à Hume, il n'a pas vu que la relation temporelle de causalité était fondée en nature et qu'elle n'était nullement psychologique : l'observation du cours des choses n'a rien à voir avec une rhapsodie de sensations que chacun organiserait comme bon lui semble. Ainsi, le temps et l'espace ne sont plus, comme chez Newton, les *sensoria Dei*, ils sont devenus les *sensoria hominis*, ou ce que Kant appelle les *formes a priori de notre sensibilité*, ils constituent les cadres antérieurs à toute expérience sensible mais à l'intérieur desquels cette expérience se situe.

Kant se demande ensuite comment et à partir de quoi nos intuitions empiriques, situées dans ces cadres *a priori* de notre sensibilité que sont l'espace et le temps, peuvent être pensées. Ici Kant se propose de faire un travail de géographe et veut dresser la carte de l'entendement. Selon lui, nous pensons à partir de cadres intellectuels, les *catégories*, qui sont « les vrais concepts primitifs de l'entendement humain » ; ces concepts ne résultent pas de l'expérience, ils sont *a priori*, c'est-à-dire antérieurs à elle. Kant en dresse une table et en dénombre douze. On n'a pas manqué de demander à Kant d'où il avait sorti cette table et on lui a reproché le caractère arbitraire de son dénombrement. Mais Kant aurait répondu que nous n'avons pas à nous demander pourquoi notre entendement est fait ainsi et pas autrement, nous avons à nous demander comment il est constitué, nous devons nous borner à constater une telle constitution et à la décrire. Le géographe ne doit pas se demander pourquoi le sol est calcaire à tel endroit et non pas à tel autre, l'anatomiste ne s'interroge pas pour savoir pourquoi notre squelette comprend 208 os et non pas moins ou davantage : l'un et l'autre constatent un *donné ;* c'est ainsi que Kant explique qu'il a tiré sa table des catégories de l'observation des travaux de logiciens antérieurs.

Connaître consiste donc à synthétiser les intuitions empiriques à l'aide des catégories de l'entendement qui les organisent. En ce sens, ce que nous appelons nature est un donné que nous sentons *et* pensons à la fois. Notre connaissance porte sur du phénomène (*Erscheinung*) qu'il ne faut pas confondre avec l'apparence (*Schein*). Derrière l'apparence il n'y a rien de vrai ; l'*Erscheinung*, au contraire, est l'objet-phénomène qui n'a rien de subjectif ni de fantaisiste puisque ses qualités lui appartiennent nécessairement en fonction des cadres *a priori* à l'intérieur desquels il y a une expérience pour le sujet pensant. Les catégories s'appliquent aux phénomènes parce qu'il n'y a de phénomènes que *pour* et *par* les catégories qui reflètent elles-mêmes l'unité du « Je pense » ; la connaisance n'est autre chose que l'esprit en acte qui synthétise le donné sensible.

Par conséquent, le phénomène que nous connaissons n'est pas l'objet lui-même : « Les choses que nous percevons par l'intuition ne sont pas en elles-mêmes telles que nous les percevons. [...] Quant à la nature des objets considérés en eux-mêmes et indépendamment de toute réceptivité de notre sensibilité, elle nous demeure entièrement inconnue » ; le phénomène est donc le réel perçu et conçu à travers une double grille humaine : celle de la sensibilité et celle des catégories.

La *Critique de la raison pure* ne s'en tient pas là, car, si toute connaissance humaine part des intuitions sensibles et va de là à des concepts, elle finit par des idées ; autrement dit : toute notre connaissance commence par les sens, passe de là à l'entendement (*Verstand*) et finit par la raison (*Vernunft*). C'est ainsi que Kant est amené à consacrer la dernière partie de la *Critique* à la « Dialectique transcendantale » où il veut étudier les conflits de la raison avec elle-même. Kant appelle « idée transcendantale » un concept rationnel auquel ne peut correspondre aucun objet donné par les sens, c'est pourquoi Kant récuse le platonisme qui a cru pouvoir s'envoler sur les ailes des idées. Les métaphysiciens ressemblent à une colombe qui s'imaginerait pouvoir voler plus vite si l'air ne lui offrait aucune résistance, elle ne comprendrait pas qu'il lui serait impossible de voler dans le vide puisque l'air qui lui résiste lui sert de point d'appui ; de même le métaphysicien croit pouvoir dépasser l'expérience en spéculant en dehors des intuitions empiriques, en réalité, il ne s'élève pas mais il tombe. Kant reprend les trois parties de la métaphysique traditionnelle telle que, depuis Wolff, elle était enseignée dans les universités allemandes : la psychologie rationnelle qui étudiait l'âme, la cosmologie rationnelle qui étudiait le monde et la théologie rationnelle qui étudiait Dieu. Pour Kant, l'âme, le monde et Dieu sont des idées auxquelles ne correspond aucune réalité empirique, c'est pourquoi la psychologie, la cosmologie et la théologie dites rationnelles sont de pseudo-sciences qui se livrent à des constructions déductives invérifiables. Depuis des siècles, les métaphysiciens se battent en vain à propos de problèmes auxquels aucun d'entre eux ne peut donner de solution véritable.

On ne peut parler de l'âme comme les physiciens le font de la nature, l'idée d'âme échappe à toute investigation rationnelle, car elle n'est pas un objet sur lequel la science pourrait se livrer à des observations ou à des expérimentations. En ce qui concerne l'idée de monde, Kant expose quatre *antinomies* fondamentales, c'est-à-dire des conflits de la raison avec elle-même. Dans chacune de ces quatre antinomies, une thèse s'oppose stérilement à une antithèse qui la contredit :

a. Les uns affirment que le monde a un commencement dans le temps et qu'il est limité dans l'espace. D'autres prétendent que le monde n'a pas de commencement dans le temps ni de limites dans l'espace ;

b. Les uns affirment que toute substance est composée de parties simples et qu'il n'existe rien que le simple ou le composé (atomisme). D'autres prétendent qu'aucune chose composée dans le monde ne l'est de parties simples et qu'il n'existe absolument rien d'irréductiblement simple. Pour Kant les quatre thèses que l'on trouve dans ces deux premières antinomies sont toutes fausses parce que l'entendement travaille là sur des concepts trop grands pour lui ; il n'y a ni intuition empirique ni concept qui corresponde à l'idée de monde, c'est-à-dire à l'ensemble des phénomènes. Scientifiquement parlant, le monde est un mot vide, que chacun remplit arbitrairement de ce qui lui convient ;

c. Les uns affirment que, à côté de la causalité déterminée par les lois de la nature, il faut aussi admettre une causalité libre. D'autres prétendent qu'il n'y a pas de liberté mais que tout arrive selon des lois naturelles ;

d. Pour les uns le monde implique un Etre absolument nécessaire qui en soit la cause. Pour d'autres il n'existe nulle part, ni dans le monde ni hors du monde, un être absolument nécessaire qui serait la cause de ce monde. La solution que Kant donne à ces deux dernières antinomies constitue la racine de sa philosophie pratique. Pour lui les quatre thèses, qui s'affrontent deux à deux dans ces deux dernières antinomies, sont toutes vraies à condition qu'elles soient bien situées dans le domaine où elles prennent un sens. L'homme est, à la fois, un objet et un sujet. En tant que phénomène il est soumis aux lois de la nature et n'est pas libre de s'y soustraire ; mais en tant que chose-en-soi il est libre, car il est le législateur des lois qu'il se donne à lui-même. En tant que système de phénomènes, le monde est déterminé et le physicien n'a pas besoin de faire appel à Dieu. Toutefois, le monde n'est pas auto-explicatif et il est nécessaire de sortir de la série des phénomènes pour avoir l'idée de la Source. Nous voyons donc que la liberté, qui est « la clef de voûte du système », n'est pas un don ni un attribut qui aurait été accordé ou refusé à l'homme avant le lever du rideau : la liberté est un acte, on n'est pas libre ou non libre, on se fait libre ou l'on ne se fait pas. Tous ces développements sur les antinomies auront une destinée importante puisque Hegel se penchera sur elles en reprochant à Kant de n'avoir pas découvert les vertus synthétiques de l'*Aufhebung ;* dans le hégélianisme, l'opposition de la thèse et de l'antithèse mettra en évidence le pouvoir de la synthèse et constituera le moteur même de l'histoire.

En ce qui concerne l'idée de Dieu, Kant se livre à une critique des preuves qui s'y rapportent et les ramène toutes à l'argument ontologique. Les prétendues preuves de l'existence de Dieu reposent sur un vice de raisonnement : elles croient conclure *à,* alors qu'elle ne font que conclure *de ;* contrairement à ce que pensait Leibniz, l'existence n'est pas un attribut, elle est un donné, l'absolue position d'une chose, c'est pourquoi elle ne peut pas être déduite. Le pire des contresens que l'on pourrait faire sur Kant serait de penser que, puisqu'il récuse les preuves de l'existence de Dieu, il professe un athéisme. Or Kant n'est nullement ce « Hume prussien » que certains de ses contemporains crurent voir en lui. Les critiques de Kant portent, en effet, sur la notion de *preuve* et non sur l'existence de Dieu. L'Etre suprême demeure un idéal : « La réalité objective de ce concept ne peut pas être prouvée [...], mais elle ne peut pas non plus être réfutée. » Ainsi donc, les idées transcendantales ne sont pas de simples chimères, elles « ont un usage régulateur excellent et indispensablement nécessaire, celui de diriger l'entendement vers un but où convergent en un point les lignes directrices de toutes ces règles », mais ce point demeure en dehors d'une expérience possible.

L'humanisme éthique. La morale kantienne se trouve exposée dans trois œuvres : les *Fondements de la métaphysique des mœurs* (1785), la *Critique de la raison pratique* (1788) et la *Métaphysique des mœurs* (1797). Kant récuse, à la fois, les morales du plaisir et les morales utilitaristes qui prolongent l'empirisme, ainsi que les morales fondées sur une théologie ; la morale « ne peut être fondée ni sur la Terre ni dans le Ciel ». La morale doit être instituée au niveau de l'homme lui-même ; nous nous trouvons donc en présence d'un nouvel aspect de l'humanisme kantien qui se traduit par l'élaboration d'une morale rationnelle. Pour Kant, le fondement de la morale repose sur l'*impératif catégorique* qui est un impératif valant sans considération de fin utilitaire, l'impératif catégorique est universellement et éternellement valable parce qu'il est fondé en raison : Agis toujours de telle manière que la maxime de ton action puisse être érigée en loi universelle de la nature. Quant à la fin universellement valable de l'action, elle se trouve dans la personne humaine qui doit toujours être traitée comme une fin et jamais simplement comme un moyen. Une telle morale repose donc sur l'*autonomie* et dénonce toutes les hétéronomies où l'homme reste esclave inconscient de ses passions, de ses intérêts ou de groupes sociaux ; elle est une morale du Devoir.

A l'inverse de ce qui se passe pour la théorie de la connaissance, en morale on ne peut s'appuyer sur une réalité toute faite, la réalité éthique est à construire, car l'homme est cet être unique qui a la possibilité de prendre l'initiative d'un commencement, en s'autodéterminant il est législateur et sujet. Sur ce point, Kant doit beaucoup à Rousseau qu'il admirait et qu'il appelait « le Newton de la moralité ». Ce pouvoir de l'homme de prendre une responsabilité qui l'engage dans ce à quoi il se consacre nous permet de comprendre que la liberté n'est pas une sorte de don préalable nécessaire *à* l'exercice de la moralité, la liberté est nécessaire *par* la moralité qui l'exprime. Par conséquent, « alors que, dans les sciences de la nature, l'expérience doit servir de point de départ, il n'en va pas de même en morale, car ce qui doit se faire ne peut pas, hélas, se déduire de ce qui se fait ». Kant distingue donc soigneusement les mœurs et la moralité, il oppose même celle-ci à celles-là ; Kant dénonce ainsi à l'avance la pseudo-sagesse devenue courante aujourd'hui et selon laquelle il faudrait « suivre l'évolution des mœurs ».

La morale de Kant est couronnée par une eschatologie implicite qui ne repose pas sur une Révélation, mais sur les conséquences quasi rationnelles de la morale ; la religion se trouve ainsi maintenue « dans les limites de la simple raison ». Le seuil que l'homme constitue pour lui-même apparaît de façon on ne peut plus nette dans la mort ; or le progrès de la vie morale ne peut être interrompu, il doit continuer « aussi loin que peut s'étendre l'existence et même au-delà de cette vie ». L'espérance de la créature doit conduire celle-ci non seulement au-delà de sa propre durée, mais au-delà de son être pour l'amener à postuler (ce qui ne signifie nullement : supposer gratuitement) l'existence de Dieu. La moralité est animée par l'idée d'une réalité à construire, mais celle-ci demeure à tel point toujours à faire que les limites mêmes de l'homme lui donnent la possibilité de penser ce qu'il est sur le fond de ce qu'il n'est pas. Dieu est le garant que, quelle qu'ait pu être ici-bas la distance séparant la vertu du bonheur, un tel abîme se trouvera comblé. Comme chez Descartes, mais d'une tout autre manière, nous allons de l'homme vers Dieu et la religion dont parle Kant est une religion naturelle.

C'est ce qui ressort de la *Critique de la faculté de juger* (1790) qui opère la synthèse des deux autres *Critiques.* Dans la science le jugement est « déterminant », car il part d'une généralité donnée (le principe, la loi) pour aller vers le divers qu'il unifie à partir d'une identité générique. Mais l'explication de la nature ne sera parfaite que lorsque nous aurons également rendu compte de la diversité spécifique, lorsque nous serons montés du particulier au général : c'est là l'œuvre du jugement « réfléchissant ». Lorsque l'imagination se trouve d'accord avec l'entendement, il en résulte un sentiment de plaisir et la chose apparaît belle ; le jugement de goût ne se fonde pas sur des concepts comme ceux auxquels correspondent les attributs fournis par l'intuition sensible, il repose sur des concepts indéterminés comme ceux que la raison nous donne du suprasensible. Il nous force donc à jeter nos regards au-delà du sensible jusqu'à l'idée esthétique à laquelle ne correspond aucune intuition empirique. Tel est ce que réalise l'œuvre d'art.

Toutefois, le spectacle de la nature nous conduit sur une route identique. Pour comprendre l'organisation des êtres naturels, il faut faire appel à une finalité dont l'entendement ne pourra jamais rendre compte, car il ne « peut y avoir de Newton du brin d'herbe ». Certes, notre raison est obligée d'expliquer mécaniquement le déroulement des phénomènes, mais cela ne l'empêche nullement d'introduire la finalité comme fil conducteur. Afin de concevoir la possibilité d'une telle organisation harmonieuse de la nature, nous devons imaginer un autre entendement que le nôtre par rapport auquel nous puissions nous représenter comme nécessaires l'harmonie de la nature et celle des lois naturelles avec notre jugement. Ainsi, l'homme, en tant que chose-en-soi, comme en tant qu'être moral, est le but de la création, car il est le seul qui puisse parvenir à un concept de fin.

Par conséquent, d'une part, ce n'est pas la religion qui fonde la morale kantienne, mais c'est la morale qui fonde la religion, et d'autre part, chez Kant on ne va pas du théologique au téléologique, mais on se dirige du téléologique vers le théologique. Le criticisme kantien conduit vers Dieu mais il n'en part pas ; c'est ainsi que Kant évoque Job qui « n'appuyait pas sa moralité sur la foi, mais sa foi sur la moralité ». Comme le dit sa formule célèbre : « Deux choses remplissent l'âme d'une admiration et d'une vénération toujours nouvelles et toujours croissantes à mesure que la réflexion s'y attache avec plus de fréquence et de constance : Le ciel étoilé au-dessus de nos têtes et la loi morale au fond de nos cœurs. »

Le criticisme : une philosophie du seuil. Kant s'est toujours méfié des constructeurs de tours de Babel, il pense essentiellement en termes de « donnés ». Nous nous trouvons d'abord en présence du donné de ces deux souches de nos connaissances que sont la sensibilité et l'entendement, elles ont peut-être une racine commune, mais celle-ci nous demeurera toujours inconnue ; il y a ensuite le donné des deux formes *a priori* de notre sensibilité, et enfin le donné des douze catégories qui constituent le fondement du « Je pense ». Un tel *donné* pose le problème du *donnant,* mais Kant a toujours dénoncé les génétismes désireux de rendre compte de la venue du donné. L'entendement est en situation et notre connaissance n'est que régionale ; la raison n'est donc pas comparable à une plaine qui s'étendrait à l'infini, elle est une sphère dont nous devons mesurer le rayon d'après la courbure de la surface ; quant au pays de la vérité, il demeure une île et nous ne devons pas nous aventurer sur la mer qui l'entoure en croyant pouvoir dépasser l'expérience.

Toutefois, l'entendement s'étend *problématiquement* en dehors de sa sphère, si nous ne pouvons pas connaître (*erkennen*) les objets de l'expérience comme choses-en-soi, nous pouvons du moins les penser (*denken*) comme tels. De même, c'est parce que l'homme pense sa régionalité en fonction de ce qui la déborde qu'il peut juger ce qui se fait au nom de ce qui devrait se faire ; il n'y a peut-être jamais eu au monde une action juste et il n'y en aura sans doute jamais, mais il n'en reste pas moins que la notion de Justice conserve tout son sens. L'homme est donc essentiellement l'être qui bute contre le seuil qu'il constitue pour lui-même, « l'homme n'est pas une possession de soi-même ». Kant va même si loin qu'il semble, au moins une fois, esquisser une philosophie du malheur de la conscience lorsqu'il écrit dans l'*Opus postumum :* « L'esprit fini est celui qui ne peut devenir agissant que par la souffrance

(*Leiden*), qui ne parvient à l'Absolu qu'à travers des bornes (*Schranke*) et qui ne peut agir qu'en tant qu'il dispose de matière, qu'il agit et forme. » Mais prendre conscience de ses limites implique qu'on les dépasse non pour les briser mais pour les penser comme telles, car « toutes les véritables négations ne sont que des *limites*, et l'on ne pourrait les désigner ainsi si l'on ne prenait pour base l'illimité ». Ainsi donc, le criticisme préside à l'établissement de ce que Kant appelle une « sagesse négative » qui reconnaît « les bornes qui s'imposent nécessairement à nos investigations sur un terrain placé au-dessus de notre portée ». L'homme ne peut par conséquent pas se déterritorialiser, il est à jamais enraciné dans le pays natal de sa nature.

Mais c'est surtout la place que tient le problème du Mal dans le kantisme qui est tout à fait significatif de la portée de celui-ci. Kant crut d'abord que le mal n'était qu'une maladie guérissable par une éducation convenable (influence de Rousseau) et par une politique adéquate reposant sur des Etats républicains. Puis Kant abandonna cet optimisme bien conforme à l'esprit de l'*Aufklärung ;* dans *La Religion dans les limites de la simple raison* (1793) et dans l'*Anthropologie* (1798), il penche nettement pour une théorie du « mal radical », ce que beaucoup lui reprochèrent. L'expérience nous montre, en effet, que l'homme « porte en lui un penchant au désir pratique de ce qui est illicite, quoiqu'il sache que c'est défendu, c'est-à-dire un penchant au *mal* qui s'éveille infailliblement et aussitôt que l'homme commence à faire usage de sa liberté, et qui peut pour cette raison se considérer comme inné. » Ainsi « il existe un penchant naturel au mal » devant lequel toutes les pédagogies et toutes les politiques resteront impuissantes. Mais Kant se borne à faire des constatations sans vouloir se perdre dans des perspectives métaphysiques pour raconter l'origine impénétrable de ce mal. Kant nous demande de ne pas rester en repos et de ne pas nous complaire dans des dolorismes du péché, il n'en reconnaît pas moins que ce penchant naturel au mal « ne peut être *extirpé* par des forces humaines ».

Kant nous invite à « cultiver notre jardin » ; ainsi nous pourrons « couper les racines du *matérialisme*, du *fatalisme*, de l'*athéisme*, de l'*incrédulité* des esprits forts, du *fanatisme* et de la *superstition* », fléaux qui naissent de la prétention de l'homme à acquérir un savoir surhumain au nom duquel il devient enclin à exercer sur autrui une toute-puissance ne souffrant pas d'être discutée.

Pour Kant, « le bois dont l'homme est fait est si noueux qu'on ne peut y tailler des poutres bien droites » ; le mérite du criticisme est de nous inciter à comprendre que l'homme est à lui-même un organe-obstacle et qu'il importe de le désabsolutiser, au même titre que le réel ou la société.

Bilan du kantisme. Dans l'esprit de Kant, les trois *Critiques* constituaient une introduction à un système qui aurait conservé son immuable fixité et qui aurait débouché sur des *métaphysiques,* en prenant ce terme, non pas dans l'acception que Kant avait critiquée, mais comme l'examen des conditions a priori de toute connaissance ; une *métaphysique de la nature* et une *métaphysique des mœurs* devaient constituer le dernier mot du kantisme. Il faut bien reconnaître que ces deux œuvres ne sont pas ce que Kant a écrit de mieux. Ce qui est beaucoup plus important, c'est la manière dont fut jugé le kantisme. Les uns y virent un relativisme et lui reprochèrent d'avoir maintenu le fantôme de la chose-en-soi ; d'autres, au contraire, lui firent grief de n'avoir pas osé s'embarquer sur la mer entourant l'île de la vérité et de n'avoir pas cherché à explorer ce que Kant avait déclaré être un « X inconnaissable ».

Hamann, le « Mage du Nord »

Hamann (1730-1788), qui fut étudiant à l'université de Königsberg en même temps que Kant et entretint une correspondance avec lui, est celui qui a le mieux vu que le criticisme kantien se situait en marge de la Révélation chrétienne. Dans une lettre à Jacobi il écrit : « L'Arbre de la Connaissance nous a privés de l'Arbre de Vie. » Il critique explicitement Kant dans sa brève *Métacritique du purisme de la raison pure* et s'oppose aux wolffiens en déclarant : « Je luthérise. » Les *Aufklärer,* auxquels Kant appartient par bien des côtés, veulent subordonner l'Ecriture à la raison et à l'analyse conceptuelle, ils tournent ainsi le dos à la souveraineté de la Parole et ne comprennent pas que la question n'est pas : « Qu'est-ce que la raison ? » mais bien : « Qu'est-ce que le langage ? » Pour Hamann, en effet, la nature n'est pas un système de lois mais un langage, et « c'est en images que consiste tout le trésor de la connaissance et du bonheur humain ». La Parole de la Création traverse tous les climats et toute l'Histoire, mais il ne nous en reste que des fragments dans la nature, d'où le programme que nous trace *l'Aesthetica in nuce :* « Les rassembler, voilà la tâche du savant, les interpréter, celle du philosophe, les imiter, ou avec plus d'audace encore, les mettre en forme, celle du poète. » Mais, hélas, la plupart commencent par aveugler la nature afin qu'elle puisse leur servir de guide ; les critiques demandent sans cesse : Qu'est-ce que la vérité ? mais ils ne font qu'étendre la main vers la porte. Ils ne sont plus que des chambellans de la lettre morte ou même les simples écuyers de la lettre qui tue.

L'homme est tout entier chair et esprit, ce qui fait de lui un véritable champ de bataille ; c'est pourquoi les philosophies des Lumières et du progrès oublient que ni le philosophe ni le savant n'ont puissance sur ce fait d'être-déjà-là qui caractérise l'homme et par lequel celui-ci appartient au Monde avant même qu'il ne décide que ce monde naturel et historique lui appartient. Les *Méditations bibliques*, les *Mémorables socratiques* ainsi que *Golgotha et Scheblimini* nous amènent à conclure que « les sciences et tous ces amis de ma raison semblent, tels ceux de Job, mettre ma patience à l'épreuve au lieu de me consoler, et faire saigner les blessures de mon expérience plutôt qu'apaiser mes douleurs ». De tels accents se retrouveront chez Kierkegaard qui admira beaucoup Hamann.

5

Le Livre de l'homme

I. — LES SYNTHÈSES DE L'ÊTRE

Les post-kantiens voulurent pénétrer au cœur du mystérieux X de la chose-en-soi que Kant avait déclaré inconnaissable, préoccupation couronnée par le désir de dévoiler cet auto-engendrement de l'Absolu qui est l'acte par lequel le fini vient à l'existence pour être finalement dépassé dans une reprise créatrice ; les fils d'Adam cherchent à percer le secret du Transhistorique fondateur de l'Histoire, ils veulent planter eux-mêmes l'Arbre de la Connaissance et l'Arbre de Vie. C'est pourquoi, au lieu d'analyser, les post-kantiens se contentent très souvent de dire ou de raconter, voire de vaticiner. Derrière leurs certitudes quasi initiatiques, se trouvaient une commune admiration pour Jacob Boehme, une appartenance à la franc-maçonnerie, ou tout au moins un grand intérêt pour elle, ainsi qu'une lecture assidue des néoplatoniciens et des gnostiques. Le spectacle de la Révolution française, du moins à ses débuts, les invitait à s'enivrer du mot Liberté et à rêver d'une prochaine unité allemande, le personnage de Napoléon étant, pour les uns, un odieux épouvantail et, pour d'autres, l'incarnation de l'Esprit du monde.

Fichte

La pensée de Fichte (1762-1814) fut souvent qualifiée d' « idéalisme absolu » ou d' « égoïsme philosophique » ; on l'accusa d'avoir eu la prétention de voir dans le Non-Moi une projection sortie du Moi ; il faut reconnaître que l'œuvre fondamentale de Fichte, la *Doctrine de la science* (1794), est un ouvrage abstrait et obscur sur lequel Goethe ironisait et que Kant dénonça. On a aussi trop rapidement dit que Fichte se serait ensuite consacré à vulgariser sa philosophie, voire qu'il l'aurait trahie peut-être pour dissiper cette accusation d'athéisme qui l'avait contraint à quitter Iéna pour Berlin. Les choses se compliquent encore si l'on se souvient que Fichte, initié à la franc-maçonnerie en 1794, prévenait le lecteur qu'il n'avait pas voulu tout dire et que chacun devait faire un effort personnel pour essayer de trouver ce sur quoi lui-même s'était tu.

Mais la compréhension de Fichte est aujourd'hui grandement facilitée par les travaux de tous ceux, et principalement de Reinhard Lauth, qui ont mis au premier plan la notion d'interpersonnalité. Pour Fichte, en effet, chaque individu est un carré rationnel d'une racine irrationnelle qui se trouve dans le monde des esprits ; l'ensemble du monde des esprits est à son tour le carré de ce qui est pour lui une racine irrationnelle et qui n'est autre que la Lumière immanente ou Dieu. Tout ce qui apparaît est l'apparaître de l'Absolu, apparaître qui est non pas nature et nécessité, mais esprit et vérité : « Dieu se sert de la liberté. » Qu'en est-il du Moi ? Comme individu le Moi ne peut se détacher du royaume universel de la raison que par une réflexion qui le limite et par laquelle il s'oppose un Non-Moi, le Moi se pose en s'opposant : « Il n'y a pas de sens extérieur, car il n'y a pas de perception extérieure. Mais il y a une intuition extérieure, cette connaissance, qui est extérieure au subjectif et qui lui semble flotter devant lui, est elle-même la chose. [...] Je suis une vue vivante. Je vois, c'est la conscience ; je vois ma vue, c'est l'objet de la conscience » ; il n'y a donc que des représentations, et Fichte supprime la distinction kantienne entre l'apparence et le phénomène.

Mais ce Non-Moi est aussi un Toi, c'est-à-dire un Toi libre comme le Moi lui-même ; chaque individu est un aspect particulier de la conscience universelle à partir d'un point de cette conscience.

Chaque individu, du fait de ses limites, a un idéal particulier qui ne diffère que par degré de celui des autres individus ; chacun cherchant à rendre l'autre conforme à son idéal, il en résulte un « combat des esprits avec les esprits », combat qui n'est pas une guerre mais qui engendre une causalité réciproque vers la liberté. Cet effort rationnel commun mène à l'association, à une communauté interpersonnelle morale. C'est à ce niveau que viennent s'ancrer le *Fondement du droit naturel* (1796) ou même les célèbres *Discours à la nation allemande* (1807) où Fichte vitupère Napoléon, « l'homme sans nom », et où il glorifie la supériorité du peuple allemand dont la langue scelle l'unité. Mais cette interpersonnalité ouvre aussi sur une spiritualité qui n'ira qu'en s'accentuant de *La Destination de l'homme* (1800) à l'*Initiation à la vie bienheureuse* (1806). Ce Moi posant le Non-Moi comme un autre Moi moral ne peut, en effet, le faire qu'à partir d'un appel ; il y a donc un Moi appelant et un Non-Moi appelé qui est lui-même un autre Moi appelant. Cela ne peut se comprendre que si, en moi et en l'autre, opère non seulement une pensée individuelle mais une pensée supra-individuelle ; nous ne sommes nous-mêmes que des délimitations d'une telle liberté supra-personnelle. Nous accédons ainsi à la doctrine de l'unique apparaître de l'Absolu, de Dieu qui se manifeste selon les lois qui organisent la nature et selon un règne des esprits. L'unité absolue de Dieu se révèle dans et par l'interpersonnalité ; cette interpersonnalité moralement accomplie est la révélation achevée de Dieu et l'accomplissement de son apparaître ; mais, dans la première version de la *Doctrine de la science,* elle est un moment du développement du Savoir absolu déduit de l'unité de ce Savoir. Bien que Fichte tienne Jésus pour la personnalité humaine par laquelle Dieu a, une fois, parlé comme personne dans le temps, sa philosophie se présente comme une philosophie de l'Immanence où « Dieu et l'homme sont un totalement mêlés et confondus » ; cette philosophie déduit l'individu à partir du Moi absolu puis elle induit Dieu. On ne vient au Savoir absolu que sous la condition de l'Etre absolu, mais ce Savoir est en lui-même l'Etre absolu, « et ainsi l'Etre absolu et le Savoir sont réunis, celui-là entre en celui-ci et paraît dans la forme du Savoir, rendant justement celle-ci absolue » ; le Dieu vivant est l'acte pur.

Certes, la pensée de Fichte a évolué, voire changé, de la *Doctrine de la science* de 1794 aux autres versions de 1801 et de 1804 (publiées après sa mort) et à ses autres ouvrages, mais une unité s'en dégage dans la mesure où Fichte demande à l'Immanence de lui apprendre le langage de la Transcendance. Ce monde-ci est, à la fois, le voile et le germe d'un autre monde. Dieu est l'être « voilé et brouillé de façon variée dans la conscience [...] ; mais dégagé de ces voiles et modifié désormais seulement par la forme de l'infinité, il réapparaît dans la vie et l'action de l'homme qui s'abandonne à Dieu ». Si bien que « ce qu'on appelle le Ciel n'est pas situé par-delà la tombe, notre nature en est, dès ici-bas, enveloppée de toutes parts et sa lumière se lève dans tout cœur pur ».

Fichte a voulu « pénétrer » l'Etre et la conscience pour montrer *que* et *comment* leur qualité interne « produit *nécessairement* un système du Divers [...] ; bref, à partir d'un point entièrement constructible, on déduit l'ensemble de la conscience empirique dans sa diversité » ; le produit de la déduction ne peut pas contenir plus ni moins que la conscience réelle. La philosophie de Fichte est une philosophie du voile et du dévoilement ; la faute et le mal y sont finalement de simples ombres dissipées par cette connaissance grâce à laquelle l'homme pénètre en Dieu et Dieu pénètre en l'homme. C'est pourquoi Fichte, critiquant Rousseau, conclut ses *Conférences sur la destination du savant* (1794) par cette déclaration optimiste : « Laissez-nous être joyeux de sentir en nous la force et d'avoir une tâche infinie. »

Schelling

Fils d'un professeur de séminaire protestant, Schelling (1775-1854) se destinait à suivre la voie de son père. Il entre au séminaire de Tübingen où il a pour condisciples Hegel et Hölderlin. Admirateur de Fichte et de la Révolution française à ses débuts, il décide de se consacrer à la philosophie. La philosophie de Schelling a connu une création continue toujours à la recherche d'horizons plus vastes. Comme les romantiques, il est attiré vers la philosophie dans ce qu'elle a de poétique et vers la poésie dans ce qu'elle a de philosophique. Le problème que se pose Schelling est celui des rapports de l'Inconditionné, l'Absolu, Dieu, avec le conditionné ; comment les êtres finis peuvent-ils s'élever jusqu'à l'Infini ? Dans ses *Lettres sur le dogmatisme et le criticisme* (1795), il repousse le spinozisme dans lequel il voit un quiétisme du « repos dans les bras du monde », monde que Schelling veut esthétiser ; quant au criticisme de Fichte qu'il admire, il lui reproche son moralisme abstrait.

Schelling développe d'abord une philosophie de la nature dans *Idées pour une philosophie de la nature* (1797), *L'Ame du monde* (1798) et le *Système de l'idéalisme transcendantal* (1800). Sa philosophie de la nature s'inspire de traditions néoplatoniciennes, alchimiques et de visions du monde en honneur à la Renaissance. « Il est incontestable, dit-il, qu'il existe dans les choses, à côté de la vie extérieure, une vie intérieure qui les rend capables de sympathie et d'antipathie, ainsi que de la perception d'autres choses non immédiatement présentes ; il est également incontestable que la vie générale des choses est en même temps la vie de chacune en particulier. » La nature est donc un tout qui règle l'action des forces opposées tendant à une mutuelle destruction, elle est un principe de dépassement et de rajeunissement. L'oxygène est le principe rajeunissant restitué par le monde végétal au monde animal qui le corrompt. Schelling accorde beaucoup d'importance à l'électricité et aux phénomènes magnétiques dans lesquels il voit une des clefs de l'activité des êtres vivants, le monde étant comparable à un organisme comme le disait Ritter. Mais, en 1804, Schelling se brouille avec Fichte dont il va utiliser certaines idées en leur donnant une portée différente. Pour Schelling, « la nature est l'esprit visible, l'esprit la nature invisible. C'est dans cette identité absolue de l'esprit *en nous* et de la nature *en dehors de nous* que se trouve la solution du problème de la possibilité d'une nature extérieure à nous ». Cette philosophie de la nature se prolonge par une philosophie de l'esprit dans le *Système de l'idéalisme transcendantal* ; l'identité de la nature et de l'esprit se trouve dans les œuvres d'art où les forces spirituelles s'harmonisent avec les forces naturelles inconscientes et collaborent avec elles : « L'œuvre d'art représente pour nous l'identité du conscient et de l'inconscient. Mais l'opposition de ces deux activités est une opposition *infinie* », toute œuvre plonge, en effet, dans l'inconscient de l'inspiration et implique une infinité d'intentions et d'interprétations. Ainsi l'œuvre d'art réalise l'harmonie du subjectif et de l'objectif.

Le deuxième moment de la pensée de Schelling se déploie dans une philosophie de l'identité avec *Exposition de ma philosophie* (1801), *Bruno* (1802), *Philosophie de l'art* (1803). Il ne faut pas commettre l'erreur de prendre l'Esprit pour un sujet et la Nature pour un objet. La philosophie de la nature nous a montré que la

Nature était un sujet-objet comme l'Absolu, l'Idéalisme transcendantal a mis en évidence que l'Esprit était un sujet-objet comme l'Absolu. Il y a donc identité de la Nature et de l'Esprit ; toutefois, il y a dans la Nature un excès d'objectivité qui se détache du sujet, et dans l'Esprit réside un excès de subjectivité. L'Absolu, qui est identité du sujet et de l'objet, est donc au sommet des choses ; au sommet de la philosophie se trouve l'intuition intellectuelle de cet Absolu. Schelling voit dans Spinoza et dans Bruno des précurseurs de ses idées ; sa philosophie de l'identité cherche la continuité des formes, sur laquelle avaient insisté Leibniz ainsi que Goethe, à travers les transformations du même dans l'autre.

Schelling appelle *Puissances* (*Potenz*) les écarts de la Nature et de l'Esprit à l'Absolu. Dans le savoir, l'Esprit donne à l'idéalité une forme objective ; dans l'action, l'idéalité s'oppose à l'impulsion vers l'objectif et le fini rencontrée dans le savoir ; enfin dans l'art, l'idéalité de l'action se combine avec l'objectivité du savoir. L'art est l'expression complète de l'infini dans le fini. L'Idée s'incarne sous une forme finie dans les dieux de la mythologie, et le monde mythologique est, dans le domaine de l'art, le correspondant nécessaire du monde des Idées dans la philosophie.

La philosophie de Schelling connut une troisième période où dominent des spéculations théosophiques, principalement dans *Philosophie et Religion* (1804), *Recherches sur l'essence de la liberté humaine* (1809) et surtout dans *Les Ages du monde* (1815). Schelling lit Boehme, la *Symbolique* de Creuzer et est marqué par les idées de Franz von Baader. La philosophie de l'identité se contentait de parler de l'Absolu, Schelling se propose de rendre compte de la séparation radicale, et pas simplement idéale, entre Dieu et l'être fini. Elle vient d'une chute due au désir d'être pour soi. L'histoire de l'humanité est celle d'une chute, elle attend ce retour à l'Absolu qu'est la Rédemption. La joie esthétique, que Schelling faisait sienne en contemplant l'harmonieuse totalité des êtres, s'efface maintenant devant la prise de conscience de l'abîme qui sépare la vie finie et l'Absolu, celui-ci devient le Paradis perdu à retrouver. Ainsi, « Dieu est Vie et non pas seulement un être [...]. L'être ne se sent que dans le devenir. Bien entendu il n'y a pas de devenir dans l'être même. C'est dans le devenir plutôt que l'être est posé de nouveau comme éternel [...]. Sans la conception d'un Dieu qui souffre d'une façon humaine [...], toute l'Histoire serait incompréhensible ». Les idées essentielles de Schelling se trouvent résumées dans cette déclaration des *Recherches* : « C'est la même essence qui règne dans le *Fond* ténébreux de la Nature et dans la Clarté éternelle ; la même qui produit la dureté et la douceur, l'unité et l'isolement des choses, la même qui commande par la Volonté de l'Amour dans le Bien et la Volonté de la Haine dans le Mal » ; mais il ne faut pas oublier qu' « une seule et même essence, qui a deux manières d'agir, se scinde en elles réellement en deux essences, de telle sorte qu'elle est dans l'une *seulement Fond Causal* d'existence et, dans l'autre, simplement essence (c'est-à-dire purement idéale) ; de plus, Dieu seul, en tant qu'Esprit, est l'Identité absolue des deux principes, mais uniquement parce que, et dans la mesure où, les deux principes sont *soumis* à sa personnalité ».

C'est pourquoi l'Univers n'est pas un système mais une Histoire, Dieu se révèle perpétuellement et l'Histoire est la preuve même de l'existence de Dieu. Toutefois, le devenir est aussi cette envie d'exister qui soulève les possibles hors du non-être et qui se manifeste dans l'expérience de la tentation. L'homme est le maître de ses actions pour les faire, mais il demeure leur prisonnier, car il ne peut plus les défaire. Quant au Mal, il est l'élévation de la puissance individuelle au-dessus de la volonté ; il est mauvais en tant qu'il résiste au devenir, il est fécond en tant qu'il permet au Bien de se manifester ; nous retrouvons ainsi le thème de la *felix culpa* universelle : « Le Bien doit mourir afin de se séparer du Mal, et le Mal afin de se séparer du Bien. Mais lorsque tout sera soumis à lui, le Fils devra se soumettre à son tour à Celui qui lui a tout soumis, de façon que Dieu soit Tout en Tout. »

Nous devons donc parler d'un *malheur de la conscience*, thème romantique que reprend Hegel en le dialectisant ; par une sorte d'ironie, le Destin oblige l'esprit à abandonner son infinie richesse s'il veut être quelque chose ; pour rester infini il faudrait ne pas exister. Il faut donc choisir entre une existence effective mais limitée, et une possibilité infinie mais inexistante. Cependant, le temps apparaît comme l'organe même de la réconciliation, car il guérit de la contradiction ; celle-ci demeure sans issue tant qu'elle n'offre que des simultanéités, mais elle devient opérante par successions ; idée que l'on retrouverait chez Hegel où le devenir réalise la synthèse de l'être et du non-être. La pensée chemine ainsi de totalités en totalités en se modulant à chaque fois, chaque époque récapitule l'ensemble des processus théogoniques, il ne faut donc rien mépriser, car tout est Dionysos, idée que l'on pourrait retrouver dans le thème nietzschéen de l' « innocence du devenir ». Ainsi la philosophie est une sorte d'alchimie qui montre le moi dans la nature et la nature dans le moi : « Philosopher sur la nature, c'est créer la nature. »

Hegel

La philosophie de Hegel (1770-1831) est d'une importance exceptionnelle dans la mesure où elle constitue la plaque tournante où s'opèrent des synthèses entre la philosophie, la théologie et l'histoire, le fini et l'infini, l'Etre et le devenir, l'individu et l'Etat, le logique et l'ontologique, le sociologique et le politique. Comme l'a justement noté Alexandre Koyré, Hegel pense en termes de verbes alors qu'avant lui on pensait surtout avec des substantifs. On peut distinguer deux volets dans le hégélianisme : une philosophie de la conscience fortement teintée de romantisme, et une philosophie de l'Histoire reposant sur une théologie du Dieu vivant.

Le romantisme est présent dans le pantragisme hégélien où toute conscience est une conscience malheureuse. La conscience de soi est, en effet, une subjectivité érigée en vérité, or qui dit subjectivité dit douleur du soi qui éprouve son insuffisance et qui ne peut parvenir à l'unité avec lui-même. L'être-là n'est que ce qu'il est, en tant qu'être singulier il se trouve en présence de l'autre qu'il n'est pas et qui n'est pas lui. Il y a donc une opposition tragique du fini et de l'Infini, de l'homme et de l'Absolu. La vie est un circuit qui va de l'Unité de la vie à la multiplicité des formes vivantes ou des différences, la grande loi est celle du *Meurs et deviens* qui préside aux aller et retour entre l'unification et la scission. La conscience de soi n'a rien à voir avec la tautologie fichtéenne du Moi = Moi, elle est engagée dans un combat avec le monde, elle est Désir ; mais ce qu'elle désire ce n'est pas ceci ou cela, c'est le Désir lui-même ; c'est pourquoi elle ne peut s'atteindre qu'en trouvant un autre désir, c'est-à-dire une autre conscience de soi ; ainsi donc, être c'est être pour autrui, c'est être reconnu. L'être-avec, dans tous ses jeux de médiations, de séparations et de réunifications, nous situe aux antipodes de ces philosophies qui étudiaient les réactions des substances les unes sur les autres. L'autre est ce grâce à quoi j'entre en communication avec moi-même, et inversement je suis ce grâce à quoi il entre en communication avec lui-même. Il y a donc reconnaissance réciproque, mais reconnaissance tragique, car, en tant qu'objet de désir, l'autre est ce que la conscience veut annuler, « chacun tend donc à la mort de l'autre ». Cette tragédie se retrouve au cœur de la célèbre dialectique du maître et de l'esclave ; il n'y a ni maître ni esclave en soi, le maître n'est tel que parce que l'esclave le reconnaît comme maître, le maître dépend donc de l'esclave qui transforme les choses par son travail et finit par là par prendre conscience de lui-même. Le maître est donc l'esclave de l'esclave et l'esclave est le maître du maître.

Nous voilà en présence d'un pantragisme, mais ce pantragisme sert de moteur à un panlogisme. Le Désir qui ne s'épuise jamais vise, en effet, une altérité essentielle, un Moi pur sans différence, il conduit à un « Moi qui est un Nous et à un Nous qui est un Moi ». Telle est l'âme de la dialectique hégélienne qui veut montrer que du malheur le plus profond peut naître le bonheur le plus haut. La conscience individuelle se dépasse dans l'œuvre et dans la loi où elle atteint l'Universelle intersubjectivité, la conscience de soi en-soi et pour-soi qui est l'Esprit en qui toute déchirure est résorbée. Ce Nous qui est un Moi et ce Moi qui est un Nous est le seul concret qui soit, et il est Histoire ; en définitive il se manifestera dans l'Etat peut-être revêtu par Hegel de tout le prestige de l'unité allemande à réaliser.

Nous sommes ainsi montés de la conscience de soi finie à l'Absolu, « donc l'Absolu est parce que le fini déterminé n'est pas, mais ce *n'est pas* est essentiel, c'est seulement à travers cette négation que l'Absolu se pose ». L'Absolu est le Sujet qui se déploie et se crée ; le sens signifiant qu'il fait jaillir ne relève pas d'un Ineffable antérieur, l'Au-delà est déjà là : « Dieu n'est accessible que dans le pur savoir spéculatif, et est seulement dans ce savoir, et est seulement ce savoir même. » Finalement, l'acte par lequel l'homme travaille à la cité terrestre ne fait qu'un avec celui de Dieu travaillant à la Cité de Dieu.

C'est pourquoi nous devons étudier la relation de ce pantragisme et de ce panlogisme avec l'histoire. Les philosophes qui ont parlé de l'Absolu se le sont donné d'emblée comme point de départ ; or l'Absolu ne ressemble pas à la balle qui sort brusquement du canon d'un pistolet. L'Absolu de Schelling est un Indifférencié statique semblable à la nuit où toutes les vaches sont noires. Hegel veut dynamiser l'Absolu et va travailler à mettre le Dieu de Spinoza en marche dans l'Histoire ; pour lui l'Esprit, c'est-à-dire l'Esprit absolu, ne se trouve jamais dans un état de repos, il est « toujours emporté dans un état indéfiniment progressif », il est l'égalité avec soi-même se mouvant. L'Esprit n'est ce qu'il est que parce qu'il le devient, et finalement la philosophie dans son histoire ne fait qu'un avec Dieu aspirant à se connaître.

Traditionnellement, Dieu était donné comme le *Summum Ens* éternel et immuable, pour Hegel Dieu vit dans et par l'Histoire dans laquelle il s'incarne et se manifeste. Hegel désubstantialise la notion de Dieu pour transposer la parole du Christ : « Je suis le Chemin, la Vérité et la Vie » dans une perspective dialectico-historique selon laquelle l'Histoire est le Chemin et la Vie de Dieu se déifiant dans et par le temps à travers une Eternité en marche. Dire avec Hegel « l'Absolu est résultat » revient à dire, mais autrement, qu'il est l'*Alpha* et l'*Oméga.* L'Histoire nous offre, en effet, le spectacle de civilisations qui naquirent, brillèrent de tous leurs feux puis disparurent définitivement, d'autres civilisations leur succédèrent qui moururent à leur tour. Pour Hegel, chacune de ces civilisations, avec l'esprit qui la caractérise et qui se retrouve aussi bien dans sa religion, dans sa vie artistique que dans sa vie sociale, sa philosophie ou ses mœurs, chaque civilisation donc constitue une incarnation de l'Esprit absolu qui se manifeste dans le temps. La Passion du Christ est sans cesse recommencée et l'histoire nous offre le spectacle du Calvaire de l'Esprit absolu qui s'incarne, meurt pour ressusciter, mourir de nouveau et renaître. D'où l'idée clef selon laquelle « l'Esprit est temps » ; cet Esprit s'incarne dans l'Esprit du Monde *(Weltgeist),* lequel s'individualise dans l'esprit d'un peuple *(Volksgeist),* lequel s'incarne à son tour dans le Grand Homme en qui ce peuple se reconnaît. Il ne faut pas perdre de vue qu'il y a une « ruse de la Raison » par laquelle celle-ci laisse croire au Grand Homme qu'il agit et décide librement, alors que la Raison se sert de lui comme d'un instrument dont elle a besoin pour assurer le cours de l'histoire ; au fond, nous nous trouvons ici en présence d'une laïcisation de la conception chrétienne du prophète par la voix de qui Dieu parle aux hommes. Si l'Histoire est rationnelle, c'est parce que c'est la Raison absolue qui fait l'Histoire, qui est Histoire. Par conséquent, avec Hegel ce n'est plus la Révélation qui est historique, c'est l'Histoire qui est révélatrice ; elle nous offre le spectacle d'une Révélation permanente, elle est donc porteuse et donneuse du Sens.

Dans une telle façon de concevoir l'Histoire, se trouvent deux thèmes essentiels qui lui confèrent toute sa portée. Tout d'abord le thème chrétien de la kénose. On lit dans Philippiens, II, 7, que « Dieu s'est dépouillé *(ékénosen)* de lui-même en prenant une forme de serviteur, en devenant semblable aux hommes » ; ce dépouillement, cette kénose, par laquelle Dieu s'est pour ainsi dire « vidé » de lui-même en devenant homme, est une sorte d'aliénation de Dieu (qui est devenu autre que lui-même) et en même temps la preuve du plus grand amour. Le second thème capital est celui de la victoire sur la mort. La résurrection du Christ permet de dire : « O mort où est ta victoire ? » Chez Hegel la mort devient un des moteurs de la vie, comme déjà pouvait l'inciter à penser le passage de Jean, XII, 24 : « Si le grain de blé qui est tombé en terre ne meurt, il reste seul ; mais s'il meurt, il porte beaucoup de fruits. » Chez Hegel, cette mort féconde est chargée de faire avancer l'Histoire, car si la mort provient de la vie, la vie aussi sort de la mort : la naissance de la fleur naît de la mort du bouton, tout comme la naissance du fruit proviendra de la disparition de la fleur. La fleur nie donc le bouton mais en le dépassant, il y a *Aufhebung*, c'est-à-dire dépassement par suppression.

Un « travail du négatif » se manifeste au niveau de toutes choses, mais d'abord au niveau de Dieu lui-même. Il faut que Dieu « se nie », meure, afin de pouvoir continuer d'être, sans cesse et toujours, différent de lui-même dans de nouvelles incarnations ; c'est cette Vie, ce travail du négatif et cette aliénation incessante qui font de l'Absolu, de l'Esprit, une palpitation sans fin. La mort de Dieu devient donc le moteur dialectique qui réconcilie l'Etre et le Devenir. La mort d'une civilisation répète celle du Christ, la nouvelle civilisation qui, telle le Phénix, naît des cendres de la précédente répète dans l'Histoire la remontée à la droite du Père. D'où cette formule capitale : « Le Vrai est le devenir de soi-même », non seulement il y a un devenir de la Vérité mais le Devenir est vérité, car il n'est autre chose que la marche de Dieu dans le temps ; c'est pourquoi la nature du vrai est de percer quand son temps est venu, aucun individu ne peut sauter au-dessus de son temps, le champ de l'Histoire et du savoir nous porte en nous faisant. Ainsi l'Histoire est rationnelle parce que la Raison est historique, Raison qui n'est autre que le Verbe qui s'incarne. L'Histoire est donc la dimension ontologique par excellence.

Nous retrouvons là, mais dynamisée par l'Histoire, une idée de Maître Eckhart pour qui sans le monde Dieu ne serait pas Dieu ; le hégélianisme reprend également à son compte une vieille idée gnostique selon laquelle la théogonie et la cosmogonie ne font qu'un. Il doit aussi beaucoup de choses aux idées de Jacob Boehme sur le grondement des contraires, l'Amour et le Courroux de Dieu. Mais toute l'originalité de Hegel consiste à s'attacher au devenir des civilisations et non au cosmos ou à la nature. Avec Hegel, la mort devient sinon manœuvrable, du moins la condition même du dépassement et on pourrait dire, à la limite, qu'il fallait qu'Athènes mourût pour que Rome pût naître ; le dépassement dialectique nie la négation elle-même et, en tant que négation de la négation, il assure la mort de la Mort. Ainsi, cette suite ininterrompue de naissances, de vies et de morts du Christ, dans et par le devenir de l'Histoire, devenir qui est en même temps celui de Dieu, fait du Verbe Incarné non seulement le médiateur, mais la médiation qui opère la synthèse du fini et de l'infini ; le devenir étant la synthèse de l'Etre et du Non-Etre : le papillon n'est pas la chenille, la chenille n'est pas le papillon, mais le devenir assure par métamorphose la synthèse de la chenille et du papillon.

On comprend dès lors le sens et la portée de la *Phénoménologie de l'Esprit* (1807) qui peut être considérée, à la fois, comme la description de l'itinéraire de l'âme s'élevant à l'Esprit par l'intermédiaire de la conscience, et comme l'autobiographie de l'Esprit du monde. Quant à la *Logique,* elle n'a rien à voir avec une logique formelle, elle est non pas un discours *sur* l'Absolu mais le discours *de* l'Absolu, elle est ce qui s'efforce de rendre compte du dynamisme du Logos, c'est-à-dire du Verbe qui s'oppose à soi pour se retrouver en lui-même. C'est pourquoi la philosophie de Hegel s'achève en un système et en une *Encyclopédie* comprenant une *Logique,* une *Philosophie de la nature* et une *Philosophie de l'Esprit.*

La vie de l'Esprit absolu dans l'Histoire possède en fin de compte la mission traditionnellement attribuée au Jugement dernier. Tout ce qui, dans le christianisme, relevait de l'eschatologique, relève désormais de l'Histoire : demain nous délivrera d'aujourd'hui comme aujourd'hui nous a délivrés d'hier ; le grand et seul Tribunal est en définitive celui de l'Histoire. La valeur d'un acte est en sursis aussi longtemps que l'on ne connaît pas ce qui en résultera. A proprement parler il n'y a pas de Mal radical, car toute faute est une *felix culpa* dans la mesure où elle donnera naissance à ce qui la rectifiera en la dépassant. C'est pourquoi la vertu eschatologico-dialectique de l'Histoire amène Hegel à dire : « Les blessures de l'Esprit se guérissent sans laisser de cicatrices. » Le futur est ainsi investi de la mission d'assurer le dépassement de la mort : « L'Esprit peut faire que ce qui a été fait ne le soit pas ; l'action demeure bien dans le souvenir, mais l'Esprit l'efface. » L'Histoire est donc rédemptrice et salvatrice, elle assure le pardon et le rachat des péchés dans la mesure où ceux-ci peuvent donner naissance à un futur qui les a dépassés.

Le rôle quasi salvateur de l'Histoire, qui est à sa manière une histoire sainte, se retrouve dans la conception hégélienne de l'Etat. De nombreux textes des Ecritures précisent que l'Eglise est le corps du Christ dont nous sommes les membres ; une telle idée se retrouve chez Hegel, mais laïcisée et sécularisée puisque finalement l'Etat joue le rôle que l'Eglise assumait jusqu'alors. L'Etat est, en effet, chargé d'opérer la synthèse de l'individu et de l'Infini, et cela non seulement sociologiquement mais ontologiquement. La démarche hégélienne revient à dire que l'Esprit qui devient Esprit du monde et se découvre dans l'esprit d'un peuple, trouve finalement dans l'Etat l'incarnation de l'Idée : « L'Universel qui s'affirme et se connaît dans l'Etat, la *forme* sous laquelle tout est produit, est ce qui constitue en général la *culture* d'une nation. Mais le *contenu* déterminé qui reçoit cette forme de l'universalité et se trouve contenu dans la réalité concrète créée par l'Etat est l'*Esprit même du peuple.* » Donc « l'idée universelle se manifeste dans l'Etat ; [...] la manifestation de l'Esprit est sa propre autodétermination, et les Etats et les individus nous offrent les figures dans lesquelles nous devons étudier la manifestation de l'Esprit ». Ainsi, l'Etat est l'organisme dont les citoyens sont membres, organisme qui est une incarnation de l'Esprit absolu : « L'Etat est vraiment issu de la Religion. » Cette théorie organique de l'Etat permet à Hegel d'affirmer clairement : « L'Etat n'est pas *pour* le citoyen. On pourrait dire que l'Etat est la fin et les citoyens les moyens. Mais le rapport fin-moyens n'a pas de validité ici, car l'Etat n'est pas une abstraction qui se dresse face aux citoyens, mais ceux-ci sont ses moments, comme dans la vie organique où aucun membre n'est la fin ou le moyen d'un autre. Ce qu'il y a de divin dans l'Etat, c'est l'Idée telle qu'elle existe sur Terre. »

Sur cette conception de l'Etat vient se greffer la conception hégélienne du « droit organique » développée dans les *Principes de la philosophie du droit* (1821) que Lénine commenta. Le droit n'a pas à être défini d'une façon abstraite, comme le pensait Kant à qui

Hegel reproche son apriorisme, le droit est l'expression de ce que l'organisme appelé Etat a constitué comme tel ; c'est pourquoi la notion de droit international paraît à Hegel une sorte de monstruosité pour la bonne raison que l'Internation n'est pas un être historique. On arrive alors à des conclusions radicales. Pour Hegel, à chaque moment de l'Histoire il existe un Etat qui est le pilote de cette histoire et en face duquel les autres Etats n'ont aucun droit ; Hegel précise, en effet, que le peuple en qui l'Esprit absolu vient momentanément s'incarner « est le peuple dominant dans l'histoire universelle pour l'époque correspondante. Il ne peut faire époque qu'une seule fois dans l'Histoire, et contre ce droit absolu qu'il a parce qu'il est le représentant du degré actuel de développement de l'Esprit du monde, les autres peuples sont sans droits, et ceux-ci, aussi bien que ceux dont l'époque est passée, ne comptent plus dans l'histoire universelle ».

La portée du hégélianisme est immense.

1° Les analyses sur l'être pour autrui, sur l'être-avec et l'idée capitale que *être c'est être reconnu* se retrouvent au cœur de la phénoménologie, voire de conceptions psychanalytiques et surtout au centre de l'existentialisme sartrien ; sans parler de la dialectique du maître et de l'esclave que Marx reprendra à son compte ;

2° L'idée que le Vrai perce lorsque son temps est venu et celle selon laquelle le champ de l'Histoire et celui du savoir constituent l'homme qu'ils définissent, réapparaissent plus ou moins subrepticement dans les systématismes structuralistes d'aujourd'hui ;

3° La théorie hégélienne de l'Etat a pu servir de justificatif à un hégélianisme de droite et à un hégélianisme de gauche. Le premier a été souvent mis au service d'un pangermanisme affirmant que le peuple allemand était le peuple moteur de l'Histoire et que, à son égard, les autres peuples étaient sans droit. Le second privilégie l'Urss comme « patrie des travailleurs », ou de façon plus générale « le prolétariat » qui, de classe à sauver, se voit métamorphosé en classe salvatrice ; la « dictature du prolétariat » à l'égard duquel les autres classes sont sans droit joue, sur un autre plan, le même rôle qu'un nationalisme étatique intronisant l'esprit de tel ou tel peuple ; ici c'est l'esprit du prolétariat qui se trouve mis au premier plan. L'Etat ou la classe assure le dépassement de l'individu tenu pour une simple abstraction incapable de se justifier d'elle-même et le collectif hypostasié devient un instrument de salut ;

4° On connaît la formule : « Hegel qui engendra Feuerbach qui engendra Marx. » Hegel, dans ses *Leçons sur la philosophie de la religion,* avait affirmé que « c'est la conscience de soi de Dieu qui se connaît dans le savoir de l'homme » et que finalement « la nature humaine et la nature divine en soi ne sont pas différentes » ; Ludwig Feuerbach (1804-1872) en tirera la conclusion que le Dieu dont parle Hegel n'est autre que l'homme lui-même. Dans *L'Essence du christianisme,* Feuerbach fait du christianisme un phénomène socioculturel constituant un important moment historique ; selon lui, Jésus n'était que la projection de l'homme générique dans une individualité, dès que l'humanité prend conscience de cela, le christianisme disparaît car : « Il n'y a pas d'autre Dieu pour l'homme que l'homme lui-même. » Marx retient cette idée mais la renforce de son matérialisme historique. Les modernes « théologies de la mort de Dieu » se souviennent des analyses de Hegel et de celles de Feuerbach pour affirmer que Dieu est mort sur la Croix afin que l'homme puisse naître ;

5° L'intronisation de l'Histoire dans tous les domaines revient à la sacraliser et à affirmer qu'il n'y a pas de crimes de l'Histoire mais seulement des crimes devant l'Histoire ; au nom du « sens de l'Histoire » et de la *felix culpa,* on sera conduit à angéliser une « bonne » violence et à condamner une « mauvaise » violence ; ce manichéisme réapparaît aussi bien dans les théories nazies que dans les théories communistes de l'Etat qui ont en outre en commun de condamner l'individualisme et d'angéliser leur révolution. Toutes idées que l'on pourrait d'ailleurs retrouver dans les « théologies de la libération » qui veulent se mettre au service d'un Dieu confondu avec l'humanité, qui pensent que l'action remplace la grâce et que l'« insurrection chrétienne » doit se mettre au service d'un sens de l'Histoire qui va dans le sens d'une libération de l'homme ;

6° Dans l'histoire de la notion de vérité, le hégélianisme constitue un moment capital. Les Grecs voulaient parvenir à dévoiler la vérité, Descartes chercha à l'instaurer, Kant à la régionaliser, Hegel, lui, la dynamise et parle d'un devenir du Vrai ; nous nous trouvons là en présence d'un point de vue dont les multiples prolongements ne cessent de marquer le monde moderne.

Il reste au cœur du hégélianisme une ambiguïté fondamentale. Hegel affirmait : « Je suis luthérien et je veux le rester », mais sa position est souvent très floue. On peut trouver chez Hegel beaucoup de textes d'où il semble ressortir qu'il n'y a d'Etre que du Devenir et où Hegel paraît assimiler l'histoire de l'Absolu à celle de l'homme devenu Dieu ; à tel point que A. Kojève fait de Hegel un athée. Mais on trouve beaucoup d'autres textes qui se situent dans une perspective diamétralement opposée ; après avoir dit que l'Absolu était résultat, Hegel écrit qu'« il y a toujours une non-coïncidence de l'Esprit absolu et de son expression ». Si Hegel parle souvent en héraclitéen radical et affirme qu'il n'y a d'Etre que du Devenir, cependant il reconnaît, dans la forme et le phénomène empirique que revêt historiquement la philosophie, le développement de l'Idée : pour que l'on puisse parler d'un devenir de l'Idée, il faut qu'il y ait d'abord l'Idée et que celle-ci soit connue par son essence, sinon on ne sait pas de quoi il y a histoire. Nous sommes maintenant en présence d'un platonisme pour lequel le devenir n'est que la forme mobile de l'éternité. Nous trouverions une autre difficulté à propos de la théorie hégélienne de l'Etat. D'une part Hegel se refuse à construire un Etat abstrait n'existant que dans l'imagination d'un théoricien, d'autre part sa philosophie de l'Etat n'est pas celle de tel ou tel Etat particulier qui aurait existé ou qui existerait dans l'Histoire.

Une réflexion sur le Dieu de Hegel et sur les conclusions que l'on a pu tirer du hégélianisme conduit à se demander s'il est possible de penser le Devenir en termes de devenir ou si, puisqu'il n'y a de devenir que DE quelque chose, la référence à une Eternité qui demeure et qui juge n'est pas la condition de toute pensée et de toute action.

Face au système et à l'historicisme hégéliens, deux hommes se sont dressés : Schopenhauer et Kierkegaard qui, de point de vue bien différents, ont voulu redonner à l'homme cette dimension tragique que Hegel avait cru pouvoir « dépasser » dans des réconciliations dialectiques.

II. — DÉCHIRURE ET TRAGÉDIE

Schopenhauer

Lorsque Schopenhauer (1788-1860) commence son éducation, Kant vient de mourir, le romantisme est en plein essor, Schelling et Hegel sont les grands maîtres de l'Université. Schopenhauer félicite Kant de nous avoir opérés de la cataracte en distinguant le phénomène d'avec la chose-en-soi, en portant le coup de grâce à la philosophie scolastique et au principe d'identité, en réconciliant la nécessité et la liberté dans sa philosophie pratique. Toutefois, Kant ne nous a laissé qu'une œuvre négative qui a plongé les esprits dans une grande inquiétude, tout le monde sentait que quelque chose de grand s'était passé, mais personne n'était capable de dire de quoi il s'agissait au juste.

Partant en guerre contre la philosophie des professeurs, et surtout contre celle de Hegel qu'il accable de sarcasmes, Schopenhauer va donner au kantisme une portée dont il empruntera les grandes lignes de force à Platon, mais surtout aux philosophies de la vie et aux sagesses orientales sur lesquelles l'orientaliste Mayer avait attiré son attention dès 1807. Schopenhauer reprend la distinction kantienne du phénomène et de la chose-en-soi pour lui donner une signification nouvelle. Selon lui, les phénomènes ne sont que ma représentation du monde sensible, ils sont des apparences forgées par mon corps qui est lui-même, tout comme moi, une manifestation de cette immense poussée vitale qui anime toutes choses et que Schopenhauer appelle Volonté ou plus exactement Vouloir-vivre. Ce Vouloir-vivre constitue la véritable chose-en-soi, car tout vit, aussi bien le minéral dans lequel circulent les courants magnétiques et électriques, que la plante qui veut croître, l'animal poussé par son instinct, ou l'homme en proie aux désirs. Tout organisme est une concrétion de ce Vouloir-vivre universel : lorsque le Vouloir-vivre a voulu voir il s'est cristallisé en œil, lorsqu'il a voulu digérer il s'est concrétisé en estomac, lorsqu'il a voulu se perpétuer il s'est organisé en sexe. Tout vit et le monde n'est que la représentation de ce Vouloir-vivre tout-puissant, mais en dehors de cela ce monde n'est rien, il n'est qu'une illusion que nous avons le tort de prendre pour une réalité solide et objective. D'où le titre de la grande œuvre de Schopenhauer : *Le Monde comme volonté et comme représentation* (1818).

Comme on le voit, on retrouve là des spéculations qui pourraient être rattachées à celles qui font du monde une illusion que la déesse Maya nous fait prendre pour la réalité. Mais ce Vouloir-vivre est fondamentalement absurde, sans cesse il travaille à se nier : les animaux se dévorent entre eux, les hommes se tuent, partout nous rencontrons le spectacle de la vie qui s'acharne contre elle-même. Le Bouddha disait : « Toute vie est souffrance », Schopenhauer romantise cette idée en affirmant que toute biographie est une pathographie. Le pessimisme radical de Schopenhauer dénonce tous les optimismes à la Leibniz ou à la Hegel ; qu'on amène donc un optimiste visiter des abattoirs, des hôpitaux ou qu'on le conduise sur un champ de bataille afin de lui montrer ce qu'est véritablement la vie en dehors de toute spéculation conceptuelle ! Le Vouloir-vivre détermine les individus mais ruse en leur laissant croire qu'ils sont libres : les amants qui se déclarent leur amour et qui s'imaginent qu'ils se sont librement choisis sont en réalité les instruments du Vouloir-vivre qui les utilise et met en eux cet instinct de reproduction dont il a besoin pour se perpétuer. La science ne nous donne que des enchaînements de phénomènes, cela est insuffisant pour connaître la signification des représentations ; je ne peux connaître ces représentations que parce que j'ai un corps qui me rattache au monde, et la force intérieure qui fait mon corps c'est le Vouloir-vivre. Bien que chaque phénomène ait une cause, le Vouloir-vivre demeure sans raisons (*Grundlos*) ; en conflit permanent avec lui-même, il est une force aveugle et un effort sans but. Ainsi, vouloir atteindre les choses par la représentation et par la connaissance est une absurdité, car la représentation n'atteint les choses que par le dehors, il faut, au contraire, se placer à l'intérieur des choses où l'on découvrira le Vouloir-vivre en acte.

Ce pessimisme est tempéré par la consolation que l'art peut nous procurer ; Schopenhauer fait partie de ces trop rares philosophes qui ont écrit des pages profondes sur l'esthétique et en particulier sur la musique. Se souvenant de Platon, Schopenhauer nous rappelle que l'Idée reste étrangère à la pluralité comme au changement, elle demeure inaltérable, unique et identique ; alors que le concept est une *unitas post rem* dégagée par abstraction de la pluralité des objets, l'Idée est une *unitas ante rem* qui se transforme en pluralité par le moyen de l'espace et du temps. Ce sont ces Idées que l'artiste saisit par intuition et nous donne à contempler ; en elles l'individu contemplé et l'individu contemplant se trouvent affranchis de toute relation avec ce qui n'est pas eux et avec le Vouloir-vivre lui-même ; l'art nous met en présence de l'essentiel et du permanent de tous les phénomènes du monde, il arrête la roue du temps. Alors que le talent atteint une cible que tous les autres manquent, le génie atteint une cible que personne ne pouvait voir, il nous communique une faculté de vision qui nous permet de dégager l'essence des choses qui existe en dehors de toute relation. Quant à la musique, elle n'est pas, comme les autres arts, une reproduction des Idées mais une reproduction du Vouloir-vivre ; au même titre que les Idées elles-mêmes, elle exprime ce qu'il y a de métaphysique dans le monde physique, la chose-en-soi de chaque phénomène, c'est pourquoi elle est à la fois parfaitement intelligible et tout à fait inexplicable ; on pourrait dire du monde qu'il est une incarnation de la musique tout autant qu'une incarnation du Vouloir-vivre. Ainsi, l'art est un « spectacle dans un spectacle, la scène sur la scène, comme dans *Hamlet* ». Toutefois, la consolation qu'il nous procure n'est que provisoire, il ne nous délivre de la vie que pour quelques instants bien courts et ne nous en affranchit pas définitivement. Il nous faut aller plus loin.

Certes, le romantisme pouvait conduire Schopenhauer à de telles conclusions, Novalis n'avait-il pas dit : « La vie est une maladie de l'esprit [...], celui qui voit dans la vie autre chose qu'une illusion se détruisant elle-même, celui-là est pris encore dans les rets de la vie », et Tieck : « Ma vie entière est un rêve dont les figures naissent selon que je le veux » ? Toutefois Schopenhauer, qui s'appelait lui-même « le bouddhiste occidental », est fortement influencé par la lecture de textes orientaux et notamment par les *Upanishads* pour qui le *Tu es ceci* s'inscrit dans un cycle de transmigrations des âmes et de palingénésie, et pour qui il faut travailler à une extinction du Désir pour mettre fin à toute renaissance ; en ne renaissant plus « tu arriveras au Nirvana, là où tu ne traverseras plus ces quatre choses : la naissance, la vieillesse, la maladie, la mort ».

Pour Schopenhauer, il faut mettre un terme à la « manifestation empirique de l'identité métaphysique du Vouloir-vivre à travers la multiplicité physique de ses éléments » ; pour cela nous ne devons pas nous reproduire, afin de mettre fin à cet absurde et tragique Vouloir-vivre dont nous sommes les victimes. Le monde est, en effet, comme une toupie qui tourne et dont le temps est la surface ; il faut parvenir au repos du centre, à l'inconscient, nier le Vouloir-vivre qui se déploie le long du rayon de la sphère qui tourne. Par-delà l'Un et le Tout, il faut accéder à l'hyper-unité, à la vacuité du Néant qui est repos et quiétude parce que le Vouloir-vivre s'est évanoui. Chacun doit s'efforcer de perdre son individualité afin de déchirer le voile trompeur de Maya. « Pour ceux que le Vouloir-vivre anime encore, ce qui reste après la suppression totale du Vouloir-vivre, c'est effectivement le Néant. Mais, à l'inverse, pour ceux qui ont converti et aboli le Vouloir-vivre, c'est notre monde actuel, ce monde si réel avec tous ses soleils et toutes ses voies lactées, qui est le néant. » Les phénomènes ne sont que l'objectivité du Vouloir-vivre ; si « l'on nie et sacrifie le Vouloir-vivre, tous les phénomènes doivent être également supprimés, supprimées aussi l'impulsion et l'évolution sans but et sans terme qui constituaient le monde à tous les degrés d'objectivité [...]. Il n'y a plus ni Vouloir-vivre, ni représentation. Désormais il ne reste plus devant nous que le Néant » ; au lieu de ces passages du désir à la crainte et de la joie à la douleur, « nous apercevons cette paix plus précieuse que tous les biens de la raison, cet océan de quiétude, ce repos profond de l'âme, cette sérénité inébranlable » qui est vraiment la bonne nouvelle, « le Vouloir-vivre s'est évanoui ».

Le pessimisme de Schopenhauer donne accès à sa morale. Dans *Le Fondement de la morale*, Schopenhauer dénonce la morale rationnelle de Kant. Le grand ennemi à vaincre est l'égoïsme par lequel le Vouloir-vivre poursuit son bien propre ; le fondement de la morale se trouve dans la *pitié* qui est une participation tout immédiate, sans aucune arrière-pensée, d'abord aux douleurs d'autrui puis à la cessation ou à la suppression de ces maux ; la pitié est le seul principe réel de toute justice spontanée et de toute charité ; une action n'a de valeur morale que dans la mesure où elle vient de la pitié qui supprime toute différence entre le moi et l'autre et qui se situe, par conséquent, au-delà de l'apparence de l'individuation. Pour Kant, on ne saurait fonder une morale sur le sentiment, car le sentiment moral est l'effet d'unc moralité qu'il implique ; pour Schopenhauer, au contraire, c'est du sentiment de la pitié que peut naître la moralité.

Les idées de Schopenhauer eurent une grande influence sur la pensée allemande, notamment sur Nietzsche et Richard Wagner, ainsi que sur la littérature française. Elles ont le mérite de ne pas confondre le vécu et le pensé, de récuser tout système dans lequel l'individu se trouve dissous au profit de sclérosants concepts coercitifs et de se défier de tous les optimismes de la réconciliation dialectique.

Kierkegaard

La pensée de Sören Kierkegaard (1813-1855) est, avec celle de saint Augustin, de Pascal, de Berdiaev et de Léon Chestov, une des plus profondes que le christianisme ait pu inspirer. Elle surgit à un moment où prolifèrent les interprétations résiduelles du christianisme visant à faire de lui un simple moment socioculturel, comme pouvaient y inciter certaines pages de Hegel et comme le faisaient fort explicitement Feuerbach dans *L'Essence du christianisme* (1841) ou Bruno Bauer dans *Le Christianisme dévoilé* (1843) ; elle surgit également dans un pays, le Danemark, où certains cherchent à faire une brillante carrière dans le christianisme, religion d'Etat, en quêtant des postes, des titres et des distinctions de plus en plus élevés dans la hiérarchie sociale. Kierkegaard, surtout dans *L'Instant,* les a comparés à des cannibales réduisant le Christ, les apôtres et les martyrs à des aliments dont ils se nourriraient avant de débiter leurs sermons à la rhétorique ampoulée. Kierkegaard écrit au moment où prolifèrent de tous côtés ces systèmes scientifiques et politiques dont les tentacules ne feront que se multiplier pour capturer la personne humaine et la dissoudre dans des concepts généraux et objectifs. Sa pensée prend enfin naissance à un moment où des théologiens « libéraux » s'acharnent dans les démythologisations de toutes sortes, comme David Strauss dans sa *Vie de Jésus* (1835), ou dans des réformites en tout genre. A l'époque de Kirkegaard s'affiche cette idée triomphante que le salut naît du savoir et de l'Histoire, idée renforcée par toutes les idolâtries aveugles à l'égard du concept, du collectif et du progrès nées d'optimismes sous-critiques. Kierkegaard ne cesse de dénoncer ce que la chrétienté fait du christianisme à l'esprit duquel elle tourne de plus en plus le dos.

Kierkegaard fut, avant tout, un penseur religieux et passionné qui n'écrivit ni Sommes, ni Traités, ni Encyclopédies ; son œuvre, qui recourt souvent à l'ironie et à l'humour et qui se prolonge dans un fort volumineux *Journal,* tient de l'analyse, de la confession et de la prière (surtout dans les *Discours édifiants*). Dès son enfance, Kierkegaard fut particulièrement frappé par l'image du Christ en agonie, ensanglanté, couvert de crachats, hurlant sa détresse et faisant jusqu'à sa mort l'expérience de la déréliction suprême. L'atmosphère familiale, la personnalité d'un père pensant toujours au péché et croyant que l'Eternel ferait peser sur toute sa descendance le poids de la faute commise lorsque, tout jeune, tremblant de faim et de froid dans la lande du Jutland, il avait osé maudire Dieu de laisser ainsi un faible enfant sans secours, constituent autant de données qui ont fourni à des historiens matière à de nombreuses déductions. Quant à la rupture des fiançailles de Kierkegaard avec Régine Olsen qu'il ne cessa d'aimer, elle relève d'un mystérieux secret que les psychanalystes tentent en vain de dissiper, mais qui pourrait bien être le refus de Kierkegaard de tomber dans le « général » et de faire sombrer la femme aimée dans la catégorie courante de l'épouse et de la mère. Bref, pour ceux qui tentent d'expliquer une œuvre en fonction des données biographiques de son auteur, la tentation était grande, et les tentatives furent nombreuses, de faire du caractère tragique de la pensée kierkegaardienne la conséquence de ce dont le psychologue ou l'historien pourraient relever aisément les différentes coordonnées pour rendre compte de cette « écharde dans la chair » dont parlait toujours Kierkegaard. Le caractère tragique de la pensée de Kierkegaard se trouve alors réduit à n'être que le prolongement d'un cri de douleur, biographiquement explicable mais maladivement exagéré, cherchant une consolation dans le mysticisme. Kierkegaard avait prévu et dénoncé de telles interprétations résiduelles qui tiennent l'accessoire pour l'important et qui réduisent l'important à l'accessoire. Kierkegaard est tout autre chose qu'un penseur morbide relevant de la clinique ; son existence doit être comprise à partir de son œuvre et, si son message nous concerne, c'est parce qu'il refuse tous les optimismes du dépassement et tous les esthétismes du pathologique.

Tout comme Pascal, Kierkegaard n'eut pas d'enfance : plongé d'emblée dans une écrasante maturité il eut à vivre prématurément le contact de l'homme avec le monde et à connaître les appels de la conscience humaine. Il est un personnage fondamental dont la tragédie a inspiré à Kierkegaard des lignes peu nombreuses mais significatives, c'est le Juif errant. « L'époque actuelle, note-t-il dans son *Journal*, est celle du désespoir, celle du Juif errant » ; le Juif errant est, en effet, tout autre chose qu'un personnage légendaire accablé par la malédiction divine et incarnant le destin d'un peuple particulier : il est l'image de chacun de nous dans la mesure où son errance géographique n'est pas une forme de vagabondage relevant de l'enquête sociologique, mais appartient à la condition même de l'homme qui a le mal du pays sans avoir de pays et qui ne cesse de vivre la question lancinante : Où est ma demeure ? Le voyage éternel du Juif errant dans l'espace n'est que la transcription de celui de l'homme dans la vie tout au long d'un itinéraire dramatique ; cette quête vagabonde s'inscrit entre la recherche de l'origine et celle de l'horizon, elle est l'épreuve que tout les *ici* et tous les *maintenant* s'insèrent dans une exploration qui laisse insatisfaite l'inquiétude fondamentale qui la sous-tend.

Par le truchement de son grand traducteur, P.-H. Tisseau, Kierkegaard se sert, bien avant Sartre, du terme de « nausée » auquel il donne la résonance dont on ne retrouve aujourd'hui que de faibles échos : « Je suis à bout de vivre, le monde me donne la nausée ; il est fade et n'a ni sel, ni sens [...]. Comme on plonge son doigt dans la terre pour reconnaître le pays où l'on est, de même j'enfonce mon doigt dans la vie : elle n'a odeur de rien. Où suis-je ? Le monde, qu'est-ce que cela veut dire ? Que signifie ce mot ? Qui m'a joué le tour de m'y jeter et de m'y laisser maintenant ? Qui suis-je ? Comment suis-je entré dans le monde ; pourquoi n'ai-je pas été consulté, pourquoi ne m'a-t-on pas mis au courant des us et des coutumes, mais incorporé dans les rangs, comme si j'avais été acheté par un racoleur de garnison ? A quel titre ai-je été intéressé à cette vaste entreprise qu'on appelle la réalité ? Pourquoi faut-il que j'y sois intéressé ? N'est-ce pas une affaire libre ? Et si je suis forcé de l'être, où est le directeur, que je lui fasse une observation ? Et s'il faut accepter la vie telle qu'elle est, ne vaudrait-il pas beaucoup mieux savoir comment elle est ? » Kierkegaard nous restitue donc la dimension métaphysique de la distance et celle du poids qu'une physique triomphante avait réduits à n'être que des concepts relevant d'opérations de mesure et de systèmes déductifs. Le Juif errant est l'homme qui cherche en vain un point où jeter l'ancre et qui fait de son exploration du monde le théâtre de son imploration sans fin.

Face à ce martyr de l'exploration implorante, nous trouvons tous les fuyards de la condition humaine qui tentent de s'arracher à la tragédie de l'existence en transposant l'être dans le connaître ou dans le faire. Tel est Don Juan qui vit dans l'instant et cherche à substituer à la profondeur de l'expérience la composition d'expériences dont chacune n'est qu'un effort pour répéter l'émouvante *première fois* en s'engageant sans cesse différemment dans cet être général auquel il réduit la Femme. Car pour Don Juan la Femme est en même temps nulle part et partout ; elle n'est nulle part, car il ne s'arrête à aucune maîtresse, elle est partout, car il multiplie ses expériences pour tenter de surimposer différentes impressions et construire une sorte de tour de Babel des sensations où chaque victime « a sa modeste part de toute la splendeur féminine ». Faust est également un fuyard qui pense que, puisque le péché est né de la connaissance, une connaissance pourrait à son tour naître du péché comme l'affirmaient déjà les carpocratiens. Faust, héros du savoir, cherche à découvrir la première fois originaire et le fondement surhumain de toute science.

Don Juan est en quête de l'Etre à travers tous les êtres et c'est pourquoi il les dédaigne tant ; Faust est en quête du Connaître par-delà le point d'où divergent le Bien et le Mal et c'est pourquoi sa quête, tout comme celle de Don Juan, ne s'arrête pas aux tragédies qu'elle peut faire naître et dont les autres sont victimes. Cette « science » n'est qu'une entreprise de désespérés qui croient transformer leurs fuites en démarche et leurs déroutes en itinéraire ; c'est pourquoi de tels égarements naît la mélancolie où sombre celui qui se heurte aux impasses auxquelles son aventure le conduit. Cette mélancolie tente de se guérir en perçant le mur qu'elle rencontre toujours devant elle, l'aventurier de l'être ou celui du connaître désirent transformer leur impuissance en puissance et se retournent finalement contre ce qu'ils cherchent à dépasser. De là naissent les érostratismes de ceux qui n'ont plus d'autre spectacle à se donner que celui d'une apocalypse coïncidant avec leur propre mort, apocalypse dont ils deviennent les auteurs lucides et désemparés. C'est ce qui se trouve déjà dans le regard d'un Néron devant qui tremble le monde entier ; Néron brûle la moitié de Rome mais son tourment reste le même, car Néron est dans l'angoisse ; énigme pour lui-même, il veut devenir une énigme pour tous et se repaître de l'angoisse générale, il travaille ainsi à angoisser les hommes, d'où « ce sourire impérial que nul ne peut comprendre ».

La tragédie vécue par Don Juan ou par Faust n'a rien à voir avec le tragique existentiel, elle relève uniquement d'un tragique esthétique ; car son tragique vient de ce qu'elle croit pouvoir construire une route avec son inquiétude, sans chercher au-delà mais en restant à l'intérieur d'elle-même. Ici la subjectivité est l'erreur, elle reste face à face avec soi et ne tente de sortir d'elle que dans le redoublement du tragique ou dans des surenchères. Le pathos d'une telle expérience n'est que le chant lyrique d'un désespéré qui finalement se complaît en lui-même et cultive sa maladie comme une belle fleur vénéneuse ; un tel tragique esthétique en reste au niveau de répétitions données en vue d'une représentation véritable qui n'aura jamais lieu. Quant à la poésie et au romantisme, ils sont de véritables opiums qui nous grisent de rêves en nous détournant du sérieux véritable.

On pourrait être tenté de rechercher le contrepoison du tragique esthétique dans les optimismes des réconciliations dialectiques. De ce point de vue, le système hégélien peut paraître exprimer un désir de faire naître du malheur même de la conscience l'idée de son bonheur le plus haut ; puisque l'Esprit est le temps lui-même, ses blessures se guériront sans laisser de cicatrices et les Erinyes se transformeront en Euménides. Dans un tel système, le pathétique n'est que le moment et le moteur d'un devenir qui fait l'homme ; le tragique existentiel est ici résorbé par la conviction que l'individu, comme le présent et le mal lui-même, n'est qu'un faux être-là et que le malheur précède la délivrance comme dans le travail de l'enfantement. Mais une délivrance que le temps assume puisqu'il n'est que l'Esprit dont les agonies successives annoncent les transformations toujours recommencées. Kierkegaard ne cesse de dénoncer le prestige de ces réconciliations dialectiques qui laissent au temps le soin de guérir les maladies dont lui-même est la cause. L'*Aufhebung* qui se veut dépassement n'est que détachement ; il oublie qu'il n'y a de souffrance que pour des hommes qui souffrent et non pour des penseurs qui spéculent, en ce sens le *Post Scriptum définitif et non scientifique aux Miettes philosophiques* (1846) constitue une perspicace critique du système hégélien. Aucune dialectique ne peut dépasser ce dont nous parle *L'Alternative* (1843) et qui est un choix non entre le Bien et le Mal, mais entre l'attitude esthétique pour qui il n'y a ni bien ni mal, et celle qui reconnaît l'existence d'un Bien et d'un Mal.

Pour Kierkegaard, l'Individu demeure la catégorie chrétienne décisive ; l'homme diffère de toutes les autres espèces de vivants en ce sens que l'être particulier, l'Individu, est plus que l'espèce ; c'est d'ailleurs ce dont témoigne la parabole du Bon Pasteur qui laisse le troupeau pour aller chercher la brebis perdue. L'Individu dont nous parle Kierkegaard n'a rien à voir avec cette abstraction dénoncée par les sociologues, ni avec ce qui pourrait être au principe d'un égoïsme faisant fi de toute relation avec autrui ; l'Individu est l'homme devant Dieu, il est le concret par excellence ; c'est pourquoi la foule, tant adulée, est le mensonge à l'état pur, car elle n'est qu'une abstraction ; Jésus, bien que s'adressant à chacun, ne s'adressait pas à la « foule », celle-ci ne le lui a pas pardonné et elle a crié : « Vive Barabbas ! » La subjectivité qui était l'erreur lorsqu'elle se complaisait dans le spectacle d'un tragique esthétique s'alimentant de ses propres représentations, demeure la Vérité face au système et au concept ; car, pour l'homme, il ne saurait y avoir de système de l'existence.

Dès lors, nous voici à même de découvrir le véritable sens du tragique. Il n'est ni un épisode temporaire, ni une expérience que l'homme chercherait à se donner et à entretenir : il est radical, il exprime la tension entre un vécu qui n'est que régional et une Transcendance à la fois présente et distante, présente par la façon même dont elle est séparée de l'existant. Le tragique est cette épreuve qu'implique, dans chacune de nos pensées et dans chacun de nos actes, la synthèse de fini et d'infini qu'est l'existence qui le vit et le sentiment que devant Dieu nous avons toujours tort. Face aux systèmes objectifs, *la subjectivité est la vérité,* mais face à la transcendance et à l'immutabilité de Dieu, *la subjectivité est l'erreur.*

C'est pourquoi la sphère de l'éthique ne saurait être la sphère ultime du penseur religieux. Socrate pensait que tout pécheur était un ignorant et que le méchant ne se détournait du Mal que parce qu'il l'ignorait ; dès lors la vertu devenait ce savoir qui, montrant le Bien, délivrait par là même du Mal. Socrate ignorait ainsi la tentation, celle dont parlait saint Paul disant : « Je sais ce qu'est le Bien, je l'approuve, et pourtant je fais le mal » ; c'est une naïve idée grecque que celle qui consiste à croire que la connaissance du Bien suffira à nous délivrer du Mal. Quant à la loi morale de Kant et au culte du Devoir qui l'accompagne, ils nous privent de toute une dimension ; un abîme sépare en effet le respect porté à quelqu'un par devoir et le respect qu'on lui porte par amour ; n'être pour l'autre qu'un devoir constitue la pire des indifférences. La sphère de l'éthique demeure à l'intérieur de l'enseignement et de la loi, elle ne fait que frapper à la porte du sérieux, ce sérieux qui ne se rencontre que dans la sphère du religieux.

Dans la sphère religieuse, « le positif se reconnaît au négatif, et le rapport avec une félicité éternelle, à la souffrance ». La tragédie mène à la paix cachée des profondeurs et à la découverte de ce par le manque de quoi l'existence demeure pour elle-même en question. Les très belles pages que, dans *Le Concept d'angoisse* (1844), Kierkegaard a écrites sur l'angoisse ont inspiré beaucoup de ceux qui les citent rarement. L'angoisse n'est pas la peur, dans la peur nous avons peur de quelque chose ou de quelqu'un qui est dans le monde, la peur a toujours une cause assignable ; l'angoisse n'est ni la crainte, ni l'anxiété, elle est l'école de la possibilité et de la liberté, cette liberté qui tombe en syncope dans la faute. Cette angoisse possède une « valeur éducative absolue », car elle seule corrode tous les relativismes du monde à la pierre de touche de l'Absolu et met à nu les illusions.

Le Salut ne se trouve ni dans la connaissance, ni dans l'action, ni dans la loi, ni dans l'œuvre, ni dans le général, ni dans le social, il implique un « saut » dans la foi dont aucune science ne peut rendre compte et qu'aucune psychologie ne peut expliquer. Car nous devons toujours être confrontés à ce paradoxe et à ce scandale absolus que Dieu s'est incarné dans un homme qui fut crucifié par les hommes ; mais nous oublions ce paradoxe ou nous le récusons pour construire des palais d'idées, comme le fait Hegel, tandis que nous-même et tous les autres hommes continuons d'habiter des chaumières. Nous nous complaisons dans les folies récitantes chères aux professionnels de la spéculation ou de la prédication ; nous oublions ainsi que les Ecritures sont un miroir dans lequel nous devons nous regarder pour y reconnaître notre image et comprendre que c'est de nous qu'elles parlent, tel est ce dont nous permet de prendre conscience *L'Ecole du christianisme* (1850). Mais au lieu de nous regarder *dans* le miroir, nous nous contentons de regarder le miroir, nous lui trouvons alors des défauts que nous nous faisons fort de pouvoir corriger. Pis encore : certains affirment que le christianisme est vrai, mais « jusqu'à un certain point seulement » ; ils cherchent alors à le mettre au goût du jour et à l'accorder à notre temps ; ils se lancent ainsi dans ces réformites qui ne sont que des « tintamarres de guinguettes » mais qu'ils veulent faire passer pour des événements de la plus haute importance. Le christianisme n'est ni un système philosophique, ni une morale, ni une doctrine politique, il est le Message que Dieu adresse aux hommes de tous les temps et de tous les pays. Toutefois, ce message ne relève pas d'une communication directe, il appartient à une communication indirecte qui ne peut se transmettre comme un savoir à enseigner et à apprendre.

L'homme doit vivre dans « la crainte et le tremblement », tel est, paradoxalement, le prix de la confiance en Dieu. C'est ce dont pourrait nous faire prendre conscience l'abîme qui sépare Agamemnon d'Abraham. Tous deux se trouvent dans une situation apparemment semblable, puisque l'un et l'autre doivent sacrifier leur enfant ; pourtant le héros grec et le personnage biblique restent profondément différents. Agamemnon, en effet, sacrifie sa fille pour que les vents soient favorables à la flotte de son pays ; ses soldats et ses proches ne peuvent qu'admirer cette abnégation courageuse qui fait passer le devoir envers la patrie avant l'amour paternel. Agamemnon peut donc retirer une grande fierté de son geste et trouver le réconfort dans l'admiration reconnaissante que chacun lui témoigne. Mais Abraham ? Il doit sacrifier son fils bien-aimé, l'enfant de la vieillesse, à un Dieu qui a pourtant dit : « Tu ne tueras point. » Or Abraham ne se plaint pas, il ne discute pas l'ordre de l'Eternel : il a confiance et croit. Si Abraham avait douté, le monde aurait pu dire : « Ici, Abraham a douté. » Mais Abraham n'a pas douté et tout lui fut rendu. Telle est la foi ; tel est ce point où nous pouvons jeter l'ancre. Agamemnon trouve un refuge dans le « général », Abraham demeure l'Exception. Agamemnon est un héros tragique, Abraham est le chevalier de la foi. Mais moi, qui fais l'apologie du Christ, qui suis-je ? se demande Kierkegaard. Ne suis-je pas quelqu'un qui prend pour une grâce et une mission ce qui n'est peut-être qu'une exaltation subjective esthétiquement cultivée, comme c'était le cas d'Adler, ce pasteur illuminé qui prétendait qu'il avait été visité par Jésus et que celui-ci lui avait dicté ses sermons ? Suis-je le chevalier de la foi ou simplement tenté ? Kierkegaard conclut : c'est dans cette incertitude absolue qu'il me faut vivre, le chrétien se trouve toujours au-dessus de 70 000 brasses d'eau. Ainsi ce n'est pas le chemin qui est étroit, *c'est l'étroitesse qui est le chemin*, et de cela la philosophie ne saurait nous faire prendre conscience, car elle reste « la nourrice sèche de la vie, elle veille sur nos pas, mais elle ne peut nous allaiter ».

Kierkegaard demeure un phare irremplaçable, qui jette sur la pensée et sur l'existence une lumière d'une bouleversante clarté ; le christianisme dont il témoigne n'a rien à voir avec celui que la plupart des théologiens exposent dans des doctrines édifiantes, ni avec ces domestications sociopolitiques auxquelles certains voudraient le soumettre. Il nous incite à comprendre que la Vérité n'est ni dévoilée, ni construite, ni en devenir, mais qu'elle est révélée ; elle est cette lumière qui rend les choses et les êtres visibles mais que ceux-ci sont incapables d'émettre. Kierkegaard nous invite ainsi non pas à quelque obscurantisme fanatique, ni à un dolorisme subjectiviste, mais à une foi lucide, faite d'humilité et d'esprit critique, car « seul l'Absolu rend sobre ».

La pensée de Kierkegaard a exercé une grande influence sur des philosophes aussi différents que Karl Jaspers, Heidegger, Sartre, Léon Chestov ou Gabriel Marcel. Des termes comme « nausée », « angoisse », « existant » sont tombés aujourd'hui dans le langage courant. Mais plutôt que de faire de Kierkegaard le « père de l'existentalisme », selon une formule commerciale consacrée, il importe de souligner qu'il a voulu être l'Exception à laquelle nous devons toujours nous confronter ; faire de lui le promoteur d'un *isme* supplémentaire relève d'une incompréhension totale. Kierkegaard nous invite à ne pas voir dans le malheur de la conscience une simple maladie guérissable par la science ou par la politique, à ne pas prendre les sauvetages pour des saluts, à ne pas confondre les libérations et la Délivrance. En maintenant le pôle de l'Individu et celui de la Transcendance, il préserve le respect de la personne humaine devenue aujourd'hui l'objet de manipulations sans nombre et il sauvegarde la notion de Sacré en nous mettant à l'abri de toutes les caricatures qui prétendent le remplacer. Il nous donne à comprendre que l'existence est une tension entre ce que l'homme est et ce que l'homme n'est pas, tension qui demeure par-delà toutes les synthèses dialectiques ou historiques. Bref, il nous convie à méditer sans cesse sur ce paradoxe et sur ce scandale absolus que constitue le Dieu incarné dans la personne du Christ venu apporter à l'homme le Message sans lequel celui-ci ne serait plus qu'un être errant désespéré.

Nietzsche

Nietzsche (1844-1900) disait de lui-même : « Il n'est pas impossible que je sois le premier philosophe de l'époque, même peut-être davantage, quelque chose de décisif et de fatal qui se trouve entre deux millénaires. » En Nietzsche viennent converger les différents courants de la pensée occidentale et ils y déferlent comme un raz de marée. A ceux qui avaient voulu dévoiler, instituer ou dynamiser la vérité, Nietzsche répond que derrière le voile censé nous la cacher, il n'y a rien, car ce que nous appelons vérité n'est autre chose que l'ensemble des plis faits par ce voile.

Il importe de se méfier de toutes les interprétations de Nietzsche qui cherchent à l'annexer et à le récupérer. Avant la dernière guerre, Nietzsche passait pour un penseur réactionnaire, antisémite, père spirituel du national-socialisme ; d'ailleurs la sœur de Nietzsche, l' « abusive Lisbeth », n'avait-elle pas prétendu reconnaître dans Hitler le Surhomme annoncé par son frère ? Depuis la fin de la guerre on a renversé cette caricature de Nietzsche pour en célébrer une autre, on a fait de lui un révolutionnaire anti-bourgeois, cassant à coups de marteau toutes les tables de valeurs et annonçant l'aurore d'une extraordinaire libération intégrale des instincts vitaux délivrés des morales oppressives. Ces exploitations intellectuelles de Nietzsche oublient que Nietzsche fut l'homme des contradictions et du déchirement vécus jusqu'à la folie qui le frappa irrémédiablement en 1889. Lou Andréas Salomé et Karl Jaspers ont très justement souligné ce caractère essentiel de la pensée de Nietzsche : lorsque Nietzsche affirme quelque chose, il faut chercher le passage de son œuvre où il dit le contraire, non qu'il ait passé son temps à se contredire d'une façon stérile, mais parce qu'il se situe aux antipodes des philosophies de la synthèse et de la réconciliation, point qui le rapproche de Kierkegaard qu'il n'avait pas lu.

Nietzsche est un penseur tragique qui s'exprime souvent par aphorismes et qui dit plus qu'il n'explique, il lui arrive même de vaticiner sans éprouver le besoin de justifier ce qu'il avance ; son œuvre tient à la fois du livre prophétique, de la poésie, de la réflexion philosophique et de la confession dramatique. Nietzsche fut un grand errant, et rien n'est plus significatif à ce sujet que le paragraphe intitulé « Le voyageur » sur lequel se termine *Humain trop humain* (1878) : « Un nouveau mal me dévore, la détresse des âmes les plus libres comment l'appeler ? Le mal du pays sans avoir de pays, le problème du cœur le plus désolant et le plus tranchant : Où ai-je le droit d'être chez moi ? » Nietzsche reconnaît qu'il est « sans patrie », le cri de Zarathoustra le hante : « Où est ma demeure ? » Sans patrie, Nietzsche décida d'être un conquérant et un explorateur. La folie de Nietzsche est la conséquence plus ou moins directe de ce vagabondage qui se heurta sans cesse aux murs d'une solitude vécue jusqu'à la détresse : « Depuis qu'il n'y a plus de Dieu, la solitude est devenue intolérable [...]. Terrible est le vivre-seul avec le juge et le vengeur de sa propre loi. Telle une étoile projetée dans l'espace vide et dans le souffle glacé du vivre-seul. »

Nietzsche a dressé le diagnostic d'une décadence faite d'une confiance aveugle dans la science, l'Histoire, le social et l'idolâtrie du progrès. Il s'est attaché à tout un travail de démystification pour remettre en cause la culture et philosopher « à coups de marteau » avant de procéder à une « transvaluation de toutes les valeurs ». Nietzsche se livre à une *Généalogie de la morale* (1887) qui se propose d'annoncer *Le Crépuscule des idoles* (1889), parce qu'il désire abolir la notion de Modèle. C'est pourquoi Nietzsche veut renverser le platonisme ; pour lui, en effet, il ne faut pas parler d'Idées éternelles dont les êtres ne seraient que des copies, il n'y a pas de copies et encore moins de copies des copies, pour la bonne raison qu'il n'y a pas de Modèle. D'où l'importance des trois métamorphoses de l'esprit dont parle Zarathoustra. L'esprit devient chameau lorsqu'il ploie sous les tables de la loi pour vivre en caravane et ne traverser que des déserts ; le chameau doit devenir le lion qui veut conquérir la liberté pour être le maître de son propre désert en luttant contre « le grand dragon » du *Tu dois*. Mais si le lion s'est rendu libre pour des créations nouvelles, il ne peut encore créer. Il faut que le lion se métamorphose en enfant qui joue, qui est « innocence et oubli », qui dit un *oui* sacré au jeu de la création. Ici s'enracinent le ludisme et l'esthétisme de Nietzsche qui célèbre l' « innocence du devenir » et veut se situer *par-delà le bien et le mal* (1886).

Nietzsche se donne ainsi pour un nihiliste ; mais son nihilisme n'a rien à voir avec le nihilisme passif dont il fait le procès et qui nie la vie au profit du savoir ; son nihilisme actif est celui du Surhomme affirmant qu'il n'y a pas de ciel intelligible ni d'arrière-monde, qui fait l'apologie du jeu en se refusant à établir une distinction quelconque entre le réel et l'illusion. Chez Kierkegaard l'Individu était dans la crainte et le tremblement face à la transcendance de Dieu, car il savait que, au regard de Dieu, il avait toujours tort ; la pensée de Nietzsche est celle de l'écartèlement et de la solitude totale devant le Dieu mort, le Moi n'a plus de chemin pour aller vers le Toi, si bien que Nietzsche écartelé, sans recours ni secours, en vient à lancer un appel à la folie pour qu'elle l'emporte hors de ce monde. Ainsi, une lecture de Nietzsche doit tenter non de l'annexer, mais bien de le pénétrer de l'intérieur pour méditer sur le sens de son « échec ». Nietzsche s'est fracassé contre le seuil que l'homme constitue pour lui-même.

Nietzsche découvrit tout d'abord Schopenhauer avec enthousiasme ; il voyait en lui le philosophe « inactuel » pensant en marge des universitaires, ne voyant dans la vérité qu'une apparence, célébrant l'art et en particulier la musique, découvrant la vie au principe de toutes choses et assumant la souffrance volontaire avec la sincérité d'un pessimisme lucide. Puis Nietzsche, selon son habitude, dénoncera violemment Schopenhauer ; Schopenhauer nous demandait, en effet, de dire « Non » au Vouloir-vivre, Nietzsche nous demande de dire « Oui » à la Volonté de puissance, il faut que notre *oui* ne soit pas celui des autres mais qu'il représente à chaque fois le bourgeon terminal de la plante humaine. Le jeune Nietzsche eut également une admiration sans borne pour Richard Wagner, il vit en lui le créateur nourri de mythologie germanique qui allait rompre avec l'opéra italien traditionnel et donner naissance au drame, œuvre d'art de l'avenir. Puis le succès de Wagner, la « kermesse » du festival de Bayreuth, amena Nietzsche à rompre avec son idole qui ne fut plus pour lui qu'un homme grisé par l'adulation grégaire des masses. Mais ce que Nietzsche conserva toute sa vie, c'est une vive admiration portée aux Grecs d'avant Socrate ; chez eux la connaissance était mise au service de la vie et non la vie au service de la connaissance. Dans les tragédies grecques, où le personnage de Dionysos occupe un rôle central, chez les présocratiques, nous trouvons une même glorification de la vie donnée comme un instrument de connaissance et comme une œuvre d'art ; en ces temps lointains le philosophe était un artiste et non un savant.

Depuis Socrate, l'homme anti-mystique et anti-tragique, l'instinct de connaissance et la science historique nous envahissent et sclérosent tout ce à quoi ils touchent. Or l'entendement n'est qu'une force de surface qui nomme, qui classe, qui identifie le non-identique et le semblable pour les ranger dans ces columbariums de concepts que constituent les théories. L'entendement procède selon des processus d'égyptianisation en ce sens qu'il momifie tout ce à quoi il touche. En outre, cette science a été prise à leur service par la société et par l'Etat qui l'exploitent à leurs fins ; la connaissance n'est qu'un ersatz de civilisation, la floraison des sciences devient possible lorsqu'une civilisation est devenue barbare, ainsi « l'humanité a dans la connaissance un beau moyen de périr ». La vérité n'est donc qu'une somme de relations humaines rhétoriquement haussées, transposées et ornées et qui après un long usage semblent à un peuple nécessaires et contraignantes : « Les vérités sont des illusions dont on a oublié qu'elles le sont, des métaphores qui ont été usées et qui ont perdu leur force sensible » ; la science n'est qu'un jeu de dés, que le sépulcre des intuitions.

Dans la célébration de Dionysos, que l'on trouve dès *La Naissance de la tragédie* (1872), s'enracine la quête nietzschéenne de l'extase du soi, de l'union au Tout, de la fusion dans l'océan des possibles. La vague dionysiaque l'emporte sur la plastique apollinienne, car « le lien de l'individuation s'y rompt et la voie s'ouvre qui mène aux Mères de l'être, au noyau intime des choses ». La fureur sombre qui anime le dionysisme débouche sur un ouragan extatique qui conduit au sein d'une profusion de vie, de douleurs et de joies tragiques ; là nous tournons le dos aux étants et nous recherchons l'Etre. C'est pourquoi Nietzsche nous demande d'avoir le courage d'être des hommes tragiques.

Pour cela il est nécessaire que nous annoncions la mort de Dieu et que nous pourchassions son ombre partout où elle se cache. Cependant le cri « Dieu est mort » hurlé par l'Insensé du *Gai Savoir,* ne nous y trompons pas, est à la fois un cri de délivrance et un cri d'effroi. Où allons-nous maintenant que nous avons détaché la Terre du Soleil ? Nous errons à travers un Néant infini où il n'y a plus de gauche ni de droite, de haut ni de bas. Le *Dieu est mort* nietzschéen semble promettre à l'homme la liberté totale, or il ne faut pas oublier que Nietzsche écrivait : « C'est dommage que Dieu n'existe pas, quelqu'un au moins me comprendrait » ; il confiait même à Lou qu'il était facile de tout détruire, mais beaucoup plus difficile de reconstruire, et il ajoutait qu'il ne désespérait pas de retrouver la foi de son enfance.

Cette annonce de la mort de Dieu doit nous conduire au rire qui naît lorsqu'on accède à la suprême libération, à la suprême irresponsabilité de celui qui comprend que le Moi n'est rien. Dès lors « l'argonaute du savoir » peut se diriger vers une nouvelle *aurore* (1881) qui lui permettra de faire l'éloge de l'apparence : « Qu'est pour moi l'apparence ? Certainement pas le contraire d'un être [...]. L'apparence est pour moi la vie et l'action même, la vie qui se moque assez de soi pour me faire sentir qu'il n'y a là qu'apparence, feu follet, danse des elfes et rien de plus. » Il faut donc en finir avec le manteau dont se travestit la morale et liquider l'impératif catégorique par lequel Kant s'égara dans les vieilles prisons de Dieu. Pour cela il faut créer, vivre dangereusement, bâtir les villes sur le Vésuve, envoyer nos vaisseaux sur des mers inexplorées, vivre en guerre avec ses pareils et avec soi-même. Le gai savoir doit donner naissance à un nouveau type d'homme : le « don Juan de la connaissance », celui-ci voudra participer à tous « les festins de la connaissance », déployer en tous sens ses antennes et ses tentacules, « apprendre à boire dans tous les verres ». André Gide et Henry de Montherlant se souviendront de telles leçons.

Nietzsche pense que « l'homme est quelque chose qui doit être surmonté » ; tout comme nous sommes passés du ver à l'homme, de même nous devons passer de l'homme au Surhomme, il faut voir dans l'homme non pas une fin mais un pont. Pour parvenir au Surhomme, nous devons dénoncer tous les « hallucinés de l'au-delà », cesser d'être des êtres qui prient pour devenir des êtres qui bénissent tout ce qui leur arrive ; la vie étant un jeu, la grande erreur est de croire que dans ce jeu se trouvent des gagnants et des perdants, tous les coups se valent pour celui qui se lance dans le vaste courant du devenir innocent et qui est un « chorège de l'existence ». Nous devons sonder les yeux de la vie pour voir qu'elle est insondable ; malheureusement, la plupart des hommes sont comme un fleuve sur lequel flotte un canot où sont assis solennels et masqués les jugements de valeur. C'est ainsi que Nietzsche est conduit à faire une apologie du hasard et à prêcher une « sagesse sauvage » qui se rit de « tous les épouvantails à moineaux juchés sur l'arbre de la vie », car le plus grand danger couru par les hommes se trouve chez les bons et chez les justes.

Nous voici prêts maintenant pour le « grand désir », pour découvrir les « sept sceaux » où se cachent le chant du *oui* et celui de l'*amen ;* nous devons répéter avec Dionysos : « Il n'est d'abîme où je ne porte la bénédiction de mon oui. » Nietzsche célèbre ainsi les « nouveaux philosophes » qu'il oppose aux anciens, c'est-à-dire à ceux qui spéculent sur l'introspection, le libre arbitre, la *causa sui* et les valeurs antinomiques. Mais par-dessus tout, nous devons dénoncer la superstition des logiciens qui croient qu'il y a un sujet et que ce sujet est le sujet du verbe *penser* dans l'expression *Je pense.* En réalité, nous dit Nietzsche, « une pensée vient quand *elle* veut et non quand *je* veux, en sorte que c'est falsifier les faits que de dire que le sujet " je " est la détermination du verbe penser. » Pour étayer sa théorie, Nietzsche invoque la linguistique : le sujet n'est qu'une simple « illusion grammaticale » dont nous devons dénoncer les sortilèges.

Il faut également en finir avec les « niveleurs » c'est-à-dire avec ceux qui se mettent au service du goût démocratique et des idées prétendues modernes ; ce ne sont que des lourdauds qui cherchent à réaliser le bonheur du troupeau, le bien-être, la facilité de la vie pour tous. Partout en Europe le troupeau l'a emporté, l'homme grégaire prétend être la seule sorte d'homme autorisée, il appelle *mal* ce qui élève l'homme au-dessus du troupeau, si bien que la médiocrité des désirs et l'égalité reçoivent des épithètes et des honneurs moraux. Mais ne nous y trompons pas, les anarchistes eux-mêmes sont grégaires, car « ils sont d'accord dans la haine instinctive et foncière de toute autre forme de société que celle du troupeau autonome [...], tous d'accord dans la foi en la collectivité *rédemptrice,* donc dans leur foi au troupeau, c'est-à-dire à eux-mêmes » ; l'anarchiste et le chrétien se retrouvent dans l'agitateur qui n'est qu' « une tête creuse et une casserole vide ». Il faut donc dresser une *Généalogie de la morale* (1887) afin de démasquer la source des préjugés moraux et les manœuvres de « l'homme du ressentiment » qui fut au travail dans la Réforme et dans la Révolution française. Nous devons fuir les maladifs et ceux qui veulent les guérir, afin de découvrir une nouvelle innocence. Pour cela nous devons redécouvrir un sens de la fête liée à la cruauté. Georges Bataille et Antonin Artaud le rediront.

Le triomphe du nihilisme actif de Nietzsche est couronné par le désir de délivrer l'homme de la notion de vérité, car « il y a diverses sortes d'yeux. Le sphinx aussi a des yeux, il y a, par suite, diverses sortes de “ vérités ”, donc il n'y a pas de vérité ». Par conséquent, il faut supprimer le « monde vrai » et dire que « la vérité est une espèce d'erreur ». Ce monde prétendu vrai déprécie « le monde que nous sommes, il constitue le plus dangereux attentat contre la vie ». En devenant des « penseurs alcyoniens », en éteignant les concepts de faute et de châtiment, nous voudrons l'illusion et affirmerons : « Tout est faux ! Tout est permis ! » Le moi lui-même est une fiction. « Non ! Dépasser le Moi et le Toi ! Sentir de façon cosmique. » Nous devons nous efforcer de ressembler à Protée : « Il ne suffit pas d'être un seul homme [...]. Mais passer d'une individualité à une autre et traverser les existences innombrables d'une foule d'êtres ! » Nietzsche cherche donc à s'affranchir du malheur de la conscience et des limites du moi par une transmigration existentielle permanente, sous-tendue par cette idée que l'individu est une erreur puisque le monde est une œuvre d'art qui s'engendre elle-même.

Lou écrit avec beaucoup de profondeur : « Ce que Nietzsche s'efforçait de découvrir à travers les différentes formes de divinisation de lui-même, c'était un substitut pour le Dieu mort » ; Dionysos, Zarathoustra, le Surhomme constituent, en effet, autant d'incarnations de ce que Nietzsche chercha à mettre à la place du cadavre de Dieu. Mais il voulut également remplacer ces « arrière-mondes », ce « ciel intelligible », qu'il n'avait cessé de dénoncer ; l'Eternel Retour, sur qui s'ouvrent le *Gai Savoir* et *Aurore,* fut investi d'une telle mission. Cette vision, connue sous le nom de « vision de Surléi », vint à Nietzsche en 1881 au cours d'une promenade solitaire en Engadine. Nietzsche se plaît à imaginer qu'un jour un démon puisse nous dire : « Cette existence telle que tu la mènes et l'as menée jusqu'ici, il te faudra la recommencer et la recommencer sans cesse ; sans rien de nouveau, tout au contraire ! [...] Si cette pensée prenait barre sur toi, elle te transformerait peut-être, et peut-être t'anéantirait ; tu te demanderais à propos de tout : Veux-tu cela ? le reveux-tu ? une fois ? toujours ? à l'infini ? et cette question pèserait sur toi d'un poids décisif et terrible. » L'idée que tout reviendra, que nous retrouverons chacune de nos douleurs et chacune de joies, nos amis et nos ennemis, nos espoirs et nos erreurs, le moindre brin d'herbe et le moindre rayon de Soleil, et l'ensemble de toutes choses, nous donne à comprendre que rien n'est perdu et que tout se retrouve ; une telle perspective n'est pas que consolatrice, elle nous met aussi en présence de nos responsabilités.

La théorie de l'Eternel Retour, qui se trouvait déjà chez les Grecs, constitue une véritable eschatologie dans et par le temps ; le Même délivre du devenir, tout revient au Même ; l'instant ne doit plus être conçu comme un atome de temps disparaissant sans retour possible, mais bien comme un atome d'éternité, comme un fragment de l'Identique qui revient et par conséquent demeure. Nous devons donc vivre de façon à désirer revivre de nouveau ce que nous avons vécu. Toutefois, ce n'est pas tellement nous qui vivons l'Eternel Retour, c'est plutôt l'Eternel Retour qui nous vit, car nous n'en sommes qu'une focalisation. Il ne s'agit pas de dire *J'essaie* mais de comprendre que je suis un essai du Même qui me possède. *L'amor fati* n'implique pas la soumission à une nécessité, il est la jouissance de ce dont je suis fait : le devenir rêve de moi, je suis un éternel présent, je suis une fulguration de l'Identique. Par là, nous accédons au Grand Midi où coïncident la fin de la matinée et le début de la soirée. Le prophète des temps nouveaux peut ainsi annoncer la transvaluation des valeurs et célébrer la Volonté de puissance.

Nietzsche, qui s'est présenté à nous comme un « garde-fou » et non comme une « béquille », a été nivelé par le bas et vulgarisé, c'est-à-dire rendu vulgaire, par tous ceux qui l'ont invoqué pour ne voir dans les valeurs éthiques que des préjugés culturels incapables de comprendre que rien n'est contre nature parce que tout vient de la nature y compris les cultures elles-mêmes. Lorsque Zarathoustra nous dit : « Il n'y a pas de chemin », il nous incite à nous détourner de ces routes à sens unique le long desquelles les hommes sont condamnés à marcher au pas cadencé par des guides qui prétendent les conduire sur la voie scientifique du paradis terrestre. Cette absence de chemin ne fait que renforcer le pathétique de la question qui hante Nietzsche : « Où est ma demeure ? », car Nietzsche ne peut se contenter d'un simple abri, il est en quête du Refuge, ce Grand Errant n'est pas d'ici ni de là-bas ; il a beau rêver à une lointaine Hyperborée, il demeure toujours en quête d'un pays natal.

Mais Nietzsche avait vu et prévu comment on chercherait à réenchanter le désert. Les réenchanteurs du désert se recrutent tout d'abord parmi ceux que Nietzsche appelait « les Cagliostro de la philosophie » ; ils commencent par fabriquer des objets mentaux qu'ils se donnent ensuite le beau rôle d'orner et de décrire à l'aide d'une terminologie obscure considérée comme profonde. Nietzsche était parti en guerre « contre les novateurs du langage » qui se consacrent à « fabriquer des néologismes ou des archaïsmes, à préférer le rare et l'étrange, à viser à la richesse des expressions plutôt qu'à la restriction », tout cela, diagnostique-t-il, est « toujours le signe d'un goût qui n'a pas encore atteint sa maturité ou qui est déjà corrompu ». Tous ces sophistes du mot rare s'entendent à manier ces « explosifs » que sont les jeunes gens toujours en quête d'une révolution spectaculaire ; or « si l'on songe avec quelle impatience la force des jeunes gens a besoin d'exploser, on ne s'étonne plus du peu de finesse et de discernement qu'ils apportent à se décider en faveur de telle ou telle cause ; ce qui les excite c'est le spectacle de l'ardeur qui entoure une cause, la vue [...] de la mèche allumée, et non pas la cause en elle-même. Aussi les tentateurs subtils s'entendent-ils à leur faire espérer l'explosion plutôt qu'à justifier leur cause : ce n'est pas avec des arguments qu'on gagne ces barils de poudre ». Les jeunes Européens sont « chatouillés » et « stimulés » par le « désir de faire quelque chose » parce qu'ils ne peuvent supporter ni l'ennui ni eux-mêmes ; dès lors il leur faut de la souffrance afin d'en tirer une raison probable d'agir et de faire de grandes choses ; « d'où les cris des hommes politiques, d'où les innombrables " détresses " de toutes les classes possibles, calamités menteuses, fabriquées et enflées, et l'aveugle empressement qu'on apporte à y croire. Ce jeune monde exige que ce soit du *dehors* que lui arrive ou lui apparaisse, non pas le bonheur, mais le malheur ; son imagination s'affaire déjà d'avance à lui donner les proportions d'un monstre afin de pouvoir lutter ensuite avec un monstre ». Ces Don Quichotte de cabaret se « bienfaiteurisent eux-mêmes », ils remplissent le monde de leurs cris de détresse, « c'est pourquoi ils crayonnent au mur le malheur des autres ». Nietzsche n'a cessé de dénoncer ce réenchantement hystérique par une action qui prend pour alibi la défense de telle ou telle partie de l'humanité, et c'est pourquoi il parle de « la souillure inhérente à toute action politique » qui utilise les petits vices cachés au fond des âmes et fait tomber celles-ci dans un état de rancune qui débouche sur une volonté chronique de se venger.

Nietzsche a également dénoncé par avance toutes ces entreprises pour réenchanter le monde par une Science soucieuse de définir une vérité unique et nécessaire qu'une politique adéquate se chargera de transformer rapidement en une vérité obligatoire. Nietzsche rejette ainsi toutes les chaleurs du troupeau, les instincts grégaires et les divinisations du collectif et du social : « Jadis l'esprit était Dieu, puis il devint homme, maintenant il s'est fait populace », nous dit Zarathoustra qui ajoute que le peuple n'entend rien à la grandeur mais qu'il a une grande admiration pour tous les figurants et pour les comédiens des « grandes causes » jouant leurs grands rôles sur la place publique. La place publique est pleine du « bruit des grands comédiens et du bourdonnement des mouches venimeuses [...]. La place publique est pleine de bouffons solennels, et le peuple se vante de ses grands hommes ! » Zarathoustra nous demande alors de fuir dans la solitude.

Nietzsche est à la fois un éveilleur et un fascinateur cherchant à transformer ses rêves en un univers kaléidoscopique qui ne serait plus celui du sommeil. Cet homme qui dénonçait le moi nous demandait aussi de fuir dans la solitude, quitte à la trouver ensuite intolérable. Lui qui ne voulait pas de disciples, même pas lui-même, s'est pris à désirer un maître auquel il lui serait doux d'obéir. Toute sa détresse se trouve dans ce cri : « Je ne désespère pas de trouver un jour le trou qui mène à quelque chose. » Suivre Nietzsche serait se transformer en un de ces êtres du troupeau qu'il méprisait tellement ; rien n'est plus antinietzschéen que de se dire nietzschéen. Nous devons passer à travers Nietzsche, nous l'approprier sans le revendiquer pour guide, comme le souligne justement Jaspers. Nous devons méditer sans cesse les questions qu'il nous invite à nous poser et contre lesquelles il est venu se fracasser. Car ce penseur foudroyant a fini foudroyé. Lui-même avait prévu qu'il disparaîtrait dans un énigmatique orage où il serait à la fois l'éclair qui foudroie et l'arbre qui s'écroule.

Nietzsche a voulu éffacer le message « Je suis le Chemin, la Vérité et la Vie » en affirmant qu'il n'y avait pas de chemin, que la vérité était une illusion et que la vie se réduisait à une danse ludique. Il s'est retrouvé seul avec lui-même, souffrant de son impuissance à voyager loin de son ombre et sombrant dans la nuit. Nietzsche a écrit en lettres de sang, car il quêtait non des lueurs mais la Lumière. Lui-même n'avait-il pas dit, invoquant un moderne Diogène : « Avant de chercher l'homme, il faut avoir trouvé la lanterne » ?

III. — SCIENCE ET HISTOIRE

Les philosophies allemandes du XIXe siècle s'étaient présentées comme des synthèses de l'Etre, cherchant à mettre sous nos yeux la genèse dynamique de l'Absolu. Mais les ramifications de l'Arbre de la Connaissance ne se développèrent pas seulement jusqu'à constituer des tours de Babel dialectiques, elles se déployèrent dans tous les domaines où des positivismes diversement colorés travaillèrent à une institutionnalisation radicale de la vérité dite scientifique. Une telle institutionnalisation fut renforcée par deux prises de position complémentaires. La première implique une déchristianisation plus ou moins agressive et une proclamation de la définitive disparition de l'idée de Dieu ; on pourrait en trouver des origines chez les matérialistes français du XVIIIe siècle. Désormais, pense-t-on, l'homme se trouve enfin seul avec lui-même, délivré de toute transcendance « répressive » et libre de prendre son destin en main. Cette autodivinisation de l'homme vainqueur de Dieu conduisit ensuite à donner à l'Histoire un sens qui n'avait plus rien de providentiel mais que l'on déclara inscrit dans la logique des choses au même titre que les lois de la nature. Le « sens de l'Histoire », qu'il soit expliqué par la lutte des classes avec Marx ou par la sélection naturelle avec Darwin, va devenir cet ersatz de transcendance au respect et à l'adoration duquel l'homme devra se dévouer corps et âme. L'histoire révélatrice de l'homme devenu Dieu ou de Dieu devenu définitivement homme se confond avec la biographie de Prométhée. Comte et Marx vont le dire de façon différente mais auront en commun le souci de replacer l'homme dans le sens de l'Histoire en veillant à l'y maintenir.

Les conséquences d'un tel point de vue furent triple et retentissent plus que jamais sur notre monde contemporain. Tout d'abord, au nom de cette idée que la vérité ne saurait être multiple, des monolithismes intellectuels ont surgi qui se sont prolongés dans des dictatures politiques et de véritables terrorismes rationalistes. La vérité étant une et unique ne saurait tolérer l'erreur dans aucun domaine, elle doit donc l'éradiquer de façon impitoyable, aussi bien dans les sciences que dans l'économie, la politique, l'Histoire et le comportement, que dans tout ce qui relève de la pensée ou de l'action. On ne saurait faire à la vérité sa part en lui interdisant de régner dans un domaine où la liberté pourrait exercer une fantaisie vagabonde. La liberté véritable consiste dans une connaissance du déterminisme des lois de la nature et dans une obéissance à ces lois en vue de leur bienfaisante utilisation. Une telle attitude se présente d'une façon d'autant plus inattaquable qu'elle accuse d'erreur ou d'aliénation intellectuelle ceux qui ne la partageraient pas et qui n'ont qu'à garder un silence qu'on est d'ailleurs prêt à leur imposer.

La vérité se trouve ensuite coupée de toute verticalité qui pourrait la rattacher à une transcendance fondatrice ; elle est donnée comme appartenant au monde et comme venant de lui, le déterminisme qui la sous-tend et qu'elle exprime n'est autre que celui de l'ordre des choses. Par conséquent, il est nécessaire de comprendre que l'homme est un être-dans-le-monde, au même titre que les arbres, les lacs ou les pierres, et que c'est à partir du naturel que l'on doit rendre compte du culturel ainsi que de l'homme lui-même. D'où toutes ces explications par le milieu qui, du marxisme au structuralisme en passant par le sociologisme, cacheront les mêmes idées sous des terminologies différentes et jetteront un brouillard théorique destiné à masquer un simplisme qui revient à faire de l'homme, individuel, générique ou social, un produit explicable à partir des éléments et des forces qui l'ont constitué. L'expression *sciences de l'homme*, calquée sur celle de *sciences de la nature*, traduit une prise de position qui commence par vouloir étudier l'homme comme s'il était un objet, qui le réduit ensuite à une chose parmi d'autres et qui ouvre enfin la porte à des techniques de manipulations psychologiques, sociologiques et idéologiques.

Toutes ces explications par le milieu naturel, social ou économico-historique ont enfin abouti à une véritable mutation ontologique consacrant la victoire des réalistes dans la vieille querelle des Universaux. Le concret, le réel, ne se trouve plus du côté du sujet, de la personne, que l'on dénonce comme autant d'abstractions et de faux êtres-là, mais du côté de ces universaux baptisés : Volonté générale, Humanité, Société, Peuple, Race, Parti, Classe, Etat, etc. Contrairement à ce que pensait Aristote, on affirme qu'il n'y a d'existence que du général. Dès lors, les grands systèmes scientifico-économico-politiques peuvent faire fonctionner les moissonneuses-batteuses-lieuses de leurs plans rationnellement élaborés afin de broyer les individus et de les transformer en cette pâte de l'Histoire qui lèvera sous le levain de la Raison.

Auguste Comte

Un des points de départ de ce mouvement d'idées fut le positivisme d'Auguste Comte (1798-1857). Pour ce polytechnicien républicain, à la fois rationaliste intégral et passionné jusqu'au mysticisme, la Science est la seule planche de salut offerte à l'humanité. Cette humanité est un *Grand Etre* qui, tout au long de l'Antiquité, a vécu dans l'enfance en donnant aux phénomènes naturels des explications théologiques ou fictives invoquant la volonté du ou des dieux; ce Grand Etre parvint ensuite à l'adolescence au cours du Moyen Age, âge métaphysique ou abstrait, qui recourut à des entités obscures baptisées « vertus », « archées », « entéléchies », pour expliquer le déroulement du cours des choses. Enfin, depuis les Temps modernes, l'humanité est devenue adulte et vit l'âge positif ou réel, la science y explique les phénomènes sans recourir aux dieux ni aux causes mais en intronisant la notion de loi, c'est-à-dire de rapport rationnel, abstrait, quantitatif et nécessaire. Désormais, une physique de type mathématique permet à l'homme d'agir sur la nature et de la transformer, d'où le fameux programme comtien : « Savoir pour prévoir afin de pouvoir. » La science est ainsi tenue pour seule capable de guérir l'humanité de l'erreur et de la faute en lui ouvrant la route où la connaissance lui donnera conscience de ses pouvoirs ; d'où la célèbre formule que le Brésil adoptera pour devise nationale : « Ordre et Progrès. » Telles sont les idées générales qui animent le *Cours de philosophie positive* (1830-1842) et le *Discours sur l'esprit positif* (1844).

Mais l'ambition de Comte ne se réduit pas à la rédaction d'une histoire critique de la science ou d'une classification des sciences, le but du cours est la constitution d'une *politique positive,* c'est-à-dire scientifique, impliquant la constitution préalable de cette nouvelle science que Comte baptise « sociologie » ou « physique sociale ». Le projet de Comte est clair ; après avoir étudié « la marche nécessaire de la civilisation », il veut fonder la politique comme une science et établir « la vraie doctrine finale ». Désormais, pense-t-il, l'homme politique devenu un savant pourra réorganiser scientifiquement la société : « La politique scientifique exclut radicalement l'arbitraire parce qu'elle fait disparaître l'absolu et le vague qui l'ont engendré et qui le maintiennent. » Comte en tire toutes les conséquences ; après avoir rappelé qu' « il n'y a point de liberté de conscience en astronomie, en physique, en chimie, en physiologie, dans ce sens que chacun trouverait absurde de ne pas croire de confiance aux principes établis dans ces sciences par les hommes compétents », il déplore qu'il n'en soit pas encore de même en politique ; il en est ainsi parce que les anciens principes sont tombés mais que les nouveaux n'ont pas encore été établis. Toutefois, il ne saurait en être toujours de même et Comte se consacre à l'établissement d'une politique scientifique qui évitera à l'humanité d'errer ou d'être tyrannisée. Tel est le but de son *Système de philosophie politique* (1851-1854). Avec une emphase naïve et généreuse, Comte nous dit que « la destination de la société parvenue à sa maturité » n'est pas d'habiter à jamais dans une chétive masure ni de demeurer sans abri, « mais à l'aide de l'expérience qu'elle a acquise, de se construire, avec tous les matériaux qu'elle a amassés, l'édifice le mieux approprié à ses besoins et à ses jouissances ».

La mutation ontologique dont nous avons parlé est nettement exprimée par Comte pour qui l'individu n'est qu'une « abstraction » et selon qui l'humanité doit être considérée comme le nouveau Grand Etre et le Nouveau Dieu ; vers la fin de sa vie, en effet, Comte institua une religion de l'humanité avec son temple, ses cultes, son calendrier, son *Cathéchisme positiviste,* religion dont il se proclama le grand prêtre et qu'il pensa pouvoir prêcher bientôt à Notre-Dame de Paris ; elle connut un succès certain au Brésil où elle existe encore.

Les idées de Comte furent reprises et défendues par E. Littré, qui se détacha du dernier Comte instaurateur d'une religion de l'humanité. Le but de Littré est de défendre la notion de

« philosophie positive », de « physique sociale », voire celle de « politique positive ». En 1873, Littré publie : *Auguste Comte et le positivisme, La Science au point de vue philosophique* et, en 1876, ses *Fragments de philosophie positive et de sociologie contemporaine.* Le célèbre *Dictionnaire* de Littré, bien exagérément admiré, donne une idée des conceptions résiduelles auxquelles peut conduire le positivisme ; c'est ainsi que Littré dépouille le mot *être* de toute fonction existentielle ; pour lui le sens primitif du mot *être* est celui qui sert à lier un attribut au sujet. Comme le dit Etienne Gilson : « C'est à n'y pas croire, et pourtant Littré y croit. » Littré faisait partie de ces hommes dont Robert Musil disait qu'ils prenaient les légumes en conserve pour l'essence des légumes frais.

Cette foi dans la science animait également Renan dans sa *Réforme intellectuelle et morale* de 1872 et surtout dans son œuvre sonore et naguère si célèbre : *L'Avenir de la science* de 1890 ; toutefois, le positivisme de Renan se trouve teinté d'un lyrisme certain et d'une pointe de romantisme. Une même confiance dans la raison et dans les Lumières préside aux idées défendues par Taine dans ses *Essais de critique et d'histoire* de 1857 et dans *De l'intelligence* de 1870. Selon lui, les propriétés des éléments suffisent à expliquer les propriétés des composés ; d'où son appel à la psychologie associationniste, héritière de l'empirisme de Hume et qui avait été remise en honneur par Théodule Ribot dans sa *Psychologie anglaise contemporaine* de 1870. Il s'agit là d'une vieille idée chère aux réductionnismes et qui réapparaît sous différentes formes à la manière du serpent de mer ; Maine de Biran (1766-1824) l'avait déjà rencontrée chez les « idéologues » héritiers de Condillac, il avait justement insisté sur ceci que « le Moi est un être plus que phénoménal ; le terme immédiat de l'effort constitutif du Moi est plus qu'un phénomène ». L'associationnisme anglo-saxon va de la périphérie au centre et Taine, lointain précurseur inconscient des structuralismes contemporains, trouvera là les principes de sa méthode qui cherche à expliquer les textes par leur contexte et à dissoudre, par conséquent, la notion d'auteur au profit d'une attention exclusive accordée aux influences et aux nombreuses lignes de force qui présidèrent à la rédaction d'une œuvre. Tous ces psychologismes se trouvaient étayés par les travaux de Wilhelm Wundt dont l'œuvre principale, *Grundzüge der physiologischen Psychologie,* date de 1874.

C'est ainsi que purent naître ces sciences bâtardes baptisées *psycho-physiologie* ou *psycho-physique*, et qui entraînèrent la multiplication de laboratoires de psychologie où se développaient les recherches des partisans de la psychologie expérimentale. Toutes ces considérations se trouvaient renforcées par le progrès de la connaissance du système nerveux et des maladies mentales. Entre 1860 et 1869, Broca observe des malades qui ont perdu le souvenir du mouvement d'articulation des mots (aphémie) ; en 1865, Fleury définit l'aphrasie, incapacité où se trouve le malade de donner une signification aux mots ; en 1867, Ogli se penche sur l'agraphie ; en 1869, Bastian étudie la surdité verbale ; Fritsch et Hitzig en 1870, puis Wernicke en 1874, se livrent à des recherches sur l'aphasie sensorielle et en explorent les centres sensitifs et moteurs. Ces dernières investigations seront utilisées par Charcot qui, en 1885, époque à laquelle Freud suivit les cours de Charcot à la Salpêtrière, croit pouvoir localiser les quatre centres fonctionnels du langage (centres des images motrices, des images auditives, des images visuelles, des images graphiques). C'est dans ce climat que travaille Théodule Ribot qui, dans *La Psychologie allemande contemporaine* (1876), avait attiré l'attention sur la psychologie expérimentale ; s'orientant vers la psycho-pathologie, il rédige alors *Les Maladies de la mémoire* en 1881, *Les Maladies de la volonté* en 1883 et *Les Maladies de la personnalité* en 1885. C'est aussi l'époque où Alfred Binet, collaborateur de Charcot, dirige le laboratoire de psychologie expérimentale de la Sorbonne et écrit sa *Psychologie du raisonnement* (1886). On parle également beaucoup de l'hypnose et de l'hystérie ; Pierre Janet publie *L'Automatisme psychologique* en 1889, ouvrage qui connut un vif succès et qui vient d'être réédité récemment, et *L'Etat mental des hystériques* (1892). Paul Janet fait paraître ses *Principes de métaphysique et de psychologie* en 1897, ouvrage dont Bergson donnera un compte rendu dans la *Revue philosophique* de la même année.

Bref, la psychologie expérimentale et la psycho-pathologie se développent, et un peu partout dans le monde naissent des laboratoires et des revues spécialisées dans tous ces domaines. Par le biais des « localisations cérébrales » qui deviennent à la mode, de telles considérations amènent les psychologues, les biologistes et les psychiatres à penser qu'il existe un *parallélisme* rigoureux entre telle fonction physiologique et telle activité intellectuelle ; mieux encore, beaucoup, reprenant les thèses d'un matérialisme déjà ancien, affirment que l'esprit n'est qu'un *épiphénomène* du corps et que, tout comme le foie sécrète la bile, tout comme les reins sécrètent l'urine, de même le cerveau sécrète les idées ; les maladies dites mentales auraient donc leur origine dans un mauvais fonctionnement du corps et leurs causes seraient d'ordre purement somatique.

De telles conceptions de l'homme aboutirent à introduire la notion de *fait* dans tous les domaines ; on pense que la méthode expérimentale, dont les succès ne se comptent plus dans les sciences de la nature, doit être étendue à l'étude de l'homme et que l'observation, l'expérimentation scientifique et la mesure doivent y régner en maîtresses indiscutées. C'est ainsi que l'on voit apparaître, à côté de la notion de fait naturel, la notion de *fait psychologique* ou celle de *fait social* et que les défenseurs du *naturalisme* en littérature iront jusqu'à prétendre que ce qui se passe dans le cabinet de l'écrivain ne diffère en rien de ce qui se passe dans le laboratoire du savant. On connaît, à ce sujet, l'intérêt de Zola pour les théories sur l'hérédité et son souci d'aller observer sur le terrain la façon dont vivaient les personnages qu'il se proposait de camper dans un prochain roman ; d'où l'œuvre de 1880 au titre particulièrement significatif : *Le Roman expérimental.*

Tous ces positivismes programmateurs se doublèrent souvent de socialismes prophétiques se lançant dans la politique-fiction par le biais de spéculations utopistes, voire mystiques. La Révolution française avait opéré une sorte de transfert du sacré en socialisant Dieu et en divinisant le peuple ; les prêtres de l'idée qu'étaient les intellectuels n'avaient donc qu'à se mettre au service de celui-ci ; le domaine de la Grâce relevait désormais de la science et de la technique politique, le concitoyen se substituait au coreligionnaire, la fraternité et l'égalité rendaient les hommes égaux devant l'Etat et non plus devant Dieu. Beaucoup ne pensèrent trouver une tâche à leur mesure que dans une refonte totale de la société ; pour tous ces réformateurs de table d'hôte, la reconstruction de la Cité en vue de faire descendre la Nouvelle Jérusalem du Ciel sur la Terre devint un thème rhétorique propre à provoquer la rédaction de fracassantes déclarations ou de nombreux volumes dans lesquels leur humanitarisme se répandait, soit en vastes épopées historiques dont les vers chantaient les heures de l'humanité, les chansons de Béranger et l'œuvre d'Edgar

Quinet étant des modèles du genre, soit en systèmes au principe desquels se trouvait un socialisme utopique soucieux de rouvrir les portes de l'Eden, et ici les théories de Charles Fourier sur « l'attraction passionnée » et l'harmonie sont à la fois typiques et réjouissantes. Beaucoup se découvrirent une mission unique qu'ils voulurent concrétiser grâce à une science unitaire et régénératrice. C'est ainsi que Saint-Simon, qui a entendu en rêve la voix de Dieu annonçant la déchéance de l'Eglise romaine, veut constituer un conseil sacerdotal suprême, un « Conseil de Newton », composé de vingt et un « élus de l'humanité » (douze savants et neuf artistes) qui prendront en main la destinée des hommes ; et il les encourage : « Le sceptre de l'opinion publique est entré dans vos mains ; saisissez-le donc vigoureusement. » Un historien comme Michelet met ses recherches historiques au service du *Peuple* (1846) qui possède l'instinct le rattachant à « la Providence maternelle de la Nature » ; les sciences de la vie sont des sciences de l'amour, car *L'oiseau, L'insecte, La montagne* nous montrent partout un même instinct, une même âme qui fait ainsi de l'homme « le frère du monde » ; si bien que les sciences de la vie et de l'amour sont aussi des sciences de la justice. Toutes ces considérations n'oubliaient pas que la femme avait été tenue dans un état de dépendance intellectuelle, sociale et juridique ; beaucoup se souciaient de sa libération, et une militante comme Flora Tristan est restée célèbre dans ce domaine.

Les prophétismes humanitaristes touchaient également des milieux traditionalistes ; un Ballanche, par exemple, pense que par le christianisme le sentiment religieux s'est identifié avec les institutions sociales ; dans le progrès irrésistible du genre humain en marche, il voit la manifestation du temps qui est le « grand et irrévocable interprète de la Divinité ». Ballanche voulut rendre vie au christianisme dans le présent. Chateaubriand croit également que « l'avenir du monde est dans le christianisme » en ce sens que, pour ce royaliste, la société renaîtra un jour, pour l'heure elle sombre et devra mourir avant de renaître nouvelle.

Dans ce domaine, la personnalité de Lamennais (1782-1854) domine toutes les autres. Au nom de l'idée que tout pouvoir et toute autorité viennent de la transcendance divine, ce prêtre pensa d'abord qu'un rapprochement était possible entre les dogmes chrétiens et les dogmes sociaux issus du genre humain. Puis il exhorta l'Eglise à ne pas se rendre solidaire d'un siècle appelé à mourir avant la naissance d'un ordre purifié ; il pensa que l'Eglise devrait travailler à refaire cette nouvelle société et il jeta les bases du christianisme social. Lamennais se montre confiant dans « les efforts des masses », il pense que « c'est aux peuples à se sauver eux-mêmes en s'aidant de l'Eglise et en s'appuyant sur elle ». Finalement, aux yeux de Lamennais, le Christ crucifié devient l'image même du peuple souffrant. La rupture avec Rome finira par être consommée, le Dieu fait homme cédera la place à un homme divinisé dont le salut collectif reposera sur le respect de ces idées modernes que sont l'égalité et la fraternité humaines. Ici, transparaît donc cette idée essentielle que l'on retrouve ailleurs sous différentes formes, et selon laquelle la victime va se transformer en son propre Sauveur.

Karl Marx et la lutte des classes

La laïcisation de la Genèse et son historicisation trouvent dans l'œuvre de Karl Marx (1818-1883) leur expression la plus complète. Le véritable ancêtre de Marx est Auguste Comte ; certes, Marx l'a violemment critiqué et n'a vu en lui qu'un penseur bourgeois ; en outre, il ne pouvait lui pardonner d'avoir écrit que le positivisme était seul capable de « préserver l'Occident de toute grave tentative communiste » en satisfaisant les pauvres et en rassurant les riches ; cependant Marx se situe dans la même ligne de pensée que celle adoptée par le fondateur de la sociologie, car l'un et l'autre ont voulu fonder scientifiquement la politique.

La personnalité et l'œuvre de Marx sont tellement surinvesties d'interprétations passionnellement « objectives » qu'il est presque impossible de les aborder sans faire figure de suspect. Du côté de son père, Marx descendait de plusieurs générations de rabbins, dans son enfance et son adolescence il fut un chrétien pratiquant baptisé et confirmé. Le tout jeune Marx, étudiant de philosophie à l'université de Berlin, fut d'abord un poète écrivant des vers d'un romantisme noir, un de ses poèmes parut même dans l'*Atheneum,* la revue quasi officielle des romantiques. Les rares portraits de cette époque nous le montrent sous les traits d'un beau ténébreux que l'on sent en colère et prêt à conquérir le monde. Il écrit : « Je veux me venger de celui qui règne au-dessus de nous » ; dans *Invocation d'un désespéré,* il clame :

Je veux me bâtir un trône dans les hauteurs
Son sommet sera glacial et gigantesque :
Il aura pour rempart la terreur de la superstition,
Pour maréchal, la plus sombre douleur.

Dans un style digne du Maldoror de Lautréamont, il exulte :

Comme un dieu victorieux j'irai au hasard
Parmi les ruines du monde
Et donnant à mes paroles puissance d'action,
Je me sentirai l'égal du Créateur.

La jeunesse allemande s'intéressait fort aux idées socialistes et les identités : Gauche = Bien, Droite = Mal commençaient d'avoir droit de cité chez les intellectuels avant d'empoisonner toute la vie politique française et d'aboutir au fameux : « Il vaut mieux avoir tort avec Jean-Paul Sartre que raison avec Raymond Aron. » L'Histoire et la Révolution étaient les nouvelles déesses d'un panthéon laïque. Marx participa à tous ces cercles d'hégéliens de gauche qu'animaient entre autres Bruno Bauer, David Strauss, Moses Hess ou même Max Stirner dont *L'Unique et sa propriété* devait devenir le manifeste de l'individualisme anarchiste. Les idées de Feuerbach pour qui « il n'y a pas d'autre dieu pour l'homme que l'homme lui-même », ainsi que le matérialisme sommaire de Louis Büchner dans *Force et Matière* rencontraient un vif succès. On peut dire que le jeune Marx, celui d'avant 1844, se présente comme un humaniste indigné par la situation du prolétariat traité comme une « bête de somme » ; c'est, en effet, l'époque où aucune législation, aucune « sécurité sociale », ne protège le monde du travail ; dans les mines anglaises, femmes et enfants travaillent dans des conditions atroces pour ne continuer à survivre que dans la misère. Marx, dont l'épouse disait : « C'est un égoïste qui ne pense qu'aux autres », voudrait réorganiser la société afin de mettre un terme à de tels scandales. Mais le véritable Marx n'est pas encore là ; comme l'a dit Berdiaev avant beaucoup d'autres : « Marx est parti de l'humanisme et ses premiers thèmes sont humanistes ; dans ses premières œuvres il s'insurge au nom de la dignité humaine contre le processus de déshumanisation propre au capitalisme. Mais plus tard l'humanisme de Marx passe à l'antihumanisme. »

Le « vrai » Marx dévore des traités d'économie (ce qui ne l'empêche pas de perdre régulièrement à la Bourse...), d'Histoire et de politique ; il travaille à constituer *la* Science de l'homme, de la nature, de l'Histoire, de l'économie et de la politique. Feuerbach se contentait de parler de l'homme, Marx veut parler de l'homme réel, historique, afin de remettre sur pied la dialectique hégélienne à qui il reproche de marcher sur la tête ; il retient surtout de celle-ci l'idée du travail du négatif et la dialectique du maître et de l'esclave. Le matérialisme historique de Marx est commandé par l'idée que « ce que sont les individus dépend des conditions matérielles de leur production », c'est-à-dire de ce qu'ils produisent et de la manière dont ils le produisent ; ainsi « ce n'est pas la conscience qui détermine la vie, c'est la vie qui détermine la conscience ». Par conséquent, les superstructures, c'est-à-dire les façons de penser, voire de sentir, sont les produits des infrastructures, c'est-à-dire des données socio-économico-historiques, en changeant les secondes on changera les premières. Les idées force d'une époque sont celles qui sont utiles à la classe dominante ; elles ne sont nullement inscrites dans quelque immuable ciel intelligible. A partir de ces données très simples, l'œuvre de Marx s'est développée, surtout dans *Le Capital* (1867) et dans le célèbre *Manifeste du parti communiste* (1848) rédigé avec Engels, où elle a trouvé son expression la plus populaire.

La pensée de Marx peut être décomposée selon plusieurs lignes de force ; on y trouve, en effet :

1° Un messianisme politique annonçant la prochaine venue d'une société sans classe quasi paradisiaque ;

2° Une politique de la Grâce et de la Rédemption reposant sur le « Nous ne sommes rien, soyons tout ». Le « sens de l'histoire » naît ainsi de la loi de la lutte des classes donnée pour le moteur du devenir social ;

3° Une vision dialectico-apocalyptique annonçant la venue prochaine de la « lutte finale » à l'occasion de laquelle le prolétariat à sauver se transformera en sauveur ;

4° Une sacralisation du collectif laissant croire que tout doit venir de « la base » qui ne saurait errer ;

5° Un manichéisme de combat opposant les matérialistes aux idéalistes ;

6° Un prométhéisme nous invitant à changer le monde au lieu de nous contenter de l'interpréter ;

7° Un scientisme infaillible dispensateur de certitudes indiscutables dénonçant comme « idéologies » parasitaires et irrecevables tout ce qui ne vient pas de la science marxiste. C'est pourquoi le marxisme ne peut admettre que l'autocritique puisqu'il est *la* Science : si les raisons qu'on lui oppose sont scientifiques, elles ne peuvent pas ne pas finir par approuver le marxisme ; si elles persistent à le désapprouver, elles sont antiscientifiques et dans ce cas elles n'ont même pas à être entendues. Avec Marx, la vérité scientifiquement nécessaire devient la vérité politiquement obligatoire.

Comme tous les systèmes, le marxisme est une idéologie de la clôture, il ne peut donc définir que des vérités carcérales. D'où cette vision du monde dont Kafka avait eu l'intuition dans *La Muraille de Chine, Le Procès, Le Château, La Colonie pénitentiaire* et qui a été si bien décrite par Eugène Zamiatine dans *Nous autres* (1920), par Arthur Koestler dans *Le Zéro et l'Infini,* par George Orwell dans *1984,* par Négovan Rajic dans *Les Hommes-Taupes* (1978) et par Soljénitsyne dans *L'Archipel du goulag.*

Il convient ici de se méfier de formules qui, à titre de *captatio benevolentiae,* parlent d' « évolution » ou d' « ouverture » du marxisme ; il n'y a pas, et ne peut y avoir davantage d'évolution ou d'ouverture du marxisme qu'il ne peut y avoir d'évolution ou d'ouverture de la table de multiplication ; c'est d'ailleurs pourquoi les « révisionnistes » sont toujours dénoncés comme des « déviationnistes » ennemis de la classe ouvrière. Le Parti *unique* est ainsi investi d'un pouvoir quasi sacré ; comme le « législateur » de Rousseau, il « guide » le prolétariat selon le « sens de l'histoire » y compris dans l'art. Et l'on sait ce que donna le « réalisme socialiste » d'un Jdanov animé par l'académisme pompier d'une propagande primaire mais bénéficiant d'un *nihil obstat* et d'un *imprimatur* sans appel ; c'est en son nom que d'obscurs bureaucrates censurèrent des génies comme Prokofiev ou Malévitch.

Le marxisme n'est pas non plus un généreux idéal philanthropique soucieux de partager équitablement les richesses du monde entre tous afin de mettre un terme à la misère et à l'injuste opulence ; Marx nous le dit : « Le communisme n'est pas pour nous un *état* qui doit être établi, ni un *idéal* d'après lequel la réalité doit se comporter. Nous appelons communisme le mouvement *réel* qui supprime l'état de choses actuel. » Le communisme se donne donc pour inscrit dans la logique des choses, il veut être la science et non une éthique humanitaire. Toutefois, son succès ne provient pas de son caractère scientifique ni de ses prétendues démonstrations, il vient de ce qu'il apparaît comme porteur d'un message de prospérité et de bonheur terrestres annoncé par « ceux qui savent » ; c'est pourquoi il attire, non pas les pays fortement industrialisés comme Marx l'avait cru, mais les pays sous-développés qui mettent en lui tous leurs espoirs et y voient la panacée de tous leurs maux.

Marx veut libérer l'homme de l'assujettissant pouvoir de l'économique, mais il cherche cette libération dans l'économique même auquel il confère un pouvoir quasi rédempteur. Il en va de même de ce prolétariat, qui, par une sorte de grâce économico-historique, doit travailler à sa propre résurrection en se transformant de classe à sauver en classe salvatrice ; toutefois il faut bien dire que le marxisme n'admet comme prolétariat que le prolétariat fidèle à son « idée » du prolétariat, ce qui doit dominer c'est l' « idée » que le marxisme se fait du prolétariat et non le prolétariat réel et effectif ; c'est pourquoi le Parti travaille sans cesse à inculquer au prolétariat l'idée que ce prolétariat doit se faire de lui-même.

Charles Darwin et la lutte pour la vie

La saga marxiste de l'Histoire, débouchant sur l'Oméga de la société sans classe, s'est doublée de ce que l'on a pu appeler « un conte de fées pour grandes personnes » : l'évolutionnisme de Charles Darwin (1809-1882). Son œuvre principale, *De l'origine des espèces par voie de sélection naturelle* (1859), excelle à faire passer des hypothèses pour des conclusions ; un évolutionniste comme Y. Delage avoue : « Je reconnais sans peine que l'on n'a jamais vu une espèce en engendrer une autre, et que l'on n'a aucune observation absolument formelle démontrant que cela ait jamais eu lieu. [...] Je considère cependant l'évolution comme aussi certaine que si elle était démontrée objectivement. » Il *faut* donc que cette théorie soit vraie ; elle a réussi à se faire passer aujourd'hui pour indiscutable (tous les travaux des biologistes qui la critiquent sont l'objet d'une efficace conspiration du silence) et elle apparaît tellement évidente que le commun des mortels pense qu'il serait aussi ridicule de ne pas y *croire* que de nier que la terre tourne autour du soleil. Cette idée d'évolution est une très vieille idée, que Darwin n'a nullement inventée mais qu'il a cru pouvoir vérifier scientifiquement, elle se trouvait déjà chez Vanini, chez Diderot, Benoît de Maillet, Camper, Goethe, chez des théosophes du XVIIIe siècle et chez bien d'autres encore. Tout ce qui précède doit inciter à penser que cette « théorie » s'est imposée parce qu'elle était surdéterminée par tout autre chose que par des démonstrations scientifiques qui lui font d'ailleurs totalement défaut.

Darwin a voulu greffer l'Arbre de la Connaissance sur l'Arbre de Vie afin de donner une réponse humaine aux questions métaphysiques : « D'où venons-nous ? » et « Où allons-nous ? » et de jeter les bases d'une nouvelle Genèse récusant celle de la Bible en lui substituant une génétique. Il s'agit là de spéculations gnostico-biologiques qui n'osent se reconnaître comme telles. Au *Deus ex machina* que l'on dénonce, on substitue une ou plusieurs monères primitives qui se seraient développées en passant par des séries successives de préhominiens et de parahominiens contenant l'homme en puissance ; homme en puissance qu'une sélection naturelle, c'est-à-dire une nature sélective, aurait fait lentement passer de la puissance à l'acte en en explicitant l'entéléchie latente ; cette sélection naturelle a beau être qualifiée de « naturelle », elle n'en reste pas moins étrangement « sélective », à la manière de la nature aristotélicienne qui ne faisait rien en vain.

L'évolutionnisme donne à l'homme la satisfaction prométhéenne d'être devenu capable de lire ses archives organiques et intellectuelles en n'ayant recours qu'à une Histoire visible ; non seulement il a ainsi le sentiment de pouvoir se passer de tout mystère, mais il a la satisfaction de se considérer comme le produit de ses propres acquisitions et de ne plus dépendre d'un Père créateur. Ce gnosticisme de l'originaire se prolonge d'ailleurs dans l'annonce prophético-déductive d'un progrès générateur d'un temps guéri et guérisseur auquel il faut obligatoirement faire confiance. Tous les évolutionnismes débouchent, en effet, dans des philosophies du progrès qui chargent l'évolution de conduire l'espèce à bon port en sélectionnant ce qui lui convient et en éliminant ce qui lui est nuisible. L'évolution devient ainsi une sorte de Rédemption en marche où le Dieu vivant a cédé la place à une vie déifiée ; finalement l'ultra-humain se trouve incarné par l'Espèce ou par la Cité investies d'une véritable mission salvatrice.

L'acharnement intellectuel à imposer l'évolutionnisme est mis aussi bien au service des scientismes anticléricaux les plus sommaires qui prêchent l'égalité et la fraternité par la cellule, qu'au service de spiritualismes d'inspiration chrétienne, comme ceux d'Edouard Le Roy ou de Teilhard de Chardin, soucieux d'annexer une théorie dans laquelle ils cherchent la preuve rationnelle et expérimentale du bien-fondé de leurs propres positions. Tantôt l'évolutionnisme sert à récuser la Genèse, tantôt on lui demande de la confirmer. Mauvaise science et mauvaise théologie se rejoignent finalement dans un confusionnisme des récupérations mutuelles, et la religion de la science finit ainsi par donner la main à la religion par la science. Il ne faut pas oublier, enfin, que si l'évolutionnisme a pu inspirer des évolutionnismes « de gauche » dans lesquels la lutte des classes joue le rôle d'une véritable sélection historique, ou des mysticismes d'origine chrétienne, il a servi également d'alibi à des racismes cherchant à accélérer la sélection naturelle par l'extermination de races dites « inférieures » et vouées, selon eux, à une indispensable élimination.

IV. — DURÉE ET ACTION

Face à tous les scientismes qui pullulèrent au cours du XIXe siècle, face à l'invasion de la notion de *fait* qui privait l'homme de toutes ses dimensions essentielles, deux grands noms doivent retenir l'attention : celui de Bergson et celui de Maurice Blondel, ce dernier étant plus ou moins mêlé à toute la querelle du modernisme qui domina le pontificat de Pie X.

Henri Bergson

Dès sa thèse intitulée *Essai sur les données immédiates de la conscience* (1889) et dès *Matière et Mémoire* (1896), Bergson (1859-1941) s'inscrit en faux contre les associationnismes et les réductionnismes qui en découlent. Malgré qu'ils en aient, les associationnismes présupposent l'existence de ce à la genèse de quoi ils veulent nous faire assister. Quant aux épiphénoménismes, qui prétendent que l'esprit n'est qu'un produit du corps, Bergson en démystifie les prestiges dans son article de 1904 « Le paralogisme psycho-physiologique » et dans « Le cerveau et la pensée : une illusion philosophique ». Les partisans du parallélisme et ceux de l'épiphénoménisme parlent deux langages, celui de la quantité, qui se rapporte au corps, et celui de la qualité, qui a trait à l'esprit, ils passent ensuite constamment de l'un à l'autre sans avertissement préalable. Bergson se sert d'une image particulièrement claire pour préciser son point de vue. Si nous suspendons un manteau à un clou, ce manteau pourra suivre toutes les vicissitudes que lui imposera ce clou : si le clou est trop pointu il trouera le manteau, s'il est rouillé il le tachera ; mais on ne peut nullement en conclure que le manteau soit l'équivalent du clou. Les localisations cérébrales, que certains ont voulu déceler dans le cerveau, ne correspondent nullement à des centres de pensée, mais tout au plus à des centres de mouvement. On ne peut rendre compte de la mémoire en termes de traces pour la bonne raison que la mémoire-souvenir, et non pas la mémoire-habitude du type de celle qui est mise en œuvre lorsque nous apprenons une leçon, ne porte pas sur ce qui se répète mais sur ce qui n'a eu lieu qu'une seule fois.

La philosophie de Bergson s'est formée à partir d'une réflexion sur l'évolution et Bergson fut d'abord un vif admirateur de Spencer dont il se détournera ensuite. Sa pensée débuta par une réflexion sur la vie puis s'infléchit peu à peu vers un spiritualisme chrétien voyant dans la vie, non seulement un phénomène biologique, mais surtout l'expression même du vécu de l'existence, laquelle renvoie à Dieu et à la Création. C'est ce mouvement qui débouchera chez Teilhard de Chardin pour qui le Dieu vivant s'incarne dans et par l'évolution. Les réflexions de Bergson sur l'évolution l'amènent à voir dans celle-ci une *évolution créatrice,* selon l'expression qui sert de titre au célèbre ouvrage de 1907 ; contrairement à ce qu'affirmait le positivisme, on ne peut pas réduire la vie à un ensemble de réactions chimiques du type de celles qui caractérisent la matière inerte. Qui dit vie dit dynamisme dit création incessante, courant de vie, « élan vital », la vie n'a rien à voir avec le *tout fait,* elle est du « se faisant ».

Bergson est ainsi conduit à distinguer et à opposer le *temps* et la *durée.* Le temps se mesure, il est une grandeur extensive, car il est constitué d'unités toutes identiques les unes aux autres, chaque minute est faite de soixante secondes ; il faut même dire que le temps est un concept abâtardi d'espace puisque, pour le mesurer, nous faisons appel à un mobile qui parcourt un espace donné, qu'il s'agisse des aiguilles de la montre, de la rotation de la Terre sur elle-même, ou du mouvement qu'elle décrit autour du Soleil. La durée, au contraire, est une grandeur intensive qui ne peut se mesurer, car elle n'a rien à voir avec la quantité, une heure d'angoisse ne peut pas être décomposée en soixante minutes d'angoisse ; qui dit durée dit expérience vécue et non mouvement parcouru par un mobile.

Bergson s'oppose donc à tous ceux qui affirmaient : « Comprendre c'est mesurer » ; pour lui, au contraire, comprendre c'est *coïncider.* C'est ainsi que Bergson distingue et oppose l'analyse et l'intuition. L'analyse, chère aux mathématiciens et aux physiciens, décompose en concepts ce sur quoi elle porte ; or un concept fait entrer dans une même catégorie intellectuelle des individus différents mais qui possèdent un certain nombre de caractères communs ; plus le nombre de caractères communs retenus est grand, plus l'extension du concept sera réduite, et inversement : moins nombreux seront les caractères communs retenus, plus large sera l'extension du concept. Ainsi, analyser revient à définir une chose ou un être en fonction de ce qu'ils ont de commun avec d'autres, donc à les définir non pas en fonction de ce qu'ils sont mais en fonction de ce qu'ils ne sont pas, car c'est l'originalité d'un être ou d'une chose qui les fait être ce qu'ils sont.

Bergson appelle alors *intuition* la démarche qu'il propose et qui s'oppose à l'analyse ; l'intuition est pour lui un effort de sympathie pour *coïncider* avec une chose dans ce qu'elle offre d'unique et par conséquent d'inexprimable ; l'analyse cherche, au contraire, ce qu'un être a de commun avec d'autres, elle définit ainsi un être par son contraire. Notons que, en parlant d'*inexprimable,* Bergson met bien en évidence tout le caractère ambigu du langage qui est un organe-obstacle ; d'une part, en effet, le langage est ce par quoi nous nous efforçons de communiquer avec autrui, mais d'autre part, il est ce qui empêche toute communion parfaite, car, en utilisant des mots, il conceptualise l'intuition et, par conséquent, la trahit.

Pour mieux faire comprendre son point de vue, Bergson a recours à des comparaisons que lui suggère le cinéma. Dans la caméra et dans l'appareil de projection rien ne bouge, sauf les mécanismes des deux appareils ; mais sur l'écran on nous donne l'illusion du mouvement en juxtaposant une série de photographies en repos. L'intelligence procède de même, en décomposant le « se faisant » dans du *tout fait,* elle procède selon un « mécanisme cinématographique de la pensée », elle explique le mouvement par le repos et tente de rendre compte du continu à l'aide du discontinu, bref elle explique une chose par son contraire. D'où la formule choc de Bergson, écrite à une époque où les rationalistes accordaient toute leur confiance à l'intelligence : « L'intelligence est caractérisée par une incompréhension naturelle de la vie », et par *vie* il faut entendre ici non seulement la vie au sens biologique du terme, mais aussi la vie vécue, c'est-à-dire l'expérience humaine sous toutes ses formes. Rien n'est donc plus éloigné du bergsonisme que les tests, les « échelles métriques de l'intelligence » ou les statistiques chers aux psychologues et aux sociologues de l'époque.

Cette intuition centrale de la pensée de Bergson se développe dans ses œuvres successives pour déboucher sur son dernier livre, *Les deux sources de la morale et de la religion* (1932). Ici, Bergson se situe aux antipodes d'une morale rationnelle comme celle que sous-tendait l'impératif catégorique kantien. Pour Bergson, en effet, « il y a des émotions qui sont génératrices de pensée » ; mais par *émotion* il ne faut pas entendre ici ces émotions superficielles qui ne font qu'agiter la surface de notre être et que la psychologie étudie ; il faut songer à ces émotions qui bouleversent l'être dans ses profondeurs et qui l'amènent à faire un retour sur lui-même pour s'ouvrir ainsi à ce qui, jusque-là, lui demeurait fermé. C'est pourquoi il importe de dépasser ces « morales closes » auxquelles nous invitent les sociologismes qui nous demandent de faire ce que les hommes font, sous le prétexte que la société est la seule fondatrice des normes, attitude qui conduit finalement à confondre la moralité, ce qui doit se faire, avec les mœurs, c'est-à-dire ce qui se fait. A ces obligations qui se réduisent à des pressions sociales, Bergson nous demande de substituer une *aspiration* qui, par-delà tous les cercles sociaux, nous permet de rejoindre l'Humanité. C'est ainsi que l'intuition bergsonienne acquiert une nouvelle dimension, une dimension verticale ancrée dans le mysticisme. Pour Bergson, en effet, l'élan vital, « cet effort créateur que manifeste la vie [...] vient de Dieu si ce n'est pas Dieu lui-même » ; et le mysticisme est précisément « une coïncidence partielle » avec un tel effort créateur. L'intuition est donc couronnée par « l'intuition mystique », qui est une « participation de l'essence divine ».

Dans ses conclusions, Bergson souligne bien que l'homme ne s'élèvera au-dessus de la matière que s'il prend appui sur elle grâce à un outillage de plus en plus puissant ; une science et une technique élaborées sont donc nécessaires à l'épanouissement de l'humanité et « la mystique appelle la mécanique ». Toutefois, il est indispensable que nous ne sombrions pas dans les mécanismes de dressage ni dans les besoins artificiels qui peuvent en résulter et qui sont, à la rigueur, capables de nous procurer le plaisir, mais qui ne nous donneront jamais la joie. Bergson, conscient du danger que font courir à l'humanité les nations surpeuplées et hyper-industrialisées, se demande s'il ne faudra pas en arriver à une rationalisation de la production de l'homme par l'homme, car « laissez faire Vénus, elle vous amènera Mars ». Mais le grand danger que court l'humanité est de voir se développer une « mécanique » sans « mystique » c'est-à-dire sans spiritualité, il est nécessaire que la mécanique mise à notre disposition par nos machines soit doublée d'une mystique, sinon notre civilisation machiniste courra à la catastrophe. Bergson écrit alors une formule qui connaîtra un vif succès et que l'on citera même à la Chambre des députés : « Le corps agrandi attend un supplément d'âme. » Bergson n'en conserve pas moins sa confiance optimiste dans l'élan vital créateur et conclut que « l'univers est une machine à faire des dieux ».

Maurice Blondel

Une même confiance dans l'acte dynamique et créateur par lequel il est demandé à l'homme de devenir le « collaborateur de Dieu » se retrouve dans *L'Action* (1893) de Maurice Blondel (1861-1949). En intitulant sa thèse *L'Action,* Maurice Blondel choisissait un terme qui, curieusement, ne figurait dans aucun vocabulaire philosophique de l'époque, tant il semblait que le philosophe devait se consacrer exclusivement à la spéculation. L'œuvre de Blondel fut à l'origine d'un renouveau de la pensée catholique, de l' « action catholique », qui y trouva une bouffée d'air frais changeant radicalement de l'atmosphère que l'on avait pu respirer jusque-là dans les traités de scolastique traditionnels.

On peut dire que Blondel, peu soucieux de penser en termes de substance éternelle, est animé d'un désir de revitaliser Dieu en retrouvant toutes les dimensions du Dieu vivant des Ecritures ; pour cela, il fait de l'Action évolutive ce par quoi *in Deo movemur, vivimus et sumus.* Selon Maurice Blondel, l'Action est avant tout une action théandrique qui implique le don de la volonté divine, « c'est par le canal de l'action que la vérité révélée pénètre jusqu'à la pensée sans rien perdre de son intégrité surnaturelle ». La réalité objective des êtres se trouve ainsi « liée à l'action d'un être qui, en voyant, fait être ce qu'il voit ». A cette action qui le fait, l'homme doit répondre par l'action que lui-même doit faire ; ainsi, « dans l'action volontaire, il s'opère un secret hymen de la volonté humaine et de la volonté divine ». Telle est la raison pour laquelle il faut se confier à l'univers et se fier à lui, car « agir est la fonction du tout ». Nous ne sommes, ne connaissons et ne vivons que *sub specie actionis.* Action et pensée sont donc si étroitement imbriquées l'une dans l'autre qu'elles se confondent ; c'est ainsi que nous sommes plongés en Dieu et que nous collaborons avec lui : « Penser à Dieu est une action ; mais aussi nous n'agissons pas sans coopérer avec lui » ; Blondel ajoute : « et sans le faire collaborer avec nous par une sorte de *théergie* nécessaire qui réintègre dans l'opération humaine la part divine ». L'Action réalise donc, à la fois, l'humanisation de Dieu et une quasi-divinisation de l'homme ; c'est pourquoi Blondel en arrive à dire que l'Action est la « synthèse de l'homme et de Dieu : ni Dieu seul, ni l'homme seul ne peut la changer, la produire ou l'anéantir ». Blondel n'hésite même pas à passer à la limite pour affirmer que « dans la pratique littérale, l'acte humain est donc identique à l'acte divin ».

Le bergsonisme et le blondélisme s'achèvent ainsi dans des divinisations de l'action qui fait, qui nous fait et à laquelle nous devons collaborer pour nous intégrer à cet élan qui nous porte et qui vient de Dieu.

Il faut bien dire, cependant, que tous ces optimismes se trouvent fort gênés pour parler du Mal. Puisque *L'Evolution créatrice* et *L'Action* sont, au fond, des théodicées, le Mal ne peut y apparaître que comme un mal de croissance, comme une contre-force, par essence négative, qui s'oppose à ce qui fait le monde au cours d'une sorte de création continuée venue du Dieu vivant dans et par l'Evolution, ou dans et par l'Action. Chez un Teilhard de Chardin qui, à bien des égards, se situe dans une même perspective, il est presque impossible de trouver des réflexions sur le Mal et, au lendemain de l'explosion d'Hiroshima, Teilhard n'hésitait pas à dire que tous ceux qui étaient morts des suites de l'explosion de la bombe atomique étaient tombés au champ d'honneur de la science.

Il est tout à fait instructif de remarquer que, à la veille de la Première Guerre mondiale, deux mouvements philosophiques radicalement différents se rejoignaient malgré tout dans un même optimisme et dans une même confiance en l'homme. Le premier était ce positivisme issu des Lumières qui pensait que la Science allait nous permettre de nous délivrer définitivement de l'erreur et de la faute. Le second courant, dont font partie le spiritualisme bergsonien et le spiritualisme blondélien, est confiant dans l'homme, créature divine qui doit s'attacher à coïncider avec cette Action créatrice par laquelle Dieu manifeste sa Gloire.

Or, peu après, allait éclater une des plus gigantesques tueries de l'Histoire qui, vingt ans plus tard, devait être suivie par une seconde non moins terrible et où toutes les ressources de la science et de la planification furent mobilisées au service de forces de mort et de destruction. Bergson et Blondel connurent ces deux guerres. Ne nous amènent-elles pas à réfléchir sur le Mal et à nous demander si l'homme peut en triompher par ses propres forces ? Car, hélas, tout nous montre que, loin d'être une machine à faire des dieux, l'univers est devenu entre les mains des hommes d'action une machine à faire des diables.

V. — LES CHEMINS DU VÉCU ET LES ROUTES DU SAVOIR

Face aux prétentions de ceux qui voulaient réduire la vie à une simple évolution auto-sélective ou à un ensemble de réactions physico-chimiques, Unamuno, Bergson, Blondel, Scheler, Le Senne, Lavelle, Maritain, Gabriel Marcel s'attachèrent à montrer que l'homme n'était pas réductible à un tas d'éléments dont l'analyse aurait pu mettre au jour l'organisation et les fonctionnements. Il n'en restait pas moins que l'acharnement de la raison se heurtait, d'une part, à des zones d'ombre que ses lumières étaient incapables de dissiper et se traduisait, d'autre part, par une prolifération d'inextricables branches du savoir selon des spécialités qui se désintéressaient de leur tronc commun et de leurs racines. Les zones d'ombre étaient celles que les rêves, les maladies mentales, les mythes et les pratiques qui en relevaient mettaient sous les yeux des psychologues, des psychiatres et des ethnologues ; ces spécialistes s'en débarrassaient vite en parlant soit de dérèglements ou d'inflammations du cerveau et du système nerveux, soit en invoquant, comme Lévy-Bruhl, une irréductible « mentalité primitive ». Ce fut le grand mérite de Freud que de réinsérer toutes ces « aberrations », en apparence incompréhensibles, dans le domaine du vécu ; toutefois, sa conception du monde ne se départait pas d'un matérialisme auquel Freud tenait beaucoup et qui renvoyait à la case de départ.

Quant à la prolifération anarchique de l'Arbre du Savoir, elle devenait à ce point déroutante que, par une sorte d'effet pervers, elle se retournait pathologiquement contre elle-même et contre la philosophie en invitant au scepticisme. Ce fut l'ambition de Husserl que de se demander ce que *savoir* voulait dire et que de vouloir mettre de la rigueur au sein de la réflexion philosophique ; toutefois, pour riche et nécessaire qu'elle fût, l'entreprise husserlienne pouvait involontairement servir des causes qui n'étaient pas les siennes.

Sigmund Freud

L'acuité intellectuelle de Freud (1856-1939) lui permit, d'abord, de proposer une théorie unitaire de tous ces comportements tenus pour dépourvus de sens : lapsus, actes manqués, rêves, phobies, manies, hallucinations, délires, mis sur le compte d'un pathologique du même type que les malformations, les infections microbiennes ou les tumeurs. Grâce à la voie royale du symbole, Freud trouva le fil conducteur qui lui rendit accessible le domaine nocturne de l'Inconscient. Freud eut ensuite le génie de comprendre que la maladie, mentale ou corporelle, devait être insérée dans le domaine du vécu auquel elle appartenait en tant qu'épisode significatif. La maladie apparut à Freud être un « refuge » et une « solution » dans lesquels s'était précipité un sujet victime de conflits entre ses pulsions inconscientes et le *surmoi* qui obligeait celles-ci à être « refoulées », mais incapable de les empêcher de réapparaître au grand jour déguisées selon des symbolismes que Freud dévoila.

Ainsi, Freud rendait tout son sérieux à la maladie et, dans les idées ou les comportements en apparence les plus aberrants, découvrait une signification latente permettant de jeter une lumière nouvelle sur les profondeurs cachées de la conscience. Dès lors, les rêves, les psychoses, les névroses, la psychopathologie de la vie quotidienne dans ses manifestations les plus insignifiantes, les manières de penser et de vivre des « primitifs » cessaient d'être des aberrations ou des curiosités incompréhensibles pour devenir des comportements pleins de sens tout aussi significatifs que ceux qualifiés de normaux. En ce sens *L'Interprétation des rêves* (1900), l'*Introduction à la psychanalyse*, la *Psychopathologie de la vie quotidienne* (1904) et *Totem et Tabou* (1913) marquent des dates capitales dans l'histoire de la compréhension de l'homme. De plus, Freud substituait aux thérapeutiques chirurgicales, électriques ou pharmaceutiques, la *talking cure* à l'occasion de laquelle le malade était enfin écouté ; l'analyste recevait alors pour mission de découvrir le fil conducteur permettant de remonter à la source des conflits et des complexes. Détruisant ce sur quoi elle portait, l'analyse était chargée de faire passer de l'Inconscient à la Conscience tous les nœuds de vipères qui empoisonnaient la vie du malade et de lui redonner ainsi l'équilibre.

Chez ce passionné, voire ce névrosé, qu'était Freud, il y avait donc un fond romantique visant à expliquer le Diurne par le Nocturne ; c'est ce que ne lui pardonnèrent pas ceux qui s'en tenaient aux idées claires et distinctes. D'autres reprochèrent à Freud, et surtout à des disciples avides de jargon hermétique, la chute dans une scolastique obscure nourrie de vagues entités psychiques ; ils ajoutaient que les cures psychanalytiques n'obtenaient pas davantage de guérisons que la psychiatrie traditionnelle.

Mais d'autres trouvèrent que Freud n'était pas allé assez loin et qu'il restait un affreux réactionnaire, et ce d'autant plus que Freud ne se gênait pas pour dire tout le mal qu'il pensait du marxisme. Herbert Marcuse et Wilhelm Reich reprochèrent à Freud de vouloir guérir le malade afin de le réintégrer dans un ordre social à renverser. Pour W. Reich, il ne s'agit pas d'analyser les malades un par un, mais de refaire l'ordre économico-social seul responsable de leurs névroses et de leurs psychoses ; la *révolution sexuelle* ne pouvait donc qu'aller de pair avec la révolution sociale et culturelle. H. Marcuse voulait également libérer l'homme, mais en l'affranchissant de la répression que faisait régner sur lui un Surmoi générateur de tabous auxquels il importait de mettre fin pour qu'*Erôs* pût s'exprimer. Plus importante est l'interprétation symbolique des comportements humains par C.-G. Jung ; Freud avait d'abord cru trouver en celui-ci le véritable héritier de sa pensée, mais il s'en sépara avec peine lorsqu'il vit que celui-ci ne mettait plus l'accent sur le complexe d'Œdipe. C.-G. Jung cherche, en effet, *les racines de la conscience* dans des « archétypes » qui caractérisent l'Inconscient collectif universel et à partir desquels il est possible de comprendre aussi bien toutes les mythologies pour différentes qu'elles puissent paraître, que les maladies mentales où les symbolismes qui président à des activités du type de celles en œuvre dans l'alchimie ; pour Jung, c'est une composante archétypique comme celle de Faust qui fit Goethe, bien loin que ce soit Goethe qui ait créé le personnage de Faust.

En conclusion, il faut reconnaître que la pensée de Freud bute contre un mur bâti par elle-même. Freud, qui voit dans Empédocle, Schopenhauer et Nietzsche des ancêtres possibles de sa vision du monde, considère la vie comme une tragédie où s'affrontent les pulsions d'Erôs et les instincts de mort de Thanatos ; mais toute son œuvre est commandée par un matérialisme qui cadre assez mal avec ce pantragisme et qui fait d'elle un intellectualisme de méthode mis au service d'un instinctivisme de fond. En outre, toute l'existence, toutes ces maladies que l'analyse cherche à guérir ne débouchent que sur une mort vers laquelle tend l'existant pour annuler sa naissance et parvenir à la paix de l'Inorganique ; la mort est la seule guérison de la vie qui la recherche inconsciemment. On peut donc dire que ce grand thérapeute que voulut être Freud refusait tout droit de cité aux notions de normalité, de santé, d'équilibre au service desquelles il se mettait ; la tragédie de l'existence n'était finalement qu'un drame sans aucun ressort dramatique et qui se dissolvait dans ce matérialisme dont Freud ne cessait de faire profession, peut-être pour se protéger de lui-même et se réfugier dans l'objectivité. De plus, tandis que Freud instaurait une sorte de communion confessante entre l'analyste et le malade dont toute la personnalité se trouvait ainsi reconnue, il dénonçait la notion de sujet puisqu'il réduisait celui-ci à n'être que la scène où s'affrontaient les différentes pulsions du *ça* dont il ne pouvait être le maître.

Freud a parcouru les chemins du vécu tout en cherchant à suivre les routes du savoir ; il est ainsi parvenu à deux carrefours. Le premier est celui d'où il fut amené à jeter un regard critique sur la civilisation et à mettre en garde contre les névroses collectives dont sont animées les foules en délire idolâtrant un père politique. Il espéra tout d'abord qu'Erôs finirait par vaincre son vieil adversaire Thanatos dans leur lutte séculaire ; mais, voyant la montée du stalinisme et celle de l'hitlérisme, il ajouta à la fin de la seconde édition de *Malaise dans la civilisation* (1931) : « Mais qui peut prédire s'il réussira et ce que sera l'issue ? » Le second carrefour est beaucoup moins connu. Freud qui, dans *Moïse et le monothéisme*, avait fait de Moïse un Égyptien, ne renia jamais ses origines juives ; il finit par avouer que *L'Avenir d'une illusion,* où il réduisait la religion à un ensemble de conduites névrotiques par fixation au père, constituait son œuvre la plus faible, ajoutant : « Fondamentalement je pense le contraire. » En Freud, il y avait du Job et de l'Ecclésiaste, peut-être même un homme tout près de chanter les Psaumes.

Edmund Husserl

Malgré son matérialisme et son pessimisme sans espérance, Freud peut être tenu pour celui qui arracha le pathologique et la conscience tout entière aux dissections de ceux qui faisaient d'elle un montage de cellules et d'organes dont les fonctionnements défectueux relevaient uniquement d'une chimiothérapie de laboratoire ; Husserl (1859-1938) fut un savant philosophe qui voulut arracher le savoir scientifique et philosophique aux désagrégations auxquelles le vouaient la prolifération de spécialités et l'idée fort répandue selon laquelle les principes de la science avaient des racines purement psychologiques et culturelles. Husserl se trouvait, en effet, en présence de psychologismes et de sociologismes qui prétendaient réduire les fondements du savoir à des « manières de voir », à des « points de vue » explicables par des génétismes, par la psychologie des peuples, par des conjonctures historiques, etc. Tous ces génétismes psychologistes et historicistes constituent ce à quoi s'attaque Husserl ; ils conduisent, en effet, à des relativismes qui ouvrent la porte au scepticisme.

Husserl déplore la « cécité de l'homme de science moderne qui ne voit pas qu'il est possible de fonder une science rigoureusement close et générale de l'esprit » et qui travaille sur des « concepts résiduels ». Husserl veut découvrir le fondement originaire pour faire de la philosophie une science de l'omnitemporel, une archéologie universelle et rigoureuse. Pour cela, il refuse le psychologisme qui prétend se fonder sur la simple observation des faits de conscience et constituer l'intériorité de l'esprit à partir d'une espèce d'ingestion du monde extérieur, comme le faisait Condillac avec sa statue.

Dans ses *Idées directrices pour une phénoménologie* (1913), Husserl montre qu'il n'y a pas de *Je pense* sans objet pensé, ni d'objet pensé sans *Je pense* ; pas plus qu'il n'y a de réalité absolue en soi, pas davantage il n'y a de conscience fermée sur elle-même.

Toute conscience est *conscience de quelque chose*, entre le *Je pense* et le pensé existe une « intentionnalité », une « visée vers ». La tâche de la phénoménologie est de parler du monde comme phénomène, car ce monde est un pensé visé par un *Je pense*, la conscience constitue le sens du monde. Ainsi idéalisme et réalisme sont renvoyés dos à dos. Il s'agira maintenant de *mettre entre parenthèses* tout sujet particulier et tout objet particulier de façon à parvenir à la *conscience de*, à l'intentionnalité, afin d'arriver à l'émergence du vrai à travers l'événement psychologique, d'arriver à l' « intuition des essences » pures. La phénoménologie cherche à suivre l'homme dans ses expériences sans se substituer à lui, en se glissant entre elles, pour en faire apparaître le sens, elle invite à un *voir*, et à un *vécu*, transcendantal. Etre au monde, être en situation, l'homme plonge dans une intersubjectivité qui renvoie à un Je transcendantal porteur du Sens.

Husserl nous rappelle que la vérité existe, éternelle, immuable et qu'elle commande et fonde tous nos jugements. Dans *La philosophie comme science rigoureuse* (1911) Husserl voulut fortifier l'île de l'entendement dont Kant avait dressé la carte. Pour Husserl, nous ne devons pas abandonner l'éternité sous le prétexte de défendre les intérêts du temps ; chaque valeur une fois découverte appartient désormais au trésor et au patrimoine de toute l'humanité. La philosophie radicale s'appuyant sur des fondements sûrs et progressant selon les méthodes les plus rigoureuses est habilitée à décider dans les conflits entre les « conceptions du monde » ; elle doit élucider les concepts primitifs et les lois qui les régissent, ce qui est vrai est vrai absolument en soi, la vérité est une et identique ; d'où cette conséquence : « Il n'y a, chaque fois, qu'*un seul* comportement justifié dans l'appréciation des lois explicatives et dans la détermination des faits véritables. » Husserl veut « préparer la terre pour le futur système de la philosophie » qui devra passer de l'étage de la profondeur à celui de la clarté scientifique. Husserl attire l'attention sur *La Crise des sciences européennes et la philosophie transcendantale* (1935) ; si nous voulons éviter les barbaries, et Husserl songe au nazisme, et mettre un terme à la détresse de l'Europe, il est indispensable de *comprendre*, pour en finir avec les spéculations dangereusement arbitraires auxquelles Kant s'était déjà attaqué mais qui proliférèrent après lui. Pour Husserl, « il n'y a peut-être dans toute la vie contemporaine, aucune idée plus puissante et dont l'avance soit plus irrésistible que celle de la science. Rien ne pourra entraver sa marche victorieuse. De fait, en ce qui concerne ses buts légitimes, elle embrasse tout » ; ainsi, une fois que la science a parlé, la sagesse n'a plus qu'à suivre son enseignement.

L'ambition de Husserl de faire de la philosophie une science rigoureuse pouvait paraître des plus salubres à une époque où l'on voyait naître des barbaries instinctivistes cherchant à se justifier en affirmant qu'elles constituaient le plus haut bourgeon de l'actualité historique ; elle peut également sembler nécessaire à notre époque où les vaticinations impressionnistes, les « rires philosophiques », les architectes des tours de Babel travaillant sur des terminologies ésotériques, permettent à quelques monstres sacrés de se forger un éphémère succès. Toutefois, outre que Husserl est souvent resté le philosophe des perpétuelles introductions méthodologiques demeurant dans les préalables des préalables, il faut bien reconnaître que, malgré lui, il fourbissait des armes à ce « fanatisme pour la science » qu'il avait récusé. Certes, Husserl disait de la science qu'elle n'était « qu'*une* valeur entre d'autres valeurs de droit égal », mais la science ne se renierait-elle pas si elle acceptait qu'on lui fît sa part ? Science rigoureuse, la philosophie risque de devenir la servante de la science et de la politique rationnelle, finalement on risque de parler non plus de la philosophie comme science rigoureuse, mais bien de la science comme philosophie rigoureuse, celle-ci aurait alors rapidement la prétention de nous dicter les idées et les comportements à adopter au nom de cette idée que, lorsque la science a parlé, il n'y a plus qu'à la suivre.

En tant que fondateur de la phénoménologie, Husserl se situa sur les chemins du vécu qu'il ouvrit à beaucoup d'autres ; mais en tant qu'auteur de *La philosophie comme science rigoureuse*, il voulut suivre les routes du savoir. Lui aussi parvint à un double carrefour, celui qui l'amena à jeter un regard critique sur *la crise* des sciences européennes, mais aussi celui, beaucoup moins connu, qui le conduisit du Je transcendantal donneur de sens au Dieu de la Bible. En 1935, Husserl disait : « J'ai une mission dont Dieu m'a chargé. Je dois la remplir. [...] La vie de l'homme n'est autre chose qu'un chemin vers Dieu. J'essaie d'atteindre ce but sans preuves théologiques, sans méthodes ni points d'appui théologiques ; je cherche à atteindre Dieu sans Dieu. Je suis obligé, pour ainsi dire, d'éliminer Dieu de ma vie scientifique pour frayer un chemin vers Dieu à ceux parmi les hommes qui n'ont pas la certitude de croire par l'intermédiaire de l'Eglise. » Ainsi, l'absolue vérité scientifique dont Husserl se faisait le défenseur était finalement suspendue à la vérité de l'Absolu fondant la connaissance et libérant des relativismes comme des errements.

La pensée de Husserl eut une influence très importante dans différents domaines, aussi bien en psychologie qu'en sociologie ou en histoire. Chez Heidegger, la phénoménologie conduit à poser la question des relations de l'étant et de l'Etre ; chez le Sartre de *L'Etre et le Néant*, la phénoménologie radicalise ses résultats jusqu'à affirmer qu'il n'y a pas de vie intérieure. Pour autant que la phénoménologie husserlienne ait voulu être une saisie de l'intentionnalité et ait fait de la conscience ce qui constitue le sens du monde, il y avait en elle un certain scientisme en puissance et Léon Chestov ne s'y est pas trompé. Il a adressé, en effet, à Husserl de profonds reproches qui se situent au cœur même du problème. Il importe de ne pas se laisser imposer l'alternative : ou la philosophie est une science rigoureuse, ou elle n'est qu'un verbalisme sans portée. La vérité scientifique a une régionalité en dehors de laquelle il y a place pour tout autre chose que pour l'arbitraire et les délires. Il y a, en dehors d'elle, ces immenses contrées habitées par la beauté de l'œuvre d'art, par celle mystérieuse des femmes qui n'en peuvent elles-mêmes rien dire, par le spectacle de la nature, l'expérience de l'amour, de la douleur, de la solitude, de l'incompréhension, de l'angoisse, des secrets et des silences qui parlent sans que nous puissions traduire en clair leurs paroles ni ce qu'elles font naître en nous. Bref, en dehors de l'île de l'entendement, règnent des océans et d'autres terres pour l'exploration desquelles nous ne disposons ni de cartes ni de boussole mais qui n'en existent pas moins et qui constituent même l'essentiel de notre condition.

6

Le Livre du non-sens

I. — L'IDOLÂTRIE DU FAIT

Si l'on met à part Bergson, Blondel, Husserl et Freud qui appartiennent au moins partiellement au XXe siècle, ainsi que des exceptions notoires dont nous parlerons, on pourrait dire que le XXe siècle est parcouru par deux grandes lignes de force allant en directions opposées mais dont chacune sert pourtant de faire-valoir à l'autre. La première, issue du positivisme et du marxisme, affirme que, en dehors d'une science unitaire englobant les sciences de la nature et les sciences de l'homme y compris la politique, il n'existe que des métaphysiques ou des idéologies parasitaires et aliénantes à la disparition desquelles il importe de travailler ; face à la vérité une et universelle, l'erreur ne saurait prétendre à un quelconque droit à l'existence. La seconde, issue d'un nietzschéisme passé au laminoir de la superficialité, prétend, au contraire, qu'il n'y a pas de vérité et que tout est permis, car l'existence n'est qu'un jeu et une danse sans but. Les champions de la vérité nécessaire et obligatoire n'auront aucun mal à se présenter comme les défenseurs d'une logique et d'une cohérence sans lesquelles il n'est pas de vie individuelle ou sociale possible et dénonceront les licences des individualismes exacerbés auxquels conduisent les esthétismes nihilistes. Quant aux inconditionnels de la liberté d'expression, du droit à toutes les « différences », de la « libération sexuelle » et de la banalisation des drogues, ils ont beau jeu d'opposer leur libéralisme inconditionnel aux dogmatismes répressifs.

Or ces deux lignes de force ont une origine commune : la dénonciation de toute transcendance et de tout sacré. Marx avait réduit les valeurs à des valeurs d'échange sacralisées pour les besoins économiques des classes dirigeantes ; Nietzsche, avec un extraordinaire pathétique, avait annoncé la mort de Dieu et réduit les valeurs à ce que les hommes du ressentiment avaient projeté dans des ciels intelligibles ; Freud avait vu dans les valeurs des tabous issus de névroses collectives ; ces trois maîtres de l' « école du soupçon », comme il est devenu banal de dire en empruntant cette expression à Nietzsche, réduisaient donc le respectable à du conventionnel respecté par des hommes aliénés, aigris ou refoulés.

Les sociologismes

Ces prétendues démystifications du Vrai, du Bien, du Beau et de leurs contraires se trouvèrent renforcées par les sociologismes qui intronisèrent la notion de « fait social » et firent de la société la perpétuelle génératrice du devoir. Emile Durkheim (1858-1917), fidèle en un sens à A. Comte, part de cette idée que la société possède sur l'individu une supériorité dans tous les domaines ; il en tire la conclusion qu'il ne faut pas croire que c'est *parce qu*'un acte est mauvais que la société le condamne, mais qu'il faut comprendre qu'un acte doit être tenu pour mauvais *si* la société le condamne ; c'est donc la peine qui fait le crime. Par conséquent, nous n'avons pas à invoquer une morale qui déciderait de ce que les hommes devraient faire, car, d'une part, personne n'a autorité pour en juger et, d'autre part, le pessimisme ne manque pas de suivre les aspirations illimitées. La morale doit donc céder la place à une « science des mœurs », à une étude scientifique de ce que les hommes font ; « les faits sociaux sont des choses » qui doivent être étudiés comme tels à l'aide de la méthode expérimentale. Les valeurs se trouvent ainsi réduites à des valeurs d'usage et les hommes doivent faire ce que la société leur demande de faire ; la société est seule génératrice du devoir. L'insertion sociale qui en résulte libère des individualismes pour conférer aux pensées et aux actes la seule consistance possible. Le criminel est celui qui ne pense pas comme la société de son temps ; au crime de lèse-majesté, Durkheim substitue donc subrepticement le crime de lèse-société.

Nous sommes ici aux antipodes de la morale de Kant pour qui « alors que l'expérience doit servir de point de départ dans les sciences de la nature, il n'en va pas de même en morale, car ce qui doit se faire ne peut pas, hélas, se déduire de ce qui se fait ». La réduction durkheimienne de toute norme éthique à la notion de fait social est d'une gravité extrême ; elle repose d'abord sur cette aberration qui consiste à croire que la société est infaillible, elle conduit ensuite à ces totalitarismes qui prétendent que le vrai est ce que la société pense être le vrai, que le bien est ce que la société pense être le bien, qui oublient qu'une erreur ne se transforme pas en vérité à partir du moment où elle est collective, et qu'un crime socialement organisé et approuvé ne peut être angélisé en un bienfait. La vérité scientifique ne s'institue pas à la majorité des voix. Mais les inconditionnels de Durkheim opèrent aussitôt un glissement et brandissent le spectre de l'atteinte à la démocratie et au suffrage universel.

Les hypothèses du sociologisme durkheimien se retrouveraient dans ces pédagogies « non directives » qui pensent implicitement qu'un ignorant laissé à lui-même est perdu, mais que, de l'ignorance de tous, le savoir jaillira comme par miracle. Les prolongements du sociologisme sont au principe de ces sondages d'opinion si pratiqués aujourd'hui ; on institutionnalise ce qui se fait au nom de cette idée qu'il « faut suivre l'évolution des mœurs » et qu'il n'y a pas de belvédère axiologique du haut duquel on pourrait décréter que ceci est bien et que cela est mal.

Les sociologismes semblent oublier qu'il n'y a pas une mais des sociétés, les mœurs de chacune d'elles variant au cours du temps ; demander à la moralité de se conformer aux mœurs conduit à des relativismes pour lesquels il n'y a pas de valeurs mais simplement des opinions. Pascal avait dénoncé de tels scepticismes faussement critiques : « Plaisante justice qu'une rivière borne ! Vérité en deçà des Pyrénées, erreur au-delà. » En réduisant la moralité aux mœurs, le sociologisme ouvre la porte à deux démons : celui du Léviathan social qui se proclame juge suprême indiscutable et s'érige en Grand Inquisiteur, celui du nihilisme militant qui affirme que les valeurs se réduisent à des préjugés au nom desquels on prétend tyranniquement approuver ou condamner les actes des hommes. Le sociologisme a cru instituer une hygiène de la pensée et de l'action, il ne fut qu'un impitoyable et sournois dissolvant de l'homme.

La philosophie analytique

On pourrait en dire autant des spéculations qui partirent du « Cercle de Vienne ». Ce Cercle s'était formé autour des idées de Ernst Mach, positiviste convaincu, pour qui la métaphysique n'était qu'un mysticisme aveugle et qui pensait que la connaissance revenait à décrire le monde des sensations, comme l'avait vu Hume. A la fin de la Première Guerre mondiale, Otto Neurath, ancien membre du gouvernement spartakiste de Munich, vit dans la pensée de E. Mach et dans le positivisme logique qui pouvait en découler, une voie permettant de retrouver le marxisme stalinien. Marx et Lénine ayant critiqué le positivisme, Neurath proposa le néologisme de *physicalisme* et pensa ingénument qu'il y convertirait Staline à qui il alla rendre visite en pure perte. Selon lui, le physicalisme du Cercle de Vienne détenait l'indiscutable vérité et pouvait donc compléter le marxisme tenu pour la science de l'homme et de l'Histoire. C'est pourquoi Otto Neurath affirmait : « Tous les représentants du Cercle sont convaincus que la " philosophie " n'existe pas en tant que discipline parallèlement à la science avec des propositions qui lui soient propres. Le corpus des propositions scientifiques épuise la totalité de tous les énoncés dotés de signification. »

De telles idées se retrouveraient dans la philosophie analytique anglo-saxonne qui s'intitula d'abord néopositivisme puis positivisme logique. Bertrand Russell part de cette idée qu'il existe des propositions vraies et des propositions fausses comme il existe des roses rouges et des roses blanches ; il en conclut que la philosophie doit être réintégrée dans la science. Le philosophe est alors comparé à un jardinier qui émonde les arbres pour les débarrasser des mauvaises branches ou à un gardien de parc qui veille à ce que le public respecte les règlements et n'emprunte pas les chemins interdits. On voit où peuvent conduire les applications politiques de telles conceptions dont les partisans se donnent la bonne conscience d'agir au nom de la vérité pour éliminer les erreurs dangereuses condamnant l'humanité à se perdre sur des chemins sans issue.

Les philosophies analytiques se méfient, à juste titre, des constructions verbales dans lesquelles se complaisent souvent des philosophes « continentaux », mais elles se terminent elles-mêmes par des « jeux de perles de verre » aux règles extrêmement subtiles qui demandent de préciser ce que signifie signifier, ce que désigne désigner, si bien que l'on ne sort pas des cercles analytiques à l'intérieur desquels on veut faire régner une rigueur qui implique que l'on ait d'abord rigoureusement défini la rigueur elle-même. Cette prudence dans l'énonciation a fini par scléroser toute la philosophie anglo-saxonne contemporaine dont les tenants ressemblent à des spécialistes qui aiguiseraient sans cesse des ciseaux pour les rendre de plus en plus tranchants mais qui ne s'en serviraient jamais.

Cette ligne de force, à la recherche de la rigueur dans la définition et dans les enchaînements de propositions, se retrouve dans les prétentions de la logistique ; on y reprend le vieux rêve lullien et leibnizien de constituer une logique universelle qui permettrait de dire « Calculons » au lieu de « Raisonnons » et dans laquelle un vice de raisonnement apparaîtrait avec la même évidence qu'une erreur dans une opération mathématique. Quel que soit le type de logique dont on parle, le langage y est réduit à une simple fonction de communication de propositions dont on doit contrôler la cohérence interne. Le langage est ainsi voué à une tâche d'énumération classificatrice qui repose sur des universaux baptisés : Groupes, Ensembles, Réseaux ou Anneaux ; les opérations intrapropositionnelles ou interpropositionnelles parlent, d'une manière plus ou moins explicite, de recherches sur les plus grands communs diviseurs et sur les plus petits communs multiples conceptuels à partir desquels pourront être établies des relations entre la partie et le tout ou des relations directes entre les parties.

Le langage est ainsi réduit à un appareil qui procède par énumérations, emboîtements, sériations, inclusions, exclusions, additions, soustractions correspondances, corrélativités, commutabilités, réversibilités, équivalences, incompatibilités, différences, disjonctions et conjonctions. Enchaîné, aplati jusqu'à n'être qu'un distributeur de concepts, le langage est ainsi prêt à être programmé pour le fonctionnement des ordinateurs qui reposent sur l'algèbre de Boole et ferment ou ouvrent des circuits électriques laissant passer ou arrêtant l'information. Quant aux interlocuteurs, ils cèdent la place à des « locuteurs » répartis en « émetteurs » et en « récepteurs », comme les appareils qui transmettent de l'information. Ainsi se multiplient des machines de plus en plus compliquées qui permettent de faire proliférer les informations, mais l'on oublie que ces machines transmettent des messages sans Message et que toutes les communications du monde ne feront jamais une communion. Le langage réduit à un outil se trouve de plus en plus coupé de l'expérience pathétique dont il est l'expression lorsque la chair se fait Verbe pour lancer un appel à l'autre.

Au cœur de tous ces problèmes domine la personnalité de Wittgenstein sur qui ses contemporains firent un contresens majeur. Lorsque parut le *Tractatus logico-philosophicus* (1921-1922), E. G. Moore et Bertrand Russell crièrent au génie parce qu'ils croyaient retrouver leurs propres idées dans cet ouvrage ; ils virent en Wittgenstein un philosophe du langage préoccupé de faire régner une hygiène critique dans le domaine des propositions philosophiques. Or Wittgenstein était, au contraire, un philosophe du Silence, un mystique soucieux de faire au langage sa part afin de donner leur raison d'être aux vastes contrées de ce qu'il importe de taire ; pour Wittgenstein, en effet, ce qui est important dans la vie d'un homme est précisément ce sur quoi nous devons garder le silence. Lorsque Russell connut les textes de Wittgenstein dans lesquels celui-ci complétait sa pensée et dissipait les contresens faits sur elle, il renia celui qu'il avait considéré comme son disciple. Il importe de ne pas surestimer l'importance de l'œuvre de Wittgenstein, mais les contresens que l'on fit d'abord sur elle et le dédain où l'on put ensuite la tenir sont révélateurs de ces prométhéismes de la science et de la technique qui ne voient dans le langage qu'un instrument utilisable sur une matière définie.

Le structuralisme

Par le biais de la mythologie et de la linguistique, le positivisme et le sociologisme ont connu un nouvel avatar dans le structuralisme d'apparition récente et qui, dans la course aux *ismes*, fait figure, après l'existentialisme, de méthode et d'outil universels. Le structuralisme a pensé découvrir dans la linguistique, principalement dans celle de Ferdinand de Saussure sur qui Durkheim eut une grande influence, et surtout dans la phonologie, la véritable science mère. La phonologie montre que, dans toutes les langues, les sons, comme les atomes en physique, s'associent ou non selon des lois qui échappent aux sujets parlants qui les utilisent sans s'en douter.

Les structuralistes en concluent que les comportements

humains, familiaux ou sociaux, naissent également d'associations ou de refus d'associations dont l'ethnologue doit rendre compte en faisant l'inventaire des enceintes mentales premières et en découvrant les lois des combinatoires entre ces différents éléments. Ils pensent que toutes les fonctions de relations relèvent d'une science générale des signes : la sémiologie ou sémiotique. Tout est langue, c'est-à-dire tout n'est qu'ensembles de signes arbitraires coordonnés par des règles syntaxiques et des codes. Chaque langue a sa morphologie et sa syntaxe, et nous n'avons pas à nous demander, au nom de quelque mythique métagrammaire, quelle langue est la *vraie* langue ; lorsque nous passons d'une langue à une autre nous changeons de morphologie et de syntaxe mais nous obéissons toujours aux lois universelles de la phonologie. De même, les manières de table, les règles de la gastronomie varient d'un pays à un autre, elles définissent des usages et des cuisines différentes, mais nous n'avons pas à nous demander, au nom d'une fabuleuse métagastronomie, laquelle de ces cuisines est la véritable. Il en va de même de tous les systèmes de codes au sein desquels nous sommes plongés : codes vestimentaires, codes artistiques, codes sociologiques, pulsionnels, etc.

Nous devons donc comprendre qu'il n'y a pas de Sens dont l'homme serait porteur ou créateur et qu'il donnerait aux choses ou à l'Histoire ; il n'y a que des significations contextuelles qui naissent de combinaisons d'éléments comme le goût d'une sauce provient des produits avec lesquels elle a été préparée. On appelle ainsi *structure* une « entité autonome de dépendances internes », mais il n'y a pas de finalité externe qui déboucherait sur un but. Lorsque nous regardons un paysage dont l'organisation paraît gratuite, nous en comprenons l'agencement à partir du moment où nous examinons les structures du sous-sol qui expliquent les phénomènes de la surface, mais nous n'avons pas à nous demander pourquoi les Alpes sont apparues là plutôt qu'ailleurs, après le Massif central plutôt qu'avant, nous n'avons qu'à constater que *c'est ainsi et pas autrement.*

Nous devons procéder de même à l'égard de tous les systèmes de codes qui nous entourent, ils ne donnent sur rien d'autre que sur eux-mêmes, ils sont autojustificatifs et n'ont pas à être jugés. Il n'existe pas de système de structures qui pourrait être hypostasié comme un modèle par rapport auquel on pourrait parler d'écarts déviants ou pervers, il n'existe pas d'écart en soi mais seulement des écarts différentiels ; le japonais n'a rien à voir avec l'anglais ni avec le français, mais nous n'avons pas à nous demander laquelle de ces trois langues se rapproche le plus d'une Langue absolue dont chacune d'elles ne serait qu'une variante ; ces trois langues diffèrent entre elles comme des systèmes de codes dont chacun ne donne que sur lui-même ; leurs différences ne doivent pas être pensées à partir d'un Absolu servant de norme universelle et intemporelle. Il ne faut donc pas se lancer dans des macro-histoires qui chercheraient comment un Sens transcendant se déploierait à travers le temps, il ne faut pas chercher à penser selon des diachronismes, il faut se cantonner dans les micro-histoires et dans le synchronisme en décrivant les systèmes en transformation qui sont, selon l'expression de Lévi-Strauss, des « êtres autonomes se déployant dans le temps vide d'une Histoire sans histoire ».

Tout se réduit donc à des *plis* de surface sans profondeur, ces plissements imprévisibles et sans but donnent naissance à des continents intellectuels et existentiels appelés à disparaître en laissant la place à d'autres. L'humain et le culturel ne seraient que des météorites éphémères jaillies d'un *melting pot* naturel où de multiples Big Bangs donneraient naissance, par mutations et ruptures, à d'infinies réalités dont aucune ne pourrait être tenue pour plus réelle qu'une autre. La raison ne doit pas être dialectique mais analytique, cette raison analytique doit rendre compte de la raison dialectique qui n'est qu'un ensemble de combinatoires dont la raison analytique a à découvrir les éléments et les structures, car la raison n'est jamais constituante, elle est toujours constituée, et il importe simplement de trouver et de décrire à partir de quoi elle est telle.

Lévi-Strauss nous demande ainsi, après Sartre, d'étudier les hommes « comme s'ils étaient des fourmis » et se réclame d'un « matérialisme vulgaire ». Pour lui, en effet, l'homme n'est qu'un ensemble de molécules accidentellement et provisoirement coalisées, il n'a pas toujours existé et n'existera pas toujours, il fait partie de la nature au même titre que les minéraux, les végétaux, les animaux, les rivières, les montagnes ou les océans. C'est en vertu d'un préjugé anthropocentrique auquel il faut mettre un terme que l'homme se prend pour le roi de la nature ou pour un être porté par un Sens transcendant qu'il communiquerait à ses pensées et à ses actes. Pour Lévi-Strauss, « il n'y a de sens que par l'homme, lequel n'a pas de sens ».

Il faut donc en finir avec la distinction entre le culturel et le naturel, car cette distinction est elle-même culturelle ; le culturel ne relève que de combinatoires naturelles qui donnent naissance à tel ou tel système de pensées ou de valeurs qui ne sont que des cas ou des exemples parmi bien d'autres. Ainsi le rôle des sciences humaines n'est pas d'expliquer l'homme mais de le dissoudre, tel est le but de l'*Anthropologie structurale* (1958). Dans un tel système il n'y a plus de place pour la notion de sujet, le sujet n'est pas une personne, il est un *lieu* constitué par le croisement de lignes de force et par le recoupement de structures qui donnent ainsi naissance à ce que nous prenons abusivement pour un sujet et qui n'a pas plus de réalité que n'en ont les spectres magnétiques ou les apparences de figures auxquelles donnent naissance des ondes qui interfèrent entre elles. Finalement, toute sagesse doit se réduire à la laconique, objective et démystifiante constatation que *c'est ainsi et pas autrement.*

De telles idées ont été transposées en littérature : le « nouveau roman » est un roman sans sujet dans lequel on privilégie l'analyse des structures, où l'on coupe le temps de sa temporalité pour se déprendre du « piège » de l'anecdote ; on délocalise, on détemporalise la participation en la plongeant au cœur d'une vie qui s'invente et qui nie la continuité. La « nouvelle critique » se situe dans le même sillage, pour elle la littérature n'est qu'un code sans message, il n'y a pas d'objet littéraire mais simplement une fonction littéraire ; l'œuvre d'art n'apporte aucun message, le poète n'est ni un mage, ni un phare comme le croyait Hugo et encore moins un « voyant » comme le pensait Rimbaud. Un de ces « nouveaux romanciers » n'hésite pas à affirmer : « L'écrivain est celui qui n'a rien à dire [...]. Croire que le romancier a quelque chose à dire représente le plus grave des contresens. » L'œuvre d'art n'est qu'une combinaison de signes dont le critique doit faire une « analyse spectrale ». Ainsi il n'y a pas d'histoire littéraire, mais un champ et une production littéraires, il n'y a pas de créations mais des constructions dont il faut démonter les rouages, énumérer les pièces et inventorier les assemblages. Finalement, un Michel Foucault, après avoir affirmé qu'il n'y avait ni essence ni existence de l'homme, n'hésite pas à conclure qu'il n'y a pas d'auteur parce qu'un auteur n'est que le porte-parole des structures économico-sociales qui le constituent. Méthode d'analyse qu'il oublie d'appliquer à ses propres propos, car les structuralistes, qui ne voient partout que systèmes de codes et qui écartent toute idée de Modèle, tiennent leur méthode pour *la* méthode définitive et irremplaçable.

Le marxisme, qui invoquait des infrastructures comme causes des superstructures, put se sentir en terrain connu dans ces scientismes anti-humanistes ; il avait tout de même à affronter le refus des macro-histoires et de la dialectique ; le marxisme, en effet, ne cesse d'invoquer un sens de l'Histoire, une dialectique où la lutte des classes joue un rôle essentiel. C'est pourquoi nombreux sont ceux qui, dans de « vastes synthèses », s'efforcent de réconcilier le structuralisme, le freudisme, le marxisme et un nietzschéisme adapté, dans des « anti-humanismes » qui ont pour souci de récuser toute transcendance, même celle que l'Homme pourrait constituer à l'égard de lui-même.

Ces nihilismes encyclopédiques reprennent les très vieilles idées des explications par le milieu, mais ils les dissimulent derrière une terminologie impressionnante empruntée en grande partie à la linguistique ; certains philosophes sont très friands de ces vocabulaires ésotériques qui laissent croire qu'obscurité est synonyme de profondeur. Dans *Les Précieuses ridicules*, Molière avait déjà ironisé sur le jargon cartésien en honneur dans certains milieux ; dans *Bouvard et Pécuchet*, Flaubert avait parodié un patois hégélien alors à la mode ; mais aujourd'hui, tant est grand le souci d'être dans le vent, personne n'ose crier que « le roi est nu ».

Les conséquences du structuralisme sont à la fois graves et pleines de contradictions significatives. Ces aplatissements analytiques reprennent, en les compliquant, les conclusions du sociologisme pour accuser de « moralisme » tous ceux qui prétendraient que l'éthique est autre chose qu'un système codé explicable à partir de structures à inventorier ; à tous ceux-là est opposé un « rire philosophique » qui dispense de toute argumentation et s'attache à repousser l' « esprit de sérieux ». Ces systématismes qui ne parlent que de champ de l'Histoire, de champ du savoir, voire de champ pulsionnel, en arrivent à dire avec un Michel Foucault que rien n'est contre nature parce que tout vient de la nature.

Une fois de plus, l'hyperintellectualisme des syntaxes ouvre la porte à un ludisme radical et à un « esthétisme transcendantal » pour qui tout est jeu de combinatoires et rien d'autre. Ces systématismes conduisent à des positions intenables. Tout d'abord, les partisans de ces anti-humanismes qui, après la mort de Dieu, nous annoncent la bonne nouvelle de la « mort de l'Homme », font partie de ceux qui se trouvent toujours au premier rang pour manifester dans la rue ou pour signer des pétitions en faveur des « droits de l'homme » ; or on ne peut reconnaître que l'homme a des droits en prétendant en même temps qu'il est mort et qu'il n'a jamais été qu'une pseudo-notion. Ensuite, devant les génocides, les horreurs des camps de concentration et des guerres, peut-on dire qu'il n'y a pas de sujet lorsqu'on voit ces monceaux de cadavres entassés comme des pierres ou comme des tas d'ordures ? Peut-on continuer de dire que rien n'est contre nature parce que tout vient de la nature, que la distinction entre barbarie et civilisation est purement culturelle ? Ou la philosophie n'est qu'un badinage mondain sans importance à l'usage de ceux qui, comme le disait Leibniz, préfèrent la paille des mots au grain des choses, ou l'on est en droit d'attendre d'elle un minimum de sérieux et de cohérence.

II. — LES RÉENCHANTEMENTS DU MONDE

Dans *Le Gai Savoir,* l'Insensé s'écrie, après avoir annoncé la mort de Dieu : « C'est nous, nous tous qui sommes ses assassins ! [...] Qu'avons-nous fait quand nous avons détaché la chaîne qui liait cette Terre au Soleil ? Où va-t-elle maintenant ? Où allons-nous nous-mêmes ? Loin de tous les soleils ? Ne tombons-nous pas sans cesse ? En avant, en arrière, de côté, de tous les côtés ? Est-il encore un en-haut, un en-bas ? N'allons-nous pas errant comme par un néant infini ? Ne sentons-nous pas le souffle glacé du vide sur notre face ? » Dans ces lignes, où s'exprime une libération désespérée, Nietzsche a parfaitement traduit ce qu'allait être la condition de l'homme du XXe siècle : celle d'un être désorienté, c'est-à-dire d'un homme qui a perdu l'Orient, le pays symbolique où la Lumière se lève. Les divers avatars du positivisme voulurent faire de l'homme l'être porteur d'une lumière qu'il avait lui-même allumée et qui allait le diriger droitement dans l'Histoire ; ils ont fini dans ces anti-humanismes où la lumière naturelle chargée d'éclairer l'homme se retourne sur lui jusqu'à le désintégrer et à en célébrer la mort.

Bref, face à un monde où il se trouve seul ou dans lequel on le résorbe en le dissolvant, l'homme (car il faut bien un auteur pour dire qu'il n'y a pas d'auteur et des hommes pour écrire et lire que l'homme est mort...) ressent de plus en plus fortement ce qu'éprouve Nietzsche, à savoir d'être « sans patrie » et d'avoir « le mal du pays sans avoir de pays ». La lumière plate et crue que la science répand sur les choses et les êtres ne parvient pas à les justifier ; ses applications sont autant de moyens permettant d'acquérir d'autres moyens et ainsi sans fin. Si bien que l'homme qui célèbre le progrès ressemble à quelqu'un qui marcherait à reculons en sachant d'où il vient mais en ignorant où il va. Comme dans la pièce de Beckett, il attend Godot tout en se posant la question : « Oui, mais en attendant ? » Prométhée délivré se reconnaît volontiers dans Sisyphe dont Camus nous dit gratuitement qu'il faut l'imaginer heureux.

C'est pourquoi le XXe siècle s'est efforcé de réenchanter le monde, et cela de trois manières : en déifiant l'action technique, en chantant une surréalité opérant la synthèse des contradictoires, en adorant l'idole de la Révolution.

Le futurisme

A l'aube du XXe siècle, la déification de la technique fut l'œuvre du futurisme. Le manifeste de Marinetti (1876-1944) parut en 1909 dans *Le Figaro.* C'était l'époque des locomotives à vapeur, des premiers aéroplanes et des premières voitures de course ; Marinetti vit dans ces machines des œuvres d'art plus belles que la *Victoire de Samothrace* ; il les considérait même comme des créatures nouvelles dont il chantait le grand poitrail d'acier et les prouesses extraordinaires. Selon lui, la machine allait permettre d' « ébranler les portes de la vie pour en essayer les gonds et les verrous ». Tout semblait prêt désormais pour le Grand Départ : « Le Temps et l'Espace sont morts hier. Nous vivons déjà dans l'absolu, puisque nous avons déjà créé l'éternelle vitesse omniprésente. » Le futurisme veut donc « tuer le clair de lune », en finir avec le passé, brûler les bibliothèques, faire passer les fleuves dans les musées pour les nettoyer de leurs chefs-d'œuvre fossilisés. Il faut démolir, détruire et « cracher chaque jour sur l'Autel de l'Art » ; nous devons devenir des adeptes de la nouvelle religion-morale de la vitesse, comprendre que l'homme est multiplié par la machine, que « la vitesse a rapetissé la Terre » et qu'elle fait « mécaniquement le travail de l'analogie poétique ». La machine devient ainsi « la divinité nouvelle », elle est « le symbole le plus riche de la mystérieuse force créatrice humaine » ; ces Iseults d'acier sont de sublimes inspiratrices et les futuristes proclament : « Amoureux des machines, nous les avons possédées virilement, voluptueusement ! » Malheureusement, les futuristes, qui célébraient la guerre « seule hygiène du monde » et « la furibonde copulation de la bataille », firent le mauvais choix en se ralliant à Mussolini ; cela leur valut d'être complètement occultés jusqu'en 1968 où ils furent redécouverts et donnés pour d'authentiques révolutionnaires anti-bourgeois.

Il y a beaucoup d'outrances provocatives et de tape-à-l'œil dans le futurisme qui célèbre « l'imagination sans fils et les mots en liberté » ; mais il ne faut pas oublier qu'il voulut réenchanter le monde en ayant « pour principe le complet renouvellement de la sensibilité humaine sous l'action des grandes découvertes scientifiques ». Les futuristes ne sont pas seulement les précurseurs d'expériences reprises par le dadaïsme, voire le surréalisme, ou le *Mechanical Art,* ils sont les témoins de la tentative de l'homme pour réenchanter le monde à l'aide de ses productions techniques ; celles-ci lui donnent le sentiment de ne plus être une créature mais d'être devenu le créateur d'êtres appartenant à un règne nouveau. C'est ainsi qu'aujourd'hui on voit volontiers dans les ordinateurs des machines à penser qui sont de véritables êtres vivants dont le temps de fonctionnement ne doit pas être distingué de la durée vécue, des spécialistes leur prêtent même des passions. Le *Cybernetic Art* demande à ces êtres machinés de dessiner, de composer de la musique ou d'écrire des poèmes. En proclamant l'avènement de l'ère des robots, les hommes se donnent l'impression qu'ils sont devenus « comme des dieux » et qu'ils viennent d'écrire une nouvelle Genèse. Les « sciences-fictions », les romans d'anticipation sur le Cyborg, les humanoïdes, les extra-terrestres, les surhommes ou les mutants constituent autant d'entreprises, dérisoires mais significatives, dans lesquelles l'homme demande à sa production de s'auto-dépasser en création afin de lui permettre de trouver sa condition et de s'ouvrir à un futur extraordinaire.

Ces réenchantements du monde par la technique et l'avenir se doublent de réenchantements par les media qui enivrent d'images et de messages. Grâce à eux, l'homme a l'impression d'être le héros d'un conte de fées permanent que les magazines, les affiches, les écrans de télévision illustrent et renouvellent en provoquant des désirs, des phantasmes et en créant des besoins nouveaux. Sans cesse sollicité par des images qui le regardent autant qu'il les regarde lui-même, l'homme des pays hyperdéveloppés est soumis à des bombardements de messages sans Message qui l'irradient, le rendent « radio »-actif et lui donnent l'impression qu'ils lui injectent des consciences multiples et simultanées. Les futuristes avaient réclamé l'« accélération de la vie », célébré l'« amour de la vitesse, de l'abréviation, du résumé, de la synthèse », du « dites-moi tout, vite, en deux mots » ; aujourd'hui les media s'efforcent de remplir de tels programmes. Vivant dans un temps invertébré, disloqué, harcelant, fait de flashes et d'instants discontinus, l'homme ne s'appartient plus et s'imagine s'être ainsi libéré de lui-même.

En outre, le dieu Hasard, que Nietzsche avait célébré, acquiert petit à petit un droit de cité de plus en plus important. Chez les savants tout d'abord qui prétendent que le monde et la vie sont nés de ces hasards à l'occasion desquels des particules matérielles se sont agrégées entre elles, répétant ainsi Démocrite. Chez les artistes ensuite qui cultivent les *happenings,* la musique aléatoire, l'*action painting,* l'écriture automatique ou les « cadavres exquis ». Chez l'homme de la rue enfin qui cherche les rencontres nées du hasard et qui met ses espoirs dans les hasards fertiles.

L'homme désenchanté a demandé à la technique et à l'action de le transformer en un Protée tout-puissant enivré de sensations, d'histoire et de ce « Théâtre Total » que réclamait Marinetti pour vaincre « l'ennui millénaire » et porter « l'esprit humain à des parages inconnus ».

Le surréalisme

Au lendemain de la Première Guerre mondiale le surréalisme s'attacha, lui aussi, à la tâche de réenchanter le monde. Les destructions et les massacres qui avaient ensanglanté la planète de 1914 à 1918 semblaient consacrer la faillite et l'écroulement d'un monde qui se posait la question : « Et maintenant ? » Le surréalisme voulut trouver un débouché au *Que suis-je ?*, au *Que dire ?* et même au *Que faire ?* Mais l'aventure à laquelle il convia plongeait ses racines dans un domaine qui débordait de beaucoup celui des conjonctures historiques de l'époque. Le divorce et les antinomies entre le réel et l'imaginaire, la veille et le sommeil, le normal et la folie, le merveilleux et le quotidien avaient été toujours sentis comme autant d'infranchissables obstacles à une synthèse des contradictoires. Le romantisme allemand avec Novalis avait travaillé à l'élaboration non pas d'une Logique, mais d'une Fantastique et pensait qu'un jour viendrait où l'homme ne cesserait de veiller et de dormir à la fois. Des poètes français, et entre autres les symbolistes, avaient voulu faire cesser le divorce entre les mots, par la recherche des « correspondances » dont parlait Baudelaire après Swedenborg, par la mise au point d'une « alchimie du Verbe » avec Rimbaud, ou par l'évocation du « démon de l'analogie » cher à Mallarmé. La dialectique hégélienne avait voulu opérer la synthèse du positif et du négatif, du Oui et du Non, de l'Etre et du Néant, toutes opérations mentales semblant conduire à des dépassements triomphants. Quant à Freud, il venait de découvrir les voies du symbole et ménageait des passages entre des domaines considérés jusque-là comme radicalement étrangers les uns aux autres.

Les surréalistes voulurent parvenir au dépassement de toutes les séparations et construire *les vases communicants* qui permettraient de chanter « la lumière unique de la coïncidence ». Cette quête de l'*Aufhebung* de toutes les *Aufhebungen* se trouve bien exprimée dans la célèbre déclaration d'André Breton dans le *Manifeste du surréalisme* (1924) : « Je crois à la résolution future de ces deux états en apparence contradictoires que sont le rêve et la réalité en une sorte de réalité absolue, de surréalité », complétée par celle du *Second Manifeste du surréalisme* (1930) : « Tout porte à croire qu'il existe un certain point de l'esprit d'où la vie et la mort, le réel et l'imaginaire, le passé et le futur, le communicable et l'incommunicable, le haut et le bas cessent d'être perçus contradictoirement. » André Breton et les surréalistes furent à la recherche de ce « point suprême » à partir duquel il serait possible de « jeter un *fil conducteur* entre les mondes par trop dissociés de la veille et du sommeil, de la réalité extérieure et intérieure, de la raison et de la folie, du calme de la connaissance et de l'amour, de la vie pour la vie et de la Révolution ». La recherche de ce « signe ascendant » passait par l'approfondissement du « mot le plus exaltant dont nous disposions [...], le mot *comme*, que ce mot soit prononcé ou *tu* ». A la déclaration de Breton « les mots font l'amour » correspondaient en peinture les préoccupations de Max Ernst qui cherchait l'« accouplement de deux réalités en apparence inaccouplables sur un plan qui en apparence ne leur convient pas », redonnant par là toute sa force à la déclaration de Lautréamont : beau comme « la rencontre fortuite sur une table de dissection d'une machine à coudre et d'un parapluie ».

Mais vers quoi pouvait bien tendre ce dépassement suprême ? La surréalité invoquée par Breton n'était-elle qu'un mot venu sous la plume d'un rédacteur de manifestes ? Cette surréalité fut demandée à l'Amour qui abolit toutes les routes et qui met sur les voies de la « ressemblance » ; elle fut cherchée dans un occultisme athée, c'est pourquoi les surréalistes s'intéressèrent aux voyantes, aux médiums, à la magie et à l'alchimie. Certains cherchèrent même cette surréalité dans des drogues, comme Antonin Artaud ou ceux qui, avec René Daumal et Roger Gilbert-Lecomte, fondèrent le groupe Le Grand Jeu. Mais la quête de cette surréalité déboucha surtout dans le souci de travailler à l'avènement de la Révolution. Breton et la plupart de ses amis se tournèrent un temps vers le communisme. Ils prirent pour programme la formule de Breton : « Changer le monde, dit Marx, changer la vie, a dit Rimbaud : ces deux mots d'ordre pour nous n'en font qu'un. » Adhérant au parti communiste, ils modifièrent le titre de leur revue *La Révolution surréaliste* en : *Le Surréalisme au service de la Révolution.* La lune de miel fut de courte durée, les communistes considéraient d'un œil soupçonneux ces intellectuels issus de la bourgeoisie ; quant aux surréalistes, ils refusèrent vite de se plier à la « discipline » du réalisme socialisme en qui ils dénoncèrent un moyen d'extermination morale. Abandonnant le parti communiste, Breton et ses amis se tournèrent alors vers Trotski, voire vers l'anarchisme ou l'éphémère mouvement des Citoyens du Monde, assoiffés qu'ils étaient de faire descendre le rêve du Ciel sur la Terre.

Face aux positivismes, le surréalisme eut l'immense mérite de chanter la Beauté, le Merveilleux, d'explorer la toute-puissance des mots et celle de l'image. Mais, en même temps, il se heurta à l'exclamation de Hamlet : « Des mots ! Des mots ! Des mots ! » L'homme a beau crier « Sois ! » ou « Aime-moi ! » il ne fera jamais surgir l'être du néant ni ne mettra l'amour au cœur de l'autre s'il ne s'y trouve déjà. Bref, l'aventure surréaliste pour réenchanter le monde grâce à la toute-puissance du *Sur* parut n'être à beaucoup qu'un simple opium de l'existence. C'est ce que lui reprochèrent naturellement les marxistes et, d'une manière beaucoup plus significative, Jean-Paul Sartre.

L'existentialisme

Au lendemain de la Seconde Guerre mondiale, Sartre voulut, à sa manière, réenchanter le monde en imposant l'opium de la Révolution à la place de celui des mots et de l'image. En ce sens, le passage de *L'Etre et le Néant* (1943) à la *Critique de la raison dialectique* (t. I, 1960) est des plus instructifs. La pensée de Sartre se présenta d'abord comme une ontologie phénoménologique qui devait beaucoup à Husserl, à Freud et à Heidegger encore mal connu en France. Sartre sait gré à Husserl d'avoir montré que le sens des choses n'était ni purement subjectif puisque je rencontre l'extériorité, ni purement objectif puisqu'il ne s'instaure qu'à partir de la perspective que je prends sur la réalité totale. Toute subjectivité est donc ouverture sur le monde et conscience de quelque chose. Mais Sartre reproche à Husserl de maintenir un Je transcendantal donneur et porteur de sens ; Sartre veut éliminer ce Je transcendantal (qui finalement pour Husserl n'est autre que Dieu) ce qui le conduit à affirmer qu'il n'y a pas de vie intérieure et que tout est en dehors de nous. La conscience est « conscience (de) quelque chose », le *de* mis entre parenthèses montre qu'il n'y a pas d'un côté la « conscience » et de l'autre un « quelque chose », mais que la conscience n'est que par le quelque chose. Sartre en tire la conclusion que « être c'est s'éclater dans le monde », pour lui « finalement tout est dehors, tout, jusqu'à nous-même : dehors dans le monde, parmi les autres. Ce n'est pas dans je ne sais quelle retraite que nous nous découvrirons : c'est sur la route, dans la ville, au milieu de la foule, chose parmi les choses, homme parmi les hommes ». S'il s'agit là de s'opposer aux solipsismes de la Tour d'ivoire on ne peut que s'en féliciter, toutefois comment peut-on se référer à un *dehors* sans référence à un *dedans* ?

Sartre dénonce ensuite les attitudes de ceux qui mettent l'essence avant l'existence ; selon lui, un François Mauriac décide d'abord de l'essence de chacun de ses personnages puis leur donne une existence conforme à cette essence ; Sartre voit là du jansénisme, de la prédestination, qui fait de l'existence la prisonnière d'une essence. Ayant voulu délivrer l'homme de la vie intérieure, Sartre continue en disant que l'homme n'a pas d'essence, qu'il est néant d'essence, qu'il est donc liberté. L'existence précède l'essence et l'homme n'est que ce qu'il se fait, c'est pourquoi *l'existentialisme est un humanisme.*

Sartre oppose alors l'*être,* c'est-à-dire la chose qui est bouchée par son essence et qui ne peut être autre que ce qu'elle est, qui est de l'« en soi », à ce *néant* d'essence qu'est l'homme qui reste du « pour soi ». Une telle distinction permet de découvrir deux expériences fondamentales : d'une part, la présence des choses nous donne une « nausée » venant de ce que nous ne pouvons pas expliquer pourquoi les choses sont là plutôt qu'ailleurs, si bien qu'elles nous paraissent entièrement gratuites ; d'autre part, le « pour soi » éprouve de l'angoisse, car il se sent injustifiable. L'homme se trouve, en effet, devant ce paradoxe qu'il doit assumer son existence sans avoir fait son exister, dès sa naissance il se trouve embarqué : « Je nais ouvrier, Français, hérédo-syphilitique ou tuberculeux. L'histoire d'une vie, quelle qu'elle soit, est l'histoire d'un échec. » Je suis donc condamné à être libre, tout choix ne peut être que le choix d'une finitude et il y a une sorte d'absurdité de la liberté puisque « les jeux sont faits ».

En outre, je suis plongé parmi tous ceux qui ne sont pas moi ; ne pouvant les pénétrer, je les chosifie du regard et de la pensée, si bien qu'il ne reste aux autres d'autre ressource que la riposte. L'essence de l'être-avec est donc le conflit, « l'enfer, c'est les autres » parce que chacun vit à *huis clos.* C'est pourquoi Sartre parle du « scandale de la pluralité des consciences », scandale que l'on peut décrire mais que l'on ne peut dépasser : l'autre et moi restons « injustifiables » et demeurons sans Message, chacun d'entre nous est « jeté dans le monde » et a le sentiment qu'il est toujours « de trop ». Finalement, cette philosophie de la liberté et cet humanisme s'achèvent sur un pessimisme irréductible et sans espérance puisque : « La passion de l'homme est inverse de celle du Christ, car l'homme se perd en tant qu'homme pour que Dieu naisse. Mais l'idée de Dieu est contradictoire et nous nous perdons en vain ; l'homme est une passion inutile. » L'homme ressemble à « l'âne qui tire derrière lui une carriole et qui tente d'attraper une carotte qu'on a fixée au bout d'un bâton assujetti lui-même aux brancards ».

Sartre fut immédiatement dénoncé par les marxistes comme un penseur petit-bourgeois décadent ; mais il changea assez vite son fusil d'épaule pour ne pas « mécontenter Billancourt » et surtout par souci de réenchanter le monde d'une manière efficace. C'est pourquoi il adhéra au marxisme et gravita même autour du maoïsme. En ce sens la *Critique de la raison dialectique* marque un virage des plus significatifs ; cet intellectuel, isssu de la grande bourgeoisie, qui n'eut jamais de problèmes financiers et ne courut aucun risque, se mit à adorer l'idole de la Révolution qui joue chez lui un rôle comparable à celui que Nietzsche avait demandé au Surhomme de remplir, ou à celui dont les surréalistes avaient surinvesti l'image ; cependant Sartre veut travailler dans le concret, dans la *praxis*, de manière à réenchanter le monde par l'action intellectuelle et sociale. Renonçant à l'existentialisme qu'il tient désormais pour « un système parasitaire qui vit en marge du Savoir », Sartre voit dans le marxisme la Science et tient le matérialisme historique pour « la seule interprétation valable de l'Histoire » et pour « l'horizon indépassable de notre temps », ce qui explique que le pluralisme soit pour Sartre un concept de droite, un concept fasciste, la vérité étant une et unique ne saurait tolérer une pluralité quelconque au nom d'une fausse conception de la liberté. C'est pourquoi il ne fut pas pardonné à Albert Camus d'avoir écrit *L'Homme révolté*, tandis qu'un Merleau-Ponty, soucieux de ne pas se perdre dans *les aventures de la dialectique* ni de confondre *humanisme et terreur*, s'orientait vers de consciencieux travaux universitaires.

Dès lors, tout ce qui se trouvait décrit dans *L'Etre et le Néant* en termes d'ontologie phénoménologique va se trouver expliqué en termes de matérialisme historique. Le conflit qui préside aux relations de l'*être-avec*, le caractère infernal de l'autre, est transposé dans le cadre de la lutte des classes ; si l'autre reste pour moi infernal c'est parce que lui et moi sommes soumis au « joug de la rareté » et que nous luttons pour partager des biens en quantité insuffisante : dans le champ de la rareté, autrui est toujours de trop. Sartre demande alors à la société sans classe, à l'Homme total, de résorber le scandale de la pluralité des consciences, de dépasser les durées diachroniques, d'ouvrir les huis clos de toutes les monades, de résorber tous les *face à face* dans un gigantesque *Avec* historico-social. L'âne ne tirera plus vainement sa carriole, l'homme ne sera plus une « passion inutile », puisqu'il y a un sens de l'Histoire scientifiquement défini par le marxisme. Sur une telle vision du monde, Sartre, qui fut toujours atteint de surdité poétique, a greffé ses théories sur la « littérature engagée ».

Mais, ce continent social scientifiquement paradisiaque, auquel le matérialisme historique doit permettre d'aborder, donne finalement sur un X inconnaissable, sur un noumène historique ; Sartre le reconnaît explicitement : « Lorsque nous serons délivrés du joug de la rareté le marxisme aura vécu, une philosophie de la liberté prendra sa place. Mais nous n'avons aucun moyen, aucun instrument intellectuel, aucune expérience concrète qui nous permette de concevoir cette liberté ni cette philosophie. » Autrement dit, nous ne savons pas où nous allons, mais nous devons y aller tout droit.

Cette bonne conscience de détenir la Science pour construire la vraie Histoire et la vraie société aboutit, comme toujours, à faire de la déesse Révolution, chargée de réenchanter le monde, une nouvelle et sanguinaire Khâlî. Sartre est prêt, en effet, à jouer les Grands Inquisiteurs et les Fouquier-Tinville ; parlant des « maos », il proclame : « Je suis un partisan de la peine de mort politique [...]. Un régime révolutionnaire doit se débarrasser d'un certain nombre d'individus qui le menacent, et je ne vois pas d'autres moyens que la mort. On peut toujours sortir d'une prison. Les révolutionnaires de 1793 n'ont probablement pas assez tué et ont ainsi inconsciemment servi un retour à l'ordre, puis la Restauration. » Voilà donc par où passent *les chemins de la liberté* et Sartre, qui a toujours travaillé dans son bureau ou en bibliothèque, ne craint pas de dire « on n'a pas d'idées tout seul, la vérité vient du peuple ». Or, pour lui les autres se réduisaient surtout à ceux qu'il voyait de la terrasse des cafés littéraires ou à ceux qu'il côtoyait brièvement dans des manifestations où il était protégé contre des dangers quasi inexistants.

Partisan de « la démocratie directe » où les assemblées votent à main levée, bien qu'ayant affirmé : « Je crois à l'illégalité », Sartre n'a jamais travaillé qu'avec des concepts et des *mots*, rédigeant son autobiographie après avoir affirmé qu'il fallait nous libérer de la vie intérieure. Lui qui stigmatisa « le salaud » n'hésite pas à se présenter fièrement comme un « traître » toujours prêt à se renier. Grandes sont les ressources de la dialectique entre les mains d'un monstre sacré. Sartre semble avoir été conscient de ce qu'impliquait son culte pour la déesse Révolution puisqu'il avoue qu'il revient au même de s'enivrer dans une chambre ou de conduire les peuples. A ceci près tout de même que, dans le dernier cas, des centaines de milliers d'hommes subissent les contrecoups des enivrements d'un seul. L'aventure existentialiste et marxiste de Sartre pour réenchanter le monde en invoquant la Révolution permanente ressemble à celle d'un Ulysse qui chercherait dans ce monde-ci à aborder à un Eden futur.

Ainsi va ce XXe siècle qui rencontre partout le cadavre et l'ombre de Dieu ; il cherche le rêve qui fasse agir ou l'action qui fasse rêver. Il tente de vider la mer qui sépare ces archipels que constituent les consciences afin de découvrir l'originaire continent enfoui sur lequel il pourrait construire la Cité radieuse. Or tout se passe comme si ce XXe siècle creusait le lit pour des océans encore plus vastes et soulevés par de terribles tempêtes. Les constructeurs de tours de Babel s'affairent sur des chantiers indépendants. Les uns pensent avec Léon Brunschvicg que *le progrès de la conscience* est parallèle au progrès de la science et que conscience sans science n'est que ruine de l'âme, ils ne voient pas toujours que la triste vocation de l'outil est de se transformer en arme et que l'armée est de plus en plus la science et l'industrie mobilisées pour lesquelles les guerres sont des facteurs de progressions foudroyantes. Un épistémologue comme Bachelard a voulu, lui aussi, réenchanter la fonction du réel en montrant que l'existence d'une fonction de l'irréel était psychiquement aussi utile que la première, il a cherché à concilier une philosophie de la science travaillant sur les concepts avec une philosophie de l'imaginaire rêvant sur les images et sur les mots.

Sociologues, spécialistes des logistiques et structuralistes se consacrent à des travaux de radioscopies qui les conduisent à prendre les squelettes pour des corps vivants. Les dictatures sanglantes, de droite ou de gauche, empêchent les citoyens de se mêler de ce qui les regarde, tandis que les démocraties leur demandent de se prononcer sur des problèmes auxquels ils ne comprennent rien, l'indispensable marge de manœuvre restant nulle entre ces deux extrêmes dont on doit se contenter de dire que le second est peut-être moins nocif que le premier.

D'autres consomment des drogues de toutes sortes : chimiques, dialectiques, idéologiques et médiatiques afin d'intensifier les fureurs de vivre et de faire tourner plus vite la roue des existences. On y cultive les extases vers le bas, les *n'importe quoi* érigés en système, au nom de cette idée qu'il n'y a pas de valeurs mais seulement des préjugés et que toutes les opinions se valent ; on cherche à « se défoncer » pour « se brancher » sur des courants inconnus ; la nouveauté fait figure de panacée ; là règne le programme : « Sex, Drug and Rock and Roll » ou celui des trois *S :* « Sun, Sea and Sex ». L'amour désacralisé est réduit à une fonction érotique que la pornographie travaille à exacerber tandis que, sous prétexte de « libérer » la femme, les mâles s'efforcent de la rendre plus facile ou plus docile. Il faut ajouter que beaucoup font appel à des spiritualités orientales, soit pour les utiliser comme idéologies de regonflage, soit pour leur demander de les confirmer dans cette idée que le sujet n'est qu'une pure illusion. Au-dessus de toutes ces tempêtes, des pilotes du temps prétendent connaître de source sûre la route unique de l'Histoire et posséder la boussole et les cartes nécessaires.

Tant et si bien que les hommes ressemblent de plus en plus soit à des galériens obligés de ramer en cadence, soit à des naufragés qui, sur de nouveaux radeaux de la *Méduse*, finissent par s'entre-dévorer. Pendant ce temps, des écrivains, des philosophes et des professionnels de la pétition se chargent d'angéliser les actions des uns ou des autres. On encense partout la liberté et la bonne violence, tandis que l'on massacre le Juif errant qui a le « tort » de ne pas parvenir à se fixer sur cette terre. Au milieu de toute cette agitation, les théologiens font souvent preuve de suivisme et la théologie devient la servante de la philosophie ; on veut s'ouvrir au monde sans comprendre qu'il s'agit d'ouvrir ce monde à une lumière qu'il est bien incapable d'allumer.

Kafka a profondément inversé l'image biblique en disant que nous creusions « le puits de Babel ». Mais il est quasiment interdit de le faire savoir, car règne partout un naïf et angélique manichéisme au nom duquel on proclame péremptoirement que le pessimisme est de droite et que l'optimisme est de gauche.

Vouloir réenchanter le monde par la technique, le rêve ou la Révolution revient à demander au naufragé de considérer que ses caisses vides contiennent de prodigieuses nourritures sur lesquelles il peut désormais compter pour « dépasser » toutes ses faims.

III. — HEIDEGGER OU L'AMBIGUÏTÉ FONDAMENTALE

Elève de Husserl, Heidegger (1889-1976) se souvient de la phénoménologie comme effort pour voir les choses directement par une vue naïve ; la vérité étant cachée, il faut parvenir à voir l'être des choses en allant de l'étant à l'Etre. Heidegger commence par reprendre cette idée husserlienne que l'homme est un être-dans-le-monde, mais il se détache de l'orientation prise par son maître surtout soucieux de fonder la philosophie « comme science rigoureuse ». Dans *Etre et Temps* (1927) et dans *Qu'est-ce que la métaphysique ?* (1930), Heidegger jette les bases d'une vision du monde qui fait parfois songer à celle de Pascal, abstraction faite de toute dimension chrétienne. En tant qu'être-dans-le-monde, l'homme est à la fois uni aux choses et séparé d'elles. Cette séparation, et l'étonnement de cet isolé devant le monde où il est immergé, fait naître l'angoisse. Nous nous éprouvons comme déjetés, délaissés dans le monde ; il y a quelque chose qui s'ouvre en nous, un cri qui appelle vers rien qui se puisse dire, l'existence s'appelle elle-même, mais parle sous le mode du silence. Cette angoisse est la marque du Néant. « Ce n'est rien », répondons-nous à celui qui s'inquiète de nous voir désemparé et qui nous demande « ce que nous avons » ; Heidegger relève la formule en précisant que, dans l'angoisse, c'est précisément le Rien, le Néant, qui surgit en nous. C'est pourquoi l'angoisse ne doit pas être confondue avec la peur, car cette dernière expérience implique quelque chose qui nous fasse peur. L'homme est également un être-pour-la-mort ; il mourra et il le sait. Cette mort introduit dans notre existence la contingence absolue, voire l'absurde ; car, si nous savons *que* nous mourrons, nous ignorons *quand* et *comment* nous mourrons ; de plus la solution du problème de la mort dépend d'une expérience dont nous sommes totalement privés : nous sommes jetés dans le monde pour y mourir. L'homme est donc l'être du *souci*, un souci qui n'est autre que le temps, intervalle qui sépare la naissance de la mort.

Dès lors, nous nous trouvons en présence d'un grand paradoxe : nous devons faire notre existence sans avoir fait notre exister ; à partir du moment où nous acceptons d'assumer une existence que nous n'avons pas choisie, nous n'en sommes pas seulement affligés, nous en sommes responsables. Selon Heidegger, c'est là que se trouve la *faute* : nous sommes responsables de notre finitude. Si nous n'avons pas conscience de cette finitude, nous demeurons dans l'*inauthentique*. Nous sombrons alors dans le *on*, « on » bavarde sans savoir de quoi l'on parle et en parlant de ce que l'on ne sait pas, « on » tombe dans la curiosité où l'on se distrait sans jamais s'étonner et où l' « on » s'ennuie. Mais, si nous sommes fautifs en en ayant conscience, nous parvenons à l'*authenticité*. Heidegger ne pose pas l'essence antérieurement à l'existence, ni l'existence avant l'essence, comme le fait Sartre ; pour Heidegger l'essence de l'homme réside dans son existence, c'est l'essence de l'homme que d'exister. Qu'en est-il alors de notre liberté ? A l'égard de notre condition elle est nulle, car d'une part nous sommes jetés dans l'existence, et d'autre part nous subissons la mort. Seule la liberté de regarder la mort en face assigne un but à notre existence.

Une telle philosophie ne se développe pas comme un dolorisme ontologique, ni comme une philosophie tragique, mais comme une suite organisée d'analyses phénoménologiques. On pourrait dire que nous nous trouvons ici en présence d'une sorte de théologie sans Dieu (Heidegger avait commencé par étudier la théologie et avait écrit une thèse sur Duns Scot en 1916). Sont, en effet, centrales des notions comme celles de *faute,* d'*angoisse,* de *culpabilité,* de *déréliction,* chères à des penseurs religieux comme Pascal ou Kierkegaard. Mais Heidegger ne parle pas de révélation, de salut, d'incarnation ni de rédemption. Quelques-uns se crurent autorisés à en conclure que Heidegger était athée, ce contre quoi celui-ci protesta. Toutefois, les choses sont loin d'être simples.

Les œuvres de Heidegger publiées, ou connues, après la guerre montrent que cette philosophie n'est nullement une philosophie de l'existence, comme certains avaient cru pouvoir rapidement l'affirmer. Le plus grave contresens que l'on puisse commettre à l'égard de la pensée de Heidegger est d'y voir un existentialisme ; la tâche de la philosophie n'est pas de réfléchir sur l'existence, sur l'étant, mais bien de méditer sur l'Etre et sur ce qui fait l'être de l'étant, sur son « étantité ». C'était là, selon lui, la tâche que s'étaient déjà donnée les présocratiques et celle que Nietzsche avait faite également sienne ; la « fin » de la philosophie occidentale coïncide donc avec son commencement.

Mais, dans l'entre-deux, la philosophie occidentale s'est plongée dans un catastrophique « oubli de l'Etre » au profit d'une attention exclusive à cet étant appelé homme, étant qui n'est lui-même qu'un existant parmi bien d'autres. Nous vivons aujourd'hui dans la perte de l'Etre, l'absence de « patrie » est devenue un destin mondial. Quant à la métaphysique, elle a précisément le tort de ne pas poser la question de l'Etre et de ne pas penser la différence de l'Etre et de l'étant. Il ne s'agit pas de se limiter à une analytique du *Dasein,* il faut méditer sur le dévoilement de la Vérité, Vérité qui n'a rien à voir avec la cohérence logique définie par la science qui ne pense pas ; il faut se mettre en route vers le Fond de dévoilement de l'Etre.

Heidegger expose clairement le problème dans sa *Lettre sur l'humanisme* (1946). Les humanismes ne fondent pas assez haut l'*humanitas* de l'homme, ils réfléchissent sur les étants et non pas sur l'Etre ; ils laissent de côté le problème fondamental de l'être de l'étant et assimilent l'homme à l'Etre lui-même. Heidegger prend bien soin de préciser que faire le procès de l'humanisme ne revient nullement à glorifier l'inhumain, les instincts, ni la brute. Il s'agit de comprendre que l'homme n'est pas l'étant suprême ni l'Etre lui-même : « A l'intérieur de l'étant dans son ensemble, on ne peut trouver aucune raison de mettre en évidence précisément *cette* région de l'étant appelée l'homme, et à laquelle nous appartenons nous-mêmes par hasard. » Il faut donc décentrer cet étant qui est l'homme et qui n'est pas l'Etre, pour se laisser interpeller par l'Etre.

Les poètes peuvent précisément nous situer dans l'ouverture de cette interpellation, car ce qui demeure, seuls les poètes le fondent. Il faut expliquer l'essence de la poésie par l'essence du langage, et ne pas faire l'inverse, car « le langage est la maison de l'Etre » et « l'homme est le berger de l'Etre ». Le poète fait apparaître l'ouverture des choses, leur luminosité et leur caractère secret. L'acte poétique nous rend familiers à ce qui est d'abord, mais le *d'abord* ne vient donc qu'ensuite, car c'est seulement dans le retour que nous pouvons saisir l'originaire et le permanent, la source ne se découvre qu'à la mer, le pays n'est natal que lorsqu'on y revient et non lorsqu'on en part.

Toutefois, Heidegger se propose finalement de remonter plus haut que l'Etre, jusqu'au Néant fondateur de l'Etre lui-même ; selon lui c'est le Néant qui fonde la négation et non pas la négation qui fonde le Néant, le Néant ne relève pas du dire-non de l'homme.

L'attirance qu'exerce la pensée de Heidegger, aussi bien sur des penseurs chrétiens que sur des philosophes athées « ancrés à gauche », tous prêts à sacraliser chacun de ses mots, est très significative. Il y a, en effet, chez Heidegger une ambiguïté fondamentale bien à la mesure de notre modernité. Heidegger a travaillé dans un champ de réflexion où le christianisme semble présent alors qu'il est partout absent, certains ont cru pourtant se trouver là en terrain connu et virent dans Heidegger un philosophe de la discrétion religieuse. Or, en réalité, c'est à cette absence que Heidegger a toujours recours pour l'ériger en une forme de nouvelle piété qui n'a rien à voir avec le christianisme mais qui s'exalte dans la « fête », dans l'« Ouvert », dans la Nature chère aux Grecs et à Hölderlin, dans la méditation poétique sur *le chemin de campagne* et dans cette mystique païenne à laquelle le conviait le national-socialisme avec son culte voué au Führer, à la Race, au Reich, à la « force par la joie », à la guerre virile et à l'Histoire future. Car Heidegger a payé sa cotisation au parti nazi de 1933 à 1945 et n'a pas eu un seul mot pour réprouver ce qu'il avait pu apprendre des atrocités auxquelles avait conduit cette idéologie, après bien d'autres hélas ! L'idée de Heidegger selon laquelle on ne peut penser qu'en allemand, parce que cette langue est la seule dans laquelle l'Esprit vienne se nommer lui-même, pouvait conduire à une métaphysique de la race.

La philosophie de Heidegger est le type même de ces conceptions du monde qui demandent au monde de se réenchanter lui-même en jetant en lui ses propres passerelles. Car, pour Heidegger, « la réponse n'est que l'ultime démarche du questionnement lui-même ». Lorsque Heidegger reprend la question de Leibniz : « Pourquoi y a-t-il quelque chose plutôt que rien ? » il fuit l'idée même de réponse (alors qu'il a posé la question et ne l'a pas dénoncée comme l'avait fait Bergson) non pour s'ouvrir au Mystère mais pour questionner la question et faire de ce redoublement la réponse donnée par un monde qui interpelle. C'est pourquoi Heidegger écrit : « Tout est chemin » ; tout est chemin parce que, comme l'avait dit Nietzsche, il n'y a pas de but et qu'il faut chercher un ciel au-dessus de toute chose. Les *Holzwege*, les *chemins qui ne mènent nulle part,* ne sont pas ce que l'on appelle des impasses ; ce sont des chemins à l'écoute desquels nous devons nous mettre, car ils constituent l'Etre de la Forêt ; la Forêt appartient elle-même à l'ouverture du monde qui ne débouche sur rien d'autre que sur lui et qui n'a pas à être situé au sein d'un *autre part* qui le justifierait.

La philosophie de Heidegger est bien à l'image de notre monde, un monde qui se pose des questions afin de trouver les réponses en lui-même ; que ces réponses se situent dans l'ordre de la science, de la technique, dans le champ de l'Histoire et de la politique, ou dans celui de la non-essence, de la non-existence et du Néant, elles ne sont que des réponses semblables à celles de l'écho qui « répond » en renvoyant la question amplifiée ou multipliée. Heidegger prend finalement ces amplifications et ces redoublements pour l'interpellation de l' « Ouvert » ; le « Néant qui néantit », qui est poseur d'Etre, n'est pas un Au-delà transcendant à l'Etre qui pourrait faire songer aux théologies négatives, il est le Non-surgi d'où jaillissent les surgissements.

Beaucoup admirent Heidegger parce qu'il vaticine à la manière d'un mage que certains prennent pour une sorte de prophète, ou parce qu'il donne le sentiment d'ouvrir les voies qui conduisent au monde. Mais il ne fait que nous refermer sur ce monde en voyant dans l'être « la recollection de cette agitation antagoniste » dans laquelle « la totalité de l'étant est, dans son être, jetée sans cesse d'un contraire à l'autre ». Ici, le monde tente de se réenchanter par un auto-dévoilement ; tel est ce retour à une « lointaine origine », à une « Terre natale » qui nous est rendue. Désormais nous sommes censés parvenir à nous-même. La nostalgie heideggerienne en se rédupliquant pense trouver là l'instrument du retour vers le fonds originaire.

Tel est l'homme d'aujourd'hui qui se regarde dans le miroir du monde afin d'y retrouver sa propre image. S'il lui arrive parfois de briser désespérément ce miroir, c'est parce que celui-ci, comme l'écho, lui renvoie toujours le Même déjà connu jusqu'à la satiété.

7

Le Livre scellé

Les grands philosophes du XXe siècle ne connaissent guère les faveurs du grand public ni celles des media ; ils ont pourtant tenté de renouer les fils épars de ce qui constitue l'expérience humaine et l'histoire qui l'habite. Si l'on met à part quelques exceptionnels historiens des sciences, comme Pierre Duhem et Alexandre Koyré, ainsi que des historiens de la philosophie qui s'attachèrent humblement mais profondément à mettre en lumière la pensée des philosophes qu'ils étudiaient ou le mouvement des idées qui tissait la trame du temps, trois grands noms peuvent être retenus : Nicolas Berdiaev, Léon Chestov et Karl Jaspers.

Nicolas Berdiaev

Berdiaev (1874-1948), se souvenant de Dostoïevski, écrit : « Si vous dites que tout, le chaos, les ténèbres et l'anathème, est réductible à des calculs, que la possibilité d'un calcul préliminaire peut tout prévenir et que la raison humaine demeure maîtresse, l'homme *se fera fou volontairement*, afin de ne pas avoir de jugement et d'*agir à sa guise.* » Berdiaev refuse une idée de l'Etre comme règne du général et de l'universel ; lui qui, dans sa prime jeunesse, avait eu des sympathies pour le socialisme a vu le marxisme en action en 1917 et l'a dénoncé dans trois ouvrages d'une grande actualité : *De l'inégalité* (1918-1923), *Le Nouveau Moyen Age* (1924) et *Les Sources et le Sens du communisme russe.*

Berdiaev déplore que l'on ait remplacé la théologie par la sociologie ; on croit que c'est l'homme divinisé qui fait les révolutions, en réalité celles-ci s'abattent sur l'humanité comme le font les épidémies ou les catastrophes naturelles, car jamais les révolutions n'ont été belles ni bonnes, « toutes ont réveillé l'élément ténébreux et mauvais de l'homme, le chaos antique. Aucune ne fut raisonnable. Elles n'apportèrent jamais la joie ni cette libération dont rêvaient les générations précédentes. Et jamais, dans l'Histoire, ce qu'attendent les rêveurs ne se réalise ». L'utopisme est la forme suprême du rationalisme, « l'enthousiasme de la révolution est un enthousiasme réactionnaire » né d'une confusion simplificatrice engendrant une sorte d'hypnose et une insurrection qui manifestent l'impuissance créatrice. C'est pourquoi les révolutions font volontiers l'apologie de l'orthographe simplifiée, d'une langue simplifiée qu'elles veulent mettre au service d'une pensée simplifiée en croyant que le paradis réside dans un maximum de consommation et dans un minimum de production. Berdiaev partage donc le point de vue de Vladimir Soloviev pour qui l'Etat doit exister non pour transformer la vie terrestre en paradis, mais pour empêcher qu'elle ne devienne un enfer.

Un des livres essentiels de Berdiaev, *Cinq méditations sur l'existence* (1936), part de cette idée non cartésienne qu'il ne faut pas dire *Je pense donc je suis*, mais bien : « J'existe, environné des ténèbres de l'Infini, donc je pense. » Berdiaev dénonce les substitutions de la conscience collective au moi personnel et souligne le double sens du temps qui est source et crainte, mais aussi activité créatrice et espoir. Le temps est en quelque sorte l'éternité désagrégée dont tous les morceaux, passé, présent ou avenir, sont également insaisissables, l'instable destinée de l'homme se réalise dans cette éternité décomposée. La chute ne s'est pas produite dans le temps, c'est le temps qui est une conséquence de la chute ; mais « la plus profonde tragédie de l'existence humaine réside en ceci que l'acte accompli dans l'instant présent nous lie pour l'avenir, pour la vie entière, peut-être pour l'éternité ».

Selon Berdiaev, la personne n'est pas quelque chose de particulier ni de partiel, car elle est susceptible d'enfermer un contenu universel ; c'est pourquoi l'union des personnes ne se réduit pas à ces unions socialisées et objectivées que multiplie notre siècle et qui relèvent du royaume de César, la véritable communion est communion *en* et non communication *par*, elle appartient au royaume de Dieu. Car, comme il le dit dans *Essai de métaphysique eschatologique*, « toutes les vérités partielles reçoivent leur lumière de la Grande Vérité intégrale », cette Vérité « nous libère et nous sauve moins ici-bas qu'elle ne nous libère et nous sauve de cet ici-bas » ; elle est un jugement sur le mensonge du mal, une lumière démasquant les ténèbres et dénonçant l'idolâtrie portée à ce qui est parce que cela est. Le monde dans lequel nous sommes jetés n'est ni ne deviendra divin, Dieu ne se trouve que dans la percée à travers le quotidien. Le développement du monde ne doit pas être tenu pour un inévitable enrichissement, il peut s'y produire un refroidissement et un vieillissement où la puissance créatrice se réifie dans un temps déchu.

Le prophétisme de Berdiaev est tourné vers l'éternité qui est hors du temps, la puissance créatrice porte en elle un élément eschatologique témoignant de la fin de ce monde et du commencement d'un monde nouveau. Le sens de l'Histoire n'est pas immanent à celle-ci, il est au-delà des limites de l'homme ; l'optimisme est conservateur, seul le pessimisme est révolutionnaire, car il ne peut se réconcilier avec le monde. C'est pourquoi la victoire sur le Mal n'a rien à voir avec une punition qui précipiterait les méchants en Enfer, elle est une transfiguration faisant disparaître le monde du Mal et ses cauchemars. « Le scientisme, l'esthétisme, le snobisme culturel sont autant de formes de l'esclavage humain », lit-on dans *De l'esclavage et de la liberté de l'homme.* On ne pouvait mieux dire d'un siècle, de tous les siècles, qui oscille d'éloges de la raison à des éloges de la folie pour se complaire soit dans des simplismes aplatisseurs du monde et des hommes, soit dans des « compliquismes » verbaux échafaudés par des abstracteurs de quintessence.

Léon Chestov

Chestov (1866-1938) fut, comme Berdiaev, un témoin de l'espérance qui avait pu présider à l'avènement de la révolution russe, et des cauchemars auxquels elle avait abouti, un « despotisme ignorant » ayant simplement succédé à un autre. Dans *Qu'est-ce que le bolchevisme ?* (1920), Chestov souligne que les bolcheviks n'ont parlé de liberté que lorsque le pouvoir était entre les mains de leurs adversaires, mais dès que le pouvoir leur appartint, ils abolirent toutes les libertés et les dénoncèrent comme une idée bourgeoise dont la Révolution n'avait que faire ; « Maintenant, ajoute-t-il, il est défendu même de se taire. Si l'on veut vivre, il faut exprimer sa sympathie pour le gouvernement. » Chestov insiste sur cette idée que l'on parle de dictature *du* prolétariat alors que l'on travaille à établir une dictature *sur* le prolétariat et que ceux qui décident de tout sont des ignorants qui, loin d'avoir pour souci d'apprendre, ont pour unique préoccupation d'enseigner.

Penseur tragique, Chestov a vu dans Dostoïevski et Nietzsche des hommes qui écrivaient non pour répandre leurs convictions et instruire leurs prochains, mais pour s'adresser au lecteur comme des témoins qui cherchent la lumière et qui la cherchent au cœur même de l'homme souterrain, du plus laid des hommes. Nulle transformation ne pourra éliminer la tragédie de la vie, dans laquelle il ne s'agit pas de se complaire mais qu'il importe de comprendre et d'approfondir. Et Chestov médite sur cette tour majestueuse de la culture moderne « qui devait réunir tous les hommes et établir le paradis sur la Terre », il constate que la tour de Babel de cette culture est maintenant en ruine et que nous nous préparons à un nouveau travail de Sisyphe en croyant que l'Histoire amènera l'homme à la lumière. L'homme, en effet, endort son esprit au moyen d'explications qu'il croit lumineuses, en ce sens le matérialisme ne se distingue en rien de l'idéalisme, car tous deux s'efforcent avec tout aussi peu de succès d'enfermer la vie dans une cave ; mais tôt ou tard l'existence fait sauter les murs les plus épais et les voûtes les plus solides, car elle aspire à l'air pur.

C'est pourquoi, dans *Le Pouvoir des clés* (1914-1918), Chestov critique Husserl qui réduit la philosophie à « la science des vrais principes » et pour qui nous avons seulement besoin d'une « science rigoureuse » afin de répondre scientifiquement aux questions que nous nous posons, confiant qu'est Husserl dans « le pouvoir illimité de la raison objective ». Or, pour Chestov, « les horreurs insurmontables de l'existence tiennent précisément à ce que la raison s'est emparée du pouvoir exclusif de déterminer les limites du possible » ; comme l'a bien montré Kierkegaard, qui a profondément marqué Chestov, la raison est une usurpatrice, ce n'est pas auprès d'elle qu'il faut chercher la vérité mais auprès de l'Absurde. Il ne s'agit naturellement pas d'entendre par là que nous devons nous abandonner à l'irrationnel, aux folies récitantes ou agissantes, mais de comprendre que la raison est clôture et non ouverture. Ce monde « vrai » n'est pas « bon » ; c'est pourquoi le centre de *Spéculation et Révélation* se trouve dans ces lignes : « Ou bien les vérités éternelles que la raison découvre dans les données immédiates de la conscience ne sont que des vérités transitoires, et les horreurs de l'existence, les souffrances de Job, celles sur lesquelles pleurait Jérémie, celles que nous percevons à travers les orages de l'Apocalypse, disparaîtront par la volonté du Créateur de l'univers et des hommes ainsi que s'évanouissent les cauchemars qui s'étaient emparés d'un dormeur, ou bien nous vivons dans un monde dément. »

Chestov est ainsi conduit à opposer *Athènes et Jérusalem*. Pour les philosophes grecs il existe des vérités auxquelles les dieux eux-mêmes sont soumis et qu'ils ne peuvent enfreindre ; c'est au nom de cette même idée que des philosophes médiévaux cherchèrent à transformer les vérités de la Révélation en vérités rationnelles. Ils pensèrent, en effet, que le principe de contradiction ne pouvait être surmonté, qu'il était donc impossible que A ne fût pas A ou que ce qui avait été n'ait pas été. Pour Chestov, « nos maîtres grecs ont endormi notre vigilance en nous suggérant la conviction que les fruits de l'Arbre de la Science étaient et devaient être les principes de la philosophie pour tous les temps », et la philosophie médiévale en a tiré la conclusion que la foi était un succédané du savoir. Or, le Message de la Bible est tout autre. « Les paroles de Dieu ne signifient pas que l'homme sera puni pour avoir désobéi, mais que le savoir recèle la mort. » Il s'agit là non d'une apologie de l'obscurantisme, mais d'une invitation à s'ouvrir à cette expérience que l'apparente sagesse grecque n'est que folie au regard de l'apparente folie chrétienne qui n'est que la sagesse. En nous prosternant devant les vérités du savoir, nous sommes au pouvoir de la terrible force ennemie dont nous parle la Genèse, nous perdons la liberté en devenant les esclaves de ces vérités objectives.

Or, que fit Job face à ses amis qui n'étaient que de tristes consolateurs ? Il demanda que ce qui avait été n'ait pas été, que sa santé perdue n'ait pas été perdue, que ses enfants tués n'aient pas été tués. Et « Dieu rendit tout à Job, ses troupeaux, sa santé, ses enfants, Dieu fit en sorte que ce qui avait été n'ait pas été, sans se soucier des lois quelles qu'elles fussent ». La foi de l'Ecriture abolit le savoir avec ses « possibles » et ses « impossibles », elle « délivre l'homme d'une façon ineffable des chaînes du savoir [...] lié à la chute de l'homme ». Comme l'avait bien vu Kierkegaard, la philosophie grecque a pour source l'étonnement, elle conduit à la raison et au savoir ; la foi a pour source le désespoir, elle commence là où toutes les possibilités sont terminées pour l'hellénisme et met tous ses espoirs dans « l'absurde ». Pendant des siècles on a voulu vérifier la vérité de la Bible au moyen de la vérité grecque, on pensa alors que les mérites de l'homme seraient reconnus au jugement de Dieu qui récompenserait ou punirait en connaissance de cause. Mais un tel « jugement » n'a rien à voir avec le Jugement dernier.

Il faut donc tuer les évidences, car elles transforment les cités populeuses en déserts ; les philosophes qui cherchent l'Absolu et qui ne le trouvent pas sont prêts à reconnaître pour absolu un des produits de l'activité humaine et leurs idoles leur paraissent plus compréhensibles que Dieu. « Ne faudrait-il pas s'attacher à montrer que cela même qui paraît aux hommes clair et compréhensible est étrangement énigmatique et mystérieux ? Ne faudrait-il pas s'efforcer de se délivrer et de délivrer les autres du pouvoir des concepts dont la réalité tue le mystère ? Les sources, les racines de l'être sont, en effet, dans ce qui est caché et non dans ce qui est découvert. » Mais on prend toujours le Mystère pour le masque pervers de l'ignorance, on oublie par là que, comme le dirait Gabriel Marcel, le Mystère relève du métaproblématique et révèle des vérités qui nous comprennent beaucoup plus que des vérités qui nous dépassent. Malheureusement les développements de la science, de la technique et de la politique nous font oublier de plus en plus la Vérité à servir au profit des vérités qui nous servent mais qui nous asservissent.

Karl Jaspers

Si Berdiaev et Chestov furent des penseurs tragiques témoins de la révolution russe, Karl Jaspers (1883-1969) connut le tragique à travers celui de la maladie mentale qu'il étudia en tant que psychiatre avant de devenir philosophe ; lui aussi eut l'occasion de réfléchir sur le marxisme et sur le nazisme dont il fut victime. Dans *La Situation spirituelle de notre époque* (1932), Jaspers porta sur notre temps un regard d'une extrême lucidité qui lui permettait d'exposer les problèmes auxquels notre siècle était et allait être confronté. Au-dessus de toutes ces tempêtes, son ouvrage sur *Les Grands Philosophes* étudie avec une grande originalité les penseurs occidentaux et orientaux qui marquèrent de leur sceau l'histoire de la pensée.

La réflexion de Jaspers s'est déployée d'une étude de l'échec cliniquement décrit, puis existentiellement analysé, à une philosophie de l'échec transfiguré ; car échouer revient à connaître une expérience semblable à celle du navire qui est venu s'échouer sur la côte : il a enfoncé sa proue dans le sol et ne peut aller plus loin, mais par là même il a découvert ce pour quoi il n'était pas fait et devant quoi il a dû s'arrêter. L'échec donne donc sur une ouverture qui se présente devant l'existant mais à travers laquelle celui-ci ne peut se frayer un chemin. Jaspers a réfléchi sur l'expérience de génies malades tels que Strindberg, Van Gogh, Nietzsche, Hölderlin ou Swedenborg et a cherché à comprendre comment ces créateurs avaient vécu leur maladie. La maladie est bien un échec face à la santé dont elle implique la perte, mais un Nietzsche l'a vécue aussi comme un « hameçon de la connaissance ». Dans les œuvres des grands malades « nous ressentons comme un choc à l'appel que nous adresse leur existence, la remise en question qu'elles impliquent [...], un regard sur l'Absolu ; cet Absolu est toujours caché et [...] n'est visible que sous des apparences finies ». Par conséquent, si la maladie implique un échec terrible, elle implique aussi une visée et la soif d'une guérison de la part de l'homme malade d'être lui-même.

A cet échec par la maladie, qui se profile sur le fond d'un triomphe manquant et manqué, il convient d'ajouter un autre type d'échec : l'échec du pensé sur lequel Jaspers se penche dans sa grande œuvre : *Philosophie* (1931). L'être ne cesse, en effet, de reculer devant le savoir qui est échec devant l'être et perte de l'être. L'objectivité est fondamentalement échec, car elle ne nous donne que des résidus ou des traces de l'être, au fur et à mesure que le savoir progresse, l'être se dérobe toujours davantage. Le philosophe doit donc dépasser l'objectivité des savoirs afin de concevoir le caractère enveloppant et débordant de l'être ; « l'homme est l'être qui, par son être, met en question l'être », l'existence se situe entre le domaine des faits observables et la transcendance absolue. Cet échec du savoir objectif nous conduit à découvrir l'échec fondamental et inévitable de l'existence qui cherche à se saisir, ce qui nous met en présence de deux profonds paradoxes.

Le premier vient de ce que l'existence n'est ni en dehors de moi puisque je suis en elle, ni en moi puisque je ne suis pas le tout de l'existence. L'existence oscille donc entre une objectivité qui l'aliène en l'identifiant à des contenus empiriques, et une subjectivité qui l'étiolerait si elle cherchait à la réduire à soi. D'où un second paradoxe. C'est toujours grâce à une méditation sur l'autre que je deviens moi, mais ce que je peux dire de moi dans de telles circonstances, je dois le dire aussi de l'autre puisque c'est grâce à une méditation sur moi que l'autre devient lui. Il y a donc une relation entre le moi et le toi, relation qui n'est pas de type dialectique, comme chez Hegel, mais qui est une relation de brisure, car il ne peut y avoir d'*Aufhebung* existentielle. Toute communication est donc précaire parce qu'elle vit la déchirure de l'être et se vit dans cette détresse.

Nous voici maintenant en présence d'un nouvel avatar de l'échec : celui qui nous fait découvrir notre rapport à la liberté. La liberté n'est pas un attribut que l'on accorderait ou refuserait à l'existant ; la liberté ne se laisse pas cerner, il n'y a ni preuve ni définition de la liberté parce que celle-ci ne fait pas partie du monde des objets. La liberté s'exerce dans le monde mais elle ne lui appartient pas ; seule la liberté peut s'interroger sur la liberté, elle se trouve déjà dans la question que je me pose sur elle ; le monde ne peut lui demander de décliner son identité. Or je me pose des questions sur la liberté lorsque la liberté échoue, ces questions viennent à moi, *se* posent à moi, à partir d'un horizon d'où elles surgissent et qui n'est autre que celui de la liberté. L'homme est ainsi ouvert à la liberté parce qu'il s'ouvre dans et par l'échec : l'homme « est toujours plus que ce qu'il sait de lui et que ce qu'il peut en savoir », il n'y aurait pas de prise de conscience des résistances s'il n'y avait pas la liberté.

L'échec nous conduit finalement devant ce que Jaspers appelle les « situations-limites » à l'occasion desquelles s'ouvre à moi la profondeur de la verticalité révélante. Nous pouvons distinguer trois situations-limites essentielles : la Faute, la Souffrance et la Mort. Toute faute se détache sur un fond de Bien et de Mal ; si l'on ne veut parler de faute qu'à l'égard de l'autre et non par référence au Bien, il faut cependant reconnaître que, si l'on est coupable envers l'autre, c'est parce que l'on a « mal » agi à son égard. La souffrance est une situation-limite dans la mesure où elle me fait entrevoir ce qui me manque et vers quoi je reste désespérément tendu, en tant que telle, elle est une mort en petit. Quant à la mort, elle constitue le grand échec, car, si je me sens plus que la mort, je ne peux déboucher sur cet au-delà. La mort est une situation-limite qui vient vers nous comme un message dont nous ne parvenons pas à voir la main de celui qui l'a écrit.

Ainsi l'existence est essentiellement tension sur fond de Transcendance ; dans l'échec et à travers lui, l'homme rend hommage à l'Absolu, les situations-limites de l'être-seul et de l'être-avec font découvrir à l'homme ce que Jaspers appelle l'Englobant *(Umgreifende).* Nous sommes ainsi conduits à la notion de *chiffre* où culmine la pensée de Jaspers. L'échec est un chiffre, il est même le chiffre par excellence : « C'est le langage de la Transcendance, non la Transcendance elle-même. » Dans le surgissement et la présence du chiffre, s'exprime une unité entre la Transcendance et l'étant mondain, unité qui n'est nullement une synthèse mais bien une sorte de visitation. Mais, dès que j'interprète le chiffre comme un symbole, une métaphore ou un archétype, je dénature le chiffre, car je le pense comme la relation d'une chose avec une autre chose : « Le chiffre ne peut pas être éclairé par quelque chose d'autre », précisément parce qu'il éclaire. Le chiffre est une apparition évanouissante, un éclair de l'Absolu qui se révèle en un instant et pour un court moment ; Jaspers insiste sur cette idée qu'il n'y a rien qui ne puisse être un chiffre ; « à travers l'existence, des vibrations et des voix imperceptibles semblent exprimer quelque chose, mais la question demeure de savoir quoi et où ».

Ainsi l'homme se caractérise par sa recherche de l'Etre et par l'échec de cette recherche ; c'est pourquoi nous pouvons dire que le chiffre des chiffres c'est l'échec, en lui se trouve la table de résonance des chiffres, la Transcendance s'y révèle en disparaissant. Dans l'échec, l'existence dénudée fait l'épreuve de l'être ; l'échec est chiffre parce que le chiffre est échec, échec sous la catégorie de la réussite dans la mesure où la Transcendance ne s'y dévoile pas mais s'y révèle : « Le non-être révélé par l'échec de tout être qui nous est accessible est l'être de la Transcendance » ; à travers l'échec un message vient à moi que je ne saurais écrire moi-même mais qui implique une signature que je dois sans cesse déchiffrer comme une trace que n'a pu laisser aucun existant, trace qui m'interpelle dans la mesure où je la découvre sans jamais pouvoir la suivre jusqu'au bout.

Une telle philosophie de l'échec, sur laquelle s'appuie la *foi philosophique,* n'est pas une philosophie de la désespérance mais, au contraire, une philosophie qui ne voit dans la sociologie, la psychologie et l'anthropologie que des sciences typiquement modernes qui se présentent comme des substituts de la philosophie et qui prétendent atteindre une connaissance de l'homme dans sa totalité ; il y a là une forme de la barbarie qui oublie que « l'homme est toujours *plus que ce qu'il sait de lui-même* ».

Berdiaev, Chestov et Jaspers ont porté sur l'Histoire et sur notre temps un regard critique d'une grande profondeur. C'est ce que le monde contemporain ne pouvait leur pardonner, car il décèle en eux des trouble-fête ; aussi sont-ils efficacement occultés pour ne pas faire ombrage à tous ceux qui célèbrent la science et la puissance d'un monde qui s'adore dans ses réalisations, ses programmes et ses plans ; ne pas faire confiance au monde et au savoir qui en rend compte est le seul crime que le monde ne puisse oublier. Le monde célèbre donc les vedettes qu'il consacre, il préfère les « grandeurs d'établissement » aux « grandeurs réelles », c'est pourquoi il ne saurait tolérer ceux qui le jugent. Berdiaev, Chestov et Jaspers eurent le mérite et le courage de dire au monde ce que celui-ci ne voulait pas entendre, lui qui exige d'être adulé pour les certitudes qu'il dispense, pour les lendemains radieux promis par le progrès et pour son pouvoir de faire de nous « des dieux ».

En guise de conclusion

Le désir d'autodéification de l'homme commande toute l'Histoire et a conduit l'humanité d'aujourd'hui à se fabriquer de nouveaux dieux, ils se recrutent parmi ces vedettes de l'actualité dont tous les media nous offrent les icones à adorer. Dieux du stade, de la chanson, du cinéma, de la presse, de la télévision, des records en tout genre et de la politique dont le *show business* organise les liturgies théâtrales. Des philosophes ont voulu accéder eux aussi à ces panthéons modernes ; Nietzsche en parlait déjà lorsqu'il évoquait ceux qu'il qualifiait de « Cagliostro de la philosophie ». Aujourd'hui, ils approvisionnent le marché aux mots et aux idées ; leurs œuvres se présentent souvent sous forme d'un diptyque : le premier volet est composé d'ouvrages écrits dans une langue hermétique à laquelle il est demandé de forger un objet philosophique qu'on se donne ensuite le beau rôle de décrire et d'analyser. Sur le second volet figurent des romans ou des autobiographies dans lesquels sont utilisés à profusion des tournures relâchées et des mots vulgaires afin de prouver que l'on travaille dans le « concret », que l'on tient à « faire peuple » et à ne pas perdre de vue la réalité quotidienne. Le tout est couronné par des signatures de manifestes ou de pétitions et par des participations à des manifestations politiques « engagées ». On cherche à donner ainsi l'impression que la philosophie a quitté son piédestal intellectuel pour descendre dans la rue. De tels phénomènes socioculturels agitent la surface des choses mais ne troublent pas les profondeurs ; toutefois, beaucoup de ces intellectuels consommateurs de différents « opiums » s'exposent à être politiquement récupérés par ceux qui les utiliseront en leur donnant l'illusion de rendre hommage à leur génie.

Dans toutes ces courses au « concret », au nouveau et à la « modernité », des clercs ne savent plus à quel diable se vouer. Perpétuellement « en recherche », certains d'entre eux travaillent avec acharnement à donner naissance à d'extraordinaires hybrides : théologies de la mort de Dieu, de la libération, de la fête, athéisme chrétien, etc. Ils demandent au matérialisme, à la phénoménologie, à l'existentialisme, au structuralisme, à la psychanalyse, de leur permettre des « relectures » des Ecritures ; chacun part à la chasse à l' « impensé » et invoque l'arme absolue de la démythologisation ou le prestige des « réactualisations » synthétiques. Bref, c'est à qui construira le plus grand cheval de Troie et à qui élèvera la plus haute tour de Babel.

Pendant ce temps, des intellectuels préfèrent avoir recours à la gnose ou à des spiritualités orientales importées dans une Europe qui exporte en contrepartie ses visions technicistes du monde aux Indes, en Chine et au Japon. Des sectes se multiplient qui proposent à chacun le « ressourcement intérieur » et la « paix avec soi-même ». De nombreux savants ne se contentent plus de leurs observations en laboratoire, ils se lancent dans des rêveries de visionnaire pour nous expliquer « rationnellement » le déroulement des trois premières minutes de l'univers, l'apparition de la vie, puis celle de l'homme ; extrapolant les résultats de leurs expériences, ils rédigent ainsi des cosmogonies au nom desquelles ils sont ensuite tout prêts à manipuler la cellule et l'embryon humains. Quant aux intellectuels qui couchent avec l'Histoire comme avec une maîtresse, ils sentent monter en eux une irrésistible vocation de libérateurs sans frontières. Tandis que d'autres comptent les points, attendant que les fruits soient mûrs avant de les cueillir, ou que des spécialistes expliquent qu'il fallait que les événements se soient déroulés comme ils le firent pour qu'ils aient pu avoir lieu ; cela démontré, eux aussi repartent « en recherche ».

L'Europe ressemble ainsi à une fourmilière idéologique sur laquelle l'annonce de la « mort de Dieu » serait tombée comme une pierre et où les insectes, fuyant dans toutes les directions, qualifieraient leurs différentes déroutes d' « explorations authentiques et incontournables ». Pendant ce temps des hommes vivent accablés de désespoir ou drogués d'espérances.

Au-dessus de toutes ces feuilles mortes qui s'envolent aux vents de l'actualité et des modes, demeurent de hauts témoins de l'homme. Il y a beaucoup plus dans un roman de Balzac, de Thomas Hardy, de Dostoïevski ou dans un récit de Kafka que dans tous les traités de psychologie. Une tragédie de Shakespeare ou de Racine, un poème de Hölderlin, *Le Voyage* de Baudelaire, *Le Bateau ivre* de Rimbaud parlent avec beaucoup plus de profondeur de la condition humaine que ne le font les anthropologies qui d'ailleurs la nient, les traités de logique et autres spéculations en circuit fermé ne proposant que des vérités incapables d'ouvrir sur autre chose qu'elles-mêmes.

De tout cela, la philosophie devrait nous faire prendre conscience sans oublier que, selon le mot de Kierkegaard, elle ne peut être que « notre nourrice sèche ». Il n'y a pas de philosophie éternelle, en ce sens qu'il ne saurait y avoir un corps de doctrines qu'il suffirait d'apprendre pour y trouver des solutions toutes faites aux problèmes que l'homme se pose ; mais il y a une éternité du philosopher par lequel l'homme ne cesse de se demander : « Qui suis-je ? » alors que toutes les sciences le submergent de réponses pour lui dire non qui il est, mais *ce* qu'il est, après avoir glissé ainsi du *Qui suis-je ?* au résiduel *Que suis-je ?*.

Qui suis-je ? est bien plutôt une interrogation qui se pose à l'homme qu'une question que l'homme adresse au monde. De quel horizon surgit-elle ? A quel modèle invisible se réfère-t-elle pour s'affronter sans cesse à elle-même sans pour cela se répéter ? Que l'homme demeure en question témoigne qu'il n'est pas à lui-même sa propre solution. Il est d'ailleurs bien significatif de voir que cet homme sursaturé de réponses et d'explications a fini par célébrer sa propre mort en proclamant qu'il n'était rien, ou qu'un Heidegger érige en réponse l'ultime démarche du questionnement lui-même.

Husserl parlait d'une « mission rectrice de l'Europe » ; l'Europe est certes ce continent où naquirent Platon, saint François d'Assise, Vinci, Descartes, Pascal, Newton, Kant, Hegel, Kieerkegaard ou Nietzsche, celui où vécurent Eschyle, Dante, saint Jean de la Croix, Jérôme Bosch, Bach, Novalis, Baudelaire ou Van Gogh ; mais elle fut aussi le théâtre des crimes de Phalaris, d'Héliogabale, de Robespierre, de Staline et d'Hitler sans parler des autres ni de leurs successeurs présents ou à venir. Tout ce qui fut et demeure, l'Europe l'essaima en Amérique, en Afrique, en Asie, en Océanie pour le meilleur et pour le pire.

Mais c'est d'Europe que sont aussi partis les tout-puissants disciples de Prométhée, d'Hercule, de Dédale, de Tantale et de Faust, tous héros du savoir et du pouvoir à qui les hommes demandèrent d'apprendre ce qui leur permettrait de devenir « comme des dieux ». Devant eux ont reculé et s'effacent les visions du monde qui ne font pas de la maîtrise et de la fabrication des choses le but d'une existence se vouant à l'objectivité et se dévouant à l'anonyme général.

Nous voilà donc conduits à réfléchir de nouveau sur le « Au commencement était... » et sur le « En vérité je vous le dis... » qui surgirent à Jérusalem ; ils nous conduiront à lire une nouvelle fois l'Histoire qui est en l'homme et dont celui-ci cherche à se libérer en la prenant en main.

Mais nul ne peut courir plus vite que son ombre, ni prétendre tuer le Mal sans par là même contribuer à le répandre. Toute l'histoire de l'homme est suspendue à un *Transhistorique* qui en est la racine et la source ; ce Transhistorique a prise sur notre condition et sur notre Histoire, alors que celles-ci n'ont aucune prise sur lui. Il ne s'agit nullement d'entendre par là que nous sommes prédéterminés par un Destin inéluctable qui nous priverait de notre liberté ; il s'agit de reconnaître, au contraire, que notre liberté s'exerce dans le champ de l'Histoire où l'homme tente de se libérer de lui-même en prenant appui sur lui. Entreprise aussi contradictoire et désespérée que celle que vivrait un homme essayant de s'arracher à des sables mouvants en tirant sur son bras gauche à l'aide de son bras droit. Les voies des dogmatismes et celles du nihilisme frustrent l'homme de lui-même en croyant lui faire prendre conscience de son anatomo-physiologie existentielle. Elles oublient que, comme le disait Pascal, « l'homme passe l'homme ». L'homme dépasse l'homme non par quelque mouvement dialectique se déployant dans le temps, mais dans la mesure où il y a en l'homme une Présence qui le distingue des choses ; cette Présence implique la distance infranchissable de la transcendance d'où elle a surgi.

A la fin de la tragédie de Shakespeare, Hamlet demande à Horatio d'aller raconter son histoire au monde, mais il ajoute : « Le reste est silence. » Un tel « reste » est l'essentiel ; il se confond avec le silence auquel retournent toutes les philosophies dans leurs quêtes du Verbe dont elles ne sont que de lointains échos.

Suggestions de lectures

Les grandes œuvres des principaux philosophes sont déjà mentionnées ; elles se trouvent aisément en librairie ou en bibliothèque ; la plupart de celles qui ont été écrites en langues étrangères ont été traduites en français. Nous nous bornons à indiquer des ouvrages d'ensemble à la fois clairs et profonds ou des études de détail particulièrement importantes. Nous avons laissé de côté les livres de grande érudition, les études rédigées en jargon pseudo-philosophique et les ouvrages lisant l'Histoire à travers des verres colorés. Nous avons fait précéder d'un astérisque les ouvrages donnant des vues synoptiques.

HISTOIRES GÉNÉRALES DE LA PHILOSOPHIE

BRÉHIER Emile, *Histoire de la philosophie*, PUF, Paris, nombreuses rééd.

BRUNSCHVICG Léon, *Le Progrès de la conscience dans la philosophie occidentale*, Paris, Alcan, 1927, plusieurs rééd.

— *L'Esprit européen*, La Baconnière, Neuchâtel, 1947.

*DELBOS Victor, *Figures et doctrines de philosophes*, Plon, Paris (épuisé).

— *La Philosophie française*, Plon, Paris (épuisé).

*GILSON Etienne, *L'Etre et l'Essence*, Paris, Vrin, 1948.

GUEROULT Martial, *Histoire de l'histoire de la philosophie*, Paris, Aubier, 1984.

GUSDORF Georges, *Les Sciences humaines et la pensée occidentale*, 12 vol. parus (qui contiennent, entre autres, des études sur les Lumières et sur le Romantisme allemand), Paris, Payot, 1966-1985.

JASPERS Karl, *Les Grands Philosophes* (Socrate, Bouddha, Confucius, Jésus, Platon, saint Augustin, Kant, Anaximandre, Héraclite, Parmé-

nide, Plotin, saint Anselme, Spinoza, Lao Tseu, Nagajourna, trad. par divers, sous la direction de Jeanne Hersch, Paris, Plon, 1963.
L'Esprit européen, Rencontres internationales de Genève, La Baconnière, Neuchâtel, 1946.
*KEYSERLING Hermann de, *Analyse spectrale de l'Europe*, trad. d'Alzir Hella et Olivier Bournac, Paris, éd. Gonthier, 1965.
KOYRÉ Alexandre, *Etudes d'histoire de la pensée philosophique*, Paris, A. Colin, 1961.
— *Etudes d'histoire de la pensée scientifique*, Paris, PUF, 1966.
RIVAUD Albert, *Histoire de la philosophie*, Paris, PUF, nombreuses rééd.
Histoire de la science, sous la direction de Maurice Dumas, in « Encyclopédie de la Pléiade », 1957.
Histoire de la philosophie, publiée sous la direction d'Y. Belaval, 3 vol. in « Encyclopédie de la Pléiade », Paris, Gallimard, 1969-1974.
Histoire des techniques, sous la direction de Bertrand Gille, in « Encyclopédie de la Pléiade », 1978.

ANTIQUITÉ

*ABÉCASSIS Armand, *La Pensée juive*, 2 vol., Paris, Le Livre de poche, 1987.
*ANDRÉ Jean-Marie, *La Philosophie à Rome*, Paris, PUF, 1977.
AUBENQUE Pierre, *Le Problème de l'Etre chez Aristote*, Paris, PUF, 1962.
BRÉHIER Emile, *Chrysippe et l'ancien stoïcisme*, Paris, PUF, 1951.
— *La Philosophie de Plotin*, 3e éd., Paris, Vrin, 1961.
BROCHARD Victor, *Etudes de philosophie ancienne et de philosophie moderne*, Paris, Vrin, 1926, nombreuses rééd.
— *Les Sceptiques grecs*, Paris, Vrin, 1932.
*CHESTOV Léon, *Athènes et Jérusalem*, trad. du russe par B. de Schloezer, Paris, Flammarion, 1967.
DUHEM Pierre, *Le Système du monde, Histoire des doctrines cosmologiques de Platon à Copernic*, 10 vol., Paris, Hermann, plusieurs rééd.
GANDILLAC Maurice de, *La Sagesse de Plotin*, Paris, Vrin, 1966.
*GILLE Bertrand, *Les Mécaniciens grecs*, Paris, éd. du Seuil, 1957.
HADOT Pierre, *Plotin ou la Simplicité du regard*, Paris, 1973.
HAMELIN O., *Les Philosophes présocratiques*, Strasbourg, 1978.
MOREAU Joseph, *Le Sens du platonisme*, Paris, Les Belles Lettres, 1967.
— *Aristote et son école*, Paris, PUF, 1962.
MUGLER Charles, *Platon et la recherche mathématique de son époque*, Strasbourg, éditions Heitz, 1948.
NEHER André, *L'Essence du prophétisme*, Paris, PUF, 1955.
RODIER Georges, *Etudes de philosophie grecque*, Paris, Vrin, 1926, nombreuses rééd.

RODIS-LEWIS Geneviève, *Epicure et son école,* Paris, Gallimard, 1975.
SCHOLEM G.-G., *Les Grands Courants de la mystique juive,* Paris, Payot, 1950.

FIN DE L'ANTIQUITÉ ET MOYEN AGE

ALTANER B., *Précis de patrologie,* trad. franç., Mulhouse, 1961.
BARUZI Jean, *Saint Jean de la Croix et le problème de l'expérience mystique,* Paris, Alcan, 2e éd., 1931.
BRÉHIER Emile, *La Philosophie du Moyen Age,* Paris, Albin Michel, 1937, plusieurs rééd.
CAMPENHAUSEN Hans von, *Les Pères grecs,* trad. de l'all. par O. Marbach, Paris, éditions de l'Orante, 1963.
— *Les Pères latins,* trad. de l'all. par C. A. Moreau, Paris, éd. de l'Orante, 1967.
*CHESTERTON G. K., *Saint Thomas, Du créateur saint Thomas Aquinas,* trad. de l'angl. par Antoine Barrois, D.M.M., 1977.
*CLÉMENT Olivier, *Sources. Les Mystiques chrétiens des origines,* Paris, Stock, 1982.
*CURTIUS E. R., *La Littérature européenne et le Moyen Age latin,* 2 vol., trad. de l'all. par Jean Bréjoux, Paris, PUF, 1956.
*DAVY Marie-Madeleine, *Initiation médiévale. La philosophie au XIIe siècle,* Paris, Albin Michel, 1980.
FAYE Eugène de, *Gnostiques et Gnosticisme,* Paris, Vrin, 1925.
FESTUGIÈRE A. J., *La Révélation d'Hermès Trismégiste,* 4 vol., Paris, Gabalda 1944-1954.
*FOCILLON Henri, *Art d'Occident,* I, « Le Moyen Age roman » ; II, « Le Moyen Age gothique », 2 vol., Paris, Le Livre de poche, 1965.
*GILSON Etienne, *La Philosophie au Moyen Age,* Paris, Payot, 1944.
**L'Esprit de la philosophie médiévale,* 2 vol., Vrin, Paris, 1932.
— *Christianisme et Philosophie,* Paris, Vrin, 1936.
— *Introduction à l'étude de saint Augustin,* Paris, Vrin, 1943.
— *Le Thomisme,* Paris, Vrin, 1942, nombreuses rééd.
— *La Philosophie de saint Bonaventure,* Paris, Vrin, 1943, plusieurs rééd.
— *La Théologie mystique de saint Bernard,* Paris, Vrin, 1934.
— *Héloïse et Abélard,* Paris, Vrin, 1938.
— *Jean Duns Scot. Introduction à ses positions fondamentales,* Paris, Vrin.
— *Dante et la philosophie,* Paris, Vrin, 1939.
*LECLERCQ Dom Jean, *saint Bernard et l'esprit cistercien,* Paris, éd. du Seuil, 1966.
*LE GOFF Jacques, *Les Intellectuels au Moyen Age,* éd. du Seuil, 1957.
LOSSKY Vladimir, *Théologie négative et connaissance de Dieu chez Maître Eckhart,* Paris, 1960.

*Lubac Henri de, *La Postérité spirituelle de Joachim de Flore*, 2 vol., Paris, P. Lethielleux, 1979.
*Mâle Emile, *L'Art religieux du* XIIIe *siècle en France*, 1898, réédition au Livre de poche, 1987.
*Nygren Anders, *Erôs et Agapè, La Notion chrétienne de l'amour et ses transformations*, trad. de Pierre Jundt, 3 vol., Paris, Aubier, 1952.
Puech H.-Ch., *En quête de la gnose*, 2 vol., Paris, Gallimard, 1978.
*Quasten J., *Initiation aux Pères de l'Eglise*, trad. de l'angl. par Jean Laporte, 4 vol., Paris, éd. du Cerf, 1955-1986.
Sagnard François M. M., *La Gnose valentinienne et le témoignage de saint Irénée*, Paris, 1947.

Renaissance

Boisset Jean, *Calvin et la souveraineté de Dieu*, Paris, 1964.
*Burckhardt Jacob, *La Civilisation de la Renaissance en Italie*, 2 vol., trad. de l'all. par L. Schmitt, rééd. Paris, Gonthier, 1964.
Febvre L., *Un destin, Martin Luther*, Paris, 1928.
*Febvre Lucien et Martin Henri-Jean, *L'Apparition du livre*, Paris, Albin Michel, rééd. 1971.
Gandillac Maurice de, *La Philosophie de Nicolas de Cues*, Paris, 1942.
Gilson Etienne, *Humanisme et Renaissance*, Paris, Vrin, .
Gorceix Bernard, *La Bible des Rose-Croix*, Paris, PUF, 1970.
Guillemain Bernard, *Machiavel, l'anthropologie politique*, Genève, Droz, 1972.
Hutin Serge, *Les Disciples anglais de Jacob Boehme*, Paris, Denoël, 1960.
*Koestler Arthur, *Les Somnambules. Essai sur l'histoire des conceptions de l'univers* (trad. de l'angl. par Georges Fradier), Paris, Calmann-Lévy, 1960.
Koyré Alexandre, *La Philosophie de Jacob Boehme*, Paris, Vrin, 1929.
— *La Révolution astronomique* (Copernic, Kepler, Borelli), Paris, Hermann, 1961.
— *Du monde clos à l'univers infini*, Paris, PUF, 1962.
— *Mystiques, spirituels, alchimistes du* XVIe *siècle allemand*, Paris, A. Colin, 1955.
*Poulet Georges, *Etudes sur le temps humain*, .
Secret François, *Les Kabbalistes chrétiens de la Renaissance*, nlle éd. Milano, Archè, 1985.
Strohl H., *L'Evolution religieuse de Luther jusqu'en 1515*, Strasbourg, 1922.
— *L'Epanouissement de la pensée religieuse de Luther de 1515 à 1520*, Strasbourg, 1924.
*Védrine Hélène, *Les Philosophes de la Renaissance*, Paris, 1971.

YATES Frances A., *La philosophie occulte à l'époque élisabéthaine*, trad. de l'angl. par Laure de Lestrange, Dervy-Livres, Paris, 1987.
« Paracelse » (par divers), in *Cahiers de l'Hermétisme*, Paris, Albin Michel, 1980.

XVIIe SIÈCLE

ALQUIÉ Ferdinand, *La Découverte métaphysique de l'homme chez Descartes*, Paris, PUF, 1950.
— *Le Rationalisme de Spinoza*, Paris, PUF, 1981.
— *Le Cartésianisme de Malebranche*, Paris, Vrin, 1974.
BLUCHE François, *Louis XIV*, Paris, Fayard, 1986.
BRYKMAN Geneviève, *Philosophie et apologétique chez Berkeley*, 2 vol., Paris, Vrin, 1984.
DELBOS Victor, *Le Spinozisme*, Paris, Vrin, 1926.
DUCHESNEAU F., *L'Empirisme de Locke*, La Haye, Nijhoff, 1973.
GOUHIER Henri, *La Pensée métaphysique de Descartes*, Paris, Vrin, 1962.
— *Blaise Pascal : Commentaires*, Paris, Vrin, 2e éd., 1971.
— *La Philosophie de Malebranche*, Paris, Vrin, 1926.
— *Fénelon philosophe*, Paris, Vrin, 1977.
*GOYARD-FABRE Simone, *Philosophie politique XVIe-XXe siècle*, Paris, PUF, 1987.
— *Le Droit et la Loi dans la philosophie de Thomas Hobbes*, Paris, Klincksieck, 1979.
GUEROULT Martial, *Leibniz, Dynamique et Métaphysique*, Paris, Aubier, 1967.
*HAZARD Paul, *La Crise de la conscience européenne, 1680-1715*, Paris, Boivin, 1935.
HUTIN Serge, *Henry More, Essai sur les doctrines théosophiques des platoniciens de Cambridge*, Hildesheim, G. Olms, 1966.
KOYRÉ Alexandre, *Etudes newtoniennes*, Paris, Gallimard, 1968.
LAPORTE Jean, *La Doctrine de Port-Royal*, 3 vol., Paris, PUF, 1923-1952.
MAGNARD Pierre, *Nature et Histoire dans l'apologétique de Pascal*, Paris, Les Belles Lettres, 1975.
MALHERBE Michel, *La Philosophie empiriste de David Hume*, Paris, Vrin, 1976.
MOREAU Joseph, *L'Univers leibnizien*, Paris, E. Vitte, 1956.
NAERT Emilienne, *Mémoire et Conscience de soi selon Leibniz*, Paris, Vrin, 1961.
PIGUET Jean-Claude, *Le Dieu de Spinoza*, Genève, Labor et Fides, 1987.
POLIN Raymond, *Hobbes, Dieu et les hommes*, Paris, PUF, 1981.
— *La Politique morale de John Locke*, Paris, 1960.

XVIIIe-XIXe SIÈCLE

ALQUIÉ Ferdinand, *La Critique kantienne de la métaphysique*, Paris, PUF, 1968.

ARVON Henri, *Ludwig Feuerbach ou la transformation du sacré*, Paris, PUF.

AYRAULT Roger, *La Genèse du romantisme allemand*, 4 vol. Paris, Aubier, 1961-1976.

*BANNOUR Wanda, *Les Nihilistes russes*, Paris, Aubier, 1974.

*BÉGUIN Albert, *L'Ame romantique et le Rêve*, Paris, José Corti, 1939.

*BÉNICHOU Paul, *Morales du Grand Siècle*, Paris, Gallimard, 1948.

*— *Le Temps des prophètes. Doctrines de l'âge romantique*, Paris, Gallimard, 1977.

*BERDIAEV Nicolas, *Les Sources et le Sens du communisme russe* (1935), trad. du russe par Lucienne Julien Cain, Paris, Gallimard, 1951.

BLUCHE Frédéric, *Septembre 1792. Logiques d'un massacre*, Paris, Laffont, 1986.

BLUM Jean, *La Vie et l'Œuvre de J.-G. Hamann, le « Mage du Nord »*, 3 vol., Paris, Alcan, 1912.

BOUTROUX Emile, *La Philosophie de Kant*, Paris, Vrin, plusieur rééd.

*BRION Marcel, *L'Allemagne romantique*, 4 vol., Paris, Albin Michel, 1976.

BRUAIRE Claude, *Logique et Religion chrétienne dans la philosophie de Hegel*, Paris, éd. du Seuil, 1964.

*CANGUILHEM Georges, *Du développement à l'évolution au XIXe siècle*, Paris, PUF, 2e éd., 1985.

*CASSIRER Ernst, *La Philosophie des Lumières*, trad. de l'all., Paris, Fayard, rééd., 1970.

CORBIN Henry, *Hamann, philosophe du luthéranisme*, Paris, Berg International, 1985.

DELBOS Victor, *La Philosophie pratique de Kant*, Paris, 1905, rééd. PUF.

*FAIVRE Antoine, *L'Esotérisme au XVIIIe siècle*, Paris, Seghers, 1973.

— *Mystiques, théosophes, illuminés au siècle des Lumières*, Hildesheim, G. Olms, 1976.

FINK Eugen, *La Philosophie de Nietzsche*, trad. de l'all. par H. Hildenbrand et A. Lindenberg, Paris, Editions de Minuit, 1965.

GOLDSCHMIDT Victor, *Anthropologie et politique. Les principes du système de Rousseau*, Paris, Vrin, 1974.

GOUHIER Henri, *Les Méditations métaphysiques de Jean-Jacques Rousseau*, Paris, Vrin, 1970.

— *Les Conversions de Maine de Biran*, Paris, Vrin, 1947.

— *La Jeunesse d'Auguste Comte et la formation du positivisme*, 3 vol., Paris, Vrin, 1933-1941.

— *La Vie d'Auguste Comte,* Paris, 2e éd., Vrin, 1965.
*Goyard-Fabre Simone, *La Philosophie des Lumières en France,* Paris, Klincksieck, 1972.
Gueroult Martial, *L'Evolution et la Structure de la doctrine de la science,* 2 vol., Paris, Les Belles Lettres, 1930.
*Hazard Paul, *La Pensée européenne au XVIIIe siècle. De Montesquieu à Lessing,* 3 vol., Paris, Boivin, 1946.
Heidegger, *Nietzsche,* 2 vol., trad. de l'all. par Pierre Klossowski, Paris, Gallimard, 1961.
Hohlenberg Johannes, *Sören Kierkegaard,* trad. du danois par P.-H. Tisseau, Paris, Albin Michel, 1956.
— *L'Œuvre de Sören Kierkegaard,* trad. du danois par P.-H. Tisseau, Paris, Albin Michel, 1960.
Hyppolite Jean, *Genèse et Structure de la Phénoménologie de l'Esprit de Hegel,* Paris, Aubier, 1946.
Jaspers Karl, *Nietzsche, introduction à sa philosophie,* trad. de l'all. par H. Niel, Paris, Gallimard, 1950.
Klimov Alexis, *Dostoïevski ou la connaissance périlleuse,* Paris, Seghers, 1971.
*Léon Xavier, *Fichte et son temps,* 3 vol., Paris, A. Colin, 1922.
Marquet Jean-François, *Liberté et Existence. Etude sur la formation de la philosophie de Schelling,* Paris, Gallimard, 1973.
Niel Henri, *De la médiation dans la philosophie de Hegel,* Paris, Aubier, 1945.
Philonenko Alexis, *L'Œuvre de Fichte,* Paris, Vrin, 1984.
— *Schopenhauer, une philosophie de la tragédie,* Paris, Vrin, 1980.
Rubel Maximilien, *Karl Marx, Essai de biographie intellectuelle,* nlle éd., Paris, Marcel Rivière, 1971.
Secher R., *Le Génocide franco-français,* Paris, PUF, 1986.
Spenlé Edouard, *Novalis. Essai sur l'idéalisme romantique en Allemagne,* Paris, Hachette, 1904.
Starobinski J., *Jean-Jacques Rousseau : la transparence et l'obstacle,* nlle éd., Paris, 1971.
Tilliette Xavier, *Schelling. Une philosophie en devenir,* 2 vol., Paris, Vrin, 1970.
Vetö Miklos, *Le Fondement selon Schelling,* Paris, Beauchesne, 1977.
Viatte Auguste, *Les Sources occultes du romantisme. Illuminisme, théosophie, 1770-1820;* 2 vol., Paris, Honoré Champion, 2e édition, 1969.
Wahl Jean, *Le Malheur de la conscience dans la philosophie de Hegel,* rééd. Paris, PUF, 1951.
— *Etudes kierkegaardiennes,* 2e éd., Paris, Vrin.

XXe SIÈCLE

ALQUIÉ Ferdinand, *Philosophie du surréalisme*, Paris, Flammarion, 1955.
BIRAULT Henri, *Heidegger et l'expérience de la pensée*, Paris, Gallimard, 1978.
*CHRISTOFF Daniel, *Husserl ou le Retour aux choses*, Paris, Seghers, 1966.
DAGOGNET François, *G. Bachelard, sa vie, son œuvre*, Paris, PUF, 1965.
DÉSILETS André, *Léon Chestov. Des paradoxes de la philosophie*, Québec, Les éditions du Beffroi, 1986.
DUMÉRY Henry, *La Philosophie de l'action, Essai sur l'intellectualisme blondélien*, Paris, Aubier, 1948.
FLAMAND Jacques, *L'Idée de médiation chez Maurice Blondel*, Nauwelaerts, 1969.
GOUHIER Henri, *Bergson et le Christ des Evangiles*, Paris, Fayard, 1961.
HERSCH Jeanne, *Karl Jaspers*, Lausanne, L'Age d'Homme, 1978.
*JANIK A. et TOULMIN S., *Wittgenstein, Vienne et la modernité*, trad. de l'amér. par Jacqueline Bernard, Paris, PUF, 1978.
JANKÉLÉVITCH Vladimir, *Henri Bergson*, Paris, PUF, 1959.
KLIMOV Alexis, *Nicolas Berdiaeff ou la révolte contre l'objectivation*, Paris, Seghers, 1967.
KORN Ernst R., « La question de l'Etre chez Martin Heidegger », in *Revue thomiste*, 1970 (3 articles).
LAUER Quentin, *Phénoménologie de Husserl, Essai sur la genèse de l'intentionnalité*, Paris, PUF, 1955.
*LISTA Giovanni, *Marinetti et le futurisme*, Lausanne, L'Age d'Homme, 1972.
*ROBERT Marthe, *La Révolution psychanalytique*, 2 vol., Paris, Payot, 1964.
SEGUNDO Jean-Louis, *Berdiaeff. Une réflexion chrétienne sur la personne*, Aubier, 1963.
*THÉVENAZ Pierre, *De Husserl à Merleau-Ponty. Qu'est-ce que la phénoménologie ?* Neuchâtel, éditions de la Baconnière, 1966.
TILLIETTE Xavier, *Karl Jaspers*, Paris, Aubier, 1960.
**L'année 1913. Les formes esthétiques de l'œuvre d'art à la veille de la Première Guerre mondiale*, sous la direction de Liliane Brion-Guerry, 3 vol., Klincksieck, 1971.

Table des matières

4
LE LIVRE DU MONDE

5
LE LIVRE DE L'HOMME

Achevé d'imprimer en septembre 1988
sur presse CAMERON
dans les ateliers de la SEPC
à Saint-Amand-Montrond (Cher)
pour le compte des Éditions Stock
103, boulevard Saint-Michel, 75005 Paris

Imprimé en France

Dépôt légal : Octobre 1988.
N° d'Édition : 627. N° d'Impression : 4895-1263.
54-02-3770-01

ISBN 2-234-02129-4

54-3770-2